Manual do ADVOGADO PÚBLICO

Atuação nos âmbitos
CÍVEL, ADMINISTRATIVO,
CONSTITUCIONAL e TRABALHISTA

Paulo Torres

Manual do ADVOGADO PÚBLICO

Atuação nos âmbitos CÍVEL, ADMINISTRATIVO, CONSTITUCIONAL e TRABALHISTA

2018

EDITORA *Jus*PODIVM
www.editorajuspodivm.com.br

EDITORA
*Jus*PODIVM
www.editorajuspodivm.com.br

Rua Mato Grosso, 164, Ed. Marfina, 1º Andar – Pituba, CEP: 41830-151 – Salvador – Bahia
Tel: (71) 3045.9051
• Contato: https://www.editorajuspodivm.com.br/sac

Capa e Diagramação: Marcelo S. Brandão (*santibrando@gmail.com)*

T693m Torres, Paulo.
Manual do advogado público: atuação nos âmbitos cível, administrativo, constitucional e trabalhista / Paulo Torres – Salvador: Editora JusPodivm, 2018.
464 p.

Bibliografia.
ISBN 978-85-442-2117-4.

1. Advogado Público. 2. Advocacia Pública. 3. Manual. I. Torres, Paulo. II. Título.

CDD 341.415

Dedico essa obra a minha esposa, Carolina, minha principal incentivadora e fonte de inspiração.

A minha família, por tudo que fizeram e fazem por mim.

Ao Professor Márcio André, pela imensa ajuda na publicação desse livro.

A todos que, direta e indiretamente, contribuíram para que eu chegasse até aqui.

APRESENTAÇÃO DA OBRA

Essa obra surgiu da minha experiência no mundo dos concursos. Ao longo dos anos, pude notar que há uma extrema dificuldade dos alunos em relação a temas que envolvem o Poder Público. É bem verdade que há grandes mestres que escrevem sobre o tema, e cujas obras de nenhuma maneira tenho a pretensão de substituir, como os Professores Leonardo Carneiro da Cunha e Guilherme Freire de Melo Barros, cujas as obras *Fazenda Pública em Juízo* e *Poder Público em Juízo*, declaradamente assumo que foram grandes fontes de consulta, e que também são leituras obrigatórias a todos que desejem de alguma maneira atuar em ações que envolvem a Fazenda. Contudo, ao longo de minha trajetória, passei a sentir falta de informações sobre a atuação do Poder Público também em outras áreas.

Foi exatamente para suprir essa dificuldade que imaginei essa obra. Um manual que, sem querer esgotar o assunto, aborde os principais pontos de atuação do Poder Público não apenas no Processo Civil, mas também no âmbito Trabalhista, Administrativo e Constitucional.

É assim, escorado nos ombros de gigantes, que a presente obra vem oferecer mais uma opção não apenas aqueles que se preparam para concursos de advocacia pública, mas também aos que já atuam na área.

Por fim, caro amigo leitor, informo que essa obra foi a realização de um sonho. Tenho certeza que ela irá ajudar na realização do seu.

Abraços, ***Paulo.***

Brasília, fevereiro de 2018.

SUMÁRIO

Parte I
Direito Processual Civil e a Advocacia Pública

Parte II
Direito Processual e Material do Trabalho e Advocacia Pública

Parte III
Principais aspectos do Poder Público no âmbito administrativo

Parte IV
Principais Aspectos do Poder Público no Direito Constitucional

PARTE I

DIREITO PROCESSUAL CIVIL E A ADVOCACIA PÚBLICA

I

O ALCANCE DA EXPRESSÃO "FAZENDA PÚBLICA"

1. CONCEITO

A expressão Fazenda Pública é utilizada para designar as pessoas jurídicas de direito público que figurem em ações judiciais, mesmo que a demanda não verse sobre matéria estritamente fiscal ou financeira.

Quando a legislação processual utiliza-se do termo Fazenda Pública está a referir-se à União, aos Estados, aos Municípios, ao Distrito Federal e às suas respectivas autarquias e fundações.

Excepcionalmente, a jurisprudência também tem estendido as sociedades de economia mista e empresas públicas as prerrogativas asseguradas a Fazenda Pública nos casos em que elas atuam na prestação de serviços **sem a concorrência do setor privado.** O fundamento é que, nessa situação, as sociedades de economia mista e empresas públicas **são o próprio Estado em atuação,** justificando a extensão das prerrogativas **(RE 627242 AgR e ADPF 387/PI).**

Ressalta-se, contudo, que essa extensão das prerrogativas da Fazenda Pública as sociedades de economia mista e empresa pública **é absolutamente excepcional.** Assim, se numa prova de concurso público, não se faz menção ao fato desses entes prestarem serviço público sem a concorrência do setor privado, é de se presumir que eles não fazem jus as prerrogativas da Fazenda Pública.

2. ADVOCACIA PÚBLICA NO ÂMBITO DA UNIÃO

A União, antes do advento da Constituição Federal de 1988, era representada em juízo pelo Ministério Público Federal. A Constituição Federal de 1988 corrigiu esse equívoco, passando a atribuição de defender a União em juízo para a Advocacia-Geral da União – AGU.

Atualmente, a AGU é composta das seguintes carreiras:

a) Advocacia-Geral da União, cuja atribuição é representar a União (Administração Direta) judicial e extrajudicialmente;

b) Procuradoria-Geral Federal, cuja a atribuição é representar as Autarquias e Fundações federais (Administração indireta), judicial e extrajudicialmente;

c) Procuradoria-Geral da Fazenda Nacional – PGFN, cuja atribuição é a cobrança da dívida ativa da União (causas tributárias e fiscais);

d) Procuradoria do Banco Central, cuja a atribuição é a representação do Banco Central, judicial e extrajudicialmente.

3. ADVOCACIA PÚBLICA NO ÂMBITO DOS ESTADOS

No âmbito dos estados, a representação processual é feita pelos procuradores estaduais, organizados em carreira, na qual o ingresso depende de concurso público de provas e títulos, com a participação da OAB em todas as suas fases.

Os procuradores do Estado integram a Procuradoria-Geral do Estado, órgão componente da Administração Pública direta estadual.

Aqui, ao contrário do que sucede com a União, os Estados não têm sua representação dividida entre advogados e procuradores da Fazenda. A representação dos Estados é atribuída apenas aos procuradores de Estado, cabendo a divisão, por matérias ou tarefas, ao âmbito interno de organização administrativa das Procuradorias, sem que tal divisão repercuta na representação judicial do Estado (Ex: dentro de uma procuradoria estadual é comum haver uma procuradoria judicial e uma procuradoria fiscal. É permitido ao procurador sair da procuradoria judicial e ir para a procuradoria fiscal, já que a divisão aqui é apenas interna. No âmbito federal, não se permite que um membro da advocacia da união vá para a procuradoria-geral da fazenda. Apesar de fazerem parte da mesma carreira, são cargos distintos.).

4. ADVOCACIA PÚBLICA NO ÂMBITO NOS MUNICÍPIOS

Os Municípios, nos termos do art. 182 do CPC, são, em regra, representados em juízo pela Advocacia Pública. O NCPC, contudo, manteve a antiga regra (Art. 75, III), a qual também permite a representação em juízo, ativa e passivamente, por seu prefeito ou procurador.

Aqui, temos que inicialmente a representação do Município em juízo é atribuída ao prefeito. Somente se houver uma lei municipal criando o cargo de procurador, com função expressa de representação do município em juízo, é que sua representação será feita por procurador.

Isso ocorre porque, em diversos municípios brasileiros, não há cargo de procurador. Assim, não havendo procurador no local, a citação inicial será feita na pessoa do prefeito. Posteriormente, será necessário que o prefeito contrate um advogado, que, para atuar, precisará de uma procuração dada pelo Prefeito, como representante do Município.

Onde existir o cargo de Procurador, com poderes expressos, a citação inicial será feita em seu nome. Aqui, obviamente, o procurador não depende de mandato para atuar nas causas em que for parte o Município, já que sua atuação decorre de lei.

Há quem defenda a possibilidade de, sendo o prefeito advogado regularmente inscrito na OAB, a defesa da Fazenda Municipal ser feita por ele mesmo, comparecendo em juízo na sua pessoa.

Prevalece (Leonardo Carneiro da Cunha), contudo, que não é possível ao prefeito, mesmo que ele seja advogado regularmente inscrito na OAB, promover, diretamente, a defesa dos interesses do Município.

Isso porque, nos termos do art. 28, I, do Estatuto da OAB, a função de Chefe do Poder Executivo é incompatível com o exercício da advocacia, estando suprimida, enquanto durar o mandato eletivo, a capacidade postulatória.

Dessa forma, embora o prefeito possa receber a citação, ele deverá constituir advogado para representar o Município, caso não haja cargo próprio de procurador judicial.

5. ADVOCACIA PÚBLICA NO ÂMBITO DAS AUTARQUIAS E FUNDAÇÕES

A representação judicial das autarquias e fundações públicas é feita, respectivamente, nos termos da lei que as criar e da lei que autorize sua criação.

Nos termos do art. 75, IV, do CPC, as autarquias e as fundações de direito público são presentadas em juízo, ativa e passivamente, por quem a lei do ente federado designar:

> **Art. 75. (...)**
>
> **IV** – a autarquia e a fundação de direito público, por quem a lei do ente federado designar;

6. CONVÊNIO PARA A PRÁTICA DE ATO PROCESSUAL POR PROCURADOR DE OUTRO ENTE FEDERATIVO

O NCPC trouxe uma grande novidade, que foi a possibilidade de os Estados e o DF firmem convênio para a representação de outros entes federados:

> **Art. 75. (...)**
>
> **§ 4º** Os Estados e o Distrito Federal poderão ajustar compromisso recíproco para prática de ato processual por seus procuradores em favor de outro ente federado, mediante convênio firmado pelas respectivas procuradorias.

A celebração desse tipo instrumento é importante, pois facilita a presentação dos Estados e do Distrito Federal, além de valorizar a Advocacia Pública e evitar a contratação de advogados privados pelos entes públicos, muitas vezes abusiva. Para atuar em juízo, os procuradores do Estado e do Distrito Federal não precisam exigir procuração, já que seus poderes decorrem da lei.

Contudo, caso atuem em função de um convênio, é preciso cópia do convênio e do extrato de sua publicação no Diário Oficial, a fim de comprovar a regularidade da presentação.

Por fim, em que pese o dispositivo refira-se apenas a Estados e ao Distrito Federal, a doutrina defende que é possível aplicá-lo de modo a abranger também as autarquias e fundações estaduais, permitindo que uma autarquia estadual possa firmar convênio com outra autarquia estadual, a fim de manter compromisso recíproco de atuação em juízo.

7. PRINCIPAIS DECISÕES ENVOLVENDO O CARGO DE ADVOGADO PÚBLICO

Como vimos, a presentação em juízo da Fazenda Pública é feite, em regra, pelo advogado público. Segue abaixo as principais decisões dos tribunais superiores sobre esse cargo:

a) É inconstitucional lei estadual que crie cargo em comissão para as funções de assessoramento jurídico no âmbito do Poder Executivo

O estado da Paraíba editou lei criando cargos em comissão, de "Consultor Jurídico do Governo", "Coordenador da Assessoria Jurídica" e "Assistente Jurídico". Segundo previu a lei, os ocupantes de tais cargos atuariam prestando assessoria jurídica junto às Secretarias de Estado.

Contra essa lei, foi ajuizada Ação Direta de Inconstitucionalidade, sob o fundamento de que ela violava o disposto no artigo 132 da CF/88, o qual confere aos Procuradores de Estado a representação exclusiva do Estado-membro em matéria de atuação judicial e de assessoramento jurídico, sempre mediante investidura fundada em prévia aprovação em concurso público.

Ao analisar o tema, o STF acatou a ação direta, reconhecendo a inconstitucionalidade da lei **(ADI 4843 MC-Referendo/PB).**

b) É possível a concessão de vitaliciedade aos advogados públicos?

Ao analisar a Lei Complementar 240/2002, do Estado do Rio Grande do Norte, que concedia vitaliciedade aos procuradores estaduais, o STF **(ADI 2.729-8/RN)** entendeu que a garantia da vitaliciedade não se coaduna com a estrutura hierárquica a que se submete as Procuradorias Estaduais, subordinadas diretamente aos governadores de estado.

A vitaliciedade tem como objetivo preservar a autonomia e a independência de determinados agentes. Se não há autonomia e independência a serem asseguradas, nada justifica a concessão de vitaliciedade, que acabaria em resultar em verdadeiro óbice ao exercício regular do poder hierárquico inerente à Administração Pública.

Em que pese a decisão do STF tenha sido proferida em um julgamento envolvendo procuradores estaduais, é certo que seus fundamentos se aplicam a toda advocacia pública.

c) É constitucional a previsão de foro por prerrogativa de função aos procuradores estaduais?

Ao analisar o tema, o STF **(ADI 2.759/RN e ADI 2.587/GO)** entendeu que é constitucional a previsão de foro por prerrogativa de função aos procuradores estaduais, desde que essa previsão esteja contida na própria Constituição Estadual ou na Lei Orgânica, no caso do Distrito Federal.

Isso porque, nos termos do art. 125, § 1º, da Constituição Estadual, a competência dos tribunais de justiça será definida na Constituição do Estado. Assim, a previsão de foro por prerrogativa de função aos procuradores mediante simples lei é inconstitucional.

Em resumo, segundo o STF, é constitucional a previsão de foro por prerrogativa aos procuradores estaduais, mas somente quando essa previsão esteja contida na própria Constituição Estadual ou na Lei Orgânica, no caso do Distrito Federal.

Por fim, não custa nada relembrá-los do enunciado da súmula vinculante 45:

> **STF – Súmula vinculante 45:** A competência constitucional do tribunal do júri prevalece sobre o foro por prerrogativa de função estabelecido exclusivamente pela Constituição Estadual.

Assim, nos crimes dolosos contra a vida não prevalece o foro de prerrogativa de função previsto na Constituição Estadual aos procuradores do estado.

d) Inconstitucionalidade de norma estadual que assegura porte de armas aos procuradores do estado

O STF, ao analisar o dispositivo da Lei Complementar estadual (LC) 240/2002, do Rio Grande do Norte, que previa o porte de armas aos procuradores do estado, independente de qualquer ato formal de licença ou autorização, julgou tal dispositivo inconstitucional (**ADI 2729).**

O fundamento adotado pela Corte Suprema foi o seguinte: o porte de armas retira o caráter criminoso da conduta de portar armas. Assim, a concessão ou não de porte de arma a determinada categoria é matéria penal, que nos termos da Constituição Federal é matéria de competência federal.

Assim, é formalmente inconstitucional a previsão de porte de armas para determinada categoria apenas por legislação estadual.

e) Possibilidade de criação, pelo Poder Legislativo e Tribunais de Contas, de procuradorias judiciais próprias, desvinculadas e independentes das procuradorias do Poder Executivo

Ao analisar o tema, o STF decidiu que é possível criar Procuradorias no âmbito dos Poderes Legislativo e do Tribunal de Contas, atuando de forma independente em relação à Procuradoria do Poder Executivo.

Conforme entendeu a corte suprema: "A estruturação da Procuradoria do Poder Legislativo distrital está, inegavelmente, na esfera de competência privativa da Câmara Legislativa do DF. Inconsistência da alegação de vício formal por usurpação de iniciativa do Governador. A Procuradoria-Geral do Distrito Federal é a responsável pelo desempenho da atividade jurídica consultiva e contenciosa exercida na defesa dos interesses da pessoa jurídica de direito público Distrito Federal.

Não obstante, a jurisprudência desta Corte reconhece a ocorrência de situações em que o Poder Legislativo necessite praticar em juízo, em nome próprio, uma série de atos processuais na defesa de sua autonomia e independência frente aos demais Poderes, nada impedindo que assim o faça por meio de um setor pertencente a sua estrutura administrativa, também responsável pela consultoria e assessoramento jurídico de seus demais órgãos **(ADI 1.557 e ADI 94).**

f) A advocacia pública e a defesa dos agentes públicos estatais

O Brasil adotou a chamada teoria do órgão, de forma que a pessoa jurídica manifesta a sua vontade através de órgãos, que são partes integrantes da própria estrutura da pessoa jurídica.

Ocorre que, faticamente, o órgão não existe, é uma ficção jurídica. Efetivamente, as pessoas jurídicas se manifestam no mundo dos fatos jurídicos por meio de seus agentes, eleitos ou investidos nos termos da lei, no exercício de uma função pública.

Ocorre que, não raras vezes, um agente público pode vir a ser demandado judicial em razão de uma manifestação tomada na representação de um órgão. O que se questiona aqui é se agente público pode ser defendido judicialmente por um advogado público ou se terá que contratar um advogado particular para a realização de sua defesa.

Há quem faça uma interpretação literal do artigo 131 e entenda que os advogados públicos somente podem realizar a defesa de instituições:

> **Art. 131.** A Advocacia-Geral da União é a instituição que, diretamente ou através de órgão vinculado, representa a União, judicial e extrajudicialmente, cabendo-lhe, nos termos da lei complementar que dispuser sobre sua organização e funcionamento, as atividades de consultoria e assessoramento jurídico do Poder Executivo.

Note que, em sua redação literal, o art. 131 da CF/88 não menciona expressamente a possibilidade de defesa de agentes que atuam em nome dos órgãos públicos. Assim, com base em uma interpretação puramente gramatical, há quem sustente que a defesa de agentes pela advocacia pública representaria uma ampliação indevida de suas atribuições constitucionais. Foi, por exemplo, com base nesse fundamento, que o Conselho Federal da OAB ajuizou a Ação Direta de Inconstitucionalidade nº 2.888, na qual requereu a declaração de inconstitucionalidade do artigo 22 da Lei 9.028/95.

O referido artigo possui a seguinte redação:

> **Art.22.** A Advocacia-Geral da União e os seus órgãos vinculados, nas respectivas áreas de atuação, ficam autorizados a representar judicialmente os titulares e os membros dos Poderes da República, das Instituições Federais referidas no Título IV, Capítulo IV, da Constituição, bem como os titulares dos Ministérios e demais órgãos da Presidência da República, de autarquias e fundações públicas federais, e de cargos de natureza especial, de direção e assessoramento superiores e daqueles efetivos, inclusive promovendo ação penal privada ou representando perante o Ministério Público, quando vítimas de crime, quanto a atos praticados no exercício de suas atribuições constitucionais, legais ou regulamentares, no interesse público, especialmente da União, suas respectivas autarquias e fundações, ou das Instituições mencionadas, podendo, ainda, quanto aos mesmos atos, impetrar habeas corpus e mandado de segurança em defesa dos agentes públicos de que trata este artigo

Nota-se que o referido artigo previu a possibilidade de a AGU representar judicialmente os agentes públicos nela citados, quando demandados em função de atos praticados no exercício de suas atribuições constitucionais, legais ou regulamentares, no interesse público, especialmente da União, suas respectivas autarquias e fundações, ou das Instituições mencionadas, podendo, ainda, quanto aos mesmos atos, impetrar habeas corpus e mandado de segurança em defesa dos agentes públicos de que trata este artigo.

Uma outra corrente, contudo, defende que o art. 131 da Constituição Federal, ao prever que compete à advocacia pública a representação dos entes da federação, incluiu também, como mero desdobramento lógico desta atribuição, a defesa dos agentes que atuam em seu nome. Isso porque seria extremamente oneroso impor aos agentes públicos o ônus de custear defesas em ações em face de incontáveis atos presumidamente legítimos, inseridos em seu rol de competências, especialmente se levarmos em considerações o elevado número de ações propostas apenas com intuito de constranger e intimidar o agente público que exercer corretamente seu múnus, algo comum nos rincões desse nosso Brasil.

Ao analisar a possibilidade de defesa de agentes públicos por procuradores estatais o STJ acabou adotado uma corrente intermediária entre as duas anteriormente expostas.

Quando do julgamento do REsp 681.571/GO, o STJ, em pese tenha admitido a possibilidade de defesa de agentes públicos por procuradores estatais, diferenciou os atos dos agentes públicos entre atos praticados por aqueles "quando agem como tal" e atos "voltados contra o órgão público", concluindo que, "quando se tratar da defesa de um ato pessoal do agente político, voltado contra o órgão público, não se pode admitir que, por conta do órgão público, corram as despesas com a contratação de advogado".

Assim, pode-se concluir que, embora seja legítima a representação de agentes públicos por procuradores estatais, essa representação somente é possível quando o ato praticado não tenha sido praticado contra o próprio órgão público. Do contrário, se há para o ente interesse em defender seus agentes políticos, quando agem como tal, cabe a defesa ao corpo de advogados do Estado, ou contratado às suas custas.

g) Associação de Municípios pode ajuizar ação para tutelar direitos dos Municípios?

Vamos contextualizar o assunto?

Chegou ao STJ interesse questão: foi criada uma determinada associação de municípios, com o objetivo de representar municípios em ações contra a União.

As associações são substitutas processuais dos associados?

Não. Conforme entendimento do STF, (RE 573232), o art. 5º, XXI, da CF/88 traz hipótese de representação processual:

> **Art. 5º (...) XXI** - as entidades associativas, quando expressamente autorizadas, têm legitimidade para representar seus filiados judicial ou extrajudicialmente;

Assim, as associações **representam direito alheio em nome alheio.** É justamente por isso que elas precisam de **autorização específica** dos associados para ingressar em juízo. No caso concreto, essa autorização, inclusive, existia.

O que entendeu o STJ?

O STJ entendeu que a associação em questão não possui legitimidade ativa para tutelar em juízo direitos e interesses das pessoas jurídicas de direito público.

O fundamento foi o seguinte: como vimos, as associações atuam como represertes processuais dos seus associados. Contudo, a representação judicial dos Municípios, ativa e passivamente, **somente pode ser exercida por seu Prefeito ou Procurador,** conforme previsto no art. 75, III, do CPC/2015:

> **Art. 75.** Serão representados em juízo, ativa e passivamente: (...)
>
> III – o Município, por seu prefeito ou procurador;

Assim, **não é possível que essa regra expressa seja alterada para que a representação se faça por associação de municípios.**

A representação do ente municipal não pode ser exercida por associação de direito privado, haja vista que se submete às normas de direito público. Assim sendo, não se pode admitir que haja uma delegação para que uma pessoa jurídica de direito privado (associação) possa tutelar interesses de pessoa jurídica de direito público (Município).

Em qualquer tipo de ação, permitir que os Municípios sejam representados por associações equivaleria a autorizar que eles dispusessem de uma série de privilégios materiais e processuais estabelecidos pela lei em seu favor. E, como esses privilégios visam a tutelar o interesse público, não há como os Municípios disporem deles ajuizando suas ações por meio de associações, pois o interesse público é indisponível **(REsp 1.503.007-CE).**

II

PRERROGATIVAS PROCESSUAIS RELACIONADAS AO PRAZO

1. PRERROGATIVAS

Talvez as principais prerrogativas da Fazenda Pública no processo civil sejam o prazo diferenciado para se manifestar nos autos e a intimação pessoal.

Para a Fazenda, o benefício encontra-se previsto no seguinte dispositivo:

> **Art. 183.** A União, os Estados, o Distrito Federal, os Municípios e suas respectivas autarquias e fundações de direito público gozarão de prazo em dobro para todas as suas manifestações processuais, cuja contagem terá início a partir da intimação pessoal.
>
> **§ 1º** A intimação pessoal far-se-á por carga, remessa ou meio eletrônico.

Veja que o NCPC uniformizou o tratamento da matéria, pois no CPC passado, haviam 03 prazos distintos:

a) em quádruplo para contestar;

b) em dobro para recorrer e;

c) simples para os demais.

2. ALCANCE

O artigo 183 se aplica à advocacia pública, a quem incumbe a defesa do Poder Público, assim compreendido como a Administração direta, suas autarquias e fundações públicas.

Sua aplicação é ampla, abrangendo a atuação do Poder Público tanto como parte, quanto como assistente, como se extrai da expressão "todas suas manifestações processuais". Trata-se de mais um avanço em relação ao Código de 73, que somente assegurava de forma literalmente prazo diferenciado quando o Poder Público atuava como "parte".

3. CLASSIFICAÇÃO DOS PRAZOS

a) Prazos próprios e impróprios

Próprios são os prazos fixados para as partes e para o Ministério Público. Sua desobediência acarreta consequências de cunho processual, tal como a preclusão.

Por sua vez, os impróprios são os prazos fixados em lei como mero parâmetro para a prática do ato. Sua desobediência não configura preclusão. Em regra, são prazos destinados aos servidores da justiça e ao próprio magistrado.

Os prazos fixados para a Fazenda Pública são próprios, uma vez ela atua em juízo na condição de parte. Assim, sua desobediência gera preclusão temporal.

b) Prazos legais

Em regra, os atos processuais devem ser realizados no prazo previsto em lei:

> **Art. 218.** Os atos processuais serão realizados nos prazos prescritos em lei.

Embora o prazo, em regra, esteja previsto expressamente previsto em lei, permite-se que a parte pratique o ato antes do seu término:

> **Art. 225.** A parte poderá renunciar ao prazo estabelecido exclusivamente em seu favor, desde que o faça de maneira expressa.

O CPC também possibilita que os prazos sejam dilatados pelo magistrado ou pelas próprias partes, desde que o façam por meio de convenção, celebrada antes ou durante o prazo **(Art. 190, NCPC)**. Por fim, o juiz, desde que possua anuência de ambas as partes, pode reduzir os prazos peremptórios:

> **Art. 222. (...)**
>
> § 1º Ao juiz é vedado reduzir prazos peremptórios sem anuência das partes.

c) Prazos judiciais

Quando a lei for omissa em relação ao prazo, caberá ao magistrado a sua fixação, observando a complexidade do ato:

> **Art. 218. (...)**
>
> **§ 1º** Quando a lei for omissa, o juiz determinará os prazos em consideração à complexidade do ato.

Há casos em que a lei não fixa um prazo para o ato, estabelecendo apenas um limite a ser seguido pelo magistrado. É o caso da citação por edital, no qual o juiz estabelece um prazo entre 20 e 60 dias **(Art. 257, III, NCPC)** e o prazo de resposta na ação rescisória, que deverá ser fixado entre 15 e 30 dias pelo relator **(Art. 970, NCPC).**

A fixação dos prazos judiciais pelo juízo é uma decisão interlocutória, recorrível por apelação, já que não se encontra prevista entre as causas que permitem a interposição de agravo de instrumento.

Por fim, sendo a lei omissa e não havendo prazo fixado pelo magistrado, o ato deve ser praticado em até 05 dias:

> **Art. 218. (...)**
>
> § 3º Inexistindo preceito legal ou prazo determinado pelo juiz, será de 5 (cinco) dias o prazo para a prática de ato processual a cargo da parte.

Da mesma forma, na omissão da lei e do juízo, as intimações somente obrigarão a comparecimento após decorridas 48 (quarenta e oito) horas.

> **§ 2º** Quando a lei ou o juiz não determinar prazo, as intimações somente obrigarão a comparecimento após decorridas 48 (quarenta e oito) horas.

d) Prazos Convencionais

São prazos fixados de comum acordo entre as partes. É o caso da suspensão do procedimento, que poderá ocorrer por iniciativa das partes, desde que não ultrapasse 06 meses **(Art. 313, § 4º, NCPC).**

4. APLICABILIDADE

Como vimos, o NCPC estabeleceu que a Fazenda possui prazo em dobro para todas as manifestações nos autos. Segundo a doutrina (Leonardo Carneiro da Cunha) essa regra aplica-se a qualquer procedimento, seja comum, seja especial, igualmente à fase de cumprimento de sentença (com a ressalva da impugnação) e ao de execução (com a ressalva dos embargos).

No ponto, é preciso ficar atento, contudo, que a Fazenda Pública tem prazo em dobro somente em relação aos prazos legais, não se aplicando em relação aos prazos judiciais. Nesses últimos, o juiz, ao fixar o prazo, já deve levar em conta que seu destinatário é a Fazenda.

5. CONTAGEM DO PRAZO

a) Dias úteis

Na contagem do prazo em dias, computam-se apenas os dias úteis, seja o prazo legal, seja ele judicial:

> **Art. 219.** Na contagem de prazo em dias, estabelecido por lei ou pelo juiz, computar-se-ão somente os dias úteis.

Parágrafo único. O disposto neste artigo aplica-se somente aos prazos processuais.

b) Suspensão dos prazos entre 20 de dezembro e 20 de janeiro

O art. 220 do CPC dispõe que se suspende o curso do prazo processual nos dias compreendidos entre 20 de dezembro e 20 de janeiro.

> **Art. 220.** Suspende-se o curso do prazo processual nos dias compreendidos entre 20 de dezembro e 20 de janeiro, inclusive.
>
> § 2º Durante a suspensão do prazo, não se realizarão audiências nem sessões de julgamento.

Isso não significa que o Poder Judiciário não exerça suas atividades nesse período. O que se suspende aqui é apenas o prazo, mas os juízes, membros do Ministério Público, da Defensoria Pública e da Advocacia Pública, bem como os auxiliares da Justiça, exercem normalmente suas atribuições, praticando atos processuais.

O próprio CPC deixou claro isso, afirmando que os juízes, membros do Ministério Público, da Defensoria Pública e da Advocacia Pública e os auxiliares da Justiça exercerão normalmente suas atividades nesse período

> § 1º Ressalvadas as férias individuais e os feriados instituídos por lei, os juízes, os membros do Ministério Público, da Defensoria Pública e da Advocacia Pública e os auxiliares da Justiça exercerão suas atribuições durante o período previsto no caput.

Dessa forma, parte da doutrina (Leonardo Carneiro da Cunha) defende que, se durante esse período houver algum ato a ser praticado pela Fazenda, ela deverá ser intimada, correndo normalmente o prazo, uma vez que os membros da Advocacia Pública devem exercer normalmente suas atribuições durante o período de 20 de dezembro a 20 de janeiro.

Assim, a suspensão prevista no art. 220 do CPC não alcança os prazos da Fazenda Pública, que correm normalmente no período ali mencionado, ressalvados o recesso da Justiça Federal e os feriados existentes dentro do período.

Cumpre ressaltar, contudo, que o assunto possui divergência doutrinária. Isso porque para Daniel Amorim, as partes até podem ser intimadas durante o recesso, mas a contagem do prazo de intimação se inicia no primeiro dia útil após o recesso, em 20 de janeiro.

Por fim, parece que a doutrina majoritária tem pendido para aplicação do artigo 220 também para advocacia pública, conforme entendimento da I Jornada de Direito Processual Civil, realizada pelo Conselho Nacional da Justiça Federal:

> **Enunciado 21** – A suspensão dos prazos processuais prevista no caput do art. 220 do CPC estende-se ao Ministério Público, à Defensoria Pública e à Advocacia Pública.

c) Casos em que não se aplica o prazo em dobro para se manifestar nos autos

Nos termos do próprio CPC **(Art. 183, § 1º)**, não se aplica o benefício da contagem em dobro quando a lei estabelecer, de forma expressa, prazo próprio para o ente público, não se aplicando o art. 183 do CPC, portanto, quando houver regra específica fixando prazo próprio. A seguir, veremos as principais exceções a regra do prazo em dobro.

1ª – Contestação na ação popular

Nos termos da Lei da Ação Popular **(Art. 7º, IV)**, o prazo de contestação é de 20 dias, prorrogáveis por mais 20, se particularmente difícil a produção de prova documental, e será comum a todos os interessados:

> **Art. 7º. (...)**
>
> **IV** – O prazo de contestação é de 20 (vinte) dias, prorrogáveis por mais 20 (vinte), a requerimento do interessado, se particularmente difícil a produção de prova documental, e será comum a todos os interessados, correndo da entrega em cartório do mandado cumprido, ou, quando for o caso, do decurso do prazo assinado em edital.

Em sendo comum a todos os interessados, não se aplica o prazo em dobro para a Fazenda.

2ª – Depósito do rol de testemunhas

A intimação de uma testemunha depende do fato de ela ser arrolada em momento oportuno. Nesse sentido, o rol de testemunhas deve ser depositado em juízo no prazo comum não superior a 15 (quinze) dias:

> **Art. 357. (...)**
>
> **§ 4º** Caso tenha sido determinada a produção de prova testemunhal, o juiz fixará prazo comum não superior a 15 (quinze) dias para que as partes apresentem rol de testemunhas.

Novamente por se tratar de prazo comum, não haverá prazo em dobro para Fazenda. Aqui, por se tratar de prazo judicial, o magistrado, ao fixar o prazo, já deve levar em conta as peculiaridades da Fazenda.

3ª – Prazos para o Estado Estrangeiro

O argumento utilizado para defender a possibilidade de o estado estrangeiro fazer jus ao benefício do prazo em dobro para se manifestar nos autos foi o princípio da igualdade entre os estados, previsto no art. 4º, V, da Constituição. Ademais, alegou-se que o estado estrangeiro possui as mesmas dificuldades típicas da burocracia administrativa.

O STJ, contudo, no âmbito do CPC de 73, não acatou essa tese. Na ocasião, ele asseverou que o princípio da igualdade entre os estados é acolhido na Carta Magna. Contudo, a sua aplicabilidade restringe-se à vida internacional das soberanias estatais.

O citado art. 4º refere-se a princípio de relações internacionais que afetam os estados enquanto convivem no meio que lhes é comum. É cabível, assim, o preceito apenas nas relações internacionais, uma vez que elas são regidas por um conjunto de normas jurídicas comuns a todos os estados. De modo diverso, se uma legislação nacional concede privilégios de ordem processual interna a entidades públicas domésticas, não se pode falar da extensão dos benefícios a entes externos.

Finalmente, em relação ao argumento de dificuldades típicas da burocracia administrativa, o STJ o afastou, especialmente porque o estado estrangeiro precisa contratar um escritório de advocacia particular para sua defesa **(AG 297.723/SP).**

Embora essa decisão tenha sido tomada no âmbito do CPC passado, os fundamentos dela não se alteraram, de forma que ela continua válida.

4ª – O prazo para impugnação ao cumprimento da sentença e para embargos à execução pela Fazenda Pública

As execuções contra a Fazenda podem ocorrer tanto pela sistemática do cumprimento de sentença, em se tratando de título judicial, quanto pela execução, no caso de título extrajudicial.

Nos casos de cumprimento de sentença, a defesa a ser oferecida é chamada de impugnação. Para os litigantes comuns, o prazo para oferecer impugnação é de 15 dias, nos termos do artigo 525 do NCPC. Contudo, quando a Fazenda estiver no polo passivo, o prazo para que ela ofereça impugnação é de 30 dias:

> **Art. 535.** A Fazenda Pública será intimada na pessoa de seu representante judicial, por carga, remessa ou meio eletrônico, para, querendo, no prazo de 30 (trinta) dias e nos próprios autos, impugnar a execução, podendo arguir:

Assim, considerando que o próprio CPC já prevê um prazo próprio para a Fazenda, este não deverá ser computado em dobro **(Art. 183, § 1º).**

A mesma coisa em relação aos embargos à execução, nas execuções de títulos extrajudiciais, no qual a Fazenda também dispõe de prazo próprio de 30 dias:

> **Art. 910.** Na execução fundada em título extrajudicial, a Fazenda Pública será citada para opor embargos em 30 (trinta) dias.

5ª – Suspensão de segurança

No âmbito da suspensão de segurança, o prazo de 05 dias para interpor agravo interno contra a decisão do presidente do Tribunal deve ser contando de forma simples para a Fazenda. É dizer, não se aplica o prazo em dobro para sua interposição **(AgRg no REsp 1.408.864/PR).**

6ª – Prazo nos Juizados Federais e da Fazenda Pública

Não se aplica o prazo em dobro para Fazenda nos Juizados Federais e da Fazenda Pública. Nesse sentido, o artigo 9º da Lei 10.259/01 e o artigo 7º da Lei 12.153/09:

> **Art. 9º** Não haverá prazo diferenciado para a prática de qualquer ato processual pelas pessoas jurídicas de direito público, inclusive a interposição de recursos, devendo a citação para audiência de conciliação ser efetuada com antecedência mínima de trinta dias.
>
> **Art. 7º** Não haverá prazo diferenciado para a prática de qualquer ato processual pelas pessoas jurídicas de direito público, inclusive a interposição de recursos, devendo a citação para a audiência de conciliação ser efetuada com antecedência mínima de 30 (trinta) dias.

7ª – Prazos em ação direta de inconstitucionalidade e ação declaratória de constitucionalidade

Por se tratar de processo de controle concentrado de constitucionalidade, não se aplica o artigo 183 do NCPC, conforme entendimento do STF **(ADI 2.130-AgR/SC).**

Cumpre ressaltar, contudo, que no ano de 2014, o STF proferiu duas decisões aparentemente contraditórias, demonstrando haver divergência entre suas turmas. De início, no julgamento ARE 661.288/SP, o STF entendeu que se aplica o prazo em dobro "aos recursos extraordinários interpostos em ações diretas de inconstitucionalidade no âmbito dos Tribunais de Justiça".

Contudo, no mesmo dia, a 2ª turma entendeu inaplicável o prazo diferenciado em ação de controle concentrado de inconstitucionalidade **(ARE 753.432 ED).**

Parte da doutrina tem defendido que não se aplica o prazo em dobro na ação de controle concentrado, mas se aplica para a interposição do recurso extraordinário, independentemente de qual seja a ação ou o processo.

Como o NCPC não trouxe regra sobre o tema, a polêmica continua.

8ª – Impossibilidade de cumulação do art. 183 com o artigo 229, ambos NCPC

O artigo 229 do NCPC prevê que os litisconsortes que tiverem diferentes procuradores, de escritórios de advocacia distintos, terão prazos contados em dobro para todas as suas manifestações, em qualquer juízo ou tribunal, independentemente de requerimento.

Nesse sentido, a doutrina (Leonardo Carneiro da Cunha) tem defendido a impossibilidade de cumulação do benefício do prazo em dobro previsto no art. 183 com o do art. 229.

Entendimento diverso, levaria a uma extensão desarrazoada de prazo para a Fazenda Pública. Ademais, no caso concreto, o interesse público já foi resguardado com a aplicação isolada do art. 183 do CPC, o qual previu prazo em dobro para todas as suas manifestações no processo.

9ª - Mandado de segurança

A autoridade coatora, no mandado de segurança, é notificada para prestar informações no prazo de 10 dias. Trata-se de prazo específico, razão pela qual não se conta em dobro.

Por outro lado, os recursos interpostos pela pessoa jurídica de direito público sujeitam-se a regra do art. 183, contando-se o prazo em dobro.

Cumpre ressaltar, aqui, que tanto a pessoa jurídica de direito público quanto a autoridade coatora podem interpor recurso da decisão. Assim, no caso de recurso interposto pela autoridade coatora, não há que se falar em prazo em dobro. Em outras palavras, a autoridade coatora não dispõe de prazo em dobro para recorrer, **sendo essa uma prerrogativa apenas da pessoa jurídica de direito público (REsp 264.632/SP).**

10ª - Resposta na ação Rescisória

No âmbito da ação rescisória, compete ao relator determina a citação do réu, estabelecendo um prazo mínimo de 15 dias e o máximo de 30 dias, para a resposta.

A doutrina (Leonardo Carneiro da Cunha) entende que, por se tratar de prazo judicial, não haveria prazo em dobro para a Fazenda. Ademais, o artigo 970 do CPC previu um limite máximo de 30 dias para a resposta, de forma que o prazo nunca deveria superior a 30 dias. Por fim, o autor argumenta ainda que o prazo previsto no artigo 970 é especial, de forma não se aplicaria o prazo em dobro.

Contudo, ainda no âmbito do CPC de 73, tanto o STF **(RE 94.960/RJ)**, quanto o STJ **(REsp 363.780/RS)** entenderam que se aplica o prazo em dobro para a Fazenda nas ações rescisórias. **Como o NCPC não trouxe modificação nesse ponto, é provável que o entendimento se mantenha.**

Assim, para evitar prejuízos a defesa, é necessário que o relator da ação rescisória, ao fixar o prazo da resposta, esclareça se entende que se aplica o prazo em dobro para a resposta.

11ª - Prazo para propor ação rescisória

A ação rescisória possui prazo decadencial de 02 anos para sua propositura, nos termos do art. 975. A Fazenda não dispõe de prazo em dobro para sua propositura, devendo respeitar o prazo de 02 anos.

6. INTIMAÇÃO PESSOAL

a) Aspectos Gerais

A intimação da União, Estados, DF, Municípios, suas autarquias e fundações, deve ser feita perante o órgão da advocacia pública responsável pela sua intimação:

> **Art. 269. (...)**
>
> **§ 3º** A intimação da União, dos Estados, do Distrito Federal, dos Municípios e de suas respectivas autarquias e fundações de direito público será realizada perante o órgão de Advocacia Pública responsável por sua representação judicial.

Ademais, a intimação deve ser feita de forma pessoal, por carga, remessa ou meio eletrônico. Dentre as três formas, a lei estabeleceu o meio eletrônico como preferencial:

> **Art. 246. (...)**
>
> **§ 1º** Com exceção das microempresas e das empresas de pequeno porte, as empresas públicas e privadas são obrigadas a manter cadastro nos sistemas de processo em autos eletrônicos, para efeito de recebimento de citações e intimações, as quais serão efetuadas preferencialmente por esse meio.
>
> **§ 2º** O disposto no § 1º aplica-se à União, aos Estados, ao Distrito Federal, aos Municípios e às entidades da administração indireta.

A retirada dos autos ou da secretaria pela Advocacia Pública implica intimação de qualquer decisão contida no processo, ainda que pendente de publicação:

> **Art. 272. (...)**
>
> **§ 6º** A retirada dos autos do cartório ou da secretaria em carga pelo advogado, por pessoa credenciada a pedido do advogado ou da socie-

dade de advogados, pela Advocacia Pública, pela Defensoria Pública ou pelo Ministério Público implicará intimação de qualquer decisão contida no processo retirado, ainda que pendente de publicação.

A publicação da decisão em órgão oficial é inaplicável à Advocacia Pública. Os advogados públicos são intimados pessoalmente, por carga, remessa ou meio eletrônico. Apesar disso, **não se dispensa a publicação da decisão em diário oficial, em atenção ao princípio da publicidade.**

Na contagem dos prazos, quando a intimação for feita por carga, considera-se dia do começo do prazo o dia da carga **(CPC, art. 231, VII)**. Por sua vez, quando a intimação ocorre por meio da remessa dos autos, ela é considerada realizada a partir do momento em que ela é recebida no órgão da advocacia pública.

Quando a intimação realizar-se por meio eletrônico, considera-se dia do começo do prazo o dia útil seguinte à consulta ao teor da intimação ou ao término do prazo para que a consulta se dê **(CPC, art. 231, V)**.

b) Uniformização da intimação pessoal:

Antes do NCPC, a legislação sobre a prerrogativa de intimação pessoal da Fazenda Pública era deficiente.

A legislação assegurava essa prerrogativa para todos os entes apenas na execução fiscal (**Art. 25, Lei 6.830/80**). Além dessa lei, apenas os membros da AGU possuíam essa prerrogativa, nos termos do art. 6º, da Lei 9.028/96.

Os membros da advocacia pública municipal e estadual precisavam que legislações próprias estabelecem essa prerrogativa.

O NCPC acabou com essa insegurança, ao estabelecer no artigo 183 a prerrogativa de intimação pessoal para toda a Advocacia Pública, incluindo as dos Estados e Municípios.

Houve, portanto, uma salutar uniformização das prerrogativas de intimação pessoal.

7. INTIMAÇÃO PELO ADVOGADO DA PARTE CONTRÁRIA

O NCPC trouxe uma grande novidade, facultando ao advogado promover a intimação do advogado da outra parte por meio do correio, juntando aos autos, em seguida, cópia do ofício de intimação e do aviso de recebimento. O ofício de intimação deve ser instruído com cópia da decisão:

Art. 269. (...)

§ 1º É facultado aos advogados promover a intimação do advogado da outra parte por meio do correio, juntando aos autos, a seguir, cópia do ofício de intimação e do aviso de recebimento.

§ 2º O ofício de intimação deverá ser instruído com cópia do despacho, da decisão ou da sentença.

Segundo a doutrina (Daniel Amorim), trata-se de faculdade aplicável a qualquer tipo de decisão, proferida em qualquer grau de jurisdição.

Cumpre ressaltar, contudo, nos termos do entendimento de Leonardo Carneiro da Cunha, **que essa faculdade não se aplica quando a parte contrária for um advogado público.** É que a Fazenda Pública possui a prerrogativa de intimação pessoal, por carga, remessa ou autos eletrônicos.

Assim, se a intimação da Fazenda deve ser pessoal e essa somente é considerada pessoal se for realizada por meio de carga, remessa ou autos eletrônicos, não é possível realizar intimação da Fazenda Pública por ofício expedido pelo advogado da parte contrária.

III

FAZENDA PÚBLICA E A PRESCRIÇÃO

1. PRESCRIÇÃO NAS AÇÕES AJUIZADAS CONTRA A FAZENDA

Nas prescrições em favor da Fazenda, além das disposições do Código Civil, aplicam-se as regras do Decreto 20.910/32 e Decreto-Lei 4.597/42.

Nesse sentido, o Decreto 20.910/32 estabelece o seguinte:

> **Art. 1º** As dívidas passivas da União, dos Estados e dos Municípios, bem assim todo e qualquer direito ou ação contra a Fazenda federal, estadual ou municipal, seja qual for a sua natureza, prescrevem em cinco anos contados da data do ato ou fato do qual se originarem.

Assim, as pretensões formuladas em face da Fazenda Pública prescrevem 05 anos.

Na realidade, o prazo de 05 anos previsto no ordenamento, regula não apenas a prescrição, mas também a decadência contra a Fazenda. Isso porque, na época em que foi editado o Decreto 20.910/32, não havia uma diferença clara entre os institutos, o que somente veio a ocorrer a partir do Código Civil de 2002.

Nesse sentido, o artigo 2º do Decreto-Lei 4.597/42, ao se referir a todo direito e ação, acaba abarcando a decadência de direitos exercitáveis contra a Fazenda.

> **Art. 2º** O Decreto nº 20.910, de 6 de janeiro de 1932, que regula a prescrição quinquenal, abrange as dívidas passivas das autarquias, ou enti-

> dades e órgãos paraestatais, criados por lei e mantidos mediante impostos, taxas ou quaisquer contribuições, exigidas em virtude de lei federal, estadual ou municipal, bem como a todo e qualquer direito e ação contra os mesmos.

Assim, sendo o prazo prescricional ou decadencial, todos os direitos, pretensões, ações, exceções exercidos contra a Fazenda Pública sujeitam-se ao prazo de 5 (cinco) anos, ressalvados aqueles de menor prazo, nos termos do art. 10 do Decreto 20.910/1932:

> **Art. 10.** O disposto nos artigos anteriores não altera as prescrições de menor prazo, constantes das leis e regulamentos, as quais ficam subordinadas às mesmas regras.

2. ABRANGÊNCIA DE SUA APLICAÇÃO

A prescrição quinquenal prevista nos Decreto 20.910/32 e Decreto-Lei 4.597/42 beneficia apenas a Fazenda Pública. Nesse conceito, estão abrangidos apenas a União, os Estados, o Distrito Federal, os Municípios e suas respectivas autarquias e fundações públicas. Não estão contempladas pelas regras contidas nos referidos diplomas legais as empresas públicas e as sociedades de economia mista **(REsp 1.270.671/RS).**

Cumpre ressaltar, contudo, que o STF já entendeu que as autarquias e sociedades de economia mista que prestam serviços em regime de exclusividade (Ex: Correios), são equiparadas a Fazenda Pública.

3. AÇÕES ENVOLVENDO PRESTAÇÕES DE TRATO SUCESSIVO

É possível que a prescrição contra a Fazenda Pública trata de situações que se renovam em dias, meses ou anos. Aqui, a prescrição vai atingir as parcelas **de forma progressiva,** na medida em que elas atinjam o prazo de 05 anos, nos termos do art. 3º, do Decreto 20.910/32:

> **Art. 3º** Quando o pagamento se dividir por dias, meses ou anos, a prescrição atingirá progressivamente as prestações à medida que completarem os prazos estabelecidos pelo presente decreto.

Nesse sentido, o STJ também editou uma súmula sobre a questão:

STJ – Sumula 85: Nas relações jurídicas de trato sucessivo em que a fazenda pública figure como devedora, quando não tiver sido negado o próprio direito reclamado, a prescrição atinge apenas as prestações vencidas antes do quinquênio anterior a propositura da ação.

Cumpre esclarecer, assim, que a referida súmula aplica-se somente nas relações de trato sucessivo, assim consideradas quando há omissão ou quando a Administração não se pronuncia expressamente sobre o pleito da parte. Contudo, caso a Administração **formalmente negue o pleito** do interessado, surgir ai uma pretensão, a ser cobrado em juízo no prazo de 05 anos **(AgRg no Aresp 555.736/RJ).**

Conforme vimos, havendo negativa expressa por parte da Administração, não há que se falar na aplicação da Súmula 85, ocorrendo a chamada "prescrição do fundo do direito".

Sobre o tema, é importante fazer a distinção entre os casos de supressão e redução de uma gratificação. No caso em que a **supressão**, é dizer, a Administração para totalmente de pagar uma gratificação, o STJ entende que se trata de prescrição de fundo de direito **(AgRg nos EDcl no REsp 1291894/RJ).**

Já se for o caso de **redução,** é dizer, a Administração continua a pagar a gratificação, mas em valor menor, não é caso de prescrição de fundo de direito, atingindo prescrição somente os últimos 05 anos, nos termos da Súmula 85 do STJ **(AgRg nos EDcl no Ag 1093972/GO).**

4. INTERRUPÇÃO DA PRESCRIÇÃO EM FAVOR DA FAZENDA

A interrupção da prescrição em favor da Fazenda somente pode ocorrer uma única vez (Artigo 8º do Decreto 20.910/32).

Po sua vez, o Decreto 20.910/32 estabeleceu que, uma vez interrompida a prescrição em favor da Fazenda, ela volta a correr pela metade do prazo, é dizer, pelo prazo de 2 anos e meio:

> **Art. 9º** A prescrição interrompida recomeça a correr, pela metade do prazo, da data do ato que a interrompeu ou do último ato ou termo do respectivo processo.

A aplicação literal desse dispositivo, contudo, poderia levar a injustiça, uma vez que, se a interrupção tivesse ocorrido antes de transcorrido o prazo de dois anos e meio, o prazo total da prescrição seria menor que 05 anos.

Parece confuso, mas não é: imagine que a interrupção da prescrição tenha ocorrido após um ano. Nesse caso, se o prazo voltasse a correr pela metade, a soma dos prazos (01 ano da prescrição original + 2 anos e meio da interrupção = 3 anos e meio) seria inferior aos 5 anos.

Justamente para evitar esse tipo de situação, o STF editou a Súmula 383:

> **STF – Súmula 383:** A prescrição em favor da Fazenda Pública recomeça a correr, por dois anos e meio, a partir do ato interruptivo, mas não fica reduzida aquém de cinco anos, embora o titular do direito a interrompa durante a primeira metade do prazo.

Diante disso, temos duas situações:

a) se até a interrupção não tiver transcorrido 2 anos e meio, o prazo recomeça a correr pela diferença que falta até completar 05 anos (Ex: foi interrompido com 01 anos. Nesse caso, o prazo vai voltar a correr com 04 anos).

b) Caso. entretanto, a interrupção tenha ocorrido quando já ultrapassados mais de dois anos e meio, recomeça a correr pelo prazo de dois anos e meio (Ex: foi interrompido com 03 anos. Nesse caso, volta a correr com 02 anos e meio).

Em resumo, no cômputo total do prazo prescricional, não haverá período inferior a 5 (cinco) anos, podendo ocorrer lapso de tempo superior, caso a interrupção tenha se operado quando já ultrapassados dois anos e meio.

5. PRESCRIÇÕES EM AÇÕES DE INDENIZAÇÃO CONTRA A FAZENDA

Com o advento do Código Civil de 2002, a prescrição das pretensões envolvendo reparação civil foi reduzida para 03 anos **(Art. 206, § 3º, V)**.

Diante disso, a doutrina passou a se questionar: nas ações de reparação, a Fazenda mantém-se submetida ao prazo prescricional de 5 (cinco) anos, ou deve submeter-se à nova regra encartada no Código Civil?

Inicialmente, poderia se alegar que o prazo de 05 anos é previsto na legislação especial. Assim, a legislação especial deveria prevalecer sobre a geral. Contudo, é preciso sempre lembrar que o artigo 10 do Decreto 20.910/32 estabelece que o prazo de 05 anos se aplica, ressalvado os casos em que a lei estabeleça prazos menores. Assim, a doutrina (Leonardo Carneiro da Cunha) passou a defender a aplicação do prazo de 03 anos previsto no Código do Civil.

Ademais, além do disposto no artigo 10, do Decreto 20.910/32, argumenta-se ainda que o disposto no Código Civil, por ser lei posterior, revogou o Decreto 20.910/32 neste aspecto. É que como se sabe, lei posterior revoga a anterior.

O STJ, contudo, em sede recurso repetitivo, entendeu que o prazo prescricional, mesmo para as pretensões de reparação civil exercidas contra o Poder Público, é de 5 (cinco) anos.

Segundo entendimento manifestado pelo STJ, o Decreto 20.910, de 1932, encerra norma especial, a prevalecer sobre a legislação geral. Ademais, de acordo com o entendimento manifestado pelo STJ, o art. 10 do Decreto 20.910, de 1932, refere-se a prazos anteriores, existentes quando de sua edição, não alcançando prazos posteriores, estabelecidos posteriormente **(REsp 1.251.993/PR).**

6. PRESCRIÇÃO EM EXECUÇÃO CONTRA A FAZENDA

Transitada em julgada a sentença contra a Fazenda, nasce para o beneficiário outro prazo prescricional.

O prazo para o exercício da pretensão executiva é o mesmo para o da pretensão veiculada na demanda de conhecimento. Se o sujeito dispõe de 5 (cinco) anos para demandar a Fazenda Pública, terá também 5 (cinco) anos para propor o cumprimento da sentença.

> **STF – Súmula 150:** Prescreve a execução no mesmo prazo de prescrição da ação.

7. PRESCRIÇÃO EM AÇÃO DECORRENTE DE TORTURA

Sobre o tema, esclarece que somente as ações decorrentes de casos de perseguição, tortura e morte de presos, por motivos políticos, ocorridas **durante o regime militar** são imprescritíveis **(Resp 1.374.376/CE).**

No caso em que o fato tenha ocorrido **após o regime militar**, as ações possuem o prazo prescricional de 05 anos, com fundamento no Decreto 20.910/32, art. 1º, contados:

a) Se tiver sido ajuizada ação penal contra os autores do crime: o termo inicial da prescrição será o trânsito em julgado da sentença penal.

b) Se o inquérito policial tiver sido arquivado (**não foi ajuizada ação penal**): o termo inicial da prescrição da ação de indenização é a data do arquivamento do IP.

Por qual motivo a jurisprudência faz essa distinção?

Para o STJ, as ações decorrentes de fatos ocorridos durante o regime militar devem ser imprescritíveis porque se referem a um período (regime militar) em que a ordem jurídica foi desconsiderada, com legislação de exceção, tendo havido, sem dúvida, incontáveis abusos e violações dos direitos fundamentais, mormente do direito à dignidade da pessoa humana **(AgRg no Ag 1.391.062/RS).**

8. PRESCRIÇÃO EM MATÉRIA AMBIENTAL

Com relação aos prazos prescricionais em matéria ambiental, é necessário fazer a seguinte distinção.

A obrigação civil de reparar os danos ambientais não se sujeita a prazo prescricional, é dizer, é imprescritível, conforme entendimento do STJ **(AgRg no REsp 1.466.096/RS).** Isso porque, não raras vezes, as consequências nocivas dos danos ambientais são suportadas não apenas pela geração atual, mas também pelas futuras gerações.

Cuida-se, assim, de uma aplicação concreta **do princípio da solidariedade intergeracional ou equidade intergeracional.**

Contudo, não se pode confundir a reparação dos danos ambientais, que é imprescritível, com a pretensão administrativa envolvendo penalidades aplicadas em relação a prática de ilícitos ambientais, cuja o prazo de prescrição é de 05 anos:

> **STJ – Súmula 467:** Prescreve em cinco anos, contados do término do processo administrativo, a pretensão da administração pública de promover a execução da multa por infração ambiental.

IV

PAGAMENTOS E VALORES EXIGIDOS DO PODER PÚBLICO NO DECORRER DO PROCESSO

1. INTRODUÇÃO

O exercício da jurisdição pelo Estado tem um alto custo. Esse custo é suportado tanto pelos tributos arrecadados pelo Estado, quanto pelo pagamento das despesas processuais pelas partes litigantes. Nesse capítulo, veremos como ocorre o pagamento dessas despesas quando a Fazenda Pública atua nos autos.

2. DESPESAS PROCESSUAIS

a) Distinção entre custas, emolumentos e despesas em sentido estrito e natureza jurídica

O CPC determina que, em regra, cabe às partes o pagamento das despesas dos atos que realizarem ou requererem no processo, antecipando-lhes o pagamento, desde o início até a sentença final ou, na execução, até a plena satisfação do direito reconhecido no título:

> **Art. 82.** Salvo as disposições concernentes à gratuidade da justiça, incumbe às partes prover as despesas dos atos que realizarem ou requererem no processo, antecipando-lhes o pagamento, desde o início até a sentença final ou, na execução, até a plena satisfação do direito reconhecido no título.

O termo despesa é gênero, do qual decorrem 03 espécies, conforme entendimento doutrinário (Leonardo Carneiro da Cunha):

1º custas: destinam-se a remunerar a prestação da atividade jurisdicional, desenvolvida pelo Estado-juiz por meio de suas serventias e cartórios;

2º emolumentos: destinam-se a remunerar os serviços prestados pelos serventuários de cartórios ou serventias não oficializados, remunerados pelo valor dos serviços desenvolvidos e não pelos cofres públicos.

3º despesas, em sentido estrito: destinam-se a remunerar terceiras pessoas acionadas pelo aparelho judicial, no desenvolvimento da atividade do Estado-juiz. Nesse sentido, os honorários do perito e o transporte do oficial de Justiça constituem, por exemplo, despesas em sentido estrito.

Com relação a natureza jurídica, o STF entendeu que as custas e emolumentos judiciais possuem **natureza tributária**, constituindo-se de uma taxa destinada a remunerar um serviço público posto a disposição dos cidadãos **(ADI 1.378 MC/ES)**. Isso porque a prestação jurisdicional é um serviço específico e divisível posto a disposição dos jurisdicionados, estando presentes os requisitos legais para a cobrança de uma taxa.

b) Momento de pagamento

O art. 91 do CPC refere-se a despesas, estabelecendo que elas somente serão pagas pela Fazenda Pública ao final, se vencida.

Como vimos anteriormente, o termo despesa é composto pelas custas, emolumentos e despesas em sentido estrito. As custas e emolumentos possuem natureza tributária, conforme entendimento do STF.

Por outro lado, as despesas em sentido estrito constituem na remuneração de terceiros, estranhos ao processo, não sendo razoável exigir que eles trabalhem sem contraprestação.

É exatamente por isso que a dispensa ao pagamento de despesas prevista no artigo 91, alcança apenas as custas e emolumentos, **não alcançando as despesas em sentido estrito.**

Nesse sentido o STJ:

> **STJ – Súmula 190:** Na execução fiscal, processada perante a Justiça Estadual, cumpre à Fazenda Pública antecipar o numerário destinado ao custeio das despesas com o transporte dos oficiais de justiça.

Ao interpretar essa súmula, a doutrina (Guilherme Freire de Melo Barros) defende que ela não se aplica quando o Estado fornece carros oficiais para o cumprimento de diligências pelos servidores.

Ao adversário da Fazenda cabe arcar com o pagamento dos atos que requerer, podendo ser ressarcido ao final, caso saía vitorioso na demanda. Em resumo, a Fazenda não está obrigada a recolher custas e emolumentos para a prática dos atos que requerer, uma vez que diante da natureza tributária deles, estaria pagando a si mesma (confusão), **mas é obrigada a ressarcir a parte contrária, caso ela saía vitoriosa na demanda.**

c) Honorários periciais

Conforme exaustivamente demonstrado no tópico passado, a dispensa ao pagamento de despesas concedida para Fazenda não abrange as despesas em sentido estrito, dentre as quais se incluem os honorários do perito e do assistente técnico.

Com relação ao assistente técnico, o CPC determina que cada parte deve arcar com o pagamento do seu. Já com relação ao perito, seus honorários devem ser pagos pela parte que houver requerido a perícia ou rateada quando a perícia for determinada de ofício ou requerida por ambas as partes:

> **Art. 95.** Cada parte adiantará a remuneração do assistente técnico que houver indicado, sendo a do perito adiantada pela parte que houver requerido a perícia ou rateada quando a perícia for determinada de ofício ou requerida por ambas as partes.

Por fim, as perícias requeridas pela Fazenda Pública poderão ser realizadas por entidade pública ou pagas com recursos próprios, destinados a essa finalidade. Caso não haja previsão orçamentária no exercício financeiro para adiantamento dos honorários periciais, eles serão pagos no exercício seguinte ou ao final, pelo vencido, caso o processo se encerre antes do adiantamento a ser feito pelo ente público.

> **Art. 91. (...)**
>
> **§ 1º** As perícias requeridas pela Fazenda Pública, pelo Ministério Público ou pela Defensoria Pública poderão ser realizadas por entidade pública ou, havendo previsão orçamentária, ter os valores adiantados por aquele que requerer a prova.
>
> **§ 2º** Não havendo previsão orçamentária no exercício financeiro para adiantamento dos honorários periciais, eles serão pagos no exercício seguinte ou ao final, pelo vencido, caso o processo se encerre antes do adiantamento a ser feito pelo ente público.

3. HONORÁRIOS

a) Aspectos Gerais

Nos termos do CPC, cabe ao vencido o pagamento dos honorários da parte vencedora:

> **Art. 85.** A sentença condenará o vencido a pagar honorários ao advogado do vencedor.

Os honorários são devidos ainda que o advogado atue em causa própria:

> **Art. 85. (...)**
>
> **§ 17.** Os honorários serão devidos quando o advogado atuar em causa própria.

Ademais, o advogado também poderá requerer que o pagamento seja realizado para o escritório de advocacia na qual é sócio, desde a procuração outorgada faça menção a sociedade e não apenas aos sócios que a integram:

> **§ 15.** O advogado pode requerer que o pagamento dos honorários que lhe caibam seja efetuado em favor da sociedade de advogados que integra na qualidade de sócio, aplicando-se à hipótese o disposto no § 14.

Isso porque, conforme entendimento consolidado do STJ, o serviço não se considera prestado pela sociedade, quando não há menção a ela na procuração (**AgRg no REsp 1114785/ SP).**

Os honorários são um direito do advogado, possuindo natureza alimentar. Assim, gozam dos mesmos privilégios dos créditos oriundos da legislação do trabalho, sendo vedada a compensação em caso de sucumbência parcial:

> **§ 14.** Os honorários constituem direito do advogado e têm natureza alimentar, com os mesmos privilégios dos créditos oriundos da legislação do trabalho, sendo vedada a compensação em caso de sucumbência parcial.

O fundamento da lei é o seguinte: os honorários são um direito do advogado. Assim, considerando que na sucumbência parcial as figuras do credor e do devedor não coincidem reciprocamente, pois o autor é devedor do seu advogado e o réu é devedor do seu, não há que se falar em compensação. Quem sucumbiu parcialmente foi o autor e o réu e não seus advogados.

Com a redação do § 14, do artigo 855, fica superado a súmula 306:

STJ - Súmula 306: Os honorários advocatícios devem ser compensados quando houver sucumbência recíproca, assegurado o direito autônomo do advogado à execução do saldo sem excluir a legitimidade da própria parte.

b) Titularidade dos honorários

Os honorários, como vimos, pertence ao advogado. Esse é um direito que também se aplica ao advogado público, o que foi expressamente reconhecido pelo 85 do CPC:

> **§ 19.** Os advogados públicos perceberão honorários de sucumbência, nos termos da lei.

Conforme se vê, o § 19 exige que cada ente edite lei própria regulamentado a forma como os advogados públicos perceberam os honorários.

Em outras palavras, para que os advogados públicos percebam os honorários de sucumbência, é preciso que haja uma lei regulamentando a divisão, os valores, os detalhes do recebimento por cada um deles no âmbito da respectiva procuradoria.

No âmbito federal, por exemplo, a percepção dos honorários foi regulamentada pela Lei 13.327/2016.

@direitodiretoblog - Os honorários advocatícios recebidos pelos membros da advocacia pública se submetem ao teto constitucional?

Ao analisar a situação dos honorários percebidos pelos membros da Procuradoria-Geral do Município de São Paulo (PGM/SP), o STF entendeu que sim **(Emb. Decl. no recurso extraordinário 380.538).**

O fundamento é que os honorários advocatícios devidos aos procuradores municipais, **por constituírem vantagem conferida indiscriminadamente a todos os integrantes da categoria**, possuem natureza geral, razão pela qual se incluem no teto remuneratório constitucional.

Esse entendimento foi proferido antes da entrada em vigor do NCPC. Apesar de não ser ninguém na fila do pão, esse autor acredita que o entendimento do STF vai se manter, posto que seus fundamentos não se alteraram com o NCPC.

Por fim, cumpre ressaltar que a doutrina entende que a lei regulamentadora do ente público não pode excluir a titularidade dos honorários por parte dos advogados públicos:

Enunciado 384 do Fórum Permanente dos Processualistas Civis: A lei regulamentadora não poderá suprimir a titularidade e o direito à percepção dos honorários de sucumbência dos advogados públicos

c) Princípio da causalidade

A responsabilidade pelo pagamento dos honorários ocorre apenas quando se julga a causa. Assim, não haverá fixação no caso da resolução de simples incidente. Nos termos o NCPC, os honorários são devidos nos seguintes procedimentos:

> **Art. 85.** (...)
>
> **§ 1º** São devidos honorários advocatícios na reconvenção, no cumprimento de sentença, provisório ou definitivo, na execução, resistida ou não, e nos recursos interpostos, cumulativamente.

Pela redação do artigo 85 do CPC, a responsabilidade pelo pagamento nos honorários nesses procedimentos é do vencido.

Realmente, na maioria das causas, de fato, é a parte vencida quem deve arcar com os honorários, uma vez que foi ele quem deu causa ao ajuizamento da causa.

Isso ocorre porque a condenação em honorários decorre do princípio da causalidade, é dizer, quem deu causa ao ajuizamento da ação é que deve ser responsável pelo pagamento dos honorários.

A derrota, conforme nos lembra Leonardo Carneiro da Cunha, constitui um forte indício de ter sido o vencido o causador daquela demanda. Contudo, há situações em que mesmo a parte sido vitoriosa na demanda, foi ela quem causou o ajuizamento da causa.

Nesse sentido, o STJ pacificou o entendimento de que não pode ser responsabilizado pelos honorários advocatícios o credor que indica à penhora imóvel transferido a terceiro mediante compromisso de compra e venda não registrado no Cartório de Imóveis. Com a inércia do comprador em proceder ao registro não havia como o exequente tomar conhecimento de uma possível transmissão de domínio **(REsp 490.605/SC).**

d) Critérios de fixação nas causas em que o Poder Público não é parte

Os parâmetros para fixação dos honorários nas causas em que a Fazenda não for parte, foi assim disciplinado pelo CPC:

> Art. 85. (...)
>
> **§ 2º** Os honorários serão fixados entre o mínimo de dez e o máximo de vinte por cento sobre o valor da condenação, do proveito econômico obtido ou, não sendo possível mensurá-lo, sobre o valor atualizado da causa, atendidos:
>
> **I** – o grau de zelo do profissional;
>
> **II** – o lugar de prestação do serviço;
>
> **III** – a natureza e a importância da causa;
>
> **IV** – o trabalho realizado pelo advogado e o tempo exigido para o seu serviço.

Assim, ao estimar o valor dos honorários, o magistrado não pode fixar menos que 10% e mais que 20% e deve analisar os 04 parâmetros previstos no § 2º. Por exemplo, uma causa de complexidade simples deve ter fixado um percentual menor que uma causa de maior complexidade.

Os limites de 10% e de 20% aplicam-se independentemente de qual seja o conteúdo da decisão, inclusive aos casos de improcedência e de extinção sem resolução do mérito:

> **§ 6º** Os limites e critérios previstos nos §§ 2º e 3º aplicam-se independentemente de qual seja o conteúdo da decisão, inclusive aos casos de improcedência ou de sentença sem resolução de mérito.

Por fim, os honorários de sucumbência não devem ser fixados em salários mínimos:

> **STJ – Súmula 201:** os honorários advocatícios não podem ser fixados em
>
> salários-mínimos.

e) Critérios de fixação nas causas em que o Poder Público é parte

Nos feitos em que a Fazenda Pública é parte, o CPC determinou, além da observância dos quatro critérios descritos no tópico passado, a observância dos seguintes percentuais, que irão variar de acordo com o valor da condenação ou proveito econômico.

> **§ 3º** Nas causas em que a Fazenda Pública for parte, a fixação dos honorários observará os critérios estabelecidos nos incisos I a IV do § 2º e os seguintes percentuais:
>
> **I** – mínimo de dez e máximo de vinte por cento sobre o valor da condenação ou do proveito econômico obtido até 200 (duzentos) salários-mínimos;
>
> **II** – mínimo de oito e máximo de dez por cento sobre o valor da condenação ou do proveito econômico obtido acima de 200 (duzentos) salários-mínimos até 2.000 (dois mil) salários-mínimos;
>
> **III** – mínimo de cinco e máximo de oito por cento sobre o valor da condenação ou do proveito econômico obtido acima de 2.000 (dois mil) salários-mínimos até 20.000 (vinte mil) salários-mínimos;
>
> **IV** – mínimo de três e máximo de cinco por cento sobre o valor da condenação ou do proveito econômico obtido acima de 20.000 (vinte mil) salários-mínimos até 100.000 (cem mil) salários-mínimos;
>
> **V** – mínimo de um e máximo de três por cento sobre o valor da condenação ou do proveito econômico obtido acima de 100.000 (cem mil) salários-mínimos.

Os percentuais serão logo aplicados, quando a sentença for líquida. Sendo ela ilíquida, sua aplicação só se dará quando ultimada a liquidação.

Será considerado o salário-mínimo vigente no momento da sentença líquida ou o que estiver em vigor na data da decisão de liquidação.

> **§ 4º** Em qualquer das hipóteses do § 3º:
>
> **I** – os percentuais previstos nos incisos I a V devem ser aplicados desde logo, quando for líquida a sentença;
>
> **II** – não sendo líquida a sentença, a definição do percentual, nos termos previstos nos incisos I a V, somente ocorrerá quando liquidado o julgado;
>
> **III** – não havendo condenação principal ou não sendo possível mensurar o proveito econômico obtido, a condenação em honorários dar-se-á sobre o valor atualizado da causa;
>
> **IV** – será considerado o salário-mínimo vigente quando prolatada sentença líquida ou o que estiver em vigor na data da decisão de liquidação.

O CPC também estabeleceu o seguinte:

> **§ 5º** Quando, conforme o caso, a condenação contra a Fazenda Pública ou o benefício econômico obtido pelo vencedor ou o valor da causa for superior ao valor previsto no inciso I do § 3º, a fixação do percentual

> de honorários deve observar a faixa inicial e, naquilo que a exceder, a faixa subsequente, e assim sucessivamente.

Com esse dispositivo, o CPC quis afirmar o seguinte: Se o valor do benefício econômico ou da causa for, por exemplo, de 500 (quinhentos) salários mínimos, o valor dos honorários será fixado entre 10% (dez por cento) e 20% (vinte por cento) sobre 200 (duzentos) salários mínimos, ao que se acresce a fixação entre 8% (oito por cento) e 10% (dez por cento) sobre 300 (trezentos) salários-mínimos.

Nas causas de **valor irrisório ou muito baixo**, os honorários assim serão calculados:

> **§ 8º** Nas causas em que for inestimável ou irrisório o proveito econômico ou, ainda, quando o valor da causa for muito baixo, o juiz fixará o valor dos honorários por apreciação equitativa, observando o disposto nos incisos do § 2º

A depender dos elementos concretos da demanda, e diante de uma apreciação equitativa que leve em conta os critérios contidos no § 2º, art. 85 do CPC, poderão os honorários ser estabelecidos num valor fixo, sendo, de um lado, suficiente para bem remunerar o trabalho desenvolvido pelo advogado e, de outro lado, apto a não gerar um impacto significativo no Erário.

Finalmente, cumpre ressaltar que nas ações previdenciárias, a fazenda pode ser condenada, atendido os valores previstos no § 3º, do artigo 85. Contudo, o valor dos honorários fixados de acordo com a lista de percentuais incidentes sobre o valor da condenação, não deverá incidir sobre o montante correspondente às prestações vincendas:

STJ – Súmula 111: Os honorários advocatícios, nas ações previdenciárias, não incidem sobre as prestações vencidas após a sentença.

f) Honorários advocatícios em grau recursal

O novo CPC inovou em nosso ordenamento, passando a prevê a possibilidade de fixação de honorários em sede de julgamento de recurso:

> **Art. 85. (...)**
>
> **§ 11.** O tribunal, ao julgar recurso, majorará os honorários fixados anteriormente levando em conta o trabalho adicional realizado em grau recursal, observando, conforme o caso, o disposto nos §§ 2º a 6º, sendo vedado ao tribunal, no cômputo geral da fixação de honorários devi-

dos ao advogado do vencedor, ultrapassar os respectivos limites estabelecidos nos §§ 2º e 3º para a fase de conhecimento.

Essa nova previsão, conforme entendimento do STJ (**AgInt no AREsp 370.579/RJ**) tem dois objetivos principais:

a) Remunerar o trabalho do advogado que terá que atuar também na fase de recurso;

b) Desestimular a interposição de recursos, considerando que, agora, se eles forem improvidos, o recorrente terá que pagar honorários advocatícios, o que não existia antes.

Assim, por exemplo, vencida na demanda, a parte terá contra ele honorários fixados. Caso recorra e venha novamente a ser vencida, haverá a fixação de novos honorários.

Essa nova fixação de honorários, decorrente da sucumbência, pode decorrer tanto de um julgamento monocrático quanto por decisão colegiada.

O valor total dos honorários, aí incluída a parcela acrescida com o julgamento do recurso, não deve superar o equivalente a 20% do valor da condenação, do proveito econômico obtido ou, não sendo possível mensurá-lo, do valor atualizado da causa.

Por exemplo, no caso em que o juiz de primeiro grau já fixe os honorários em 20%, não será mais possível a majoração em sede de recurso, uma vez que os honorários já foram fixados em grau máximo.

No caso de demanda que envolva o Poder Público, devem ser observados os limites das faixas previstas no § 3° do art. 85 do CPC na fase de conhecimento e, igualmente, na fase de cumprimento da sentença.

O STF entendeu que é cabível a fixação de honorários recursais, prevista no art. 85, § 11, do CPC/2015, **mesmo quando não apresentadas contrarrazões ou contraminuta pelo advogado (AO 2063 AgR/CE)**.

Segundo o STF, a ausência de resposta ao recurso pela parte contrária não tem o condão de afastar a aplicação do disposto no art. 85, § 11, do CPC, eis que a medida tem o claro intuito de desestimular a interposição de recursos procrastinatórios que serão desprovidos, independentemente da apresentação de contrarrazões.

Por fim, deve ficar claro que, **não é possível a fixação de honorários em sede de recurso se o processo originário não prevê a possibilidade de condenação em honorários.** É o caso, por exemplo, do mandado de segurança, que não admite condenação em honorários advocatícios (art.

25 da Lei nº 12.016/2009, súmula 105-STJ e súmula 512-STF). Logo, se for interposto um recurso especial ou extraordinário neste processo, o Tribunal não fixará honorários recursais **(ARE 948578 AgR/RS, ARE 951589 AgR/PR e ARE 952384 AgR/MS).**

A doutrina majoritária tem entendido que não é possível a fixação de honorários advocatícios nos casos de recursos interpostos no mesmo grau de jurisdição, a exemplo dos Embargos de Declaração:

> **Enunciado 16-ENFAM:** Não é possível majorar os honorários na hipótese de interposição de recurso no mesmo grau de jurisdição (art. 85, § 11, do CPC/2015).

No julgamento de embargos de declaração, não há majoração de honorários advocatícios anteriormente fixados. Isso porque o § 11 do art. 85 do CPC refere-se a tribunal, afastando a sucumbência recursal no âmbito da primeira instância. Assim, opostos embargos de declaração contra decisão interlocutória ou contra sentença, não há sucumbência recursal, não havendo, de igual modo e em virtude da simetria, sucumbência recursal em embargos de declaração opostos contra decisão isolada do relator ou contra acórdão.

Esse assunto, contudo, tem sido o de maior controvérsia na jurisprudência. O STJ tem seguido o entendimento doutrinário, entendendo pela impossibilidade de fixação de honorários em sede de embargos de declaração **(EDcl no AgInt no AREsp 1000383/BA)**. O STF, contudo, possui precedente em sentido contrário **(RE 929925 AgR-ED/RS).**

O STJ também decidiu sentença proferida após o CPC/2015 deverá observar as suas regras quanto aos honorários, ainda a ação tenha sido proposta antes da sua entrada em vigor **(REsp 1.636.124/AL).**

Por fim, o STJ **(EDcl no REsp 1.573.573)** entendeu que a fixação dos honorários em sede recursal passa pelos seguintes requisitos:

a) O recurso deverá desafiar decisão publicada a partir de 18 de março de 2016 (enunciado 7 do STJ);

> **STJ – Enunciado administrativo nº 07:** Somente nos recursos interpostos contra decisão publicada a partir de 18 de março de 2016, será possível o arbitramento de honorários sucumbenciais recursais, na forma do art. 85, § 11, do novo CPC.

b) O não conhecimento integral ou o desprovimento do recurso pelo relator monocraticamente, ou pelo órgão colegiado competente;

c) A verba honorária sucumbencial deve ser devida desde a origem no feito em que interposto o recurso; e

d) Não terem sido atingidos os limites estabelecidos nos §§ 2º e 3º do art. 85 do CPC/15.

g) Honorários no cumprimento de sentença

Nos termos do art. 85, § 1º, são devidos honorários no cumprimento da sentença, provisório ou definitivo, e na execução, embargada ou não. Contudo, o CPC excepcionou a fixação de honorários no caso de cumprimento de sentença contra a fazenda, desde que não impugnada:

> **Art. 85. (...)**
>
> § 7º Não serão devidos honorários no cumprimento de sentença contra a Fazenda Pública que enseje expedição de precatório, desde que não tenha sido impugnada.

Assim, em razão do § 7º do art. 85 do CPC, quando o cumprimento da sentença resulta na expedição de precatório, **somente serão devidos honorários se a Fazenda Pública apresentar impugnação.** O fundamento desse dispositivo é o seguinte: nos casos de condenações envolvendo a expedição de precatório, **é obrigatório o ajuizamento do cumprimento de sentença pelo beneficiário.**

Nesses casos, como a Fazenda não pode cumprir espontaneamente a obrigação, sendo necessário o ajuizamento da execução, não faz sentido ela ser condenada a honorários, **uma vez que não foi ela quem deu causa ao ajuizamento da execução.** Como o regime de precatórios é o meio normal de satisfação da pretensão, não há insatisfação nem causalidade, afastando-se, bem por isso, a exigência de fixação de honorários no cumprimento de sentença não impugnado.

Contudo, nos casos em que a execução não se submete à sistemática do precatório, por ser de pequeno valor, é dispensada a expedição do precatório. Nesse caso, ajuizado o cumprimento de sentença, venha ou não a ser impugnado, haverá fixação de honorários a serem pagos pela Fazenda Pública. Ainda que não tenha sido pleiteada a verba honorária, esta é cabível no cumprimento de sentença de pequeno valor proposto contra a Fazenda Pública.

Por fim, o disposto no artigo 523, § 1º, estabelece ser de 10% (dez por cento) o valor dos honorários no cumprimento da sentença. Contudo, tratando-se de cumprimento de sentença contra a Fazenda Pública, aplicam-se as faixas previstas no § 3° do art. 85 do CPC, e não o percentual fixo do § 1 do seu art. 523.

h) Honorários na execução fundada em título extrajudicial contra a Fazenda Pública

Além da execução por título executivo judicial, o sistema jurídico brasileiro também permite a execução fundada em título executivo extrajudicial. A depender do valor, será expedido precatório ou requisição de pequeno valor.

Assim, ainda que se trate de expedição de precatório, **haverá honorários na execução fundada em título extrajudicial que não seja embargada,** pois o § 7° do art. 85 do CPC **não se aplica às execuções fundadas em título executivo extrajudicial.**

O próprio § 7º deixa isso claro, afirmando que não haverá honorários no "cumprimento de sentença". A diferença, nesses casos, é por que no caso de título executivo extrajudicial, ao firmar o título, **já há (ou deveria haver) previsão para o pagamento do título.**

Assim, ao não pagar o título, **o Poder Público deu causa ao ajuizamento, devendo arcar com os honorários.**

i) Honorários na execução invertida

Ocorre a chamada execução invertida quando a própria Fazenda toma a inciativa da execução, apresentado em juízo os valores que julga ser devidos ao credor. Nesse caso, havendo a concordância do credor, é expedido a Requisição de Pequeno Valor - RPV.

Aqui, a Fazenda Pública, em vez de aguardar que o credor proponha a execução, já se antecipa e apresenta os cálculos da quantia devida. Assim, Poder Público, sem necessidade de processo de execução, cumpre voluntariamente o julgado.

É justamente por se considerar que a Fazenda cumpriu voluntariamente o julgado, que o STJ não admite a fixação de honorários advocatícios contra a Fazenda Pública nas execuções invertidas, mesmo em se tratando de RPV (**AgRg no AREsp 630.235-RS).**

Em resumo, em regra, é cabível a fixação de verba honorária nas execuções contra a Fazenda Pública, ainda que não embargadas, quando o pagamento da obrigação for feito mediante RPV.

Contudo, nos casos de "execução invertida", em razão do cumprimento espontâneo da execução, com a apresentação espontânea dos cálculos, na fase de liquidação, não há a condenação em honorários advocatícios. Isso porque o Poder Público cumpriu voluntariamente a execução, não dando causa à instauração de processo de execução.

j) O valor das astreintes serve de base para o cálculo dos honorários advocatícios?

As astreintes são uma forma de execução indireta, na qual se busca piorar economicamente a vida do devedor, para que ele cumpra voluntariamente a obrigação, o que ocorre, nas astreintes, por meio da imposição de uma multa periódica.

A questão que chegou ao STJ foi a seguinte. No momento de se calcular os honorários advocatícios, o valor a ser considerado será o valor da condenação isoladamente ou o valor da condenação + astreintes. Por exemplo, determinado réu foi condenado a pagar 10 mil reais em uma ação. Na mesma ação, ele foi condenado em 50 mil reais pelo descumprimento das astreintes. O juiz fixou 10% de honorários. Esses honorários vão incidir sobre 10 mil ou 60 mil (valor da condenação + astreinte).

O STJ entendeu que o valor da multa cominatória (astreintes) não integra a base de cálculo da verba honorária (REsp 1.367.212-RR).

O fundamento para tanto foi que o CPC afirma que os honorários serão calculados **sobre o valor da condenação**, o que exclui as astreintes do cálculo.

Embora esse julgado tenha tomado por base o CPC de 73, o NCPC repetiu a mesma redação em seu artigo 85. Assim, é provável que o entendimento se mantenha. Esse é o posicionamento do futuro Nobel da Paz Márcio André (@dizerodireito).

4. PREPARO RECURSAL

O CPC estabelece que o recorrente na interposição do recurso deve comprovar o preparo quando este for por lei exigido, sob pena de deserção:

> **Art. 1.007.** No ato de interposição do recurso, o recorrente comprovará, quando exigido pela legislação pertinente, o respectivo preparo, inclusive porte de remessa e de retorno, sob pena de deserção.

Nesse sentido, cumpre destacar que o NCPC inovou em nosso sistema, determinando que a ausência ou insuficiência de preparo não rende, de imediato, a deserção. Antes de ser declarada, deve ser oportunizado ao recorrente, no prazo de 05 dias, suprir o erro:

> **§ 2º** A insuficiência no valor do preparo, inclusive porte de remessa e de retorno, implicará deserção se o recorrente, intimado na pessoa de seu advogado, não vier a supri-lo no prazo de 5 (cinco) dias.
>
> **§ 4º** O recorrente que não comprovar, no ato de interposição do recurso, o recolhimento do preparo, inclusive porte de remessa e de retorno, será intimado, na pessoa de seu advogado, para realizar o recolhimento em dobro, sob pena de deserção.

Estão dispensados de preparo, inclusive porte de remessa e retorno, os recursos interpostos pelo Ministério Público, pela União, pelo Distrito Federal, pelos Estados, pelos Municípios e respectivas autarquias:

> **§ 1º** São dispensados de preparo, inclusive porte de remessa e de retorno, os recursos interpostos pelo Ministério Público, pela União, pelo Distrito Federal, pelos Estados, pelos Municípios, e respectivas autarquias, e pelos que gozam de isenção legal.

Além do preparo, a Fazenda Pública também se encontra dispensada do depósito prévio, nos termos da Lei 9.494/97:

> **Art.1º-A.** Estão dispensadas de depósito prévio, para interposição de recurso, as pessoas jurídicas de direito público federais, estaduais, distritais e municipais

5. AÇÕES RESCISÓRIAS

Nas ações rescisórias, além de atender os requisitos normais de uma petição inicial, previsto no art. 319, o autor deverá:

> **Art. 968.** A petição inicial será elaborada com observância dos requisitos essenciais do art. 319, devendo o autor:
>
> **I** – cumular ao pedido de rescisão, se for o caso, o de novo julgamento do processo;
>
> **II** – depositar a importância de cinco por cento sobre o valor da causa, que se converterá em multa caso a ação seja, por unanimidade de votos, declarada inadmissível ou improcedente.

Essa exigência, contudo, de depositar a importância de cinco por cento sobre o valor da causa, **não se aplica para a Fazenda Pública:**

> **§ 1º** Não se aplica o disposto no inciso II à União, aos Estados, ao Distrito Federal, aos Municípios, às suas respectivas autarquias e fundações de direito público, ao Ministério Público, à Defensoria Pública e aos que tenham obtido o benefício de gratuidade da justiça.

Assim, a Fazenda Pública está dispensada do depósito inicial de 5% e de eventual multa, caso a ação seja rejeitada por unanimidade de votos.

6. ASTREINTES E MULTAS POR LITIGÂNCIA DE MÁ-FÉ

Todos os que atuam no processo devem atuar com boa-fé:

> **Art. 5º** Aquele que de qualquer forma participa do processo deve comportar-se de acordo com a boa-fé.

Assim, todos os que atuam no processo devem observar o princípio da boa-fé, atuando com lealdade e com respeito à confiança legítima, aplicando-se esse princípio não apenas as partes, mas aos membros do Ministério Público e ao Magistrado.

Por sua vez, considera-se litigante de má-fé quem:

> **Art. 80.** Considera-se litigante de má-fé aquele que:
>
> **I** – deduzir pretensão ou defesa contra texto expresso de lei ou fato incontroverso;
>
> **II** – alterar a verdade dos fatos;
>
> **III** – usar do processo para conseguir objetivo ilegal;
>
> **IV** – opuser resistência injustificada ao andamento do processo;
>
> **V** – proceder de modo temerário em qualquer incidente ou ato do processo;
>
> **VI** – provocar incidente manifestamente infundado;
>
> **VII** – interpuser recurso com intuito manifestamente protelatório.

As partes se sujeitam a essas proibições, sob pena de sanções:

> **Art. 79.** Responde por perdas e danos aquele que litigar de má-fé como autor, réu ou interveniente.

A aplicação da sanção por perdas e danos perdas ao litigante de má-fé é assim disciplinada:

> **Art. 81.** De ofício ou a requerimento, o juiz condenará o litigante de má-fé a pagar multa, que deverá ser superior a um por cento e inferior a dez por cento do valor corrigido da causa, a indenizar a parte contrária pelos prejuízos que esta sofreu e a arcar com os honorários advocatícios e com todas as despesas que efetuou.
>
> **§ 1º** Quando forem 2 (dois) ou mais os litigantes de má-fé, o juiz condenará cada um na proporção de seu respectivo interesse na causa ou solidariamente aqueles que se coligaram para lesar a parte contrária.
>
> **§ 2º** Quando o valor da causa for irrisório ou inestimável, a multa poderá ser fixada em até 10 (dez) vezes o valor do salário-mínimo.
>
> **§ 3º** O valor da indenização será fixado pelo juiz ou, caso não seja possível mensurá-lo, liquidado por arbitramento ou pelo procedimento comum, nos próprios autos.

Repare no caput do art. 81 do CPC que são previstas três sanções aplicáveis ao litigante de má-fé: **a)** multa; **b)** indenização pelos prejuízos causados à parte contrária; **c)** condenação nos honorários advocatícios e despesas.

@direitodiretoblog – Para a aplicação da multa por litigância de má-fé exige-se a comprovação de dano?

A doutrina (Leonardo Carneiro da Cunha) entende que a indenização do artigo 81 exige necessariamente a comprovação de dano, pois não se indeniza danos hipotéticos.

O STJ, contudo, tem entendimento contrário. Para ele, o dano processual não é pressuposto para a aplicação da multa por litigância de má-fé prevista no art. 18 do CPC/1973 (art. 81 do CPC/2015) **(REsp 1.628.065-MG).**

E para que seja exigida a indenização prevista na segunda parte do art. 81 do CPC, é necessário que se prove que houve dano (prejuízo)?

Da mesma forma, a doutrina entende que sim. O STJ, contudo, entende que NÃO.

A indenização prevista no art. 18, caput e § 2º, do CPC/1973 (art. 81, caput e § 3º do CPC/2015) tem caráter reparatório (ou indenizatório), decorrendo de um ato ilícito processual.

Apesar disso, é desnecessária a comprovação do prejuízo para que haja condenação ao pagamento da indenização prevista nesse dispositivo. Em outras palavras, é desnecessária a comprovação de prejuízo para que haja condenação ao pagamento de indenização por litigância de má-fé (art. 18, caput e § 2º, do CPC/1973; art. 81, caput e § 3º do CPC/2015) **(EREsp 1.133.262-ES).**

Para o STJ, uma vez reconhecida a litigância de má-fé, devem ser impostas a multa e a indenização (perdas e danos), sendo, no entanto, **desnecessária** a prova do prejuízo sofrido pela parte adversa.

A Corte entende que, em momento algum, o art. 18, caput e § 2º do CPC/1973 (art. 81, caput e § 3º do CPC/2015) exigem que haja prova do prejuízo para que a indenização seja fixada.

Segundo pensa o STJ, para a fixação da indenização, a lei só exige que haja um prejuízo, mas este pode ser potencial ou presumido (não precisando ser demonstrado em concreto).

Outro argumento do STJ é o de que se fosse exigida comprovação de prejuízo, essa demonstração seria extremamente difícil de ser feita, o que praticamente impossibilitaria a aplicação de tais sanções, comprometendo a sua eficácia.

Para quem são revertidos os valores da condenação em perdas e danos por litigância de má-fé?

Essas condenações – perdas e danos e multa – revertem em benefício da parte contrária. a teor do que prescreve art. 96 do CPC.

> **Art. 96.** O valor das sanções impostas ao litigante de má-fé reverterá em benefício da parte contrária, e o valor das sanções impostas aos serventuários pertencerá ao Estado ou à União.

Por sua vez, as astreintes consiste no estabelecimento de multas, destinadas a forçar o cumprimento de uma obrigação pela parte contrária (**arts. 139, IV, 500, 536, § 1, 537, 806, § 1°, e 814).** Assim, como na multa de litigância de má-fé, os valores da astreintes são revertidos a parte contrária, podendo até mesmo haver a cumulação das sanções.

Não há nada que impeça que a Fazenda Pública seja condenada ao pagamento dessas multas. Exige-se apenas que a condenação submeta-se a regra do precatório, uma vez que a Constituição determinou que, independentemente da natureza do crédito, as condenações impostas contra a Fazenda Pública submetem-se ao precatório, salvo se se tratar de pequeno valor.

O STJ, inclusive, entende que é permitida a imposição de multa diária (astreintes) a ente público **para compeli-lo a fornecer medicamento a pessoa desprovida de recursos financeiros (REsp 1.474.665-RS).**

Além dos deveres da boa-fé, as partes também devem obedecer os seguintes deveres:

> **Art. 77.** Além de outros previstos neste Código, são deveres das partes, de seus procuradores e de todos aqueles que de qualquer forma participem do processo:
>
> **I** - expor os fatos em juízo conforme a verdade;
>
> **II** - não formular pretensão ou de apresentar defesa quando cientes de que são destituídas de fundamento;
>
> **III** - não produzir provas e não praticar atos inúteis ou desnecessários à declaração ou à defesa do direito;
>
> **IV** - cumprir com exatidão as decisões jurisdicionais, de natureza provisória ou final, e não criar embaraços à sua efetivação;
>
> **V** - declinar, no primeiro momento que lhes couber falar nos autos, o endereço residencial ou profissional onde receberão intimações, atualizando essa informação sempre que ocorrer qualquer modificação temporária ou definitiva;
>
> **VI** - não praticar inovação ilegal no estado de fato de bem ou direito litigioso.

Nesse sentido, cumpre ressaltar que a infração ao disposto no IV e VI são atos atentatórios a dignidade da justiça, sujeito o responsável a multa de até vinte por cento do valor da causa, de acordo com a gravidade da conduta.

> **§ 2º** A violação ao disposto nos incisos IV e VI constitui ato atentatório à dignidade da justiça, devendo o juiz, sem prejuízo das sanções criminais, civis e processuais cabíveis, aplicar ao responsável multa de até vinte por cento do valor da causa, de acordo com a gravidade da conduta.

A multa por descumprimento aos deveres inscritos nos incisos IV e V do art. 77 do CPC constitui crédito da União ou do Estado, a ser inscrita em dívida ativa para aparelhar posterior execução fiscal, em caso de inadimplemento.

Essa multa não se confunde com as outras as multas já analisadas (litigância de má-fé e astreintes), uma vez que cada uma possui uma finalidade própria, tendo em vista que a multa do art. 81 objetiva punir o litigante de má-fé e as astreintes buscam a garantir o cumprimento da tutela específica de obrigação de fazer, não fazer ou entregar coisa.

Por sua vez, a multa do § 2º do art. 77 tem como credor a União ou o Estado-membro, caso a demanda se processe, respectivamente, na Justiça Federal ou do Trabalho ou na Justiça Estadual. A União e os Estados podem, inclusive, criar fundos de modernização do Poder Judiciário, aos quais serão revertidos os valores de tais multas.

Nesse sentido, a doutrina (Leonardo Carneiro da Cunha) entende que a Fazenda não deveria se sujeitar a multa do § 2º, do artigo 77, por se revelar ineficaz. A multa, nesse caso, deve ser imposta ao agente público. **Para tanto, o agente público deve ser intimado pessoalmente para cumprimento da ordem, com a advertência de imposição de multa a ele mesmo, caso não atenda ao comando judicial ou crie embaraços à sua efetivação:**

> **Art. 77. (...)**
>
> **§ 1º** Nas hipóteses dos incisos IV e VI, o juiz advertirá qualquer das pessoas mencionadas no caput de que sua conduta poderá ser punida como ato atentatório à dignidade da justiça.

7. AS MULTAS PREVISTAS NO § 4º DO ART. 1.021 E NO § 3º DO ART. 1.026

Em nosso sistema, o recurso mais propenso a ser utilizado de forma protelatória são os embargos de declaração. Em razão disso, o CPC estabeleceu uma multa específica para os casos em que ele é utilizado dessa forma:

> **Art. 1.026. (...)**
>
> **§ 2º** Quando manifestamente protelatórios os embargos de declaração, o juiz ou o tribunal, em decisão fundamentada, condenará o embargante a pagar ao embargado multa não excedente a dois por cento sobre o valor atualizado da causa.

Dessa forma, opostos embargos protelatórios, o embargante poderá ser condenado multa não excedente a 2% (dois por cento) sobre o valor atualizado da causa. Quando o valor da causa for irrisório ou inestimável, é possível aplicar, por analogia, o disposto no § 2º do art. 81 do CPC e a multa ser fixada em até 2 (duas) vezes o valor do salário-mínimo.

Mesmo nos casos em que a multa foi aplicada, ainda é possível que haja a interposição de novos embargos de declaração, dessa vez contra a decisão que julgou os embargos de declaração protelatórios e aplicou a multa. Nesse caso, se esse novo embargo de declaração também for considerado manifestamente protelatório, haverá a imposição de nova multa, agora em valor ainda maior:

> § 3º Na reiteração de embargos de declaração manifestamente protelatórios, a multa será elevada a até dez por cento sobre o valor atualizado da causa, e a interposição de qualquer recurso ficará condicionada ao depósito prévio do valor da multa, à exceção da Fazenda Pública e do beneficiário de gratuidade da justiça, que a recolherão ao final.

Nesse sentido, caso o segundo embargo também seja considerado protelatório, a multa que era de até 2% passa para até 10%. Não fosse o bastante, nesse caso, a interposição de qualquer outro recurso fica condicionada ao depósito prévio do respectivo valor. Havendo a aplicação da multa de 10%, **o seu pagamento passa a ser requisito de admissibilidade de qualquer outro recurso** a ser interposto pela parte, mesmo que ele originalmente não exija preparo.

O CPC, contudo, de forma expressa deixou claro que, **apesar de a Fazenda se sujeita a multa,** a interposição de recurso não fica condicionada ao seu pagamento, uma vez que ele deve ser feito ao final.

De forma semelhante ao que foi previsto para os embargos de declaração, o NCPC também previu a imposição de multa no caso de agravo interno, que se declarado manifestamente inadmissível ou improcedente em votação unânime, o órgão colegiado, em decisão fundamentada, condenará o agravante a pagar ao agravado multa fixada entre um e cinco por cento do valor atualizado da causa.

> **Art. 1.021. (...)**
>
> § 4º Quando o agravo interno for declarado manifestamente inadmissível ou improcedente em votação unânime, o órgão colegiado, em decisão fundamentada, condenará o agravante a pagar ao agravado multa fixada entre um e cinco por cento do valor atualizado da causa.

Ademais, a interposição de qualquer outro recurso fica condicionada ao depósito prévio da multa aplicada:

> § 5º A interposição de qualquer outro recurso está condicionada ao depósito prévio do valor da multa prevista no § 4º, à exceção da Fazenda Pública e do beneficiário de gratuidade da justiça, que farão o pagamento ao final.

O CPC, contudo, também de forma expressa deixou claro que, apesar de a Fazenda se sujeita a multa, a interposição de recurso não fica condicionada ao seu pagamento, uma vez que ele deve ser feito ao final.

Dessa forma, é certo que embora seja possível a imposição de multa para Fazenda, seu depósito prévio não é requisito para a propositura do recurso.

V

A ATUAÇÃO DO PODER PÚBLICO COMO RÉU

1. CITAÇÃO

A citação é o ato na qual o réu adquire a condição de parte no processo:

> **Art. 238.** Citação é o ato pelo qual são convocados o réu, o executado ou o interessado para integrar a relação processual.

No processo de conhecimento, o réu é convocado para comparecer a audiência de mediação e conciliação:

> **Art. 334.** Se a petição inicial preencher os requisitos essenciais e não for o caso de improcedência liminar do pedido, o juiz designará audiência de conciliação ou de mediação com antecedência mínima de 30 (trinta) dias, devendo ser citado o réu com pelo menos 20 (vinte) dias de antecedência.

Não obtendo a autocomposição ou não sendo ela possível o réu, querendo, poderá apresentar resposta.

No caso da Fazenda, a citação da União, dos Estados, do Distrito Federal, dos Municípios e de suas respectivas autarquias e fundações de direito público será realizada perante o órgão de Advocacia Pública responsável por sua representação judicial **(Art. 242, § 3º, NCPC).**

A citação, nos termos do NCPC, pode ocorrer de 05 maneiras:

Art. 246. A citação será feita:

I – pelo correio;

II – por oficial de justiça;

III – pelo escrivão ou chefe de secretaria, se o citando comparecer em cartório;

IV – por edital;

V – por meio eletrônico, conforme regulado em lei.

Em sendo os autos de papel, a regra em nosso sistema é a citação por correios (**Art. 247, NCPC**). A citação postal, nos termos do entendimento jurisprudencial, exige o aviso de recebimento:

STJ – Súmula 429: A citação postal, quando autorizada por lei, exige o aviso de recebimento.

A regra da citação pelos correios, contudo, possui uma série de exceções, previstas no CPC, dentre as quais quando a Fazenda for ré:

Art. 247. A citação será feita pelo correio para qualquer comarca do país, exceto:

III – quando o citando for pessoa de direito público;

Em razão disso, é certo que a citação da Fazenda Pública deverá ocorrer por meio de oficial de justiça, devendo ser realizada perante o órgão responsável pela sua representação.

Nos casos em que autos são eletrônicos, a citação da Fazenda deverá ocorrer, preferencialmente, pelo meio eletrônico. No ponto, cumpre esclarecer que o CPC estabeleceu a Fazenda o dever de manter cadastro nos sistemas de processo em autos eletrônicos, para efeito de citações e intimações, as quais serão efetuadas preferencialmente por esse meio:

Art. 246. (...)

§ 1º Com exceção das microempresas e das empresas de pequeno porte, as empresas públicas e privadas são obrigadas a manter cadastro nos sistemas de processo em autos eletrônicos, para efeito de recebimento de citações e intimações, as quais serão efetuadas preferencialmente por esse meio.

§ 2º O disposto no § 1º aplica-se à União, aos Estados, ao Distrito Federal, aos Municípios e às entidades da administração indireta.

2. ATITUDES QUE A FAZENDA PODE TOMAR

Uma vez citado, o Poder Público poderá ter 03 atitudes:

a) reconhecer a procedência do pedido do autor;

b) apresentar resposta;

c) permanecer inerte.

Vamos analisar de forma detalhada cada uma dessas atitudes:

a) reconhecer a procedência do pedido do autor

A doutrina mais tradicional entende que não é possível que a Fazenda reconheça a procedência do pedido do autor. Em sendo indisponível o direito da Fazenda, seria impossível o reconhecimento da procedência o pedido do autor.

A doutrina mais moderna, contudo, não concorda com esse posicionamento (Leonardo Carneiro da Cunha). Em razão do princípio da legalidade, a Administração, constando a procedência das alegações do autor, tem o dever de dar cumprimento ao direito da parte contrária. Não havendo direito em favor do Poder Público, **não se pode falar em interesse público, justamente porque atender o interesse público é cumprir deveres e reconhecer e respeitar direitos do administrado.**

A circunstância de a questão ter sido judicializada não é impedimento para esse reconhecimento, justamente porque a Administração encontra-se sujeita ao princípio da legalidade. Assim, é possível o reconhecimento do pedido do autor. Para tanto, a doutrina (Leonardo Carneiro da Cunha) defende que dever haver os seguintes procedimentos:

a) prévio processo administrativo, no qual a Administração tenha investigado a situação, concluindo objetivamente que o autor tem direito.

b) o ato não poderá ser feito unilateralmente pelo advogado público. Assim, exige-se que ele tenha prévia autorização da autoridade administrativa competente para o cumprimento da obrigação exigida pelo pelo particular

c) que o reconhecimento deverá ser alvo de fiscalização pelos órgãos de controle, a exemplo do Poder Legislativo, do Tribunal de Contas, entre outros;

d) deverá ainda haver o respeito a isonomia e a impessoalidade. Com isso, havendo demandas repetitivas ou diversos casos em idêntica situação de conflito com a Administração Pública, o reconhecimento deve ocorrer em todos os casos, não sendo possível haver escolha ou seleção arbitrária de apenas alguns dos casos. Aqui, é cabível até mesmo um ato geral regulando as condições da autocomposição.

Atendidas essas diretrizes, **é possível haver o reconhecimento da procedência do pedido.**

b) A fazenda e a revelia

Ao ser citado, o réu não está obrigado a comparecer em juízo, tampouco a apresentar defesa. Se não o fizer, contudo, será considerado revel, assumindo posição de desvantagem no processo, uma vez que, em regra, serão produzidos os efeitos da revelia:

a) os fatos narrados pelo autor serão reputados verdadeiros; e

b) os prazos correrão contra o réu, independentemente de intimação.

Cumpre esclarecer, nesse sentido, que o réu será considerado revel em todos os casos em que houver a ausência jurídica de contestação. Não havendo contestação, o réu será revel. Contudo, mesmo nos casos em que o réu é revel, não haverá necessariamente a produção dos efeitos da revelia.

O efeito processual da revelia, consistente na dispensa de intimação do réu para os atos do processo somente ocorre nos casos em que ele, além de não contestar, não comparece aos autos, por meio de seu advogado.

Esse efeito, em regra, não se aplica a Fazenda, uma vez que ela, mesmo que não conteste, possui patrono constituído nos autos.

Com relação ao efeito material, consistente nos fatos narrados pelo autor serem considerados verdadeiros, é preciso ficar atento que o próprio CPC previu algumas exceções para ele:

> **Art. 345.** A revelia não produz o efeito mencionado no art. 344 se:
>
> **I** – havendo pluralidade de réus, algum deles contestar a ação;
>
> **II** – o litígio versar sobre direitos indisponíveis;
>
> **III** – a petição inicial não estiver acompanhada de instrumento que a lei considere indispensável à prova do ato;
>
> **IV** – as alegações de fato formuladas pelo autor forem inverossímeis ou estiverem em contradição com prova constante dos autos.

Nesse sentido, considerando que, em regra, a Fazenda atua em juízo defendo direitos indisponíveis, não se produz o efeito material da revelia contra ela. Esse é o posicionamento do STJ **(REsp 1.084.745/MG).**

Excepcionalmente, em algumas situações, o Poder Público comparece aos autos na condição de particular. Nessa situação específica, parte da doutrina entende que não há se falar em direitos indispensáveis, de forma que os efeitos materiais da revelia seriam aplicados.

c) Contestação realizada pelo Poder Público

A contestação submete-se a três regras:

a) concentração;

b) eventualidade;

c) ônus da impugnação específica dos fatos.

Em relação a **concentração**, ela pode ser conceituada como a regra que exige que o réu concentre toda a matéria de defesa na contestação. Aquilo que não foi alegado na contestação, presume-se precluso, não podendo mais ser invocado. Uma vez apresentada a contestação, somente é possível alegar matérias nas seguintes hipóteses:

> **Art. 342.** Depois da contestação, só é lícito ao réu deduzir novas alegações quando:
>
> **I** – relativas a direito ou a fato superveniente;
>
> **II** – competir ao juiz conhecer delas de ofício;
>
> **III** – por expressa autorização legal, puderem ser formuladas em qualquer tempo e grau de jurisdição.

Já a regra da **eventualidade**, determina que cabe ao réu concentrar, em sua contestação, toda matéria de defesa:

> **Art. 336.** Incumbe ao réu alegar, na contestação, toda a matéria de defesa, expondo as razões de fato e de direito com que impugna o pedido do autor e especificando as provas que pretende produzir.

Assim, na contestação, deve o réu apresentar todos os argumentos que tiver, ainda que contraditórios entre si, pois, na eventualidade de ser rejeitado o primeiro, haverá um segundo; na eventualidade de ser rejeitado o segundo, haverá um terceiro e assim por diante.

A doutrina entende que a regra da eventualidade é decorrência direta da regra da concentração, já que ela determina que o réu deve concentrar toda matéria de defesa na contestação, apresentando todos os argumentos que tiver, ainda que contraditórios entre si.

Como qualquer litigante comum, a Fazenda Pública se submete as regras da concentração e da eventualidade, devendo concentrar, em sua contestação, toda matéria de defesa, sob pena de preclusão, não podendo mais alegar novos argumentos, salvo nas exceções legais.

Com relação a regra do **ônus da impugnação específica dos fatos**, trata-se de regra que obriga o réu a manifestar-se precisamente sobre os fatos narrados na petição inicial, presumindo-se verdadeiros aqueles não impugnados:

> **Art. 341.** Incumbe também ao réu manifestar-se precisamente sobre as alegações de fato constantes da petição inicial, presumindo-se verdadeiras as não impugnadas, salvo se:

Essa presunção, contudo, não ocorre nas seguintes hipóteses:

> **Art. 341. (...)**
>
> **I** – não for admissível, a seu respeito, a confissão;
>
> **II** – a petição inicial não estiver acompanhada de instrumento que a lei considerar da substância do ato;
>
> **III** – estiverem em contradição com a defesa, considerada em seu conjunto.
>
> **Parágrafo único.** O ônus da impugnação especificada dos fatos não se aplica ao defensor público, ao advogado dativo e ao curador especial.

Conforme se vê, a impugnação específica dos fatos não se aplica quando se tratar de matéria em que não é admissível confissão. Como os direitos defendidos em juízo pela Fazenda, em regra, são indisponíveis, não cabe confissão.

Em razão desse fato, grande parte da doutrina (Ex: Leonardo Carneiro da Cunha) defende que o ônus da impugnação específica dos fatos não se aplica a Fazenda Pública.

Além da indisponibilidade dos direitos discutido, a não submissão da fazenda a regra do ônus da impugnação específica tem outro fundamento, decorrendo também da presunção de legitimidade dos atos administrativos.

Conforme se sabe, os atos administrativos gozam de presunção relativa de legitimidade. Assim, o ônus de afastar essa presunção é do autor.

Assim, mesmo que não impugnado especificamente determinado fato, deve o autor comprová-lo, pois a ausência de impugnação não fará com que se opere a presunção de veracidade prevista no caput do art. 341 do CPC.

Fredie Didier, em posição contrária[1], defende que a Fazenda Pública se submete argumenta que não há razão para dispensas os advogados públicos deste ônus, até mesmo por uma questão ética: ao advogado particular cabe a tarefa de manifestar-se precisamente sobre o que afirma a parte adversária; o advogado público, qualificado após a aprovação em concursos públicos concorridíssimos, poderia, simplesmente, não manifestar-se sobre as afirmações da parte adversária, sem qualquer consequência.

O papel do advogado na construção da decisão judicial justa não pode ser desprezado; a incidência da regra aos advogados dos entes públicos seria verdadeira capitis deminutio desses profissionais. Veja-se o exemplo da ação civil pública em que um ente público é réu: nessa situação, o interesse público está, preponderantemente, do lado ativo, não se admitindo a negação geral, conduta que se pode reputar temerária, quando provinda de ente público.

Guilherme Freire de Barros propõe uma situação intermediária. Para ele, nos casos em que o litígio verse sobre direitos disponíveis, é dever do advogado público impugnar especificamente os fatos alegados. Por outro lado, no caso de direitos indisponíveis, o ônus da impugnação específica não se aplica a Fazenda. Concordamos que essa última posição.

3. A PROBLEMÁTICA DA DESISTÊNCIA NAS AÇÕES QUE ENVOLVEM O PODER PÚBLICO

A desistência e a renúncia são formas de extinção do processo com consequências absolutamente distintas. Enquanto a desistência produz a extinção do feito sem julgamento do mérito **(Art. 485, VIII, CPC)** a renúncia produz a extinção do feito com julgamento do mérito (**Art. 487, III, "c", CPC**).

Nesse sentido, cumpre esclarecer que o art. 3º, da Lei 9.469/97 autoriza a Fazenda Pública Federal a concordar com a desistência do autor, **desde que ele renuncie expressamente ao direito a que se funda a ação:**

1. DIDIER, Fredie. Disponível em: <http://www.frediedidier.com.br/editorial/editorial-89/>. Acesso em 25 de outubro de 2017.

> **Art. 3º** As autoridades indicadas no caput do art. 1º poderão concordar com pedido de desistência da ação, nas causas de quaisquer valores desde que o autor renuncie expressamente ao direito sobre que se funda a ação

Em razão de tal dispositivo, a Fazenda Pública Federal na condição de ré, somente deve concordar com a desistência caso o autor também renuncie ao direito a que se funda a ação.

A doutrina (Leonardo Carneiro da Cunha) entende que tal postura é inconstitucional, uma vez que exigir, na desistência, que o autor renuncie ao direito a que se funda a ação é atitude desproporcional, que não encontra amparo em nosso ordenamento.

A regra contida no referido art. 3° da Lei 9.469/1997 atenta contra o princípio da razoabilidade, que constitui a positivação do princípio da isonomia. O estabelecimento de um direito que se afaste do padrão normal de condutas deve ser razoável, contendo fundamento plausível.

As peculiaridades que fazem da Fazenda Pública um ente merecedor de tratamento diferenciado não justificam a regra que lhe permite concordar com a desistência da ação somente se o autor renunciar ao direito sobre o qual se funda sua demanda. Tal regra não é razoável. Sendo, portanto, inconstitucional.

O STJ, contudo, de forma diversa da doutrina, entendeu, em sede de recurso repetitivo, que a exigência prevista no art. 9.469/97 é legítima **(Resp 1.267.995/PB)**. Assim, para o STJ, a fazenda pode condicionar a desistência a renúncia do direito discutido na ação.

Embora a Lei 9.469/97 se refira apenas a União, **nada impede que os demais entes (Estados, DF e Municípios) editem lei nesse sentido.**

VI

DA REMESSA NECESSÁRIA

1. TERMINOLOGIA: REMESSA NECESSÁRIA X REEXAME NECESSÁRIO

O CPC de 2015 adotou o termo "remessa necessária", que também pode ser chamado de reexame necessário ou duplo grau de jurisdição.

Contudo, como o NCPC adotou de forma uniforme o termo "remessa necessária" para se referir ao instituto (Ex: arts. 936, 942, § 4º, II, 947, 978) **é mais adequado ao candidato utilizar o termo "remessa necessária".**

2. NATUREZA JURÍDICA

A remessa necessária não é um recurso. **Trata-se, conforme entendimento doutrinário majoritário, de uma condição de eficácia da sentença.**

Leonardo Carneiro da Cunha critica esse entendimento. Para ele, a remessa necessária possui sim natureza recursal. O simples fato de não haver voluntariedade, sendo a remessa necessária interposta de ofício, não retira a natureza recursal da remessa.

Não existe um conceito universal de recurso. Este é construído a partir da singularidade de cada sistema positivo. No sistema brasileiro, há recursos voluntários e recurso compulsório.

Ademais, para ele, a remessa necessária possui os mesmos efeitos de uma apelação. O próprio CPC deixa isso claro ao afirmar só haverá remessa necessária se não houver apelação. Havendo apelação, não haverá remessa necessária. Haveria aí aplicação da regra da singularidade: não é possível a remessa necessária e a apelação ao mesmo tempo. Se não há apelação, há remessa necessária.

Assim, para ele, o próprio CPC acabou por confirmar a natureza recursal da remessa necessária. **Esse posicionamento, contudo, ainda é minoritário.**

3. APLICAÇÃO

a) Sentença de mérito, contrárias ao Poder Público

> **Art. 496.** Está sujeita ao duplo grau de jurisdição, não produzindo efeito senão depois de confirmada pelo tribunal, a sentença:
>
> I – proferida contra a União, os Estados, o Distrito Federal, os Municípios e suas respectivas autarquias e fundações de direito público;

Prevista no artigo 496 do NCPC, a remessa necessária se aplica às decisões de mérito proferidas contra o Poder Público, ou seja, contra a União, os Estados, os Municípios, o Distrito Federal, bem como contra as autarquias e fundações públicas.

Em regra, só haverá remessa necessária em face de sentenças. A exceção ocorre no caso do julgamento parcial de mérito, previsto no art. 336.

Nesse caso, não há que se falar em sentença, uma vez que o processo não tem fim, tratando-se efetivamente de decisão interlocutória. **Embora seja uma decisão interlocutória, há resolução parcial do mérito, apta a formar coisa julgada material.**

Nos termos do art. 496, I, toda e qualquer condenação contra a Fazenda, excepcionada apenas as hipóteses dos §§ 3º e 4º, sujeitam-se a remessa necessária, o que inclui ai a condenação em honorários:

> **STJ – Súmula 325:** A remessa oficial devolve ao Tribunal o reexame de todas as parcelas da condenação suportadas pela Fazenda Pública, inclusive dos honorários de advogado.

Assim, haverá remessa necessária no tocante a qualquer condenação imposta contra a Fazenda Pública, ainda que se restrinja aos honorários de sucumbência. Contudo, que fique claro que somente há remessa necessária, mesmo nos casos em que o valor da condenação for superior aos limites previstos no § 3° do art. 496 do CPC.

b) Remessa necessária e decisões que não resolvem o mérito

Existe controvérsia sobre a necessidade de remessa necessária nas decisões que não resolvem o mérito. Isso ocorre porque o CPC fala apenas em sentença proferida contra a Fazenda, não esclarecendo o conteúdo da decisão.

O STJ, contudo, entende que não se admite a remessa necessária relativamente às sentenças que não resolvam o mérito (**AgRg no AREsp 335.868/CE)**. Assim, somente haverá remessa necessária nos julgamentos de mérito contra a Fazenda.

Cumpre destacar aqui que, como vimos anteriormente, o capítulo da sentença que fixa os honorários contra a Fazenda se submete a remessa necessária. Contudo, se esses honorários forem fixados em decisão que não resolve o mérito, não haverá remessa necessária nem mesmo quanto ao capítulo de sentença **(AgRg no AREsp 335.868/CE).**

b) Remessa Necessária na Ação Popular

Na ação popular, há remessa necessária não em relação à sentença que julga procedente o pedido, mas à sentença que extingue o processo sem resolução do mérito ou da que julga improcedente o pedido:

> **Art. 19.** A sentença que concluir pela carência ou pela improcedência da ação está sujeita ao duplo grau de jurisdição, não produzindo efeito senão depois de confirmada pelo tribunal; da que julgar a ação procedente caberá apelação, com efeito suspensivo.

c) Remessa necessária nas ações civis públicas

No Brasil, a doutrina defende que vigora no âmbito da tutela coletiva o chamado "microssistema processual coletivo". Esse microssistema seria formado pelas principais leis que abordam a tutela coletiva: ação popular, lei da ação civil pública, código do consumidor, lei de improbidade, lei do mandado de segurança, estatuto da criança e do adolescente e estatuto do idoso.

A consequência prática de se considerar esse conjunto de leis como um microssistema é que as normas coletivas devem ser interpretada em conjunto, sendo possível a aplicação subsidiária dos dispositivos de uma lei em outra, no caso de omissão legislativa.

Nesse sentido, considerando o disposto na Lei da Ação Popular, prevalece que as sentenças de improcedência nas ações civis pública se submetem a remessa necessária **(Resp 1.108.542/SC).**

Esse entendimento se mantém mesmos nos casos de direitos individuais homogêneos?

Não. O STJ entende que **não se admite o cabimento da remessa necessária, tal como prevista no art. 19 da Lei nº 4.717/65, nas ações coletivas que versem sobre direitos individuais homogêneos (REsp 1.374.232/ES).**

O fundamento utilizado é que o STJ entende que o artigo 19 da Lei da Ação Popular somente se aplica no caso de direitos transindividuais (Difusos e Coletivos em sentido estrito), uma vez que, nesse caso, a sua relevância para a coletividade como um todo justificaria aplicação do instituto.

Contudo, em caso de ações coletivas que tutelam direitos individuais homogêneos, não se observa essa necessidade. Isso porque os direitos individuais homogêneos **são apenas acidentalmente coletivos,** não sendo transindividuais nem atingindo a coletividade como um todo

Em resumo:

a) Haverá remessa necessária nas ações civis públicas quando elas tutelarem direitos difusos e coletivos em sentido estrito.

b) Não haverá remessa necessária nas ações civis públicas quando elas tutelam direitos individuais homogêneos.

d) remessa nas ações de improbidade

Nas ações de improbidade, a doutrina sempre defendeu, em razão do microssistema, que as sentenças de improcedência se submetiam a remessa necessária.

Em 2014, contudo, o STJ proferiu decisão entende que não haveria remessa necessária, sob o argumento de que a lei de improbidade segue rito próprio, não prevendo a remessa necessária, de forma que não caberia a aplicação analógica da lei de improbidade **(Resp 1.220.667/MG).**

Posteriormente, contudo, em sede de embargos de divergência, o STJ pacificou o entendimento de que **as sentenças de improcedência nas ações de improbidade se sujeitam a remessa necessária (Eresp 1.220.667/MG).** O fundamento foi o seguinte:

a) É pacífico no STJ que o CPC deve ser aplicado subsidiariamente à lei de improbidade. Assim, é cabível a remessa necessária na ação de improbidade, com base no artigo 496 do CPC;

b) No mais, por aplicação analógica da primeira parte do art. 19 da lei da ação popular, as sentenças de improcedência de ação civil pública se sujeitam indistintamente a remessa necessária.

e) Remessa necessária no mandado de segurança

A sentença que conceder a segurança está sujeita à remessa necessária, somente transitando em julgado depois de reexaminada pelo tribunal, nos termos da Lei 12.019/09:

> **Art. 14.** Da sentença, denegando ou concedendo o mandado, cabe apelação.
>
> **§ 1º** Concedida a segurança, a sentença estará sujeita obrigatoriamente ao duplo grau de jurisdição.

Existe uma controvérsia aqui acerca da aplicabilidade das causas de dispensa da remessa necessária, previstas no CPC, ao mandado de segurança.

A doutrina majoritária entende que, como o direito material discutido na ação de mandado de segurança é absolutamente o mesmo daqueles discutidos nas ações regidas pelo CPC, as causas de dispensa previstas no CPC **deveriam se aplicar ao MS.** Quando o CPC previu as causas de dispensa da remessa necessária foi por entender que não havia relevância no direito material ali discutido. Assim, como a única mudança no âmbito do MS é o procedimento e não o direito material, não faz sentido não se aplicar as causas de dispensa.

O STJ, ainda no âmbito do CPC de 73, proferiu entendimento diferente, entendendo que as causas de dispensa previstas no CPC não se aplica ao MS **(Resp 739.684/PR).** O fundamento foi que a lei do MS, ao regular a matéria, não previu exceção, estabelecendo que concedida a segurança, a sentença estará sujeita obrigatoriamente ao duplo grau de jurisdição

Como o fundamento para a decisão do STJ não mudou, é provável que ele se mantenha no atual CPC.

f) Sentença que acolhe embargos à execução fiscal

> **Art. 496. (...)**
>
> **II** – que julgar procedentes, no todo ou em parte, os embargos à execução fiscal.

A sentença que julga procedentes, no todo ou em parte, os embargos à execução fiscal está sujeita à remessa necessária. Ainda que o acolhimento aos embargos seja apenas parcial, há remessa necessária.

Aqui, a grande polêmica que se formou ao longo dos anos foi saber se há remessa necessária de sentença proferida em embargos à execução não fiscal? Em termos mais simples, caso a Fazenda seja a ré e não autora, e interponha embargos à execução em sede execução contra ela intentada, haveria remessa necessária?

Prevalece que não. Inicialmente, o caso não se amolda ao inciso II, uma vez que ele é claro em afirmar que a remessa ocorre nos embargos propostas contra a execução fiscal, **é dizer, na execução em que a Fazenda é o credor.**

Por sua vez, a situação também não se amolda no inciso I, uma vez que a decisão que rejeitar os embargos é interlocutória, não havendo remessa necessária.

Por fim, se a execução fiscal for extinta, por razões de mérito, em virtude do acolhimento de exceção de pré-executividade, a sentença sujeita-se à remessa necessária, uma vez que a situação assemelha-se ao julgamento de procedência de Embargos do Devedor (**REsp 1.415.603/CE**).

g) Sentença proferida em processo no qual a Fazenda Pública figura como assistente simples do réu

O assistente simples não se sujeita à coisa julgada material. No caso de a Fazenda Pública ser assistente simples, **não haverá sentença contra ela proferida, não sendo hipótese, portanto, de remessa necessária.**

h) Sentença arbitral

O Poder Público pode submeter-se à arbitragem, conforme reconhece o § 1º, do artigo 1º, da Lei 9.307/96. Por se tratar de processo convencional, e não haver divisão entre instâncias, a sentença arbitral proferida contra a Fazenda Pública não se submete a remessa necessária, até mesmo porque não há nova instância a ser remetida. Nesse sentido:

> **Enunciado nº 164 do FPPC:** A sentença arbitral contra a Fazenda Pública não está sujeita à remessa necessária.

4. PROCEDIMENTO

Cabe ao magistrado, caso a matéria se encaixe a um dos casos do NCPC, determinar a remessa dos autos ao Tribunal.

No tribunal, o procedimento da remessa necessária é semelhante ao da apelação. Cumpre ressaltar que, assim como nos recursos, é vedado piorar a situação da Fazenda na remessa necessária, vigorando, assim, o princípio da vedação à reformatio in pejus:

> **STJ - Súmula 45:** No reexame necessário é defeso, ao Tribunal, agravar a condenação imposta à Fazenda Pública.

5. DISPENSA DA REMESSA NECESSÁRIA

O CPC previu as seguintes hipóteses de dispensa da remessa necessária:

> **§ 3º** Não se aplica o disposto neste artigo quando a condenação ou o proveito econômico obtido na causa for de valor certo e líquido inferior a:
>
> **I** - 1.000 (mil) salários-mínimos para a União e as respectivas autarquias e fundações de direito público;
>
> **II** - 500 (quinhentos) salários-mínimos para os Estados, o Distrito Federal, as respectivas autarquias e fundações de direito público e os Municípios que constituam capitais dos Estados;
>
> **III** - 100 (cem) salários-mínimos para todos os demais Municípios e respectivas autarquias e fundações de direito público.

A primeira hipótese é aquela em que a condenação é de valor certo e líquido, inferior aos parâmetros dados pelo CPC. **Assim, caso o valor seja ilíquido, será caso de remessa necessária:**

> **STJ - Súmula 490:** A dispensa de reexame necessário, quando o valor da condenação ou do direito controvertido for inferior a sessenta salários mínimos, não se aplica a sentenças ilíquidas.

O valor de 60 salários-mínimos era o previsto no CPC passado. Basta atualizá-lo com os novos valores.

Ao estabelecer que a dispensa ocorre no caso de valor líquido e certo inferior, é certo que se o valor for igual aqueles valores descritos nos incisos, haverá remessa necessária. Por se tratar de norma restritiva, a aplicação do dispositivo há de ser literal. Além dos valores, o CPC previu a dispensa nas seguintes hipóteses:

> **§ 4º** Também não se aplica o disposto neste artigo quando a sentença estiver fundada em:
>
> **I** - súmula de tribunal superior;
>
> **II** - acórdão proferido pelo Supremo Tribunal Federal ou pelo Superior Tribunal de Justiça em julgamento de recursos repetitivos;

III – entendimento firmado em incidente de resolução de demandas repetitivas ou de assunção de competência;

IV – entendimento coincidente com orientação vinculante firmada no âmbito administrativo do próprio ente público, consolidada em manifestação, parecer ou súmula administrativa.

a) É possível a dispensa da remessa por meio de negócio processual?

Diante da cláusula geral prevista no artigo 190, é possível que haja negócios processuais atípicos. Assim, as partes podem negociar regras processuais, convencionando sobre e ônus, poderes, faculdades e deveres processuais, além de poderem, juntamente com o juiz, fixar o calendário processual.

Os negócios jurídicos processuais, contudo, devem situar-se no espaço de disponibilidade outorgado pelo legislador, não podendo autorregular situações alcançadas por normas cogentes.

Em razão disso, as partes não podem convencionar a dispensa da remessa necessária fora dos casos já previstos por lei.

6. MEIOS DA IMPUGNAÇÃO CONTRA A SENTENÇA QUE NÃO DETERMINA A REMESSA NECESSÁRIA

Para que haja a dispensa da remessa necessária, não basta que o magistrado simplesmente omita a dispensa da remessa necessária na sentença. É preciso que ele esclareça, de forma fundamentada, o motivo de dispensar a remessa necessária. Não havendo dispensa fundamentada, a omissão impedirá o trânsito em julgado da sentença.

Por outro, fundamentada a dispensa da remessa necessária, caberá a Fazenda, caso discorde da dispensa, interpor apelação, esclarecendo nas razões os motivos pelo qual discorda da dispensa e requerendo que o tribunal assim o faça.

Não sendo interposta a apelação, ocorrerá preclusão quando a dispensa fundamentada da remessa necessária, passando a sentença a se submeter ao trânsito em julgado. Dispensada a remessa necessária e não havendo recurso contra tal dispensa, exsurgirá a coisa julgada material, somente podendo o mérito ser reapreciado em sede de ação rescisória, caso se configure uma das hipóteses arroladas no art. 966 do CPC.

7. RECURSO ESPECIAL EM REMESSA NECESSÁRIA

Por muito tempo, o STJ entendeu não ser possível o cabimento de recurso especial contra acórdão proferido em sede de remessa necessária, nos casos em que não havia apelação do ente público, em razão de preclusão lógica **(REsp 904.885/SP).**

Posteriormente, contudo, o STJ alterou seu posicionamento, **entendendo ser cabível o recurso especial em remessa necessária (REsp 90S.771/CE).**

8. REMESSA NECESSÁRIA NAS HIPÓTESES DE APELAÇÃO DA FAZENDA

O reexame necessário e apelação da Fazenda ainda coexistem? Veja o que diz o § 1º do art. 496 do CPC/2015:

> **Art. 496. (...)**
>
> **§ 1º** – Nos casos previstos neste artigo, não interposta a apelação no prazo legal, o juiz ordenará a remessa dos autos ao tribunal, e, se não o fizer, o presidente do respectivo tribunal avocá-los-á.

Ora, havendo apelação da Fazenda Pública NÃO haverá necessidade de reexame necessário, é o que diz a nova regra.

Trata-se de uma mudança em relação ao Antigo CPC: no CPC/73, independentemente de apelação do ente público, o reexame necessário era imposição legal.

Isso vale mesmo quando a Fazenda Pública apela de somente parte da sentença?

Há críticas doutrinárias ao dispositivo já que a apelação da Fazenda Pública pode ser parcial, enquanto que o reexame é de todo o conteúdo da sentença. Ainda assim, a apelação do ente pode apresentar vício formal, enquanto que a remessa necessária não está sujeita a essa análise de forma que será sempre julgado pelo segundo grau de jurisdição.

O FPPC (Fórum Permanente de Processualistas Civis) por meio enunciado nº 432 diz:

Enunciado nº 432 do FPPC: (art. 496, § 1º) A interposição de apelação **parcial não** impede a remessa necessária.

Assim, perceba que a literalidade do dispositivo aponta para uma direção, enquanto que a doutrina aponta para outra. Com isso, deve o STJ pôr fim à celeuma muito em breve.

Além da hipótese de apelação parcial, a doutrina também defende que haverá remessa necessária **quando a apelação da Fazenda não for conhecida,** por ausência dos pressupostos de admissibilidade. Nesse caso, como a apelação não foi conhecida, **é como se ela não tivesse sido proposta,** possibilitando a remessa necessária.

9. REMESSA NECESSÁRIA NOS JUIZADOS ESPECIAIS

Há reexame necessário nas decisões dos juizados especiais? NÃO. Nesse ponto, o NCPC não trouxe qualquer mudança: continua não sendo cabível remessa necessária nos juizados especiais.

VII

TUTELA PROVISÓRIA CONTRA O PODER PÚBLICO

1. LEGISLAÇÃO PERTINENTE

A lei 8.437/92 disciplina a concessão de medidas cautelares contra o Poder Público:

> **Art. 1°** Não será cabível medida liminar contra atos do Poder Público, no procedimento cautelar ou em quaisquer outras ações de natureza cautelar ou preventiva, toda vez que providência semelhante não puder ser concedida em ações de mandado de segurança, em virtude de vedação legal.
>
> **§ 1°** Não será cabível, no juízo de primeiro grau, medida cautelar inominada ou a sua liminar, quando impugnado ato de autoridade sujeita, na via de mandado de segurança, à competência originária de tribunal.
>
> **§ 2°** O disposto no parágrafo anterior não se aplica aos processos de ação popular e de ação civil pública.
>
> **§ 3°** Não será cabível medida liminar que esgote, no todo ou em qualquer parte, o objeto da ação.
>
> **§ 4°** Nos casos em que cabível medida liminar, sem prejuízo da comunicação ao dirigente do órgão ou entidade, o respectivo representante judicial dela será imediatamente intimado.
>
> **§ 5º** Não será cabível medida liminar que defira compensação de créditos tributários ou previdenciários.

Por sua vez, a Lei 9.494/97 disciplina a concessão de tutela antecipada contra o Poder Público:

> **Art. 1º** Aplica-se à tutela antecipada prevista nos arts. 273 e 461 do Código de Processo Civil o disposto nos arts. 5º e seu parágrafo único e 7º da Lei nº 4.348, de 26 de junho de 1964, no art. 1º e seu § 4º da Lei nº 5.021, de 9 de junho de 1966, e nos arts. 1º, 3º e 4º da Lei nº 8.437, de 30 de junho de 1992.
>
> **Art.2º-B.** A sentença que tenha por objeto a liberação de recurso, inclusão em folha de pagamento, reclassificação, equiparação, concessão de aumento ou extensão de vantagens a servidores da União, dos Estados, do Distrito Federal e dos Municípios, inclusive de suas autarquias e fundações, somente poderá ser executada após seu trânsito em julgado.

Já a Lei 12.016/09, disciplina o mandado de segurança individual e coletivo:

> **Art. 7º (...)**
>
> **§ 2º** Não será concedida medida liminar que tenha por objeto a compensação de créditos tributários, a entrega de mercadorias e bens provenientes do exterior, a reclassificação ou equiparação de servidores públicos e a concessão de aumento ou a extensão de vantagens ou pagamento de qualquer natureza.

§ 5º As vedações relacionadas com a concessão de liminares previstas neste artigo se estendem à tutela antecipada a que se referem os arts. 273 e 461 da Lei no 5.869, de 11 janeiro de 1973 – Código de Processo Civil.

> **Art. 14. (...)**
>
> **§ 3º** A sentença que conceder o mandado de segurança pode ser executada provisoriamente, salvo nos casos em que for vedada a concessão da medida liminar.

Por fim, o NCPC estabeleceu o seguinte:

> **Art. 1.059.** À tutela provisória requerida contra a Fazenda Pública aplica-se o disposto nos arts. 1º a 4º da Lei no 8.437, de 30 de junho de 1992, e no art. 7º, § 2º, da Lei no 12.016, de 7 de agosto de 2009.

Assim, como bem ressaltado por Guilherme Freire de Melo Barros, a sistemática sobras as vedações à tutela provisória contra o Poder Público **foi expressamente acolhida pelo Novo Código de Processo.**

2. (IN)CONSTITUCIONALIDADE DAS VEDAÇÕES

Há quem entenda na doutrina que tais limitações são inconstitucionais. Argumenta-se que elas violariam os princípios da inafastabilidade do controle jurisdicional e da efetividade da prestação da tutela jurisdicional. Ademais, em sendo constitucional, discute-se na doutrina como compatibilizar esses institutos com os regimes da remessa necessária e do pagamento por precatórios.

Inicialmente, com relação a inconstitucionalidade, prevalece na doutrina que é possível que o legislador infraconstitucional imponha restrições à concessão de certas tutelas de urgência, sem que isso importe em violação de algum princípio constitucional.

Como bem afirma Guilherme Freire de Melo Barros, as limitações referidas pelo legislador, nesse caso, somente atestariam situações em que já se verificou a ausência de risco de dano grave ou de difícil reparação ao particular. Aqui, a lei tão somente explicita situações em que a medida de urgência não pode ser concedida, em razão da ausência de seus pressupostos autorizadores.

Também não há problemas entre o regime da remessa necessária e a tutela de urgência. A remessa necessária impede a formação da coisa julgada e a eficácia da sentença, mas a lei pode permitir a eficácia do provimento liminar que não está sujeito a remessa.

Já em relação ao sistema de precatórios, afirma-se que o pagamento de quantia certa, fruto de condenações do estado, é feito mediante a expedição de precatórios. Assim, uma norma infraconstitucional que explicite vedação lógica do sistema não pode ser considerada inconstitucional.

Por fim, o STF examinou a constitucionalidade da vedação prevista no art. 1º da Lei 9.494/97 na ADC 04, concluindo pela sua constitucionalidade.

3. HIPÓTESES DE VEDAÇÃO PREVISTAS NA LEGISLAÇÃO

a) Ato de autoridade com prerrogativa de foro

Previsto no § 1º da Lei 8.437/92, essa hipótese veda a concessão de medida cautelar inominada ou a sua liminar, quando impugnado ato de autoridade sujeita, na via do mandado de segurança, a competência originária do tribunal.

Com isso, quis o legislador evitar a fraude às regras de competência por prerrogativa de função, previstas na CF. Isso porque certas autoridades, por exemplo, estão submetidas à competência do STF, como o Presidente da República no caso de mandado de segurança.

Nesse caso, se fosse possível a concessão de uma medida liminar contra o Presidente em uma ação ordinária, por vias transversas, estaríamos admitindo a imposição de obrigação ao presidente através de juízo incompetente constitucionalmente.

Por fim, cumpre ressaltar que a vedação ora analisada possui importante exceção, consistente **na permissão da concessão de liminares em ação popular e ação civil pública:**

> **Art. 1°** Não será cabível medida liminar contra atos do Poder Público, no procedimento cautelar ou em quaisquer outras ações de natureza cautelar ou preventiva, toda vez que providência semelhante não puder ser concedida em ações de mandado de segurança, em virtude de vedação legal.
>
> **§ 2°** O disposto no parágrafo anterior não se aplica aos processos de ação popular e de ação civil pública.

É por isso que, frequentemente, vemos decisões oriundas do Presidente da República serem suspensas mediante liminar, especialmente em sede de ação popular.

b) Irreversibilidade

Prevista no § 3º, do art. 1º da Lei 8.437/92, essa vedação não permite a concessão de tutela de urgência que esgote, no todo ou em parte, o objeto da ação, é dizer, a medida não pode ser irreversível. Apesar do texto legal, a doutrina e jurisprudência, acertadamente entendem que a não concessão da medida para proteger o direito do réu não pode levar ao perecimento do direito do autor.

Assim, é possível, em situações de urgência, a concessão de medida liminar de caráter irreversível.

c) Compensação de créditos tributários e previdenciários

Outra vedação prevista na Lei 8.437/92, trata de compensação de créditos tributários e previdenciários. O § 5º do art. 1º proíbe a concessão de medida de urgência para possibilitar ao particular a compensação de créditos tributários ou previdenciários.

Esse entendimento legal, posteriormente, foi reforçado pelo STJ:

STJ - Súmula 212: A compensação de créditos tributários não pode ser deferida em ação cautelar ou por medida liminar cautelar ou antecipatória.

Interpretação restritiva

A decisão proferida na referida ADC 4 não impede toda e qualquer antecipação de tutela contra a Fazenda Pública.

Somente está proibida a concessão de tutela antecipada nas hipóteses listadas no art. 1º da Lei n. 9.494/97, **que deve ser interpretado restritivamente**. A título de exemplo, o STF afirma que pode ser concedida tutela antecipada em lides previdenciárias, considerando que tal vedação não está elencada no dispositivo acima mencionado. Nesse sentido

STF - Súmula 729: A decisão na Ação Direta de Constitucionalidade 4 **não se aplica à antecipação de tutela em causa de natureza previdenciária.**

Em outro julgado, o STF afirmou que seria possível a concessão de tutela antecipada tratando sobre férias de servidores públicos, considerando que isso não envolve a reclassificação ou equiparação de servidores públicos nem a concessão de aumento ou extensão de vantagens **(Rcl 4311/DF)**.

O STF admite que o juiz conceda a tutela antecipada tratando sobre os assuntos do art. 1º da Lei 9.494/97, desde que essa antecipação ocorra na própria sentença de mérito. Isso não afronta o que foi decidido na ADC nº 04

É permitida a concessão de tutela antecipada determinando a promoção do servidor ou a sua inclusão em curso de habilitação, ainda que isso gere, como efeito secundário, a concessão de vantagem pecuniária **(Rcl 8902-AGR)**.

d) Ações Possessória

Outra vedação a concessão de liminar está contida no parágrafo único do art. 562 do novo CPC, que exige a necessidade de prévia audiência do representante judicial do ente antes da concessão da liminar.

Não havendo prazo prevê para manifestação do ente público, cabe ao juiz fixá-lo de acordo com a complexidade do caso. A concessão de liminar sem a intimação prévia do Estado caracteriza "erro in procedendo", possibilitando a anulação da decisão.

4. MEIOS DE IMPUGNAÇÃO

Proferida uma decisão concedendo indevidamente uma tutela de urgência, o ordenamento jurídico possibilita ao Poder Públicos três instrumentos para impugnar da decisão: o agravo de instrumento, o pedido de suspensão e a reclamação constitucional. Diante das diferentes naturezas dos institutos citados, **é até mesmo possível a utilização concomitante de todos esses instrumentos.**

Isso porque a decisão que concede o provimento liminar se caracteriza como decisão interlocutória, permitindo o manejo do recurso de agravo de instrumento. Já o pedido de suspensão é dirigido à presidência do Tribunal respectivo e tem o objetivo de sustar a eficácia do provimento urgente. Por fim, a reclamação está amparada na violação de decisão anterior do Tribunal sobre a matéria e visa cassar a decisão reclamada.

(@direitodiretoblog): É cabível execução provisória em face da Fazenda Pública?

Para responder corretamente pergunta, é preciso diferenciar as obrigações de pagar quantia certa e obrigações de fazer.

Nas obrigações de pagar quantia certa, vai incidir a regra do artigo 100 da Constituição, o qual estabelece o regime dos precatórios. Nesse sentido, é preciso esclarecer que, em regra, o precatório somente pode ser expedido após o trânsito em julgado da ação, de forma que, em regra, não cabe execução provisória contra a Fazenda para pagamento de quantia certa **(RE 463.936 ED)**.

Excepcionalmente, contudo, é possível a expedição de precatório e, consequentemente a execução provisória, nos casos de parcela incontroversa (Ex: a parte alega que tem que receber 100, a Fazenda diz que é 40. Assim, é possível a expedição de precatório e a execução provisória sobre esses 40, prosseguindo o processo em relação aos 60) **(RE 511.126 AGR/PR e AgInt no Resp 1.598.706/PR)**.

Por sua vez, em relação as **obrigações de fazer**, o STF entendeu que elas não se submetem ao regime constitucional de precatórios, sendo possível, assim, a execução provisória contra a Fazenda Pública **(RE 573.872/RS).**

5. A FAZENDA PÚBLICA E A ESTABILIZAÇÃO DOS EFEITOS DA TUTELA

a) Introdução

Uma das grandes novidades do NCPC foi a chamada estabilização dos efeitos da tutela. Requerida uma tutela provisória satisfativa antecedente, a decisão pode se estabilizar.

Com isso, embora a decisão seja proferida de forma sumária e incompleta, a parte obtém, em caráter definitivo, decisão mandamental ou executiva.

Na estabilização, o juiz concede uma tutela provisória satisfativa de urgência antecedente. Não havendo recurso do réu, a decisão estabiliza-se, com extinção do processo.

A estabilização somente ocorre na tutela provisória de urgência satisfativa requerida em caráter antecedente. Não há estabilização na tutela provisória cautelar, nem na tutela de evidência. Também não é possível a estabilização da tutela provisória requerida em caráter incidental.

b) Requisitos

A decisão que deferir a tutela provisória de urgência satisfativa requerida em caráter antecedente torna-se estável, se o réu não a impugnar no prazo legal:

> **Art. 304.** A tutela antecipada, concedida nos termos do art. 303, torna-se estável se da decisão que a conceder não for interposto o respectivo recurso.
>
> **Art. 303.** Nos casos em que a urgência for contemporânea à propositura da ação, a petição inicial pode limitar-se ao requerimento da tutela antecipada e à indicação do pedido de tutela final, com a exposição da lide, do direito que se busca realizar e do perigo de dano ou do risco ao resultado útil do processo

Para a doutrina, para que haja a estabilização dos efeitos da tutela, é preciso os seguintes requisitos:

a) É preciso que o autor tenha requerido a concessão de tutela provisória satisfativa (tutela antecipada) **em caráter antecedente**. Somente ela tem aptidão para estabilizar-se nos termos do art. 304 do CPC.

b) é preciso que o autor tenha, em sua petição inicial, manifestado expressa opção pelo procedimento (CPC, art. 303, § 5):

> **Art. 303. (...)**
>
> § 5º O autor indicará na petição inicial, ainda, que pretende valer-se do benefício previsto no caput deste artigo.

Esse requisito decorre dos princípios da cooperação e da boa-fé processual, pois é somente após a expressa indicação do autor pelo procedimento da estabilização é que o réu tem como saber se sua inércia provocará a estabilização da tutela provisória satisfativa de urgência.

c) É preciso que haja decisão concessiva da tutela provisória satisfativa (tutela antecipada) em caráter antecedente.

d) Por fim, é necessária a inércia do réu diante da decisão que concede tutela antecipada antecedente.

Com relação a esse último requisito, há grande controvérsia doutrinária:

Leonardo Carneiro da Cunha entende, em uma interpretação literal do art. 304 do CPC, que a estabilização da tutela requerida somente não vai ocorrer nos casos em que o réu interpôs recursos:

> **Art. 304.** A tutela antecipada, concedida nos termos do art. 303, torna-se estável se da decisão que a conceder não for interposto o respectivo recurso.

Segundo o citado autor: "O texto normativo refere-se a recurso, que é, aliás, o único meio que impede a preclusão. A estabilização decorre, portanto, da ausência de agravo de instrumento, que é o recurso cabível contra a decisão que versa sobre tutela provisória (CPC, art. 1.015, I). Qualquer outro meio de impugnação não impede a estabilização." (A Fazenda Pública em Juízo, 13ª Edição, página 313).

Por outro lado, Didier, entende que qualquer meio de impugnação é capaz de afastar a estabilização. Estão dentro desse conceito o pedido de suspensão e o pedido de reconsideração da decisão, desde que sejam apresentados dentro do prazo recursal: "Embora o art. 304 do CPC fale apenas em não interposição de recurso, a inércia que se exige para a estabilização da tutela antecipada vai além disso: é necessário que o réu não se tenha valido de recurso nem de nenhum outro meio de impugnação da decisão (ex.: suspensão de segurança ou pedido de reconsideração, desde que apresentados no prazo de que dispõe a parte para recorrer)" (Curso de direito Processual Civil - Vol. II, 10ª edição, página 607).

Se faltar algum requisito, não haverá estabilização, a não ser que as partes celebrem um negócio processual prevendo a estabilização. Nesse sentido:

Enunciado 32 do FPPC: Além da hipótese prevista no art. 304, é possível a estabilização expressamente negociada da tutela antecipada de urgência antecedente.

c) Estabilização X coisa julgada

A estabilização dos efeitos da tutela não se confunde com a coisa julgada. Ao deferir a tutela provisória de urgência, o juiz se restringe a reconhecer a presença dos seus requisitos:

a) probabilidade do direito; e

b) perigo da demora.

Não há, portanto, na estabilização o reconhecimento de direito, apto a forma coisa julgada.

d) Não cabimento de ação rescisória

Como visto no tópico anterior, não há formação de coisa julgada na estabilização dos efeitos da tutela. Logo não cabe ação rescisória contra ela:

Enunciado 33 do FPPC: Não cabe ação rescisória nos casos de estabilização da tutela antecipada de urgência.

É possível, contudo, ingressar, dentro do prazo de 02 anos, contados da ciência de decisão que extinguiu o processo, com ação para rever, reformar ou invalidar a tutela antecipada:

> **Art. 304. (...)**
>
> **§ 5º** O direito de rever, reformar ou invalidar a tutela antecipada, previsto no § 2º deste artigo, extingue-se após 2 (dois) anos, contados da ciência da decisão que extinguiu o processo, nos termos do § 1º.
>
> **§ 1º** No caso previsto no caput, o processo será extinto

Nesse processo, a parte pede ao juiz que aprofunde a cognição, que até foi sumária ou incompleta. Aprofundada a cognição, o juiz irá manter, reformar, modificar ou invalidar a decisão concessiva da tutela de urgência, em decisão que irá submeter-se à coisa julgada.

Tanto o autor como o réu podem propor essa ação prevista nos §§ 2° e 5° do art. 304. Escoado o prazo de 2 (dois) anos para a propositura dessa demanda, não cabe mais nada; não é cabível, nem mesmo ação rescisória depois de passado o prazo de 2 (dois) anos para seu julgamento.

e) Cabimento em face da Fazenda Pública

Segundo a doutrina (Leonardo Carneiro da Cunha), a tutela de urgência satisfativa antecedente pode ser proposta contra a Fazenda Pública, estando a decisão apta a estabilizar-se. Em outras palavras, é possível que haja a estabilização da tutela provisória contra a Fazenda Pública.

Cumpre destacar que, como já vimos, existem algumas situações em que o ordenamento jurídico veda a concessão de tutela provisória contra a Fazenda. Obviamente, nesses casos, não há que se falar em estabilização dos efeitos da tutela.

A estabilização dos efeitos da tutela também não é incompatível com o regime da remessa necessária. Isso porque a estabilização não produz coisa julgada e a remessa necessária somente se faz imprescindível para a obtenção da coisa julgada.

Cumpre esclarecer, contudo, que embora permitida a estabilização dos efeitos tutela provisória contra a Fazenda, essa estabilização não permite a expedição de precatório ou RPV. Isso porque, ambos os institutos exigem a prévia ocorrência da coisa julgada, o que não ocorre na estabilização.

6. A FAZENDA PÚBLICA E A TUTELA PROVISÓRIA DE EVIDÊNCIA

a) Introdução

A tutela de evidência é uma técnica jurisdicional que autoriza que se conceda uma tutela jurisdicional, definitiva ou provisória, mediante um procedimento diferenciado.

Assim, é possível haver tanto uma tutela de urgência quanto uma tutela provisória de urgência. Vamos analisar aqui especificamente a situação da tutela provisória de urgência em face da Fazenda Pública.

O grande diferencial da tutela provisória de evidência, comparando-se com a tutela provisória de urgência, é que sua concessão exige apenas prova das alegações de fato e da demonstração de probabilidade do acolhimento do pedido formulado pela parte. É dizer, na tutela provisória de evidência se dispensa a comprovação da urgência do pedido:

Art. 311. A tutela da evidência será concedida, independentemente da demonstração de perigo de dano ou de risco ao resultado útil do processo, quando:

b) Hipóteses de cabimento e sua aplicação em contra a Fazenda Pública

I – ficar caracterizado o abuso do direito de defesa ou o manifesto propósito protelatório da parte;

Há aqui quem defenda que a concessão de tutela de evidência seria uma espécie de sanção, com o objetivo de punir a conduta do litigante de má-fé. Por outro lado, há quem entenda que não se trata de uma sanção, mas de uma providência que visa promover uma igualdade substancial entre as partes.

Em sendo uma ou outra, é perfeitamente cabível a concessão de tutela evidência quando a fazer abusar de seu direito de defesa ou haver manifesto propósito protelatório de sua parte.

II – as alegações de fato puderem ser comprovadas apenas documentalmente e houver tese firmada em julgamento de casos repetitivos ou em súmula vinculante;

Aqui, a tutela é concedida em função de o fato já estar respaldado em uma tese jurídica já firmada em precedente obrigatório (enunciado de súmula vinculante ou em julgamento de casos repetitivos).

III – se tratar de pedido reipersecutório fundado em prova documental adequada do contrato de depósito, caso em que será decretada a ordem de entrega do objeto custodiado, sob cominação de multa;

O inciso III cuida do procedimento de pedido reipersecutório (pedido de entregar coisa certa). É extremamente incomum uma hipótese de ação de depósito contra a Fazenda Pública. Contudo, ao menos em tese, é possível tutela provisória de evidência aqui também.

IV – a petição inicial for instruída com prova documental suficiente dos fatos constitutivos do direito do autor, a que o réu não oponha prova capaz de gerar dúvida razoável.

Aqui, a evidência decorre da apresentação da prova documental. Em outras palavras, no caso em que a prova documenta apresentada pelo autor seja suficiente para comprovar suas alegações, sem que o réu apresente qualquer dúvida razoável, haverá evidência que justifique a concessão da tutela provisória.

Leonardo Carneiro da Cunha defende que a hipótese aqui seria de julgamento antecipado do mérito. Assim, estando os fatos constitutivos do direito comprovados por documentos, e não sendo necessária mais a produção de qualquer prova, abre-se para o autor duas possibilidades: **a)** requerer o julgamento antecipado do mérito; **b)** requerer a tutela provisória de evidência.

Nesse sentido, Leonardo Carneiro da Cunha defende que a finalidade e a utilidade da hipótese descrita no inciso IV do art. 311 do CPC relaciona-se com o afastamento do efeito suspensivo da apelação **(CPC, art. 1.012, § 1º, V)**.

Conforme seus ensinamentos, o juiz poderia, na sentença, quando a hipótese for de julgamento antecipado do mérito, por serem suficientes os documentos apresentados, antecipar a tutela (desde que haja requerimento da parte), a fim de retirar da apelação seu efeito suspensivo.

A hipótese de tutela de evidência prevista no inciso IV, do art. 311 equivale a uma tutela provisória concedida em sede de mandado de segurança, assim vão incidir nessa hipótese as mesmas vedações legais a concessão de tutela provisória já estudadas nesse capítulo.

@direitodiretoblog – as vedações a concessão de tutela antecipada em face da Fazenda Pública se aplicam as tutelas de evidências?

O ordenamento jurídico pátrio previu uma série de restrições para a concessão de tutela de urgência contra o Poder Público, como, por exemplo, as previstas na Lei 8.437/92, que disciplina a concessão de medidas cautelares contra o Poder Público e na Lei 9.494/97, que disciplina a concessão de tutela antecipada.

Tem prevalecido na doutrina que essas vedações não se aplicam as tutelas de evidência:

Enunciado nº 35 do Fórum Permanente de Processualistas Civis: As vedações à concessão de tutela provisória contra a Fazenda Pública limitam-se às tutelas de urgência.

Contudo, conforme entendimento doutrinário (Leonardo Carneiro da Cunha), as vedações a tutela provisória de urgência se aplicam ao inciso IV, do art. 311.

Assim, o enunciado 35 do FPPC deve ser lido da seguinte forma, "ressalvado os casos de vedação legal quanto à hipótese do inciso IV do art. 311 do CPC, as vedações à concessão de tutela provisória contra a Fazenda Pública limitam-se às tutelas de urgência."

Parágrafo único. Nas hipóteses dos incisos II e III, o juiz poderá decidir liminarmente.

VIII

PEDIDO DE SUSPENSÃO

1. INTRODUÇÃO

O pedido de suspensão é instituto típico do direito processual público, pois é destinado apenas ao Poder Público. Isso porque ele é voltado à proteção do **interesse público primário**, quando este for ameaçado por uma decisão judicial.

Como veremos a seguir, trata-se de instituto que não busca a reforma, anulação ou cassação da decisão proferida, mas a **suspensão de sua eficácia.**

2. LEGISLAÇÃO PERTINENTE

O instituto está previsto nos seguintes diplomas:

a) **Lei 7.347/85 (Lei da ACP), no art. 12, § 1º:**

> **Art. 12. (...):**
>
> **§ 1º** A requerimento de pessoa jurídica de direito público interessada, e para evitar grave lesão à ordem, à saúde, à segurança e à economia pública, poderá o Presidente do Tribunal a que competir o conhecimento do respectivo recurso suspender a execução da liminar, em decisão fundamentada, da qual caberá agravo para uma das turmas julgadoras, no prazo de 5 (cinco) dias a partir da publicação do ato.

b) **Lei 8.437/92 que, ao disciplinar a concessão de medidas cautelares contra o Poder Público, prevê o pedido de suspensão para o Tribunal respectivo, em seu art. 4º:**

Art. 4º Compete ao presidente do tribunal, ao qual couber o conhecimento do respectivo recurso, suspender, em despacho fundamentado, a execução da liminar nas ações movidas contra o Poder Público ou seus agentes, a requerimento do Ministério Público ou da pessoa jurídica de direito público interessada, em caso de manifesto interesse público ou de flagrante ilegitimidade, e para evitar grave lesão à ordem, à saúde, à segurança e à economia públicas.

c) **Lei 9.507/97, lei do "Habeas Data", prevê a suspensão da decisão concessiva de "Habeas Data", em seu art. 16:**

Art. 16. Quando o habeas data for concedido e o Presidente do Tribunal ao qual competir o conhecimento do recurso ordenar ao juiz a suspensão da execução da sentença, desse seu ato caberá agravo para o Tribunal a que presida.

d) **A Lei 12.016/09, Lei do MS, também previu o pedido de suspensão em seu art. 15:**

Art. 15. Quando, a requerimento de pessoa jurídica de direito público interessada ou do Ministério Público e para evitar grave lesão à ordem, à saúde, à segurança e à economia públicas, o presidente do tribunal ao qual couber o conhecimento do respectivo recurso suspender, em decisão fundamentada, a execução da liminar e da sentença, dessa decisão caberá agravo, sem efeito suspensivo, no prazo de 5 (cinco) dias, que será levado a julgamento na sessão seguinte à sua interposição.

Notem que o instituto foi previsto em nosso ordenamento de forma bastante aleatória, não havendo uma lei tratando especificamente dele. De todos os diplomas legais, o que melhor disciplina o pedido de suspensão é a Lei 8.437/92, sendo ela, por isso, **considerada o diploma geral do instituto.**

3. NATUREZA

Com relação a sua natureza jurídica, há divergência doutrina, mas prevalece (Guilherme Freire de Melo Barros) **que se trata de um incidente processual.**

4. LEGITIMIDADE

A lei expressamente previu seu uso pelas pessoas jurídicas de direito público (União, Estados, DF, Municípios e suas Autarquias e Fundações), e pelo Ministério Público. Embora não previsto em lei, também se admite o pedido de suspensão por concessionária de serviço público, mas somente quando for **para tutelar interesse público primário (STJ – AgRg na SLS 1.002/CE).**

Existem alguns entes que, embora não possuam personalidade jurídica, possuem a chamada personalidade judiciária. Tais entes não são pessoas, mas são sujeitos de direito, podendo ser titulares de poderes, deveres, direitos, ônus e faculdades, de índole material ou processual.

É o caso, por exemplo, das Câmaras Municipais, Assembleias Legislativas, Tribunais de Contas. Nesse sentido, inclusive, o STJ editou verbete sumular defendendo a possibilidade de as Câmaras Municipais ingressarem em juízo para a defesa de seus direitos institucionais.

> **STJ – Súmula 525:** A Câmara de vereadores não possui personalidade jurídica, apenas personalidade judiciária, somente podendo demandar em juízo para defender os seus direitos institucionais.

Assim, a doutrina (Leonardo Carneiro da Cunha) defende que, da mesma forma que podem impetrar mandado de segurança, podem igualmente ajuizar pedido de suspensão ao presidente do tribunal.

A legitimidade desses órgãos decorre da circunstância de a decisão que se pretende suspender interferir diretamente na sua atividade ou afetar diretamente alguma de suas prerrogativas institucionais, ou, ainda, em casos de conflito interno entre órgãos da pessoa jurídica de direito público.

O STJ já apreciou pedido de suspensão formulado por Câmara Municipal, o qual foi conhecido, mas indeferido, em razão da ausência de lesão à ordem pública (AgRg na SS 2.465/BA).

5. CABIMENTO

O pedido de suspensão cabe em todas as hipóteses em que se concede tutela provisória contra a Fazenda Pública ou quando a sentença produz efeitos imediatos, por ser impugnada por recurso desprovido de efeito suspensivo automático.

@direitodiretoblog – Cabe pedido de suspensão contra decisão proferida em sede de controle abstrato de constitucionalidade?

O STF, ao julgar o pedido de suspensão de liminar concedida pelo TJ estadual no exercício do controle abstrato de constitucionalidade norma municipal, **entendeu que não (SL 73-AgR).**

Para tanto, argumentou que a ação direta de inconstitucionalidade tem como propósito a defesa da ordem constitucional vigente, seja ela federal ou estadual. É instrumento, portanto que já se encontra, nessa ótica, no mesmo plano finalístico do instituto da suspensão, qual seja, a defesa da ordem pública, exatamente na sua acepção jurídico-constitucional.

6. COMPETÊNCIA

A decisão judicial provisória deferida por um juiz de primeira instância deverá ser atacada por meio de um pedido de suspensão dirigido ao presidente do Tribunal ao qual ele esteja vinculado.

Assim, a competência para apreciar o pedido de suspensão é do presidente do tribunal que teria competência para julgar o recurso contra a decisão concessiva do provimento liminar, antecipatório ou final de mérito (Ex: pedido de suspensão contra uma decisão proferida por um juiz de Fortaleza deverá ser dirigida ao presidente do TJ Ceará).

Da mesma maneira, caso um juiz estadual esteja exercendo competência federal (**CF, art. 109, § 3º**), o pedido de suspensão será proposto perante o presidente do Tribunal Regional Federal respectivo, já que, aqui, o juiz estadual está dotado de competência federal, estando, portanto, submetido hierarquicamente ao TRF.

Por fim, caso o provimento seja concedido de forma originária por membro de tribunal, o pedido de suspensão deverá ser intentado junto ao Presidente do Supremo Tribunal Federal ou ao Presidente do Superior Tribunal de Justiça, quando a causa tiver por fundamento, respectivamente, matéria constitucional ou infraconstitucional, nos termos da Lei 8.038/90:

> **Art. 25** – Salvo quando a causa tiver por fundamento matéria constitucional, compete ao Presidente do Superior Tribunal de Justiça, a requerimento do Procurador-Geral da República ou da pessoa jurídica de direito público interessada, e para evitar grave lesão à ordem, à saúde, à segurança e à economia pública, suspender, em despacho fundamentado, a execução de liminar ou de decisão concessiva de mandado de segurança, proferida, em única ou última instância, pelos Tribunais Regionais Federais ou pelos Tribunais dos Estados e do Distrito Federal.

§ 1º - O Presidente pode ouvir o impetrante, em cinco dias, e o Procurador-Geral quando não for o requerente, em igual prazo.

§ 2º - Do despacho que conceder a suspensão caberá agravo regimental.

§ 3º - A suspensão de segurança vigorará enquanto pender o recurso, ficando sem efeito, se a decisão concessiva for mantida pelo Superior Tribunal de Justiça ou transitar em julgado.

Essas disposições podem ser resumida nos seguintes termos:

a) Decisão de juiz de direito estadual: pedido de suspensão ao presidente do Tribunal de Justiça - TJ, respectivo;

b) Decisão de juiz federal: pedido de suspensão ao presidente do Tribunal Regional Federal - TRF, respectivo;

c) Decisão de juiz de direito estadual em exercício de jurisdição federal (Art. 109, § 3º, da CF): pedido de suspensão ao presidente do Tribunal Regional Federal - TRF;

d) Decisão de órgão fracionário de tribunal (monocrática ou colegiada): pedido de suspensão ao STJ ou ao STF, conforme a matéria seja infraconstitucional ou constitucional.

Nos casos em que o pedido de suspensão possui, concomitantemente, fundamentos constitucionais e infraconstitucionais, a competência para apreciar o pedido de suspensão **será do Presidente do STF**, nos termos do art. 25 da Lei 8.038/1990, ainda que o pedido de suspensão venha cumulado com matéria de índole infraconstitucional.

Aqui, a matéria constitucional absorve a matéria infraconstitucional, atribuindo-se a competência para o pedido de suspensão ao Presidente do STF, nos termos do entendimento consolidado do STJ **(AgRg na SS 1730/ MA)**.

7. POSSIBILIDADE DE INTERPOSIÇÃO CONJUNTA DE AGRAVO DE INSTRUMENTO E PEDIDO DE SUSPENSÃO

Em regra, as decisões que versam sobre tutelas provisórias estão sujeitas a agravo de instrumento **(Art. 1.015, I, CPC)**.

Nesse sentido, enquanto o agravo de instrumento ostenta natureza recursal, o pedido de suspensão não tem natureza recursal. Assim, não há impedimento no uso simultâneo de ambas as medidas, uma vez que, não ostentando o pedido de suspensão a natureza recursal, não se aplica ao caso o princípio da singularidade ou unirrecorribilidade recursal.

Ademais, o agravo de instrumento tem como objetivo obter a reforma ("error in judicando") ou anulação ("error in procedendo") da decisão interlocutória. Por outro lado, o pedido de suspensão destina-se apenas a suspender a eficácia da decisão, sem reformá-la ou anulá-la, diante de grave lesão à ordem, à saúde. à economia ou à segurança públicas.

Outra diferença diz respeito ao prazo. O agravo de instrumento deve ser interposto dentro do prazo legal, sob pena de preclusão. Por outro lado, o pedido de suspensão pode ser proposto a qualquer momento, **desde que antes da efetivação da decisão que se busca suspender**.

Em suma, além de o agravo de instrumento e o pedido de suspensão serem autônomos e independentes entre si, não há qualquer condicionamento ou vinculação de um em face do outro. A independência entre os institutos, inclusive, foi reconhecida pelo ordenamento jurídico, nos termos do art. 4º, § 6º, da Lei 8.437/1992 e § 3º, do art. 15, da Lei 12.016/2009:

> **§ 3º** A interposição de agravo de instrumento contra liminar concedida nas ações movidas contra o poder público e seus agentes não prejudica nem condiciona o julgamento do pedido de suspensão a que se refere este artigo.

Uma vez concedido o pedido de suspensão pelo presidente do tribunal, o agravo de instrumento não fica prejudicado. O deferimento do pedido de suspensão pelo presidente do tribunal apenas afeta o pedido de efeito suspensivo formulado no agravo de instrumento, pois o pretendido efeito suspensivo passa a ser desnecessário, **não havendo mais interesse processual** na medida.

Assim, com exceção do pedido de efeito suspensivo, o deferimento do pedido de suspensão não obsta o prosseguimento do pedido de agravo, que terá seu seguimento normal, até ser julgado.

Em suma, é plenamente possível a interposição simultânea de agravo de instrumento e pedido de suspensão, não estando os institutos condicionados ou prejudicados pelo julgamento de um ou outro.

8. SISTEMÁTICA DE APLICAÇÃO

O pedido de suspensão deve ser elaborado em petição escrita. A lei não previu requisitos formais para o pedido de suspensão, exigindo-se apenas que **haja requerimento** da pessoa jurídica de direito público interessada. Contudo, embora não haja previsão legal de requisitos formais, é necessário que a Fazenda Pública narre na peça os fatos e fundamentos do pedido de suspensão, ocasião em que deverá demonstrar que a decisão atacada viola um ou mais interesses públicos protegidos (saúde, economia, segurança e/ou ordem pública). Por fim, é preciso que se faça um requerimento, consistente no pedido de suspensão da decisão.

Qualquer que seja a decisão do Presidente, concessão ou denegação do pedido de suspensão, a parte vencida pode interpor agravo interno para levar a decisão a julgamento pelo tribunal pleno ou pelo órgão do tribunal.

> **Art. 4º (...)**
>
> § 3º Do despacho que conceder ou negar a suspensão, caberá agravo, no prazo de cinco dias, que será levado a julgamento na sessão seguinte a sua interposição.

Caso a decisão do pleno ou órgão especial desfavorável ao ente público, caberá novo pedido de suspensão.

Antes de lhe decidir o mérito, é possível ao presidente do tribunal conceder efeito suspensivo liminar **(LMC, art. 4º, § 7º; LMS, art. 15, § 4º).**

Por fim, o pedido de suspensão permite a suspensão de várias decisões liminares dentro do mesmo pedido **(LMC, art. 4º, § 8º; LMS, art. 15, § 5º).**

9. DURAÇÃO DA SUSPENSÃO

Concedido o pedido de suspensão, fica sobrestada a eficácia da tutela provisória concedida em desfavor do ente público. **Os efeitos da decisão do pedido de suspensão vigoram até o trânsito em julgado da ação principal.**

Nesse sentido, a Lei 8.437/1992:

> § 9º A suspensão deferida pelo Presidente do Tribunal vigorará até o trânsito em julgado da decisão de mérito na ação principal.

Da mesma forma, entende o STF:

> **STF - Súmula 626:** A suspensão da liminar em mandado de segurança, salvo determinação em contrário da decisão que a deferir, vigorará até o trânsito em julgado da decisão definitiva de concessão da segurança ou, havendo recurso, até a sua manutenção pelo Supremo Tribunal Federal, desde que o objeto da liminar deferida coincida, total ou parcialmente, com o da impetração.

10. PEDIDO DE SUSPENSÃO NOS JUIZADOS

As leis que regulam os Juizados Especiais Federais (Lei 10.259/2001) e os Juizados Especiais da Fazenda Pública (Lei 12.1531/2009) não preveem o cabimento do pedido de suspensão contra decisão que conceda provimento de urgência.

Apesar da omissão do legislador, não existe incompatibilidade entre os procedimentos dos Juizados Especiais e as hipóteses de suspensão de segurança.

Como as decisões interlocutórias nos juizados especiais federais e da fazenda são atacadas por agravo de instrumento, interposto perante a Turma Recursal, o pedido de suspensão deverá ser dirigido ao Presidente da Turma Recursal.

No âmbito dos Juizados, não é possível o pedido de suspensão para o Presidente do STJ, pois não cabe recurso especial de acórdão proferido por Turma Recursal. Não cabendo recurso especial, também não cabe o pedido de suspensão dirigido ao Presidente do STJ. Isso porque o pedido de suspensão deve ser endereçado ao Presidente do Tribunal, ao qual couber o conhecimento do respectivo recurso. Não sendo cabível o recurso especial, não é igualmente cabível o pedido de suspensão dirigido ao Presidente do STJ.

Por outro lado, como é possível o cabimento de recurso extraordinário para o STF, também é possível pedido de suspensão dirigido ao Presidente do STF, nos casos de versa sobre matéria constitucional.

11. NATUREZA DE DECISÃO EM PEDIDO DE SUSPENSÃO

1ª corrente: POLÍTICA	2ª corrente: JURISDICIONAL
Trata-se de um juízo político a respeito da lesividade do ato judicial à ordem, à saúde, à segurança e à economia públicas. **É a posição pacífica do STJ.** É com base nesse entendimento que o STJ não admite recurso especial contra decisões proferidas no âmbito do pedido de suspensão de segurança.	A 1ª Turma do STF entendeu que a decisão em sede de suspensão de segurança não é estritamente política, possuindo conteúdo jurisdicional. Com base nessa compreensão, a 1ª Turma do STF chegou à conclusão que é cabível, em tese, recurso especial contra decisões proferidas no âmbito do pedido de suspensão de segurança **(RE 798.740 AgR/DF).**

1ª corrente: POLÍTICA	2ª corrente: JURISDICIONAL
Segundo o STJ, o recurso especial se destina a combater argumentos que digam respeito a exame de legalidade, ao passo que o pedido de suspensão ostentaria juízo político	

12. DOUTRINA CHENERY

A chamada "Doutrina Chenery" (Chenery Doctrine) é assunto essencial para quem estuda o pedido de suspensão. Trata-se de tese surgida por meio de julgamento da Suprema Corte Norte-Americana (SEC Vs. Chenery Corp, 318 US 80, 1943).

De acordo com essa teoria, o Judiciário não pode anular um ato político adotado pela Administração sob o argumento de que ele não se valeu de metodologia técnica.

O fundamento para tanto é que em temas envolvendo questões técnicas e complexas, os Tribunais não possuem qualificação técnica para concluir se os critérios adotados pela Administração são corretos ou não.

Assim, as escolhas políticas dos órgãos governamentais, desde que não sejam revestidas de reconhecida ilegalidade, não podem ser invalidades pelo Poder Judiciário.

A "Doutrina Chenery" foi utilizada recentemente pelo STJ como fundamento para deferir o pedido de suspensão de segurança contra decisão judicial que havia impedido o reajuste das tarifas de transporte público **(Agint no Agint na SLS 2.240/SP).**

IX

INTERVENÇÃO ANÔMALA OU INTERVENÇÃO ANÓDINA

1. INTRODUÇÃO

A chamada intervenção anômala encontra-se prevista no art. 5º, parágrafo único, da Lei 9.469/97:

> **Art. 5º** A União poderá intervir nas causas em que figurarem, como autoras ou rés, autarquias, fundações públicas, sociedades de economia mista e empresas públicas federais.
>
> **Parágrafo único.** As pessoas jurídicas de direito público poderão, nas causas cuja decisão possa ter reflexos, ainda que indiretos, de natureza econômica, intervir, independentemente da demonstração de interesse jurídico, para esclarecer questões de fato e de direito, podendo juntar documentos e memoriais reputados úteis ao exame da matéria e, se for o caso, recorrer, hipótese em que, para fins de deslocamento de competência, serão consideradas partes.

Veja que o caput do artigo 5º refere-se apenas a União, mas o parágrafo único refere-se a pessoa jurídica de direito público, prevendo uma nova espécie de intervenção as pessoas jurídicas de direito público.

Com isso, parágrafo único do artigo 5º criou uma nova espécie de intervenção de terceiros em nosso ordenamento jurídico. Isso porque ele se contenta com a simples potencialidade da decisão ter reflexo, ainda que indireto, de natureza econômica. Em outras palavras, o parágrafo único do art. 5º **dispensa a demonstração do interesse jurídico,** bastando o interesse econômico na causa.

A doutrina denomina essa forma de intervenção de terceiro de **intervenção anômala, intervenção anódina ou intervenção especial dos entes público.**

2. REQUISITOS

Conforme já citado, a intervenção anômala dispensa o interesse jurídico, bastando a demonstração **do interesse econômico**. Com isso, ainda que a decisão não atinja a relação jurídica que o poder público mantém com as partes do processo, é possível a intervenção, desde que se alegue que há interesse na causa, exigindo a lei apenas a comprovação da potencialidade de eventual lesão econômica.

3. PODERES DO INTERVENIENTE

Na intervenção anômala, a Fazenda Pública fica adstrita ao esclarecimento de situações de fato e direito, podendo juntar documentos e memoriais que repute úteis ao exame da matéria.

Conforme a doutrina, o termo "questões" tem o significado de ponto controvertido. Assim, a intervenção anômala tem o objetivo de esclarecer pontos controvertidos de fato e de direito em favor de uma das partes no processo.

O fato de o termo questões ter o significado de ponto controvertido implica em afirmar que a Fazenda não pode tratar de pontos incontroversos, sendo lhe permitido apenas esclarecer questões, é dizer, pontos controvertidos. Nesse sentido, Leonardo Carneiro da Cunha defende que **a Fazenda somente poderá tratar de pontos incontroversos nos casos em que ele for conhecível de ofício pelo magistrado.**

Com isso, a Fazenda não possui poderes para apresentar contestação ou qualquer outro tipo de resposta, nem dispõe de todos os ônus e faculdades das partes do processo, uma vez que a questão somente se torna controvertida **após a contestação da parte que contenha a impugnação específica sobre aquele ponto.**

Caso fosse permitida a Fazenda Pública a apresentação de contestação na intervenção anômala, **seria ela quem estaria fazendo surgir a questão no processo,** não sendo caso de prestar esclarecimento sobre questão, a qual, para assim se qualificar, surgiu com a contestação apresentada. Por isso, não se admite que a Fazenda Pública apresente contestação o qualquer outro tipo de resposta.

Conforme o texto legal, a intervenção do poder público ocorre para esclarecer questões de fato e de direito, podendo juntar documentos e memoriais que julgar úteis para matéria. Assim, a lei não assegurou poderes para o Poder Público, por exemplo, formular perguntas a qualquer das partes em seu depoimento pessoal. Sua atuação é limitada ao esclarecimento de questões de fato e de direito, bem como na juntada de documentos ou de memoriais reputados úteis ao exame da matéria.

Em resumo, a doutrina (Leonardo Carneiro da Cunha) afirma que, além da possibilidade de juntar documentos e memoriais que repute úteis ao esclarecimento do fato, a lei assegurou ao Poder Público, na intervenção anômala, **apenas o poder de recorrer.**

4. A QUESTÃO DO RECURSO

Nos termos do parágrafo único do artigo 5º, da Lei 9.469/97, é assegurado ao Poder Público a faculdade de recorrer da decisão. Interpondo o recurso, a Fazenda adquire a condição de recorrente, com todos os poderes e ônus impostos a uma parte.

Até esse momento, a atuação do Poder Público limita-se a juntada de documentos e memoriais que repute úteis ao caso. Contudo, havendo decisão contrária aos interesses fazendários, é assegurado ao ente público o direito de recorrer, ocasião em que passa a poder exercer todos os poderes de quem interpõe um recurso, sendo-lhe conferida a possibilidade de atuar no tribunal e, até mesmo, apresentar sustentação oral.

É possível, contudo, que a primeira manifestação do Poder Público nos autos seja justamente a interposição do recurso. Nesse caso, a doutrina questiona em que prazo poderá a Fazenda Pública interpor o recurso, uma vez que até então não estava no processo, não tomando ciência formal nos autos.

Caso se entenda que o prazo teria início com a ciência efetiva, na eventualidade de a Fazenda ter tido acesso à decisão muito tempo após proferida, seria possível concluir que o recurso interposto pela Fazenda seria sempre tempestivo. Esse entendimento traz em si uma grande insegurança jurídica, já que o processo se prolongaria indefinidamente, já que a todo momento haveria a possibilidade de recurso.

Para evitar essa insegurança, tem-se definido que o prazo para o terceiro interessado deverá ser o mesmo das partes e se inicia no mesmo momento.

5. A (IM)POSSIBILIDADE DE MODIFICAÇÃO DE COMPETÊNCIA

Ao ingressar no processo com fundamento no art. 5º, parágrafo único, da Lei 9.469/97, o Poder Público apenas esclarece questões e junta documentos reputados úteis a solução do caso. Assim, não há que se falar em modificação da competência até esse momento.

Isso é importante porque, nos termos do artigo 109, I, da Constituição, quando a União ou qualquer outro ente público de direito público federal atuar na demanda como autora, ré, assistente ou opoente, a competência será da Justiça Federal.

Nos termos do parágrafo único do art. 5º da Lei 9.469/1997, ao interpor o recurso, a União ou o ente federal interessado passará a ostentar a condição de parte, deslocando-se, assim, a competência para a Justiça Federal.

A doutrina (Leonardo Carneiro da Cunha), contudo, discorda dessa regra de modificação de competência prevista na Lei 9.469/97. Isso porque, qualquer provimento judicial proferido por um juiz estadual, no exercício de jurisdição estadual, deve ser analisado pelo tribunal ao qual vinculado. Isso porque, diante da hierarquia própria do Poder Judiciário, **os juízes não estão obrigados ao cumprimento de decisões proferidas por tribunais que não exerçam ascendência hierárquica sobre eles.**

Diante disso, o grande Mestre Fazendário entende não ser possível a aplicação da modificação de competência prevista na Lei 9.469/1997, **sob pena de se estar aceitando que uma lei ordinária altere competência fixada constitucionalmente.**

Com isso, julgada uma causa por um juiz estadual, o recurso deve ser apreciado pelo respectivo tribunal de justiça, não se podendo cometer ao TRF a competência para julgar, em grau de recurso, a causa decidida por um juiz estadual que não esteja investido de competência federal.

Em razão disso, a doutrina que a única solução para o caso é desconsiderar a regra que determina a modificação da competência prevista na Lei 9.469/97, entendendo que o recurso interposto pela União ou por outro ente federal contra decisão ou sentença proferida por um juiz estadual deve ser apreciado e julgado pelo respectivo Tribunal de Justiça, e não pelo TRF.

Esse é, inclusive, o entendimento do STJ:

STJ – Súmula 55: Tribunal Regional Federal não é competente para julgar recurso de decisão proferida por juiz estadual não investido de jurisdição federal.

Nos casos de recursos interpostos contra decisões proferidas no âmbito de Tribunais de Justiça ou TRF's, a controvérsia acaba. Isso porque ambos estão hierarquicamente subordinados aos STJ, nas questões infraconstitucionais, e ao STF, nas matérias constitucionais.

6. PEDIDO DE SUSPENSÃO

Como vimos, o parágrafo único do art. 5º, da Lei 9.469/97, assegura ao Poder Público a possibilidade de recorrer da decisão na intervenção anômala. Questiona-se, contudo, se é possível ao Poder Público interpor pedido de suspensão de segurança em face dessa decisão.

A polêmica surge aqui porque o pedido de suspensão de segurança não tem natureza recursal. A doutrina (Leonardo Carneiro da Cunha) entende que sim.

Isso porque, conforme reconhecido pelo STF no julgamento da ADC 04, a jurisdição engloba o poder de acautelar. Isso significa que se confere ao magistrado instrumentos para garantir a efetividade de seu mister de julgar.

Uma vez que lei possibilitou às pessoas jurídicas de direito público o poder de recorrer de decisões que lhes acarretem prejuízo econômico, mesmo que indiretamente, o parágrafo único do art. 5º da Lei 9.469/1997 acaba permitindo o pedido de suspensão contra decisões contrárias à Fazenda Pública, pois o direito de recorrer engloba a possibilidade de usar todos os instrumentos processuais possíveis para assegurar o resultado útil do processo.

Esse também é o entendimento do STJ, o qual já decidiu que o art. 5º, parágrafo único, da Lei 9.469/97 autoriza ao Poder Público não apenas recorrer da decisão, como também propor pedido de suspensão de segurança **(AgRg na Pet 1621/PE).**

7. COISA JULGADA

No momento em que ingressa no feito, com base no art. 5º, parágrafo único, da Lei 9.469/97, a atuação do Poder Público é bastante limitada. Nesse momento processual, o processo ainda não alcança diretamente o Poder Público.

Por outro lado, com a interposição do recurso, conforme visto anteriormente, a Fazenda Pública adquire a condição de parte no processo, possuindo os mesmos direitos e deveres das demais partes, sendo alcançada pela coisa julgada produzida a partir do julgamento do recurso.

Além da aquisição de poderes para atuar a parte do recurso, é certo que, com manejo do recurso, o Poder Público realiza uma postulação ao judiciário, sendo inevitavelmente alcançada pelo seu julgamento.

8. AÇÃO RESCISÓRIA

Como vimos, a partir do momento em que o Poder Público interpõe recurso com base na Lei 9.469/97, ele adquire a qualidade de parte, sendo alcançado pela coisa julgada. Assim, tendo sido parte na ação originária, não há dúvidas da sua legitimidade para propor ação rescisória, com fundamento no art. 967, I, do CPC.

Contudo, nos casos em que a atuação da Fazenda se limitou a apresentação de documentos e memoriais que reputou úteis ao deslinde da questão, não terá ela legitimidade para propor ação rescisória. Isso porque, não tendo ela adquirido a condição de parte, não terá legitimidade, nos termos do art. 967, I, do NCPC.

Ademais, a regra do parágrafo único, do art. 5º, da Lei 9.469/97 também não pode ser invocada para sustentar a legitimidade do ente público para a rescisória. Isso porque, nos termos do inciso II, do artigo 967 do NCPC, a legitimação da rescisória exige que a parte seja juridicamente interessada, é dizer, deve apresentar interesse jurídico, não sendo suficiente a demonstração de mero interesse econômico.

Assim, não é possível ao Poder Público, com fundamento no parágrafo único do art. 5° da Lei 9.469/1997, ajuizar ação rescisória. É permitido, contudo, que ela ingresse como interveniente numa ação rescisória em curso.

Em outras palavras, havendo interesse econômico, ainda que indireto ou reflexo, a Fazenda Pública pode ingressar como interveniente numa ação rescisória em curso, **mas não pode, ela mesma, ajuizar a rescisória.**

9. PROCEDIMENTOS CABÍVEIS

A intervenção anômala é cabível no processo de conhecimento, tendo lugar em qualquer dos tipos de procedimento e em todos os graus de jurisdição. Contudo, seu cabimento não será cabível em procedimentos especiais **que limitam a cognição do juiz ou a dilação probatória.**

É o caso, por exemplo, do mandado de segurança, onde o STJ não admite a intervenção anômala, por não ser possível a intervenção de terceiros em seu procedimento **(AgRg no MS 16.702/DF e AgRg no MS 15.298/DF).**

No âmbito dos Juizados Especiais Cíveis, também não é possível a intervenção fundada no parágrafo único do art. 5° da Lei 9.469/1997. É que ali se veda a adoção de intervenções de terceiros, salvo o incidente de desconsideração da personalidade jurídica.

No âmbito dos Juizados Especiais Cíveis, também não é possível a intervenção fundada no parágrafo único do art. 5º da Lei 9.469/97. É que aí se veda a adoção de intervenções de terceiros, salvo o incidente de desconsideração da personalidade jurídica.

X

AÇÃO MONITÓRIA

1. ASPECTOS GERAIS DA MONITÓRIA

A ação monitória tem como objetivo a **rápida formação de um título executivo judicial.** Trata-se de procedimento especial, processado por rito próprio, no qual aplica-se de forma subsidiária as normas relativas ao procedimento comum.

> **Art. 700.** A ação monitória pode ser proposta por aquele que afirmar, com base em prova escrita sem eficácia de título executivo, ter direito de exigir do devedor capaz:
>
> **I** – o pagamento de quantia em dinheiro;
>
> **II** – a entrega de coisa fungível ou infungível ou de bem móvel ou imóvel;
>
> **III** – o adimplemento de obrigação de fazer ou de não fazer.

Com base nesse artigo, denota-se que o uso da ação monitória está condicionado a existência de **prova escrita** da obrigação. Havendo prova escrita, abrevia-se o procedimento judicial, para que o autor obtenha rapidamente de uma ordem judicial que imponha o cumprimento da obrigação a que se refere a prova escrita.

Embora a legislação exija que a prova escrita não tenha eficácia de título executivo, é certo que esse dispositivo deve ser analisado com base no artigo 785 do CPC:

> **Art. 785.** A existência de título executivo extrajudicial não impede a parte de optar pelo processo de conhecimento, a fim de obter título executivo judicial.

Veja que, com base no artigo 785, mesmo dispondo de um título executivo extrajudicial, o credor pode optar pelo procedimento comum. Se isso é possível, não se poderia negar a opção pelo procedimento monitório.

Assim, o disposto no artigo 700, quando afirma "com base em prova escrita sem eficácia de título executivo" deve ser lido da seguinte maneira **"com base em prova escrita sem eficácia de título executivo judicial"**, é dizer, cabe a ação monitória mesmo que o autor disponha de título executivo extrajudicial.

Com relação a prova escrita sem eficácia de título executivo, um dos principais exemplos é o cheque prescrito, conforme entendimento do STJ:

> **STJ - Súmula 299:** É admissível a ação monitória fundada em cheque prescrito.

Outro exemplo é o contrato de abertura de crédito, ainda que acompanhado do extrato da conta-corrente:

> **STJ - Súmula 247:** O contrato de abertura de crédito em conta-corrente, acompanhado do demonstrativo de débito, constitui documento hábil para o ajuizamento da ação monitória.

O STJ, inclusive, já entendeu que o correio eletrônico (e-mail) pode fundamentar a pretensão monitória, **desde que o juízo se convença da verossimilhança das alegações e da idoneidade das declarações (REsp 1.381.603/MS).**

O fundamento foi que para a propositura da ação monitória, o legislador exige que o autor comprove a relação jurídica por meio de prova escrita. O legislador não definiu o que seja "prova escrita", **tratando-se, portanto, de conceito eminentemente doutrinário-jurisprudencial.**

Assim, a prova hábil a instruir a ação monitória não precisa, necessariamente, ter sido emitida pelo devedor ou nela constar sua assinatura ou de um representante. **Basta que tenha forma escrita e seja suficiente para, efetivamente, influir na convicção do magistrado acerca do direito alegado.**

O procedimento instaura-se com o ajuizamento de petição inicial instruída com a prova escrita, sem eficácia de título executivo judicial, que impute ao demandado a obrigação ali contida. Atualmente, não há qualquer limitação, cabendo a ação monitória para a satisfação de qualquer tipo de obrigação.

> **§ 1º** A prova escrita pode consistir em prova oral documentada, produzida antecipadamente nos termos do art. 381.

Com isso, é possível que a prova escrita seja não só documental como documentada.

Havendo dúvida sobre a idoneidade da prova documental, o juiz poderá intimar o autor para ele, querendo, emendar a petição inicial, adaptando o caso ao procedimento comum:

> § 5º Havendo dúvida quanto à idoneidade de prova documental apresentada pelo autor, o juiz intimá-lo-á para, querendo, emendar a petição inicial, adaptando-a ao procedimento comum.

Concluindo pela plausibilidade da existência da dívida, o juiz ordenará que seja expedido de mandado de pagamento, de entrega da coisa ou de imposição da obrigação de fazer ou não fazer.

A citação do réu, nesse caso, poderá ocorrer por qualquer dos meios previstos no procedimento comum:

> § 7º Na ação monitória, admite-se citação por qualquer dos meios permitidos para o procedimento comum.

A possibilidade de citação por edital já era admitido, mesmo antes do NCPC:

STJ - Súmula 282: Cabe a citação por edital em ação monitória.

Ao demandado cabe, no prazo de 15 (quinze) dias, efetuar o pagamento, cumprir a obrigação ou entregar a coisa juntamente com o pagamento dos honorários do advogado do autor no percentual de 5% (cinco por cento) do valor atribuído à causa:

> **Art. 701.** Sendo evidente o direito do autor, o juiz deferirá a expedição de mandado de pagamento, de entrega de coisa ou para execução de obrigação de fazer ou de não fazer, concedendo ao réu prazo de 15 (quinze) dias para o cumprimento e o pagamento de honorários advocatícios de cinco por cento do valor atribuído à causa.

Dentro desse prazo de 15, o réu poderá ainda adotar as seguintes providências:

a) Cumpri espontaneamente a obrigação, ficando isento de custas:

> **Art. 701.** (...)
>
> § 1º O réu será isento do pagamento de custas processuais se cumprir o mandado no prazo.

b) Permanecer inerte, deixando escoar o prazo, sem atender o mandato ou manifestar-se. Nesse caso, o mandato transforma-se automaticamente, sem necessidade de qualquer decisão, em título executivo judicial, prosseguindo o feito pelo rito do cumprimento de sentença.

> **Art. 701.** (...)
>
> § 2º Constituir-se-á de pleno direito o título executivo judicial, independentemente de qualquer formalidade, se não realizado o pagamento e não apresentados os embargos previstos no art. 702, observando-se, no que couber, o Título II do Livro I da Parte Especial.

c) Apresentar embargos, que suspenderão, independentemente de depósito ou penhora, a eficácia do mandado inicial, vindo a ser processados nos mesmos autos, pelo procedimento comum.

> **Art. 702.** Independentemente de prévia segurança do juízo, o réu poderá opor, nos próprios autos, no prazo previsto no art. 701, embargos à ação monitória.
>
> **§ 4º** A oposição dos embargos suspende a eficácia da decisão referida no caput do art. 701 até o julgamento em primeiro grau.

2. AÇÃO MONITÓRIA EM FACE DA FAZENDA PÚBLICA

Havia uma certa divergência sobre a possibilidade de ação monitória em face da Fazenda Pública. Contudo, já no CPC de 73 o STJ pacificou o entendimento de que era possível ação monitória em face da Fazenda pública:

STJ – Súmula 339: É cabível ação monitória contra a Fazenda Pública.

O NCPC incorporou expressamente esse dispositivo, afirmando:

> **Art. 701.** (...)
>
> **§ 6º** É admissível ação monitória em face da Fazenda Pública.

Com relação a natureza jurídica dos embargos. Em parte, havia quem entendia que era uma ação autônoma. De outro lado, havia quem identificasse ele como uma contestação. Por fim, havia quem entendia que ele tinha uma natureza recursal.

O STJ adotou a teoria de que tem natureza de contestação, ao editar a seguinte súmula:

STJ - Súmula 292: A reconvenção é cabível na ação monitória, após a conversão do procedimento em ordinário.

Isso porque, se é cabível a reconvenção na ação monitória, a conclusão lógica é que os embargos ostentam natureza de contestação, devendo o demandado reconvir nos próprios embargos.

O entendimento do STJ foi expressamente adotado pelo NCPC:

> **Art. 702. (...)**
>
> **§ 6º** Na ação monitória admite-se a reconvenção, sendo vedado o oferecimento de reconvenção à reconvenção.

Assim, o próprio legislador adotou a tese de que os embargos possuem natureza de defesa ou contestação.

A Fazenda possui o prazo em dobro para apresentar embargos à monitória, devendo o prazo ser contado em dias úteis.

Uma vez proposta a ação monitória e expedido mandado de cumprimento em face da Fazenda, mas escoado o prazo sem a manifestação do ente público, o juiz deverá determinar a remessa necessária ao tribunal para que reexamine sua ordem:

> **Art. 701. (...)**
>
> **§ 4º** Sendo a ré Fazenda Pública, não apresentados os embargos previstos no art. 702, aplicar-se-á o disposto no art. 496, observando-se, a seguir, no que couber, o Título II do Livro I da Parte Especial.

Aqui, aplicam-se normalmente as hipóteses de dispensa da remessa necessária, previstas no CPC.

Já se a Fazenda opõe embargos monitórios, o procedimento a ser adotado passa a ser o comum, aplicando-se todas as regras a ele concernentes. Da sentença cabe apelação, ou, não interposta apelação, haverá, se a sentença for contrária à Fazenda Pública. a remessa necessária, ressalvadas as hipóteses previstas nos §§ 3° e 4° do art. 496 do CPC.

3. AÇÃO MONITÓRIA AJUIZADA PELA FAZENDA PÚBLICA

O grande problema da propositura da monitória pela Fazenda diz respeito ao fato de ser permitido a Fazenda formar um título executivo unilateralmente, por meio da inscrição em dívida ativa e correspondente expedição da certidão de dívida ativa.

Assim, diante da possibilidade de se emitir um título executivo de forma unilateral, poderia se afirmar que falta interesse para o ajuizamento da ação monitória pela Fazenda Pública.

Contudo, esse argumento é muito simples, e não serve como óbice a propositura de ações monitórias pela Fazenda.

Inicialmente, temos apenas as obrigações pecuniárias estão sujeitas a inscrição em dívida ativa. Assim, somente com esse argumento, já seria possível ações monitórias para os casos envolvendo a entrega de coisa fungível ou infungível ou de bem móvel ou imóvel e adimplemento de obrigação de fazer ou de não fazer.

Ademais, é preciso ainda ficar claro que dentre as obrigações pecuniárias, apenas as obrigações fiscais (tributárias e não tributárias) podem ser inscritas em dívida ativa, com a respectiva emissão da CDA.

Assim, também em relação aos créditos pecuniários "não fiscais" (decorrentes da atividade privada exercida pela Fazenda Pública), é permitido o ingresso de ação monitória.

Com relação aos fiscais, a doutrina (Leonardo Carneiro da Cunha) entende que nada impede que a Fazenda Pública, em vez de inscrever o crédito em dívida ativa, proponha ação monitória, desde que disponha de prova escrita do crédito, a fim de obter um título judicial e promover, em seguida, um cumprimento de sentença.

Isso porque, como já se viu no anteriormente, quem dispõe de título executivo extrajudicial, pode, mesmo assim, propor ação monitória.

XI

EXECUÇÃO DE QUANTIA CERTA CONTRA A FAZENDA PÚBLICA

1. INTRODUÇÃO

A execução por quantia certa tem a finalidade específica de expropriar bens do devedor para a satisfação do débito junto ao credor.

Contudo, isso não se aplica na execução em face da Fazenda, uma vez que, em regra, **os bens públicos são inalienáveis e impenhoráveis.**

Diante da necessidade de proteção do crédito público que, não é demais lembrar, **pertence a coletividade**, a execução de quantia certa contra o Poder Público foi disciplinada pela própria Constituição, **a qual estabeleceu o regime de precatórios e requisição de pequeno valor.**

A execução contra a Fazenda Pública pode ocorrer tanto em decorrência de título executivo judicial quanto extrajudicial. Ambas se sujeitam ao regime de precatórios e requisição de pequeno valor.

2. CUMPRIMENTO DE SENTENÇA EM FACE DA FAZENDA

a) Introdução

O cumprimento de sentença é meramente uma fase do processo. Aqui, o CPC novo **trouxe uma importante inovação** quanto à execução de pagar quantia certa em face da Fazenda Pública.

No sistema antigo, essa espécie de execução demandava um processo autônomo de execução, enquanto no Novo CPC haverá cumprimento de sentença quando o título for judicial (Arts. 534 e 535) e processo autônomo somente quando se tratar de título executivo extrajudicial (Art. 910).

É de se destacar que não há qualquer peculiaridade no cumprimento de sentença contra a Fazenda Pública quando se tratar de obrigação de fazer, não fazer e entregar coisa.

A peculiaridade está apenas quando a obrigação for de pagar quantia certa, em função do sistema de precatórios. Dessa forma, vamos nos limitar aqui a analisar o cumprimento de sentença de pagar quantia certa.

O cumprimento de sentença de pagar quantia certa em face da Fazenda se inicia por meio de requerimento do credor. Trata-se de uma petição inicial simplificada, cujos requisitos estão previstos no art. 534:

> **Art. 534.** No cumprimento de sentença que impuser à Fazenda Pública o dever de pagar quantia certa, o exequente apresentará demonstrativo discriminado e atualizado do crédito contendo:
>
> **I** – o nome completo e o número de inscrição no Cadastro de Pessoas Físicas ou no Cadastro Nacional da Pessoa Jurídica do exequente;
>
> **II** – o índice de correção monetária adotado;
>
> **III** – os juros aplicados e as respectivas taxas;
>
> **IV** – o termo inicial e o termo final dos juros e da correção monetária utilizados;
>
> **V** – a periodicidade da capitalização dos juros, se for o caso;
>
> **VI** – a especificação dos eventuais descontos obrigatórios realizados.
>
> **§ 1º** Havendo pluralidade de exequentes, cada um deverá apresentar o seu próprio demonstrativo, aplicando-se à hipótese, se for o caso, o disposto nos §§ 1º e 2º do art. 113.

No ponto, é interessante notar que, na hipótese de haver litisconsórcio ativo, o § 1º do dispositivo inclusive exige que cada um dos litisconsortes apresente seu próprio demonstrativo.

Uma vez apresentado o requerimento, a Fazenda será intimada para, querendo, apresentar impugnação, no prazo de 30 dias:

> **Art. 535.** A Fazenda Pública será intimada na pessoa de seu representante judicial, por carga, remessa ou meio eletrônico, para, querendo, no prazo de 30 (trinta) dias e nos próprios autos, impugnar a execução, podendo arguir:

Cumpre ressaltar aqui dois pontos:

a) por se tratar de mera fase do processo, a fazenda é intimada e não citada;

b) essa intimação deverá ocorrer de forma pessoal, nos termos do art. 183 do CPC.

Não havendo impugnação ou transitada em julgado a decisão que a inadmitir ou rejeitar, deverá ser expedido precatório. Aqui, segue-se as normas contidas no art. 100 da Constituição Federal, a qual estabelece que o juiz determina a expedição de precatório ao Presidente do respectivo tribunal para que reste consignado à sua ordem o valor do crédito, com requisição às autoridades administrativas para que façam incluir no orçamento geral, a fim de proceder ao pagamento no exercício financeiro subsequente.

Por fim, o CPC excluiu a incidência da multa de 10%. Assim, ainda que a Fazenda não realize o pagamento devido no prazo de 15 dias, não haverá a incidência da multa de 10% sobre o valor exequendo:

> **§ 2º** A multa prevista no § 1º do art. 523 não se aplica à Fazenda Pública.

O dispositivo em questão guarda lógica com o art. 535, caput, que determina que a Fazenda será intimada para oferecer impugnação e não para pagar.

b) Impugnação

A defesa da Fazenda no cumprimento de sentença ocorre por meio do instituto da impugnação e não por embargos à execução. Os embargos à execução são a defesa própria das execuções de títulos executivos extrajudicial.

A doutrina (Leonardo Carneiro da Cunha) defende que a impugnação proposta pela Fazenda possui efeito suspensivo. Sobre o tema, a lei foi omissa em relação a impugnação da Fazenda. Contudo, no cumprimento de execução comum, estabeleceu, nos termos do art. 525, § 6º, o seguinte:

> **Art. 525. (...)**
>
> **§ 6º** A apresentação de impugnação não impede a prática dos atos executivos, inclusive os de expropriação, podendo o juiz, a requerimento do executado e desde que garantido o juízo com penhora, caução ou depósito suficientes, atribuir-lhe efeito suspensivo, se seus fundamentos forem relevantes e se o prosseguimento da execução for manifestamente suscetível de causar ao executado grave dano de difícil ou incerta reparação

Esse dispositivo, contudo, não se aplicaria a Fazenda, pelos seguintes motivos:

a) o efeito suspensivo depende de penhora, depósito ou caução, não se sujeitando a Fazenda a esses institutos, pois a execução aqui segue o rito dos precatórios, conforme vimos anteriormente.

b) a expedição de precatório ou requisição de pequeno valor depende do prévio trânsito em julgado (**CF/1988, art. 100, §§ 3° e 5°**), de forma que somente pode ser determinado o pagamento se não houver mais qualquer discussão quanto ao valor executado.

Em resumo, como o precatório ou o RPV somente podem ser expedidos quando houver o trânsito em julgado da decisão, não há outra conclusão lógica que não seja a de reconhecer que a impugnação ofertada pela Fazenda deve ser recebida no efeito suspensivo, pois, enquanto não se tornar incontroverso ou definitivo o valor cobrado, não há como expedir o precatório ou a RPV.

No caso de haver a impugnação de apenas parte do valor, a parte não impugnada já poderá, desde logo, ser objeto de cumprimento:

> **Art. 535. (...)**
>
> **§ 4º** Tratando-se de impugnação parcial, a parte não questionada pela executada será, desde logo, objeto de cumprimento.

Vejam que o dispositivo ora em análise acaba por confirmar o entendimento de que a impugnação apresentada pela Fazenda tem efeito suspensivo, já que com relação a parte impugnada, a execução não poderá ser cumprida.

Apresentada a impugnação, o juiz poderá rejeitá-la liminarmente, quando intempestiva ou quando verse sobre matéria não prevista no art. 535 do CPC, caso em que deve ser considerada manifestamente protelatória. Embora não haja previsão legal para essa rejeição liminar, a doutrina defende que ela é uma decorrência do próprio sistema. Ora, se a Fazenda tem o prazo de 30 dias para seu ajuizamento, é obvio que se a impugnação for apresentada fora desse prazo será intempestiva.

Por sua vez, tratando-se de execução de título executivo judicial, a Fazenda não poderá voltar a discutir o direito exequendo fixado em sentença, sob pena de ofensa a coisa julgada material ou a eficácia preclusiva da coisa julgada. Dessa forma, haverá na impugnação, **uma limitação**

da cognição horizontal, restringindo-se às matérias passíveis de alegação nessa espécie de defesa àquelas previstas no artigo 535.

Apresenta a impugnação pela Fazenda, o exequente deverá ser intimado para se pronunciar sobre ela. Não há prazo legal para tanto, devendo ele ser fixado pelo juiz, levando em consideração a complexidade do feito (**Art. 218, § 1º. CPC**).

Após a manifestação do exequente, poderá o juiz determinar a produção de provas adicionais e designar audiência de instrução e julgamento. Não havendo necessidade de outras provas, o juiz poderá, diversamente, já decidir a impugnação.

Se processada e, ao final, rejeitada a impugnação, cabe agravo de instrumento. A rejeição da impugnação fez-se por decisão interlocutória, sendo admissível agravo de instrumento, uma vez que a fase de execução continua:

> **Art. 1.015. (...)**
>
> **Parágrafo único.** Também caberá agravo de instrumento contra decisões interlocutórias proferidas na fase de liquidação de sentença ou de cumprimento de sentença, no processo de execução e no processo de inventário.

Diversamente, se acolhida a impugnação para extinguir a execução, terminada essa fase do processo, aí cabe apelação.

Por fim, se a impugnação for acolhida parcialmente, não será caso de extinção, pois a execução continua, caso em que será cabível o agravo de instrumento.

c) Matérias que podem ser objeto de impugnação

Conforme já relatado, como se trata da execução de título executivo judicial, a Fazenda não poderá voltar a discutir o direito exequendo fixado em sentença, sob pena de ofensa a coisa julgada material ou a eficácia preclusiva da coisa julgada. Assim, a lei criou um rol taxativo de matérias que podem ser objeto de impugnação, previsto no art. 535.

> **Art. 535. (...)**
>
> **I** – falta ou nulidade da citação se, na fase de conhecimento, o processo correu à revelia;
>
> **§ 5º** Para efeito do disposto no inciso III do caput deste artigo, considera-se também inexigível a obrigação reconhecida em título executivo judicial fundado em lei ou ato normativo considerado inconsti-

> tucional pelo Supremo Tribunal Federal, ou fundado em aplicação ou interpretação da lei ou do ato normativo tido pelo Supremo Tribunal Federal como incompatível com a Constituição Federal, em controle de constitucionalidade concentrado ou difuso.

Aqui, temos os únicos temas anteriores a sentença no processo de conhecimento que podem ser alegados na impugnação.

Com relação ao § 5º, ele equipara a hipótese de inexigibilidade da obrigação aquilo que a doutrina chama de **"coisa julgada inconstitucional"**.

Para sua aplicação, a decisão do STF pode ter sido resultado do controle difuso ou concentrado da constitucionalidade das leis, exigindo-se, apenas, em ambos os casos, que tenha sido proferida pelo Plenário.

A aplicação do dispositivo pressupõe, ainda:

a) que a decisão do STF tenha sido anterior à formação do título judicial;

b) a lei julgada inconstitucional deve ter sido essencial para a procedência do pedido.

Com relação ao item "a", **é necessário que a decisão proferida pelo STF reconhecendo a lei ou ato normativo seja anterior a sentença**, de forma que a sentença já nasce errada, pois deveria ter observado a decisão de inconstitucionalidade do STF. Tanto é verdade, que o CPC assim dispõe:

> **Art. 535. (...)**
>
> § 7º A decisão do Supremo Tribunal Federal referida no § 5º deve ter sido proferida antes do trânsito em julgado da decisão exequenda.

Caso o reconhecimento da inconstitucionalidade pelo STF **tenha sido posterior a sentença no processo de conhecimento**, não será caso de alegar o fato na impugnação, mas sim ingressar com ação rescisória, cujo prazo de 02 anos tem início com a decisão do STF:

> **§ 8º** Se a decisão referida no § 5º for proferida após o trânsito em julgado da decisão exequenda, caberá ação rescisória, cujo prazo será contado do trânsito em julgado da decisão proferida pelo Supremo Tribunal Federal.
>
> **II** – ilegitimidade de parte;

A ilegitimidade a ser alegada aqui é a ilegitimidade para o cumprimento de sentença. Eventual inexigibilidade para o processo de conhecimento deveria ter sido apresentada naquela ocasião.

Operado o trânsito em julgado, tal alegação, que não tiver sido deduzida na fase de conhecimento, é tida como alegada e repelida (CPC, art. 508), não podendo ser suscitada na impugnação.

> **III** – inexequibilidade do título ou inexigibilidade da obrigação;

Ocorrerá a inexequibilidade do título sempre que o título apresentado, ou seja, o documento que instrui a inicial, não estiver previsto em lei como título executivo. No cumprimento de sentença, é difícil de imaginar essa hipótese, já que somente em situações teratológicas o exequente ingressará com essa forma executiva sem ter título executivo judicial.

> **IV** – excesso de execução ou cumulação indevida de execuções;

Parte da doutrina entende que mesmo nos casos que a Fazenda Pública não impugne o valor da execução, o juiz poderá, de ofício, remeter os autos a contadoria judicial, para verificar a correção dos valores, evitando, assim, abusos em detrimento do erário.

Com relação a cumulação, assim dispõe o CPC:

> **Art. 780.** O exequente pode cumular várias execuções, ainda que fundadas em títulos diferentes, quando o executado for o mesmo e desde que para todas elas seja competente o mesmo juízo e idêntico o procedimento.

Assim, é possível a cumulação, desde que atendidos três requisitos: **a)** mesmo devedor; **b)** mesmo juízo competente; e **c)** procedimento idêntico.

Ao exigir procedimento idêntico, a lei acaba por excluir a possibilidade de, por exemplo, haver cumulação entre um título executivo judicial e outro extrajudicial. Os títulos em questão não tramitam em procedimento idêntico.

No caso de títulos executivos judiciais, ela até é possível, desde que os títulos executivos tenham sido produzidos por um mesmo órgão jurisdicional, caso em que será sua a competência para executá-los.

> **V** – incompetência absoluta ou relativa do juízo da execução;

Aqui, novamente a incompetência está relacionada com o cumprimento de sentença. Eventual incompetência do juízo da fase de conhecimento deveria ter sido ali alegado, estando abrangida pela coisa julgada.

No caso de incompetência absoluta, o ordenamento ainda permite, desde que respeitado o prazo de 02 anos, o ajuizamento de ação rescisória.

Dito isso, é certo cumprimento da sentença deve ser instaurado e processado perante o Juízo que decidiu a causa em primeiro grau de jurisdição (CPC, art. 516, II), ou, se a causa é de competência originária de tribunal, deve a execução ser proposta no tribunal que proferiu o acórdão exequendo (CPC, art. 516, I).

> **VI** – qualquer causa modificativa ou extintiva da obrigação, como pagamento, novação, compensação, transação ou prescrição, desde que supervenientes ao trânsito em julgado da sentença.

O inciso VI exige que as causas modificativas ou extintivas da obrigação tenham ocorrido após a sentença, em respeito à eficácia preclusiva da coisa julgada. Nas hipóteses de essas causas existirem antes da sentença, ou elas foram alegadas em contestação e foram afastadas pelo juiz ou nem chegaram a ser alegadas. De todo modo, como a eficácia preclusiva da coisa julgada atinge o deduzido e o dedutível (Art. 508), não será possível sua alegação em sede de impugnação.

O rol de causas modificativas ou extintivas descritos no inciso é **exemplificativo.**

> **§ 1º** A alegação de impedimento ou suspeição observará o disposto nos arts. 146 e 148.
>
> **§ 2º** Quando se alegar que o exequente, em excesso de execução, pleiteia quantia superior à resultante do título, cumprirá à executada declarar de imediato o valor que entende correto, sob pena de não conhecimento da arguição.
>
> **§ 3º** Não impugnada a execução ou rejeitadas as arguições da executada:
>
> **I** – expedir-se-á, por intermédio do presidente do tribunal competente, precatório em favor do exequente, observando-se o disposto na Constituição Federal;
>
> **II** – por ordem do juiz, dirigida à autoridade na pessoa de quem o ente público foi citado para o processo, o pagamento de obrigação de pequeno valor será realizado no prazo de 2 (dois) meses contado da entrega da requisição, mediante depósito na agência de banco oficial mais próxima da residência do exequente.
>
> **§ 6º** No caso do § 5º, os efeitos da decisão do Supremo Tribunal Federal poderão ser modulados no tempo, de modo a favorecer a segurança jurídica.

3. EXECUÇÃO FUNDADA EM TÍTULO EXTRAJUDICIAL EM FACE DA FAZENDA PÚBLICA

a) Aspectos Gerais

No passado, havia grande divergência acerca da possibilidade de execução de título executivo extrajudicial em face da Fazenda Pública. O STJ, contudo, ainda no âmbito do CPC passado entendia pela possibilidade:

> **STJ – Súmula 279:** É cabível execução por título extrajudicial contra a Fazenda Pública.

Por se tratar de um processo autônomo, e não de mera fase procedimental, **a Fazenda aqui é citada.** Contudo, assim como nas execuções de títulos judiciais, a Fazenda não é citada para pagar ou expor os bens a penhora, mas para oferecer embargos, no prazo de 30 dias:

> **Art. 910.** Na execução fundada em título extrajudicial, a Fazenda Pública será citada para opor embargos em 30 (trinta) dias.

Não opostos embargos ou transitada em julgado a decisão que os rejeitar, expedir-se-á precatório ou requisição de pequeno valor em favor do exequente, observando-se o disposto no art. 100 da Constituição Federal.

> **§ 1º** Não opostos embargos ou transitada em julgado a decisão que os rejeitar, expedir-se-á precatório ou requisição de pequeno valor em favor do exequente, observando-se o disposto no art. 100 da Constituição Federal.

b) Embargos à execução

A Fazenda Pública, na execução fundada em título extrajudicial, defende-se por meio de embargos à execução, a serem opostos no prazo de 30 (trinta) dias úteis.

Como para a formação do título executivo extrajudicial não houve processo de conhecimento, **não há limitação em relação as matérias de defesa alegáveis pela Fazenda:**

> **§ 2º** Nos embargos, a Fazenda Pública poderá alegar qualquer matéria que lhe seria lícito deduzir como defesa no processo de conhecimento.

No ponto, cumpre analisar uma situação particular. No âmbito do CPC de 73, o STJ, em sede de recurso repetitivo, entendeu que nos casos em que o executado alega excesso de execução, é indispensável que ele aponte qual o valor ele entende correto. Contudo, no mesmo julgamento, o STJ determinou que essa regra não se aplica à Fazenda Pública **(Recurso Especial 1.387.248/SC).**

A doutrina (Leonardo Carneiro da Cunha), contudo, defende que esse entendimento não mais se aplica. Isso porque o NCPC determinou que se aplica as execuções de título judicial, no que couber, as regras da impugnação:

> **§ 3º** Aplica-se a este Capítulo, no que couber, o disposto nos artigos 534 e 535.

Nesse sentido, o artigo 535 assim determina:

> **§ 2º** Quando se alegar que o exequente, em excesso de execução, pleiteia quantia superior à resultante do título, cumprirá à executada declarar de imediato o valor que entende correto, sob pena de não conhecimento da arguição.

Dessa forma, quando alegar excesso de execução, cabe a Fazenda apontar o valor que considera correto.

Os embargos propostos pela Fazenda têm efeito suspensivo.

De início, esclarece que CPC estabeleceu a regra, segundo a qual os embargos não têm efeito suspensivo:

> **Art. 919.** Os embargos à execução não terão efeito suspensivo.
>
> **§ 1º** O juiz poderá, a requerimento do embargante, atribuir efeito suspensivo aos embargos quando verificados os requisitos para a concessão da tutela provisória e desde que a execução já esteja garantida por penhora, depósito ou caução suficientes.

A doutrina, contudo, entende que esse dispositivo não se aplica a Fazenda, pelos seguintes motivos:

a) o efeito suspensivo depende de penhora, depósito ou caução, não se sujeitando a Fazenda a esses institutos, pois a execução aqui segue o rito dos precatórios, conforme vimos anteriormente.

b) a expedição de precatório ou requisição de pequeno valor depende do prévio trânsito em julgado **(CF/1988, art. 100, §§ 3° e 5°)**, de forma que somente pode ser determinado o pagamento se não houver mais qualquer discussão quanto ao valor executado. Assim, os embargos opostos pela Fazenda Pública devem ser recebidos no efeito suspensivo.

É exatamente por isso que o já analisado § 1º, do artigo 910, estabelece que somente quando não opostos embargos ou já haver transitado em julgado a decisão que os rejeitar, é que será expedido precatório ou RPV.

Quando os embargos forem parciais, a execução, nos termos do § 3º do art. 919, prosseguirá quanto à parte não embargada. **Tal regra aplica-se aos embargos opostos pelo Poder Público.**

Não há que se falar aqui na incidência da regra constitucional que veda o fracionamento dos precatórios (Art. 100, § 8º), uma vez que o fracionamento aqui não ocorre por vontade do credor.

XII

EXECUÇÃO A FAVOR DA FAZENDA (EXECUÇÃO FISCAL)

1. INTRODUÇÃO

Quando a Fazenda é a credora a execução é regulada pela Lei 6.830/80, mais conhecida como Lei das Execuções Fiscais – LEF. Nos tópicos abaixo veremos os principais pontos envolvendo essa lei.

2. QUESTÕES ENVOLVENDO DÍVIDA ATIVA

a) Conceito

> **Art. 2º** – Constitui Dívida Ativa da Fazenda Pública aquela definida como tributária ou não tributária na Lei nº 4.320, de 17 de março de 1964, com as alterações posteriores, que estatui normas gerais de direito financeiro para elaboração e controle dos orçamentos e balanços da União, dos Estados, dos Municípios e do Distrito Federal.

Aqui, é interessante notar que, nos termos do "caput" do art. 2º, a dívida ativa é composta **por créditos tributários e não tributários.**

b) Ato de controle de legalidade

> **Art. 2º (...)**
>
> **§ 3º** – A inscrição, que se constitui no ato de controle administrativo da legalidade, será feita pelo órgão competente para apurar a liquidez e

> certeza do crédito e suspenderá a prescrição, para todos os efeitos de direito, por 180 dias, ou até a distribuição da execução fiscal, se esta ocorrer antes de findo aquele prazo.

Nos termos do § 3º do art. 2º da LEF, a inscrição do crédito tributário na dívida ativa **tem como principal função o exercício de um controle preventivo** necessário para que o ato de lançamento tributário adquira a força de título executivo.

O ato administrativo em questão terá como conteúdo o controle administrativo da legalidade do lançamento tributário como um todo, com o objetivo de apurar a certeza e a liquidez do crédito tributário.

Ao fazer o controle da legalidade do lançamento tributário, a lei determina a autoridade administrativa encarregada da inscrição do crédito tributário na Dívida Ativa deverá averiguar se estão presentes no lançamento tributário todos os requisitos do Termo de Inscrição na Dívida Ativa, conforme o disposto no § 5º do art. 2º da LEF.

Por fim, cumpre ressaltar que o controle de legalidade do lançamento tributário é feito unicamente do ponto de vista formal. **Não se entra, aqui, no controle do mérito propriamente dito do lançamento, é dizer, seu aspecto material.**

c) Suspensão da prescrição

O § 3º também estabelece que a inscrição em Dívida Ativa induz a suspensão do prazo prescricional por 180 dias, ou até a distribuição da Execução Fiscal.

Ocorre que o STJ pacificou o entendimento que a suspensão somente ocorre para as dívidas de natureza não tributárias, **não se aplicando aos débitos tributários**, uma vez que a matéria afeta à prescrição dos créditos tributários encontra-se submetida pela Constituição (Art. 143, III, "b") à reserva de lei complementar, sendo atualmente regida pelo art. 174 do CTN **(STJ – AGR 933.059/SP).**

Em sentido contrário, em posição minoritária, a Fazenda Pública entende que, como tanto o CTN quanto a LEF, são anteriores a Constituição, que determina que as normas gerais tributárias estão sujeitas à reserva de lei complementar, a LEF, com relação a prescrição, também teria sido recepcionada com status de lei complementar e, sendo mais específica que o CTN, deveria ser aplicada.

3. REQUISITOS MÍNIMOS DA CERTIDÃO DE DÍVIDA ATIVA

A jurisprudência tem exigido que a CDA contenha informações que permitam ao devedor compreender qual a origem da dívida, o seu montante, bem como a forma pela qual ela foi constituída.

Nesse sentido, a jurisprudência consolidou-se no sentido de que a CDA deverá revestir-se de todos os elementos necessários à correta identificação, pelo devedor, do objeto da cobrança e dos seus fundamentos legais, sob pena de restar configurada a nulidade do título, por ofensa ao princípio constitucional da ampla defesa **(Resp 789.265/RS)**.

4. REDIRECIONAMENTO DA EXECUÇÃO FISCAL

a) Consequências do fato de o nome do corresponsável constar ou não na Certidão de Dívida Ativa - CDA

O STJ entende que se o nome do corresponsável tributário estiver contido na CDA, cumpre a ele demonstrar que não incorreu em atos concretos que importem a sua responsabilização. Isso porque, em razão do controle prévio pela qual a inscrição em Dívida Ativa sofre, há uma presunção relativa de veracidade de que o corresponsável agiu em infração a lei.

Por outro lado, caso o seu nome não esteja contido na CDA, ainda sim é possível o redirecionamento. Contudo, nesses casos, compete a Administração o ônus de provar que ele incorreu em algum ato que importe em sua responsabilidade.

Apesar de a orientação consolidada dos tribunais seja no sentido de constitui ônus do executado comprovar que não incorreu em nenhuma das hipóteses previstas no art. 135 do CTN caso conste seu nome no título, a jurisprudência tem evoluído, de modo a exigir que a Fazenda identifique no ato do lançamento do crédito todos os legitimados passivos sobre quem se promoverá a cobrança do tributo, sob pena de violar os princípios do devido processo legal, do contraditório e da ampla defesa, igualmente garantidos nas instâncias administrativas **(Resp 1.115.649 e RE 608.426 AGR)**.

b) Prazo para o redirecionamento

Conforme vem entendo o STJ de forma reiterada que o redirecionamento dos sócios deve ocorrer no prazo de 05 anos, contados da citação da pessoa jurídica na execução fiscal, a fim de evitar a imprescritibilidade das dívidas fiscais **(AgR no Ag 1.211.213/SP)**.

5. POSSIBILIDADE DE SUBSTITUIÇÃO DA CDA

a) Requisitos

> **Art. 2º (...)**
>
> **§ 8º** – Até a decisão de primeira instância, a Certidão de Dívida Ativa poderá ser emendada ou substituída, assegurada ao executado a devolução do prazo para embargos.

Veja que a lei previu a possibilidade de a CDA ser emendada ou substituída quando contiver vícios, é dizer, quando não contiver qualquer de seus requisitos obrigatórios.

A emenda ou substituição da CDA também é admitida quanto ao seu conteúdo, por causa superveniente, não mais corresponder à realidade, como ocorre, por exemplo, quando o devedor pagou parte da dívida inscrita no título, o que, contudo, não afeta a liquidez do título, consoante entendimento consolidado do STJ **(Resp 164.158)**.

Contudo, essa possibilidade de substituição não é ilimitada, pois a lei estabeleceu um limite temporal para a substituição, determinado que ela somente pode ocorrer até a decisão de primeira instância.

Assim, caso se note a presença de irregularidades na CDA em momento posterior à prolação da sentença, haverá necessariamente na extinção da Execução Fiscal.

É importante deixar claro que a sentença a qual o § 8º da lei se refere é aquela proferida em sede de embargos à execução.

Por fim, o STJ também não admite a substituição da CDA quando isso importar na modificação do sujeito passivo da execução fiscal. Nesse sentido:

> **STJ – Súmula 392:** A Fazenda Pública pode substituir a certidão de dívida ativa (CDA) até a prolação da sentença de embargos, quando se tratar de correção de erro material ou formal, vedada a modificação do sujeito passivo da execução.

b) Execução fiscal e CDA na qual constou como devedor pessoa homônima

Em regra, a indicação errada do CPF do sujeito passivo constitui simples erro material, podendo ser corrigido até a sentença, nos termos do § 8º do art. 2º. Contudo, caso o CPF indicado seja de pessoa homônima ao devedor (é dizer, com o mesmo nome dele) o STJ entende que erro na indicação do CPF acaba por incluir no processo executivo pessoa diversa daquela, em tese, efetivamente devedora do imposto, uma vez que, em caso de pessoa homônima, somente é possível verificar quem é o real executado por intermédio do CPF.

Dessa forma, para o STJ deve ser extinta a execução fiscal que, por erro na CDA quanto à indicação do CPF do executado, tenha sido promovida em face de pessoa homônima, enquadrando-se o presente caso na parte final da Súmula 392 do STJ, segundo a qual é "vedada a modificação do sujeito passivo da execução" *(***REsp 1.279.899-MG)**.

6. EXECUÇÃO E DEVEDOR FALECIDO

O STJ tem entendimento no sentido de haver carência de ação, por falta de legitimidade passiva, quando o executivo fiscal é ajuizado contra o devedor falecido, em vez do espólio.

Contudo, o mesmo STJ admite o redirecionamento da execução para o espólio, com fundamento no art. 131, II, do CTN, quando o devedor originário tenha falecido no curso do processo de execução **(Resp 1.222.561/RS)**.

A diferença entre as duas situações é que no primeiro caso o devedor já estava morto no momento da propositura da ação executiva fiscal, enquanto no segundo caso ele morre no curso da execução.

7. REUNIÃO DE EXECUÇÕES FISCAIS

Em algumas situações, é possível que várias execuções fiscais sejam propostas contra o mesmo devedor. Nesses casos, discutia-se se era necessário ou não a reunião dessas execuções fiscais em um mesmo juízo. O STJ pacificou o entendimento de que a reunião das execuções é uma faculdade do juízo:

> **STJ - Súmula 515:** A reunião de execuções fiscais contra o mesmo devedor constitui faculdade do juiz.

O entendimento do STJ é correto uma vez que existem hipóteses em que é inadequada a reunião dos processos considerando que essa medida não traria economia ou celeridade à tramitação. É o caso, por exemplo, de uma das execuções já estar suspensa pela oposição de embargos enquanto que a outra já se encontra em fase bem avançada, com leilão marcado.

8. REQUISITOS DA PETIÇÃO INICIAL

a) Aspectos Gerais

> **Art. 6º** – A petição inicial indicará apenas:
>
> I – o Juiz a quem é dirigida;
>
> II – o pedido; e
>
> III – o requerimento para a citação.
>
> **§ 1º** – A petição inicial será instruída com a Certidão da Dívida Ativa, que dela fará parte integrante, como se estivesse transcrita.
>
> **§ 2º** – A petição inicial e a Certidão de Dívida Ativa poderão constituir um único documento, preparado inclusive por processo eletrônico.
>
> **§ 3º** – A produção de provas pela Fazenda Pública independe de requerimento na petição inicial.
>
> **§ 4º** – O valor da causa será o da dívida constante da certidão, com os encargos legais.

O artigo 6º específica os requisitos da petição inicial da Execução Fiscal. Dele se infere que a petição inicial na Execução fiscal parece haver sido simplificada, quando se tem em vista do prescreve o artigo 319 do CPC.

b) Emenda da inicial na execução fiscal para fazer constar que a executada encontra-se em estado falimentar

A constatação posterior ao ajuizamento da execução fiscal de que a pessoa jurídica executada tivera sua falência decretada antes da propositura da ação executiva não implica a extinção do processo sem resolução de mérito

Deve ser dada a oportunidade de o exequente retificar a CDA, fazendo constar a informação de que a parte devedora se encontra em estado falimentar, e emendar a Inicial **(REsp 1.372.243-SE).**

c) Dispensabilidade da indicação do RG, CPF ou CNPJ do devedor

O juiz não pode indeferir a petição inicial em ação de execução fiscal com o argumento de que não houve indicação do RG, CPF ou CNPJ da parte executada, uma vez que tais informações não são exigidas pelo art. 6º da Lei nº 6.830/80 (LEF).

Assim, em ações de execução fiscal, descabe indeferir a petição inicial sob o argumento da falta de indicação do RG, CPF ou CNJP da parte executada (pessoa física ou jurídica), visto tratar-se de requisito não previsto no art. 6º da Lei 6.830/80 (LEF) **(REsp 1.450.819-AM e 1.455.091-AM).**

Posteriormente esse entendimento foi sumulado pelo STJ:

STJ - Súmula 558: Em ações de execução fiscal, a petição inicial não pode ser indeferida sob o argumento da falta de indicação do CPF e/ou RG ou

CNPJ da parte executada.

d) Demonstrativo de débito

O STJ entende que não precisa consta da inicial o demonstrativo do débito:

STJ - Súmula 559: Em ações de execução fiscal, é desnecessária a instrução da petição inicial com o demonstrativo de cálculo do débito, por tratar-se de requisito não previsto no art. 6º da Lei n. 6.830/1980.

9. CITAÇÃO

a) Aspectos Gerais

A forma da citação nas execuções fiscais foi regulamentada pelo art. 8º da Lei, o qual estabeleceu a seguinte regra:

1º A citação será feita preferencialmente pelo Correio, considerando-se realizada na data da entrega da carta no endereço do executado ou, se a data for omitida no AR, 10 (dez) dias após a entrega da carta à agência postal. Aqui, a legislação presume a efetiva citação do executado, bastando apenas à entrega do mandado, via postal, no domicílio do acusado, ainda que o aviso de recebimento seja assinado por terceira pessoa (AgRg no Ag 1.366.911/RS).

2º Somente quando frustrada a citação pelo correio (que a lei presume haver ocorrido quando o AR não retorna no prazo de 15 dias da entrega da carta à agência postal) é que a citação poderá ser feita por Oficial de Justiça ou Edital.

b) Citação por edital

Nos termos inciso III do art. 8º da LEF, uma vez frustrada a citação pela via postal, o exequente poderia optar entre a citação por oficial de justiça ou via edital. Assim, pelos termos da LEF, poderia haver citação via edital sem que se haja esgotadas as outras modalidades de citação. O STJ, contudo, ao analisar esse dispositivo, estabeleceu que é possível a citação por edital em sede de execuções fiscais, desde que esgotadas as outras modalidades de citação.

> **STJ – Súmula 414:** A citação por edital na execução fiscal é cabível quando frustradas as demais modalidades.

10. DEFESA DO EXECUTADO

a) Embargos à execução

> **Art. 16** – O executado oferecerá embargos, no prazo de 30 (trinta) dias, contados:
>
> I – do depósito;
>
> II – da juntada da prova da fiança bancária ou do seguro garantia;
>
> III – da intimação da penhora.

1º Natureza jurídica

Conforme entendimento doutrinário, os Embargos **têm natureza jurídica de ação impugnatória autônoma,** cujo objeto é a desconstituição (constituição negativa) do título executivo (no caso da CDA), da inscrição do crédito na Dívida Ativa ou do ato da sua constituição.

Por isso a sua oposição obedece às mesmas formalidades de constituição das demais ações judiciais, cabendo ao embargante narrar, em seu corpo, a sua causa de pedir e, sobretudo, formular o pedido constitutivo negativo, não sendo satisfatório, sob o ponto de vista da técnica processual, requerer ao Juízo a procedência dos embargos e/ou improcedência da execução.

2º Exigência de garantia do juízo

> § 1º – Não são admissíveis embargos do executado antes de garantida a execução.

Ao contrário da execução comum, regulada pelo NCPC, onde a interposição de embargos não exige a prévia garantia do juízo, a lei de execuções fiscais foi clara em afirmar que a interposição de embargos demanda a prévia garantia do juízo. Entendemos que esse posicionamento não se modificou com o NCPC, uma vez que o art. 1º da LEF é expresso em afirmar que o CPC somente se aplica de forma subsidiária, em caso de omissão legal, o que não se verifica no caso.

O STJ, contudo, que a mera insuficiência da penhora não é suficiente para a decretação da extinção dos Embargos, quando o devedor não dispõe de bens livres e desembaraçados, para que não se restrinja sua defesa (**AgRg no Resp 1.229.532/SP**).

@direitodiretoblog – É possível afimar que o princípio do "solve et repete" foi excluído do nosso ordenamento jurídico

A cláusula do "solve et repete" significa "pagar para poder reclamar". No direito tributário, essa cláusula era usada para obrigar ao contribuinte a realizar o prévio depósito do tributo discutido para só então poder reclamá-lo.

O STF, ao analisar o tema, entendeu pela impossibilidade de se exigir depósito prévio para interposição de recurso administrativo exatamente com base na vedação ao "solve et repete":

> **STF – Súmula Vinculante 21:** É inconstitucional a exigência de depósito ou arrolamento prévios de dinheiro ou bens para admissibilidade de recurso administrativo.

Contudo, a edição da súmula vinculante 21 não acarretou o fim total da cláusula "solve et repete" no direito brasileiro, já que ela ainda sobrevive, ainda que de forma excepcional, em nosso ordenamento.

Um dos resquícios da aludida cláusula é justamente a necessidade de prévia garantia do juízo para interposição de embargos à execução submetidos ao rito da Lei de execuções Fiscais.

Isso porque, conforme anteriormente visto, segundo o STJ, ao contrário dos embargos submetidos ao rito do CPC, no âmbito da LEF subsiste a necessidade de prévia garantia do juízo para imposição dos embargos, sendo, assim, um dos últimos resquícios da cláusula "solve et repete" em nosso ordenamento jurídico.

3º Inexistência de efeito suspensivo automático ("ope legis") nos Embargos

A LEF é omissa acerca da existência ou não de efeito suspensivo automático nos embargos. Parte dos contribuintes passou a defender que, por exigir necessariamente a garantia do juízo, os embargos na LEF possuíam efeito suspensivo automático.

O STJ, contudo, ao analisar o tema, entendeu que, por ser a LEF omissa sobre o tema, deve ser aplicado ao caso o mesmo regramento do CPC, nos termos do art. 1º da LEF.

Com base nesse entendimento, a oposição de embargos à execução fiscal não suspende automaticamente os atos executivos (Art. 919, CPC). Não há, portanto, uma suspensão ope legis (por força de lei) da execução fiscal por conta dos embargos.

Contudo, nos termos do § 1º do art. 919, é possível, no entanto, que o juiz determine a suspensão da execução desde que o devedor/embargante demonstre a presença de dois requisitos:

a) relevância dos argumentos jurídicos expostos nos embargos (fumus boni juris); e

b) perigo de dano de difícil ou de incerta reparação caso a execução prossiga (periculum in mora).

Trata-se, assim, de uma suspensão "ope judicis", ou seja, determinada pelo juiz de acordo com a análise da presença dos requisitos no caso concreto (**Resp 1.272.827-PE).**

b) Exceção de pré-executividade

A exceção de pré-executividade é uma construção doutrinária e jurisprudencial, que possibilita ao devedor a possibilidade de alegar vícios formais, evidentes nulidades absolutas, no próprio processo de execução, sem a necessidade de garantia do juízo (ou seja, sem penhora ou arresto nos autos).

Salienta-se que sua utilização é restrita aquelas matérias que podem ser conhecidas de ofício pelo juízo, sendo justamente esse o motivo pelo qual dispensa-se a prévia garantia do juízo.

Ademais, para sua validade, seu uso é restrito às matérias em que não seja necessário dilação probatória, visto que é pressuposto da sua admissibilidade que a questão possa ser resolvida apenas a partir de provas documentais.

Em que pese tenha havido alguma divergência sobre sua aplicação, o STJ pacificou-se no sentido do seu cabimento em execuções fiscais, desde que não haja dilação probatória em seu uso:

> **STJ – Súmula 393:** A exceção de pré-executividade é admissível na execução fiscal relativamente às matérias conhecíveis de ofício que não demandem dilação probatória.

Por fim, ressalta-se que a jurisprudência entende que a fixação de honorários advocatícios em exceção de pré-executividade acolhida deverá seguir o princípio da causalidade, devendo ser fixado honorários contra aquele que deu causa ao ajuizamento da execução, seja o particular, seja a Fazenda Pública.

11. CANCELAMENTO DA INSCRIÇÃO

> **Art. 26** – Se, antes da decisão de primeira instância, a inscrição de Divida Ativa for, a qualquer título, cancelada, a execução fiscal será extinta, sem qualquer ônus para as partes.

Nos termos do artigo 26, é possível a extinção do processo por cancelamento da inscrição de Dívida Ativa, sem ônus para as partes.

Contudo, o STJ vem mitigando esse efeito liberatório, decidindo que a extinção do feito em tal hipótese somente exonera a Fazenda Pública de arcar com o ônus da sucumbência quando ocorre antes da citação do devedor **(Resp 994.583).**

Ademais, o mesmo tribunal entende que, nessas hipóteses, as verbas sucumbências devem ser suportadas por quem deu causa ao ajuizamento da ação **(AgRg no Edcl no Resp 1.207.727/PR).**

Por fim, o STJ firmou o entendimento, segundo o qual não são devidos honorários advocatícios pela Fazenda Pública em execução fiscal extinta em razão de superveniência de lei que concede remissão de crédito tributário, tendo em vista que a época do ajuizamento, a ação tinha causa justificada **(AgRg no Resp 1.139.726/SC).**

12. A QUESTÃO DA FALÊNCIA

> **Art. 29** – A cobrança judicial da Dívida Ativa da Fazenda Pública não é sujeita a concurso de credores ou habilitação em falência, concordata, liquidação, inventário ou arrolamento.

a) Possibilidade de se habilitar na falência

O artigo 29 exclui do contexto do concurso de credores, bem como da habilitação em falência, liquidação, inventário ou arrolamento. Contudo, esse dispositivo não impede que a Fazenda Pública, assim desejando, habilite seus créditos na falência.

O STJ, contudo, entende que a escolha de um procedimento, exclui o outro. Assim, caso a Fazenda escolha cobrar o crédito via execução fiscal, não poderá se habilitar na falência; caso se habilite na falência, não poderá cobrar o crédito via execução fiscal. **Veda-se, assim, a garantia dúplice da Fazenda (Resp 185.838/SP).**

b) As execuções fiscais tributárias devem ser suspensas por causa do deferimento de uma recuperação judicial?

Em relação ao deferimento de recuperação judicial, o Superior Tribunal de Justiça tem jurisprudência consolidada no sentido de que o deferimento de recuperação judicial NÃO suspende o curso das execuções fiscais. Contudo, os atos de constrição do patrimônio do devedor devem ser efetuados no juízo da recuperação, e não no competente para os executivos fiscais, em atenção princípio da preservação da empresa, que norteia toda a lei de falências e recuperação judicial **(Ag-Int no CC 140.021/MT).**

Explica-se: a lei de recuperação judicial e falência tem como principal objetivo a preservação da empresa, da sua função social, com a manutenção dos empregos. Nesses termos, eventual ato de constrição e alienação de bens do devedor em recuperação judicial poderia frustrar o próprio procedimento recuperacional, prejudicando o plano de reorganização da empresa, deferido pelo juízo de recuperação e falência, o que poderia provocar, ao fim, a falência da empresa.

Em razão disso, entende o STJ que, apesar de a execução não se suspender em face do deferimento do pedido de recuperação judicial (art. 6º, § 7º, da Lei n. 11.105/2005, art. 187 do CTN e art. 29 da Lei n. 6.830/1980), submetem-se ao crivo do juízo universal os atos de alienação voltados contra o patrimônio social das sociedades empresárias em recuperação, em homenagem ao princípio da preservação da empresa **(AgRg no CC 136.844/RS).**

Em suma, após o deferimento da recuperação judicial, compete ao juízo das execuções fiscais a pratica dos de todos os atos processuais relativos a execução, inclusive o julgamento de eventuais embargos e a ordem de citação, exceto os atos relativos a apreensão e alienação de bens, os quais deverão ser julgados pelo juízo de recuperação judicial.

@Direitodiretoblog – A Fazenda Pública tem legitimidade para requerer a falência de um devedor?

Nesse caso, a doutrina divide-se em duas correntes:

1º Corrente: seria possível o pedido de falência da Fazenda Pública, com base nos seguintes argumentos:

a) **Proteção do crédito público:** ao requerer a falência, a Fazenda Pública estaria preservando o próprio crédito público, já que se a empresa em crise, a qual não cabe recuperação, continuar as suas atividades, as suas dívidas só irão aumentar, comprometendo o crédito público.

b) **Preservação da Fazenda contra os sonegadores:** com a falência, além da preservação do crédito público, busca-se preservar a Fazenda dos sonegadores tributários.

c) **Possibilidade de protesto de CDA:** atualmente, com a nova legislação, é possível protestar CDA.

2º Corrente: não seria possível o pedido de falência da Fazenda Pública, com base nos seguintes argumentos:

a) **Ordem ética:** não pode o empresariado ser intimado com ameaça de morte empresarial. O estado, ao contrário, deveria apoiar o fomento da indústria. O princípio da conservação da empresa pressupõe que a quebra não é um fenômeno que interessa apenas aos credores, mas uma manifestação jurídico-econômica no qual o Estado tem interesse preponderante.

   Raciocínio diverso, é dizer, legitima a Fazenda Pública a requerer falência das empresas inviabilizaria a superação econômica-financeira do devedor, não permitindo a manutenção da fonte produtora, do emprego dos trabalhadores, tampouco dos interesses dos credores, desestimulando a atividade econômico capitalista.

   Com isso, a Fazenda poder requerer a quebra da empresa implica incompatibilidade com o objetivo primordial da Lei de Falências, especialmente com princípio da conservação da empresa, pedra de toque da aludida lei,

b) **Ordem política:** o pedido de falência pela Fazenda é uma sanção política do Estado, que não é aceito pelo STF.

c) **Ordem Jurídica:** com esse pedido, estaria o empresário obrigado a parcelar a dívida, não podendo discutir o crédito tributário, retirando do empresário o direito ao contraditório. Ademais, a Fazenda estaria cobrando um título emitido unilateralmente, de modo que não seria justo falir aquele que não participou da produção do título.

Por fim, o art. 187 do CTN dispõe que os créditos fiscais não estão sujeitos ao concurso de credor. Já os artigos 5º, 29 e 31 da LEF determinam que o crédito tributário não está abrangido pelo procedimento familiar, razão pela qual carece de interesse por parte da Fazenda em pleitear a falência de empresa.

O STJ adota a 2º Corrente (REsp 363.206).

13. RECURSOS CABÍVEIS EM CASO DE EXECUÇÕES FISCAIS COM VALOR IGUAL OU INFERIOR A 50 ORTN:

> **Art. 34** - Das sentenças de primeira instância proferidas em execuções de valor igual ou inferior a 50 (cinqüenta) Obrigações Reajustáveis do Tesouro Nacional - ORTN, só se admitirão embargos infringentes e de declaração.
>
> **§ 1º** - Para os efeitos deste artigo considerar-se-á o valor da dívida monetariamente atualizado e acrescido de multa e juros de mora e de mais encargos legais, na data da distribuição.
>
> **§ 2º** - Os embargos infringentes, instruídos, ou não, com documentos novos, serão deduzidos, no prazo de 10 (dez) dias perante o mesmo Juízo, em petição fundamentada.
>
> **§ 3º** - Ouvido o embargado, no prazo de 10 (dez) dias, serão os autos conclusos ao Juiz, que, dentro de 20 (vinte) dias, os rejeitará ou reformará a sentença.

O artigo 34 trata de um recurso específico das execuções ficais, chamado de Embargos Infringentes. Trata-se de recurso que, apesar do mesmo nome, não deve ser confundido com o antigo recurso de embargos infringentes, previsto no CPC de 1973.

Os Embargos Infringentes da LEF substituem o recurso de apelação e poderão seguir (ou não) instruídos por documentos novos, devendo ser deduzidos perante o mesmo juízo, no prazo de 10 dias. Posteriormente, será ouvido o embargado, no mesmo prazo de 10 dias, ocasião em que os autos serão conclusos ao Juiz que proferiu a decisão embargada, que, dentro de 20 dias, deverá julgá-los.

Essa previsão da LEF teve sua constitucionalidade reafirmada pelo STF, em sede de repercussão geral **(RE 637.975)**.

Com a extinção da ORTN, o STJ decidiu que o valor de alçada deve ser encontrado a partir da interpretação da norma que extinguiu um índice e o substituiu por outro, mantendo-se a paridade das unidades de referência, sem efetuar a conversão para moeda corrente, para evitar perda do valor aquisitivo. Assim, tem-se que as 50 ORTN a que se refere o "caput" do artigo 34 da LEF correspondem a algo em torno de 328,27 reais **(Resp 992.797).**

Em que pese a LEF estabeleça que na hipótese do artigo 34 os únicos recursos possíveis seriam os Embargos Declaratórios e Infringentes, essa previsão não impede possibilidade interposição de Recurso Extraordinário perante o STF, sob pena de caracterizar-se a supressão de competência do STF para decidir questão constitucional **(STF - Reclamação 1.155).**

14. PRESCRIÇÃO INTERCORRENTE

> **Art. 40** - O Juiz suspenderá o curso da execução, enquanto não for localizado o devedor ou encontrados bens sobre os quais possa recair a penhora, e, nesses casos, não correrá o prazo de prescrição.
>
> **§ 1º** - Suspenso o curso da execução, será aberta vista dos autos ao representante judicial da Fazenda Pública.
>
> **§ 2º** - Decorrido o prazo máximo de 1 (um) ano, sem que seja localizado o devedor ou encontrados bens penhoráveis, o Juiz ordenará o arquivamento dos autos.
>
> **§ 3º** - Encontrados que sejam, a qualquer tempo, o devedor ou os bens, serão desarquivados os autos para prosseguimento da execução.
>
> **§ 4º** Se da decisão que ordenar o arquivamento tiver decorrido o prazo prescricional, o juiz, depois de ouvida a Fazenda Pública, poderá, de ofício, reconhecer a prescrição intercorrente e decretá-la de imediato.
>
> **§ 5º** A manifestação prévia da Fazenda Pública prevista no § 4º deste artigo será dispensada no caso de cobranças judiciais cujo valor seja inferior ao mínimo fixado por ato do Ministro de Estado da Fazenda

a) conceito

O artigo 40 disciplina a prescrição intercorrente no âmbito das execuções fiscais. A prescrição intercorrente é aquela que ocorre durante o curso do processo e visa a evitar a eternização das demandas judiciais.

b) Arquivamento

Decorrido o prazo máximo de 1 (um) ano, sem que seja localizado o devedor ou encontrados bens penhoráveis, o Juiz ordenará o arquivamento dos autos.

Com o arquivamento do processo, retoma-se a contagem do prazo prescricional, findo o qual o juiz, após ouvir a Fazenda, poderá, inclusive de ofício, reconhecer a prescrição intercorrente e decretá-la de imediato, extinguindo o processo.

c) Necessidade de oitiva da Fazenda Pública

A lei, no § 4º, determina que a extinção pelo prévio reconhecimento da prescrição intercorrente necessita da prévia oitiva da Fazenda Pública. O, contudo, STJ relativiza a literalidade do § 4º do art. 40, dispensando a necessidade de oitiva prévia da Fazenda Pública para o decreto da prescrição intercorrente se o ente não demonstrar no recurso interposto contra a sentença de extinção do feito o prejuízo sofrido, em homenagem aos princípios da celeridade processual, instrumentalidade das formas e "pás des nulittés sans grief" (Resp 1.274.473/RR).

d) Termo inicial do prazo de prescrição intercorrente

Para o STJ, o termo inicial da prescrição intercorrente tem início após decorrido o prazo de 01 ano da decisão que ordenou a suspensão do processo:

STJ – Súmula 314: Em execução fiscal, não localizados bens penhoráveis, suspende-se o processo por um ano, findo o qual se inicia o prazo da prescrição quinquenal intercorrente.

e) Aplicação as execuções fiscais ajuizadas antes da previsão legal de prescrição intercorrente

O § 4º do art. 40 foi introduzido pela Lei 11.051/04, contudo, o STJ entende ser possível a decretação da prescrição intercorrente nas execuções fiscais iniciadas antes da edição da aludida lei **(Resp 839.820)**.

XIII

MANDADO DE SEGURANÇA (LEI 12.016/2009)

1. CARACTERÍSTICAS

a) Conceito

Segundo a CF (**Art. 5º, LXIX**) conceder-se-á mandado de segurança para proteger direito líquido e certo, não amparado por "habeas corpus" ou "habeas data", quando o responsável pela ilegalidade ou abuso de poder for autoridade pública ou agente de pessoa jurídica no exercício de atribuições do Poder Público.

b) Direito Líquido e Certo

1º Aspectos Gerais

Haverá direito líquido e certo quando a situação jurídica questionada pelo impetrante **pode ser comprovada mediante prova documental (prova pré-constituída).** Na verdade, conforme nos lembra Leonardo Carneiro da Cunha, no mandado de segurança, o que se deve ter como líquido e certo é o fato, ou melhor, a afirmação de fato feita pela parte autora.

Ao se afirmar que o mandado de segurança exige a comprovação de direito líquido e certo, o que se quer dizer é que os fatos alegados pelo impetrante devem estar comprovados no momento da propositura da ação, devendo a petição inicial vir acompanhada dos documentos indispensáveis a essa comprovação. Por isso, exige-se que a prova seja pré-constituída no mandado de segurança.

Caso a situação jurídica apresentada pelo impetrante não possa ser comprovada documentalmente, não será possível o manejo de mandado de segurança. A parte, contudo, poderá propor quaisquer outras ações, cujo procedimento mais longo lhe permita ampla produção e provas, como o processo de conhecimento. Assim, o direito líquido e certo é apenas uma condição da ação no mandado de segurança, verificada no interesse de agir.

@direitodiretoblog – É possível a impetração de mandado de segurança para fazer valer o direito constitucional da razoável duração do processo?

A Constituição estabeleceu como uma garantia fundamental ao alcance de todos, no âmbito judicial e administrativo, a razoável duração do processo e os meios que garantam a celeridade de sua tramitação (Art. 5º, LXXVIII).

Com base nisso, questiona-se: havendo uma grande demora no julgamento de determinado processo, é cabível a impetração de mandado de segurança para fazer valer o direito a razoável duração do processo?

O STJ entendeu que não (MS 22.006).

O fundamento para tanto é que o MS é o remédio processual adequado para proteger direito líquido e certo do impetrante. Por direito líquido e certo do impetrante. Por direito líquido e certo deve-se entender aquela situação jurídica cuja demonstração e comprovação pode ser feita de plano, mediante prova documental, sem necessidade de dilação probatória.

Conforme o STJ, conquanto seja legítima a cobrança do jurisdicionado por julgamentos mais céleres, em prazos razoáveis, o cumprimento desse objetivo pelo Poder Judiciário, hoje, esbarra em inúmeros fatores que comprometem a rapidez da prestação jurisdicional.

Verificar, caso a caso, se a demora é ou não razoável demanda inevitável incursão na seara fático-probatória, razão pela qual não pode tal pretensão ser deduzida na via do mandado de segurança, que exige prova pré-constituída, não admitindo dilação probatória.

Assim, o mandado de segurança não é instrumento adequado para fazer valer o princípio da razoável duração do processo.

2º – Direito Líquido e Certo e Complexidade das matérias alegadas

Por muitos anos houve divergência sobre a possibilidade de matérias complexas serem debatidas por meio de mandado de segurança. O STF, contudo, superou essa polêmica, de forma que, com relação as matérias jurídicas que podem ser debatidas pela via do Mando de Segurança, a jurisprudência pacificou o entendimento de que qualquer matéria pode ser levada a conhecimento do juízo, desde que possa ser provada documentalmente, independentemente de sua complexidade:

STF – Súmula 625: Controvérsia sobre matéria de direito não impede concessão de mandado de segurança.

3º – Impossibilidade de apresentação de documentos

Em regra, é necessário que o impetrante apresente os documentos já na petição inicial do MS.

Exepcionalmente, contudo, a legislação permite a propositura da demanda desacompanhada de documentos probatórios do direito alegado, no caso em que a documentação está em poder do próprio Poder Público. A situação encontra-se regulada pela Lei 12.016/2009:

> **Art. 6º (...)**
>
> **§ 1º** No caso em que o documento necessário à prova do alegado se ache em repartição ou estabelecimento público ou em poder de autoridade que se recuse a fornecê-lo por certidão ou de terceiro, o juiz ordenará, preliminarmente, por ofício, a exibição desse documento em original ou em cópia autêntica e marcará, para o cumprimento da ordem, o prazo de 10 (dez) dias. O escrivão extrairá cópias do documento para juntá-las à segunda via da petição.
>
> **§ 2º** Se a autoridade que tiver procedido dessa maneira for a própria coatora, a ordem far-se-á no próprio instrumento da notificação.

@direitodiretoblog – é possível propor mandado de segurança com prova documentada?

Não. Isso porque, em tendo como pressuposto o direito líquido e certo, o mandado de segurança apenas aceita a produção de prova documental. Não sendo possível atestar os fatos por meio de documentos, não será possível ao juiz examinar o mérito da questão.

Aqui, é preciso ficar bem claro a distinção de prova documental e documentada. A doutrina distingue a prova documental da prova documentada, sendo a primeira somente aquela através da qual se tem a representação imediata e concomitante do fato, ao passo que a segunda consiste no registro por escrito e retrospectivo do fato que, com a prova, visa-se reconstruir.

Assim, a prova testemunhal e a prova pericial, por exemplo, mesmo registradas por escrito nos autos judiciais, não são prova documental, e sim prova documentada.

O mandado de segurança somente aceita **prova documental.** Assim, mesmo que uma prova testemunhal seja documentada não poderá ser utilizada como comprovação de direito líquido e certo. É que a prova documentada comprova apenas a declaração feita e não o fato em si.

Daí por que não cabe mandado de segurança fundado em justificação prévia de prova testemunhal. É que a prova produzida na justificação prévia é testemunhal, inviável como meio para provar o direito líquido e certo. Também não cabe mandado de segurança fundado em laudo médico particular, por estar ausente a prova do direito líquido e certo **(STJ – RMS 30.746/MG).**

c) Caráter residual em relação ao "habeas Corpus" e ao "Habeas Data"

Nos termos da Constituição, o mandado de segurança possui caráter residual em relação ao "habeas corpus" e ao "habeas data", somente sendo possível o seu manejo quando não for possível o uso dos aludidos remédios constitucionais.

Em razão, é certo que o mandado de segurança é a ação cabível para tutelar direito violado ou ameaçado por ato ilegal ou abusivo do Poder Público, direito este diverso do de locomoção ou retificação de informações ou dados.

d) Autoridade Pública

O conceito de autoridade pública para fins de impetração do mandado de segurança é mais amplo que o conceito de servidor público, incluindo não apenas agentes públicos da Administração Direta e Indireta, como também particulares, seja pessoa natural ou jurídica.

Na realidade, para se determinar se alguém é autoridade pública para fins de mandado de segurança, é preciso verificar que se o agente **exerce função pública**, seja em toda sua atividade ou apenas parte dela:

> **Art. 1º. (...)**
>
> **§ 1º** Equiparam-se às autoridades, para os efeitos desta Lei, os representantes ou órgãos de partidos políticos e os administradores de entidades autárquicas, bem como os dirigentes de pessoas jurídicas ou as pessoas naturais no exercício de atribuições do poder público, somente no que disser respeito a essas atribuições.

> **STF – Súmula 510:** Praticado o ato por autoridade, no exercício de competência delegada, contra ela cabe o mandado de segurança ou a medida judicial.

Da mesma forma, em relação as empresas públicas e sociedades de economia mista, a lei estabeleceu o seguinte:

> **§ 2º** Não cabe mandado de segurança contra os atos de gestão comercial praticados pelos administradores de empresas públicas, de sociedade de economia mista e de concessionárias de serviço público.

Isso ocorre porque esses entes ostentam a natureza jurídica de direito privado, nos termos do art. 173, § 1º, II, da CF. Contudo, mesmo ostentando a natureza jurídica de direito privado, **esses entes estão submetidos a regra do concurso público e a obrigatoriedade de licitação (CF, arts. 37, II, XXI, e 173, § 1º, II)**, cabendo mandado de segurança nesses casos, pois há função pública. Esse, inclusive, é o entendimento do STJ:

> **STJ – Súmula 333:** Cabe mandado de segurança contra ato praticado em licitação promovida por sociedade de economia mista ou empresa pública.

Ainda em relação ao conceito de autoridade coatora, a lei também estabeleceu o seguinte:

> **Art. 6º (...)**
>
> **§ 3º** Considera-se autoridade coatora aquela que tenha praticado o ato impugnado ou da qual emane a ordem para a sua prática.

Assim, autoridade coatora é quem detém competência para praticar ou ordenar o ato e não o mero executor. Nos casos de ato complexo, no qual se exige a manifestação de dois ou mais órgãos, o STF entende que a autoridade coatora para fins de mandado de segurança é aquela que proferiu a última decisão:

> **STF – Súmula 627:** No mandado de segurança contra a nomeação de magistrado da competência do Presidente da República, este é con-

siderado autoridade coatora, ainda que o fundamento da impetração seja nulidade ocorrida em fase anterior do procedimento.

No caso de atos omissivos, a autoridade coatora é aquela que tem competência para praticar o ato.

e) Prazo de Impetração

A lei estabeleceu que o prazo para impetração do MS é de 120 dias, contados da ciência do ato ilegal ou abusivo pelo interessado. Trata-se de **prazo decadencial.**

Há quem entenda que a fixação desse prazo pela lei é inconstitucional, pois a lei infraconstitucional não pode limitar o exercício de um direito fundamental, se própria Constituição não limitou. Prevalece na doutrina e na jurisprudência, contudo, que tal limitação é constitucional:

> **STF – Súmula 632:** É constitucional lei que fixa o prazo de decadência para a impetração de mandado de segurança.

O STF, contudo, já relativizou o prazo de 120 dias do MS **em nome da segurança jurídica.** Na ocasião, um mandado de segurança foi proposto fora do prazo (220 dias após a decisão), mas mesmo assim houve a concessão de liminar. A liminar perdurou por muitos anos (13 anos), de forma que, em razão da segurança jurídica, o STF aceitou analisar o mérito do mandado de segurança **(MS 25097/DF).**

Tendo a natureza decadencial, o prazo não é suspenso ou interrompido, iniciando-se pela verificação de que o ato se tornou capaz de produzir efeitos e afetar a esfera patrimonial do impetrante, por meio da publicação do ato no Diário Oficial ou de intimação pessoal.

Por fim, é necessário destacar que **o pedido de reconsideração não interrompe o prazo para impetração do MS:**

> **STF – Súmula 430:** Pedido de reconsideração na via administrativa não interrompe o prazo para o mandado de segurança.

No caso de atos d**e trato sucessivo,** em que há violação periódica do direito do impetrante, o prazo para impetração também se renova sucessivamente. Por outro lado, nos casos em que há declaração expressa da Administração contrária ao direito pleiteado pelo servidor, a violação não é sucessiva, mas única, sendo o caso regido pela prescrição em face do Estado.

O STJ faz uma distinção para os casos de **redução** de vencimentos e **supressão total** da vantagem. No caso de redução, estaria configurada relação de trata sucessivo, apta a renovar o prazo decadencial para a propositura do MS. Já nos casos de supressão, estaria configurada ato único de efeitos concretos e permanente, não renovando o prazo para impetração do MS.

Por fim, com relação a omissão Administrativa, não há prazo para impetração do MS, uma vez que não há marco temporal de início da contagem.

@direitodiretoblog – O prazo para impetração de mandando de segurança é contado em dias úteis?

Uma das grandes novidades do NCPC foi estabelecer que, na contagem dos prazos processuais, computam-se apenas os dias úteis (**Art. 219, NCPC**).

Essa regra somente se aplica aos prazos processuais, é dizer, àqueles prazos para prática de atos dentro do processo, sendo nele contados.

Assim, considerando que o prazo para impetração do mandado de segurança não é processual, o prazo de 120 dias para sua impetração é corrido, não sendo contando em dias úteis.

Contudo, a doutrina (Leonardo Carneiro da Cunha) entende que, excepcionalmente, nos casos de mandado de segurança contra ato judicial, o prazo é processual, sendo sua contagem feita em dias úteis.

2. MANDADO DE SEGURANÇA CONTRA ATO LEGISLATIVO

O mandado de segurança não é um meio de controle abstrato de normas. Assim, em regra, não é possível a impetração de mandado de segurança contra atos legislativos:

> **STF – Súmula 266:** Não cabe mandado de segurança contra lei em tese.
>
> Excepcionalmente, nos casos de leis e atos normativos de efeito concreto, que possuem destinatários certos, faltando-lhe o caráter de generalidade e abstração, é possível a impetração do MS pelo interessado, que teve seu direito lesado ou ameaçado de lesão. Nesse caso, o prazo de 120 dias começa a correr da data em que o ato passou a produzir efeitos.

Sobre o tema, convém ainda lembrar que o STF, em duas situações, entende que é possível a impetração do mandado de segurança como forma de controle prévio de constitucionalidade realizado pelo Poder Judiciário:

a) caso a proposta de emenda à constituição seja manifestamente ofensiva à cláusula pétrea;

b) na hipótese em que a tramitação do projeto de lei ou emenda à Constituição violar regra constitucional que discipline o processo legislativo **(vício formal).**

Para o STF, nas duas situações acima, o vício de inconstitucionalidade está diretamente ligado aos aspectos formais e procedimentais da atuação legislativa (regras de processo legislativo), sendo, portanto, admitido a impetração de mandado de segurança com a finalidade de corrigir tal vício antes e independentemente da final aprovação da norma **(MS 32.033/DF).**

3. ATOS EM QUE NÃO CABE A IMPETRAÇÃO DO MS

> **Art. 5º** Não se concederá mandado de segurança quando se tratar:
>
> I – de ato do qual caiba recurso administrativo com efeito suspensivo, independentemente de caução;
>
> II – de decisão judicial da qual caiba recurso com efeito suspensivo;
>
> III – de decisão judicial transitada em julgado.

a) Ato de que caiba recurso administrativo com efeito suspensivo

Sobre o tema, há duas observações a se fazer:

a) A lei não obriga que o interessado esgote as instâncias administrativas para a propositura do mandado de segurança. Caso queira propor mandado de segurança, basta que o interessado deixe escoar o prazo do recurso administrativo. Após esse fato, o interessado poderá buscar a tutela do seu direito pela via do MS. A lei apenas vedou que o interessado **se utilize dos dois institutos simultaneamente.**

b) a lei exige que o recurso administrativo tenha efeito suspensivo. Caso não haja efeito suspensivo, o MS poderá ser impetrado imediatamente.

b) Decisão judicial da qual caiba recurso com efeito suspensivo;

O inciso II, do art. 5º, prevê a vedação do uso de MS em relação a decisão judicial da qual caiba recurso com efeito suspensivo. Esse também é o entendimento do STF:

STF – Súmula 267: Não cabe mandado de segurança contra ato judicial passível de recurso ou correição.

Cumpre ressaltar que o mandado de segurança não será cabível toda vez que ao recurso possa **ser atribuído efeito suspensivo.** É que existem recursos sem efeito suspensivo legal, mas que podem ter efeitos suspensivos obtidos por decisão judicial.

Também é cabível mandado de segurança contra decisão judicial quando não houver recurso apto a tutelar o direito do interessado. É o caso do terceiro prejudicado, cujo prazo recursal já tenha se esgotado. Diante da inexistência de recurso adequado a protege-lhe o direito, deve-se admitir a impetração de MS:

> **STJ – Súmula 202:** A impetração de segurança por terceiro, contra ato judicial, não se condiciona à interposição de recurso.

Por fim, cumpre ressaltar que não cabe mandado de segurança contra ato judicial transitado em julgado, sob pena de se caracterizar como um inadmissível sucedâneo de ação rescisória.

> **STF – Súmula 268:** Não cabe mandado de segurança contra decisão judicial com trânsito em julgado.

c) Compensação Tributária

O direito a compensação tributária, nos termos do artigo 170 do CTN, não é autoaplicável. Ele depende que o ente tributante edite uma lei ordinária disciplinando o instituto.

Assim, caso o ente não tenha editado a lei ordinária, o contribuinte não possui direito líquido e certo a compensação, não sendo possível o uso de mandado de segurança.

Contudo, caso exista lei específica do ente disciplinando a matéria, o contribuinte passa a ter direito líquido e certo de ter o seu pleito analisado na seara administrativa.

Assim, caso a autoridade administrativa se negue a examinar o pedido do contribuinte, é cabível mandado de segurança. Esse é o fundamento da súmula 213 do STJ.

> **STJ – Súmula 213**: o mandado de segurança constitui ação adequada para a declaração do direito a compensação tributária.

Prosseguindo sobre o tema, temos que algumas leis ordinárias que versam sobre a compensação, tal como a Lei federal 8.383/91, permitem que o próprio contribuinte calcule e realize de ofício a compensação, que posteriormente será confirmada pela autoridade administrativa, em situação análoga aos tributos sujeitos a lançamento por homologação.

Ocorre que a autoridade administrativa, ao analisar a compensação, muitas vezes encontra erros e acaba lançando a diferença do tributo, o que levou muitos contribuintes a impetrarem mandado de segurança requerendo que o Poder Judiciário convalide seus cálculos iniciais.

O STJ, contudo, entendeu que não cabe MS nessa hipótese, uma vez que a lide demanda atividade probatória. Esse é o fundamento da súmula 460:

> **STJ – Súmula 460:** é incabível o mandado de segurança para convalidar a compensação tributária realizada pelo contribuinte.

4. PARTES

a) Legitimidade ativa

O rol de legitimados do mandado de segurança é mais amplo do que o previsto na legislação (qualquer pessoa física ou jurídica). Isso porque a jurisprudência também admite o seu uso por sujeitos sem personalidade jurídica, mas com a chamada personalidade judiciária, como, por exemplo, os órgãos públicos para a tutela de competências e prerrogativas decorrentes do exercício de sua função pública.

Isso porque tais sujeitos, embora não tenham personalidade jurídica, possuem a camada personalidade judiciária, podendo buscar auxílio do Poder Judiciário para a defesa de suas atribuições constitucionais e legais em juízo, como já reconhecido pelo STJ:

> **STJ – Súmula 525:** A Câmara de vereadores não possui personalidade jurídica, apenas personalidade judiciária, somente podendo demandar em juízo para defender os seus direitos institucionais.

O litisconsórcio ativo é admitido pela lei. Contudo, ele somente é possível até o despacho da petição inicial:

> **Art. 10. (...)**
>
> **§ 2º** O ingresso de litisconsorte ativo não será admitido após o despacho da petição inicial.

Com isso, a legislação tentou evitar a burla ao princípio do juiz natural, já que muitas vezes o ingresso ocorria após o deferimento de liminar.

> **@direitodiretoblog: no mandado de segurança, se o impetrante morre, os seus herdeiros podem se habilitar para continuar o processo (sucessão processual)?**

O direito líquido e certo discutido no mandado de segurança é personalíssimo e intransferível, ainda que para efeito de habilitação nos autos.

Dessa forma, não cabe sucessão processual em sede de mandado de segurança, de forma que se o impetrante morre, não é possível a habilitação dos herdeiros. Com isso, falecendo o impetrante, o mandado de segurança deve ser extinto sem resolução do mérito, ainda que já esteja em fase recursal (**MS 11.581/DF**).

Quer dizer então que os sucessores do falecido não mais podem discutir o direito alegado?

Não é bem assim. Nos termos do entendimento do STJ, o que se veda é a discussão em sede de mandado de segurança, contudo, **ainda é possível a discussão do caso nas vias ordinárias**, se assim for cabível (**MS 17.372/DF**).

b) Legitimidade passiva

A legitimidade passiva no âmbito do mandado de segurança é alvo de controvérsia doutrinária, uma vez que há quem entenda que a legitimidade é da autoridade coatora e outros que defendem que a legitimidade é da pessoa jurídica de direito público.

Quem defende que a legitimidade é da autoridade coatora argumenta que o mandado de segurança é interposto contra ela, a quem cabe prestar pessoalmente as informações exigidas pelo juízo.

Vem prevalecendo (Ex: Guilherme Freire de Melo Barros e Leonardo Carneiro da Cunha), contudo, que o polo passivo **é ocupado pela pessoa jurídica a qual a autoridade coatora pertence,** uma vez que o agente não atua em nome próprio, mas sim em nome da entidade.

Ademais, a coisa julgada no mandado de segurança vai se operar entre o impetrante e a pessoa jurídica de direito pública. Nesse sentido, considerando que o NCPC determina que a coisa julgada opera efeitos apenas entre as partes (Art. 506), não há outra alternativa que não seja afirmar que a legitimidade passiva é da pessoa jurídica de direito público.

O fato de o § 3º do art. 14, conferir a autoridade coatora o direito de recorrer da sentença apenas reforça que ela não detém legitimidade passiva na demanda, pois quem detém legitimidade não precisa de previsão legal para recorrer.

Assim, é justamente porque ela não detém legitimidade passiva que há a necessidade de previsão expressa na lei do seu direito de recorrer. Aqui, o interesse recursal da autoridade coatora é secundário e indireto, pois o que se busca é resguarda eventual responsabilidade funcional pelo ato junto à pessoa jurídica.

Não fosse o suficiente, a Lei do MS contém outro indicativo de que a autoridade coatora não é parte passiva. Isso porque, proposta a ação, a autoridade coatora é notificada para prestar informações (Art. 7º, I, podendo prestá-las diretamente, sem necessidade de estar representada por advogado.

Isso ocorre porque tais informações não são uma peça de defesa jurídica do ato, mas apenas meio de prova para exame do juízo. Por isso, não precisam ser elaborados por advogado público.

Assim, **é possível concluir que o demandado no MS é a pessoa jurídica de cujo quadro pertença a autoridade coatora.**

Com relação ao litisconsórcio passivo, entende-se que ele é cabível nos termos do art. 24 da Lei do MS:

> **Art. 24.** Aplicam-se ao mandado de segurança os arts. 46 a 49 da Lei no 5.869, de 11 de janeiro de 1973 – Código de Processo Civil.

O STF entende que compete ao impetrante promover a citação do litisconsorte passivo necessário. Por promover a citação, entenda-se efetuar o requerimento ao juízo, indicar o endereço, recolher as custas para a prática do ato, juntar contrafé.

STF – Súmula 631: Extingue-se o processo de mandado de segurança se o impetrante não promove, no prazo assinado, a citação do litisconsorte passivo necessário.

c) Teoria da Encampação e indicação errônea da autoridade coatora

1º – Teoria da Encampação

Em algumas situações, é muito difícil indicar qual autoridade de fato tem competência para a prática do ato ilegal. Assim, muitas vezes o impetrante indica a autoridade coatora errada no mandado de segurança. Para evitar a extinção do mandado de segurança, nesses casos, a jurisprudência construiu ao longo dos anos a chamada teoria da encampação, **a qual permite o processamento do mandado de segurança mesmo nos casos**

de indicação errada da autoridade. Contudo, para aplicação da teoria da encampação é preciso três requisitos:

a) existência de vínculo hierárquico entre a autoridade que prestou informações e a que ordenou a prática do ato impugnado;

b) ausência de modificação de competência estabelecida na CF/1988;

c) manifestação a respeito do mérito nas informações prestadas.

Cumprido esses três requisitos, o mandado de segurança não será extinto, mesmo que a autoridade coatora alegue sua ilegitimidade **(STJ – RMS 21.775-RJ).**

2º – Indicação errônea da autoridade coatora:

O que o juiz deverá fazer se o autor indicar incorretamente a autoridade coatora na petição inicial? O tema é polêmico, sendo possível encontrar decisões nos dois sentidos:

1ª) Havendo erro na indicação da autoridade coatora, deve o juiz extinguir o processo sem julgamento do mérito, pela ausência de uma das condições da ação, sendo vedada a substituição do polo passivo da relação processual **(AgRg no AREsp 188.954/MG).**

2ª) Nos casos de equívoco facilmente perceptível na indicação da autoridade coatora, o juiz competente para julgar o mandado de segurança pode autorizar a emenda da petição inicial ou determinar a notificação, para prestar informações, da autoridade adequada, desde que seja possível identificá-la pela simples leitura da petição inicial e exame da documentação anexada **(STJ – RMS 45.495-SP).**

Cumpre ressaltar que o NCPC estabeleceu que, no caso da indicação errônea do polo passivo da ação, o juiz deve facultar ao autor sua correção:

> **Art. 338.** Alegando o réu, na contestação, ser parte ilegítima ou não ser o responsável pelo prejuízo invocado, o juiz facultará ao autor, em 15 (quinze) dias, a alteração da petição inicial para substituição do réu.
>
> **Parágrafo único.** Realizada a substituição, o autor reembolsará as despesas e pagará os honorários ao procurador do réu excluído, que serão fixados entre três e cinco por cento do valor da causa ou, sendo este irrisório, nos termos do art. 85, § 8º.
>
> **Art. 339.** Quando alegar sua ilegitimidade, incumbe ao réu indicar o sujeito passivo da relação jurídica discutida sempre que tiver conhecimento, sob pena de arcar com as despesas processuais e de indenizar o autor pelos prejuízos decorrentes da falta de indicação.

> **§ 1º** O autor, ao aceitar a indicação, procederá, no prazo de 15 (quinze) dias, à alteração da petição inicial para a substituição do réu, observando-se, ainda, o parágrafo único do art. 338.
>
> **§ 2º** No prazo de 15 (quinze) dias, o autor pode optar por alterar a petição inicial para incluir, como litisconsorte passivo, o sujeito indicado pelo réu.

A doutrina majoritária tem entendido que esses artigos se aplicam ao mandado de segurança:

> **Enunciado nº 488 do Fórum Permanente de Processualistas Civis:** No mandado de segurança, havendo equivocada indicação da autoridade coatora, o impetrante deve ser intimado para emendar a petição inicial e, caso haja alteração de competência, o juiz remeterá os autos ao juízo competente.
>
> **Enunciado nº 511 do Fórum Permanente de Processualistas Civis:** A técnica processual prevista nos arts. 338 e 339 pode ser usada, no que couber, para possibilitar a correção da autoridade coatora, bem como da pessoa jurídica, no processo de mandado de segurança.

Diante desse posicionamento doutrinário, é preciso aguardar como vai se comportar o STJ, já que os posicionamentos anteriores do Tribunal foram proferidos antes da entrada em vigor do NCPC.

d) Ministério Público

Nos termos do artigo 12 da lei regulamentada pelo MS, após o prazo para prestação de informações pela autoridade coatora, os autos devem ser remetidos ao "Parquet" no prazo improrrogável de 10 dias.

A lei estabelece ainda que com ou sem manifestação do MP, os autos serão conclusos para a sentença. O dispositivo está de acordo com a jurisprudência do STJ, o qual entende que o parecer do MP não é imprescindível, sendo suficiente sua intimação para se manifestar **(RMS 20.817/MG).**

Apesar da Lei do Mandado de segurança estabelecer no artigo 12 que a intervenção do MP é obrigatória, Leonardo Carneiro da Cunha defende que esse artigo deve ser interpretado em harmonia com o disposto no NCPC:

> **Art. 178.** O Ministério Público será intimado para, no prazo de 30 (trinta) dias, intervir como fiscal da ordem jurídica nas hipóteses previstas em lei ou na Constituição Federal e nos processos que envolvam:
>
> **I** – interesse público ou social;

> **II** – interesse de incapaz;
>
> **III** – litígios coletivos pela posse de terra rural ou urbana.
>
> **Parágrafo único.** A participação da Fazenda Pública não configura, por si só, hipótese de intervenção do Ministério Público.

Assim, para ele, somente nos casos em que o mandado de segurança também verse sobre uma das hipóteses previstas nos incisos do artigo 178 do NCPC é que a atuação do Ministério Público é obrigatória. Em outras palavras, o artigo 12 da Lei do Mandado de Segurança deve ser interpretado conjuntamento com o artigo 178 do NCPC.

Parece-nos que ele tem razão. Veja que o próprio parágrafo único do artigo 178 do NCPC afirma que a simples participação da Fazenda Pública não configura hipótese de intervenção do MP. A Fazenda Pública tem, ou pelo menos deveria ter, um corpo jurídico de advogados públicos qualificados, não devendo o Ministério Público funcionar como babá do Estado.

5. COMPETÊNCIA

No mandado de segurança, a competência é fixada a partir a autoridade apontada como coatora da demanda. Portanto, o critério estabelecido não é em razão da matéria, **mas sim em razão da função exercida pela autoridade.**

Há duas exceções à aplicação do critério funcional adotado para fixação de competência no MS: as hipóteses de impetração em matéria eleitoral e trabalhista.

O Código Eleitoral prevê o artigo 35, III, que compete aos juízes decidir mandado de segurança, em matéria eleitoral, desde que essa competência não seja atribuída privativamente a instância superior.

Com relação a matéria trabalhista (CF, art. 114, IV) temos que compete a Justiça do Trabalho processa e julgar os mandados de segurança, quando o ato questionado envolver matéria sujeita à jurisdição.

6. PROCEDIMENTO

a) Petição Inicial

A petição inicial do mandado de segurança deve atender aos requisitos previstos nos arts. 319 e 320 do CPC. Nela, deve ser indicada, além da autoridade coatora, a pessoa jurídica que esta integra.

b) Indeferimento da Inicial

Não havendo emenda ou configurando-se uma das hipóteses previstas no art. 330 do CPC, deve o juiz indeferir a petição inicial.

Por fim, o STJ entende que razões de mérito não devem ocasionar o indeferimento da petição inicial do mandado de segurança **(RMS 12.532/DF).**

c) Informações de defesa

Estando regular o mandado de segurança, o juiz irá determinar a notificação da autoridade coatora e a cientificação do órgão de representação judicial da pessoa jurídica. Como a notificação equivale à citação do réu no MS, ela deverá ocorrer pessoalmente:

> **Art. 7º** Ao despachar a inicial, o juiz ordenará:
>
> **I** – que se notifique o coator do conteúdo da petição inicial, enviando-lhe a segunda via apresentada com as cópias dos documentos, a fim de que, no prazo de 10 (dez) dias, preste as informações;

Além da notificação da autoridade coatora, deverá o juiz ordenar também que se dê ciência do processo ao órgão de representação judicial da pessoa jurídica interessada, enviando-lhe cópia da inicial sem documentos, para que, querendo, ingresse no feito.

> **II** – que se dê ciência do feito ao órgão de representação judicial da pessoa jurídica interessada, enviando-lhe cópia da inicial sem documentos, para que, querendo, ingresse no feito.

Guilherme Freire de Melo Barros nos lembra que as informações prestadas pela autoridade coatora não se confundem com a defesa apresentada pelo órgão de representação judicial da pessoa jurídica interessada. Nas informações, a autoridade coatora, pessoalmente, deve prestar informações sobre os fatos narrados na inicial, sem adentrar em questões judiciais. Em outras palavras e com o perdão da redundância, nas informações, a autoridade se limitar a informar o juízo sobre os fatos. Por sua vez, a defesa jurídica do ato propriamente dito deve ser feita pelo órgão de representação judicial e não nas informações. É somente quando da defesa pelo órgão de representação que se devem alegar questões jurídicas, tais como incompetência, inépcia da inicial etc.

As informações deverão ser prestadas pela autoridade coatora em até 10 dias (Art. 7º, I). Por sua vez, a lei não previu um prazo expresso apresentação da defesa pela pessoa jurídica.

Sobre o tema, é certo que a não apresentação das informações ou da defesa, não gera presunção de veracidade em favor do impetrante, em razão da presunção de legitimidade dos atos administrativos.

Para a doutrina (Leonardo Carneiro da Cunha), é possível que ocorra o fato de o impetrante não produzir nenhuma prova, mas a autoridade, ao prestar informações, admitir verdadeiros aqueles fatos, limitando-se a discutir as consequências jurídicas a ele atribuídas.

Nesse caso, não havendo controvérsia quanto aos fatos, cabível será o mandado de segurança. A autoridade estará admitindo, e não confessando, os fatos. Sabe-se que a admissão difere da confissão. Enquanto nesta se reconhece como verdadeiro um fato que lhe é contrário, na admissão reconhece-se como verdadeiro um fato que serve de pressuposto para a própria defesa, passando a ser incontroverso nos autos.

d) Medida Liminar

Como não poderia deixar de ser, é cabível medida liminar no âmbito do mandado de segurança, desde que presente os requisitos legais:

> **Art.** 7º - Ao despachar a inicial, o juiz ordenará:
>
> **III** - que se suspenda o ato que deu motivo ao pedido, quando houver fundamento relevante e do ato impugnado puder resultar a ineficácia da medida, caso seja finalmente deferida, sendo facultado exigir do impetrante caução, fiança ou depósito, com o objetivo de assegurar o ressarcimento à pessoa jurídica.

Assim, a lei exigiu os seguintes requisitos para a concessão da liminar: **a**) o fundamento relevante; **b**) possibilidade de o ato impugnado resultar da ineficácia da medida, caso finalmente deferida.

Percebam ainda que a legislação permitiu ao juiz exigir caução como medida de contracautela, contudo, tal exigência não pode ser capaz de inviabilizar a medida de urgência.

Assim, nos casos em que o impetrante não tenha condições financeiras de prestar caução, mas os requisitos para a concessão de medida liminar estiverem presentes, o juiz deve concedê-la. **É que, como bem ressaltado por Guilherme Freire de Melo Barros, a caução não pode ser considerada como um terceiro requisito legal para a concessão da liminar, mas**

tão somente uma medida assecuratória a ser tomada para evitar eventuais prejuízos do ente público.

Outro aspecto importante da liminar é que a sua concessão acarreta a prioridade na tramitação do julgamento:

> **Art. 7º (...)**
>
> **§ 4º** Deferida a medida liminar, o processo terá prioridade para julgamento.

Veja que a lei do mandado de segurança criou uma prioridade entre os mandados de segurança com e sem medida liminar deferida.

Após a concessão da liminar, caso o impetrante crie obstáculos ao normal andamento do processo ou deixe promover diligências por mais de 03 dias úteis, o juiz deve declarar a perempção ou caducidade da medida liminar, de ofício ou a requerimento do Ministério Público:

> **Art. 8º** Será decretada a perempção ou caducidade da medida liminar ex officio ou a requerimento do Ministério Público quando, concedida a medida, o impetrante criar obstáculo ao normal andamento do processo ou deixar de promover, por mais de 3 (três) dias úteis, os atos e as diligências que lhe cumprirem.

Embora não conste expressamente no artigo 8º, afigura-se lógico que também é possível o requerimento de extinção feito pelo ente público.

Concedida a liminar, após a notificação a autoridade coatora, esta dispõe do prazo de 48 horas para remeter cópia da notificação e de informações que auxiliem a suspensão da medida e a defesa do ato impugnado ao órgão que se acha subordinado e ao órgão de representação judicial.

Ainda sobre a liminar, o § 3º do artigo 7º prevê que seu alcance poderá perdurar até a prolação da sentença, exceto se revogada ou cassada. Nesse mesmo sentido entende o STF:

> **STF – Súmula 405:** Denegado o mandado de segurança pela sentença, ou no julgamento do agravo, dela interposto, fica sem efeito a liminar concedida, retroagindo os efeitos da decisão contrária.

Por fim, a liminar perde a sua eficácia com a prolação da sentença, já que a liminar e proferida em sede de cognição sumária a sentença é fundada em um juízo de cognição exauriente.

@direitodireitoblog – é possível a estabilização dos efeitos da tutela em sede de mandado de segurança?

Nas hipóteses em que a urgência for contemporânea à propositura da demanda, a parte autora pode requerer a tutela antecipada em caráter antecedente, limitando sua petição inicial ao requerimento da providência provisória

(CPC, art. 303).

Deferida, a medida torna-se estável se a parte demandada não interpuser, no prazo legal, o respectivo recurso (CPC, art. 304).

A doutrina entende que é plenamente possível a estabilização dos efeitos da tutela contra a Fazenda Pública.

Contudo, a estabilização da tutela de urgência somente ocorre no procedimento comum, não sendo adequada aos procedimentos especiais.

É por isso, não há estabilização da tutela de urgência no mandado de segurança, cujo procedimento é específico, a ele não se aplicando o disposto nos arts. 303 e 304 do CPC.

Com efeito, o procedimento do mandado de segurança não comporta a aplicação de tais dispositivos do CPC, **não sendo possível haver, no âmbito do mandado de segurança, a estabilização da tutela de urgência.**

e) Tutela de evidência e Mandado de segurança

A tutela provisória pode fundar-se na urgência ou na evidência (CPC, art. 294).

A tutela de evidência é aquela concedida independentemente da demonstração de perigo de dano ou de risco de resultado útil do processo, sendo disciplinada pelo art. 311 do CPC.

Segundo a doutrina, as hipóteses do artigo 311 se aplicam ao mandado de segurança:

Enunciado 49 da I jornada de direito processual civil: a tutela da evidência pode ser concedida em mandado de segurança.

Portanto, é possível haver a presença dos requisitos da tutela de evidência, no mandado de segurança. Vejamos as hipóteses legais:

> **Art. 311.** A tutela da evidência será concedida, independentemente da demonstração de perigo de dano ou de risco ao resultado útil do processo, quando:

> I – ficar caracterizado o abuso do direito de defesa ou o manifesto propósito protelatório da parte;

Aqui, a conduta da autoridade ou o abuso de direito de defesa da pessoa jurídica da qual faça parte são elementos que demonstram a presença dos requisitos para a concessão da tutela provisória de evidência:

> **Enunciado nº 34 do FPPC: (art. 311, I):** Considera-se abusiva a defesa da Administração Pública, sempre que contrariar entendimento coincidente com orientação vinculante firmada no âmbito administrativo do próprio ente público, consolidada em manifestação, parecer ou súmula administrativa, salvo se demonstrar a existência de distinção ou da necessidade de superação do entendimento.

O mesmo entendimento se aplica ao inciso IV:

> IV – a petição inicial for instruída com prova documental suficiente dos fatos constitutivos do direito do autor, a que o réu não oponha prova capaz de gerar dúvida razoável.

A falta de dúvida razoável apresentada pela autoridade é justificativa apta a caracterizar evidência para que se possa conceder a tutela provisória de evidência.

> III – se tratar de pedido reipersecutório fundado em prova documental adequada do contrato de depósito, caso em que será decretada a ordem de entrega do objeto custodiado, sob cominação de multa;

O inciso III é uma hipótese restrita a ação de depósito, não se aplicando ao mandado de segurança.

> II – as alegações de fato puderem ser comprovadas apenas documentalmente e houver tese firmada em julgamento de casos repetitivos ou em súmula vinculante;

Por fim, não há qualquer óbice à aplicação do inciso II do art. 311 ao mandado de segurança. Com efeito, se o ato praticado pela autoridade coatora, apontado na petição inicial do mandado de segurança como ilegal ou abusivo, desatende precedente obrigatório, é possível a concessão de tutela provisória de evidência para sobrestar o seu cumprimento ou suspender seus efeitos

f) Prioridade de julgamento

O NCPC criou uma ordem preferencial de julgamento, que, em pese não seja obrigatória, deve ser preferencialmente seguida pelo juízo:

> **Art. 12.** Os juízes e os tribunais atenderão, preferencialmente, à ordem cronológica de conclusão para proferir sentença ou acórdão.

Os juízes devem observar a ordem cronológica de conclusão apenas para proferir sentenças. A regra não se aplica a decisões interlocutórias. Desse modo, não é necessário haver ordem cronológica para apreciação de pedidos de tutela provisória, de urgência ou de evidência (CPC, art. 294), nem para a prolação de decisão parcial de mérito (CPC, art. 356), que é, na definição do art. 203, §§ 1° e 2°, uma decisão interlocutória.

O critério adotado para a ordem cronológica é a conclusão do processo para julgamento final.

Ocorre que a Lei do MS estabelece uma prioridade própria para o MS:

> **Art. 20.** Os processos de mandado de segurança e os respectivos recursos terão prioridade sobre todos os atos judiciais, salvo habeas corpus.

Assim, o mandado de segurança tem tratamento prioritário, gozando de prioridade de tramitação. Logo, está fora da ordem cronológica de julgamento prevista no art.. 12 do CPC.

O mandado de segurança deve, na realidade, seguir uma ordem cronológica própria, estabelecida entre as prioridades legais **(CPC, art. 12, § 3°).**

g) Sentença

A sentença em mandado de segurança possui natureza mandamental, pois ela traz em seu corpo uma ordem do juízo à pessoa jurídica de direito público para que adote determinada conduta. A grande peculiaridade da sentença no MS está na ausência e condenação me honorários advocatícios:

STF – Súmula 512: Não cabe condenação em honorários de advogado na ação de mandado de segurança.

STJ – Súmula 105: Na ação de mandado de segurança não se admite condenação em honorários advocatícios.

Sobre o tema, temos o NCPC permite a condenação em honorários em sede recursal. Contudo, não é possível a fixação de honorários em sede de recurso se o processo originário não prevê a possibilidade de condenação em honorários.

É o caso, por exemplo, do mandado de segurança, que não admite condenação em honorários advocatícios (art. 25 da Lei nº 12.016/2009, súmula 105-STJ e súmula 512-STF). Logo, se for interposto um recurso especial ou extraordinário neste processo, o Tribunal não fixará honorários recursais **(ARE 948578 AgR/RS, ARE 951589 AgR/PR e ARE 952384 AgR/MS).**

O fato de não haver condenação em honorários advocatícios, contudo, não impede eventual condenação em litigância de má-fé:

> **Art. 25.** Não cabem, no processo de mandado de segurança, a interposição de embargos infringentes e a condenação ao pagamento dos honorários advocatícios, sem prejuízo da aplicação de sanções no caso de litigância de má-fé.

h) Coisa Julgada

Com relação a coisa julgada, o regime do MS é o mesmo do CPC. Haverá formação de coisa julgada material quando for apreciado o mérito da demanda, pois se trata de cognição exauriente. Não sendo analisado o mérito, é possível ao impetrante impetrar novo MS, caso ainda não tenha transcorrido o prazo de 120 dias ou propor outro tipo de ação:

> **Art. 6º (...)**
>
> **§ 6º** O pedido de mandado de segurança poderá ser renovado dentro do prazo decadencial, se a decisão denegatória não lhe houver apreciado o mérito.
>
> **Art. 19.** A sentença ou o acórdão que denegar mandado de segurança, sem decidir o mérito, não impedirá que o requerente, por ação própria, pleiteie os seus direitos e os respectivos efeitos patrimoniais.

Já vimos no início do capítulo que a ausência de direito líquido e certo é tema afeto às condições da ação, notadamente o interesse de agir. Assim, a sentença que reconhece a falta desse elemento é proferida sem resolução do mérito, permitindo ao interessado ingressar novamente em juízo:

> **STF – Súmula 304**: Decisão denegatória de mandado de segurança, não fazendo coisa julgada contra o impetrante, não impede o uso da ação própria.

i) Remessa necessária

Nos termos da lei, a sentença que julga procedente o peido no MS sujeita-se à remessa necessária:

> **Art. 14. (...)**
>
> **§ 1º** Concedida a segurança, a sentença estará sujeita obrigatoriamente ao duplo grau de jurisdição.

Como a legislação estabeleceu uma obrigatoriedade da remessa necessária, ela alcança qualquer sentença concessiva da segurança, o que acaba por incluir os casos em que a sentença foi proferida em desfavor de sociedade de economia mista e empresa pública **(Resp 278.886/PR)**.

Também merece destaque a análise das causas de dispensa da remessa necessária. Ao analisar o tema, o STJ entendeu que elas não se aplicam ao MS por haver lei própria, determinando sua obrigatoriedade **(Resp 786.561/RS)**.

A doutrina majoritária discorda do STJ, defendendo que não há razão para a não aplicação das hipóteses de dispensa de remessa necessária ao MS.

Como bem ressaltado por Guilherme Freire de Melo Barros, quando o legislador as definiu, entendeu que não havia interesse público suficiente para ensejar a utilização desse instituto. Nesse contexto, o MS não passa de um procedimento. O direito material discutido é o mesmo, só se modificando o modo em que ele é levado ao judiciário, de forma que se deveria aplicar as exceções à remessa necessária, previstas no CPC.

j) Recursos

Em relação aos recursos, os principais aspectos que devem ser observados são os seguintes:

1º Cabimento em face de decisões interlocutórias

Da liminar concedida perante o juízo de primeiro grau, a Lei 12.016/2009 previu o cabimento de agravo instrumento, tanto da decisão que concede quanto da decisão que indefere o pedido liminar:

> **Art. 7º (...)**
>
> **§ 1º** Da decisão do juiz de primeiro grau que conceder ou denegar a liminar caberá agravo de instrumento, observado o disposto na Lei no 5.869, de 11 de janeiro de 1973 - Código de Processo Civil.

No mesmo sentido, a nova lei prevê o cabimento de agravo interno contra decisão relator sobre a medida liminar em MS impetrado originalmente no Tribunal:

> **Art. 16.** Nos casos de competência originária dos tribunais, caberá ao relator a instrução do processo, sendo assegurada a defesa oral na sessão do julgamento.
>
> **Parágrafo único.** Da decisão do relator que conceder ou denegar a medida liminar caberá agravo ao órgão competente do tribunal que integre.

Com isso, não tem mais aplicação a Súmula 622 do STF.

2º Sistemática recursal

Da sentença de primeiro grau, é cabível apelação, qualquer seja o julgamento proferido (Art. 14).

A apelação será recebida apenas no efeito devolutivo, quando tenha sido deferida a segurança, exceto nos casos em que vedada a concessão de liminar (**Art. 14, § 3º, c/c art. 7º, §§ 2º e 5º**), hipótese em que a apelação tem duplo efeito, devolutivo e suspensivo.

Se a sentença for de procedência e não haver vedação à concessão de liminar, a apelação terá apenas efeito devolutivo, sendo possível a execução provisória (**Art. 14, § 3º**).

Quanto a sentença desfavorável ao impetrante, há divergência entre a doutrina e a jurisprudência. De um lado a doutrina a defende o recebimento da apelação no duplo efeito. Por sua vez, a jurisprudência do STJ entende que a apelação deve ser recebida, em regra, apenas no efeito devolutivo (**Resp 1.020.415/SP**).

Em relação ao processamento do recurso no segundo grau de jurisdição, o § 1º do art. 20, estabelece que o processo deve ser levada a julgamento pelo tribunal na primeira sessão seguinte à conclusão ao relator, o que leva à conclusão de que se dispensa o revisor.

Se o mandado de segurança for proposto diretamente no Tribunal, haverá uma sistemática ligeiramente distinta. Nesse caso, julgado improcedente o pedido, o impetrante dispõe do recurso ordinário, nos termos do NCPC:

> **Art. 1.027.** Serão julgados em recurso ordinário:
>
> **I** – pelo Supremo Tribunal Federal, os mandados de segurança, os habeas data e os mandados de injunção decididos em única instância pelos tribunais superiores, quando denegatória a decisão;
>
> **II** – pelo Superior Tribunal de Justiça:

> **a)** os mandados de segurança decididos em única instância pelos tribunais regionais federais ou pelos tribunais de justiça dos Estados e do Distrito Federal e Territórios, quando denegatória a decisão;

O recurso ordinário em muito se assemelha à apelação, pois permite amplo reexame probatório. Com relação a competência, o STJ é competente para julgar recursos ordinários contra decisão denegatória de MS originário de TJ e TRF. Já o STF é competente para julgar os oriundos de tribunais superiores.

Por sua vez, quando o acórdão é favorável ao impetrante (portanto, contra o ente público), o impetrado não dispõe de recurso ordinário, mas apenas de recurso especial ou recurso extraordinário. O recurso ordinário não se confunde com o recurso extraordinário, pois a matéria posta sob exame é distinta:

STF – Súmula 272: Não se admite como ordinário recurso extraordinário de decisão denegatória de mandado de segurança.

Com base na súmula 272, é possível afirmar que não se aplica entre o recurso ordinário e o extraordinário o princípio da fungibilidade recursal.

3º Não cabimento de embargos infringentes

Acerca dos embargos infringentes, o seu não cabimento estava consolidado nas seguintes súmulas:

STJ – Súmula 169: São inadmissíveis embargos infringentes no processo de mandado de segurança.

STF – Súmula 597: Não cabem embargos infringentes de acórdão que, em mandado de segurança decidiu, por maioria de votos, a apelação.

A lei do MS acabou absorvendo esse entendimento, dispondo expressamente que:

> **Art. 25.** Não cabem, no processo de mandado de segurança, a interposição de embargos infringentes e a condenação ao pagamento dos honorários advocatícios, sem prejuízo da aplicação de sanções no caso de litigância de má-fé.

4º A legitimidade recursal da autoridade coatora

Já vimos anteriormente que a lei permite a autoridade coatora a possibilidade de recorrer da sentença **(Art. 14, § 2º).** Essa extensão da possibilidade de recorrer da autoridade coatora tem por fim a possibilidade de ela se preservar de eventual responsabilidade pela prática do ato declarado ilegal ou abusivo. Portanto, no caso concreto, é indispensável que ela demonstre seu interesse recursal, que é diverso do interesso recursal do ente público.

j) Execução

Para a correta compreensão da forma de execução da sentença em mandado de segurança, é preciso verificar a pretensão deduzida pelo impetrante e o conteúdo da sentença.

Se o conteúdo da **sentença for mandamental**, a execução deve seguir o rito dos artigos 536 e 537 do CPC, pois se busca tutela específica de direito, a fruição plena "in natura" do bem jurídico.

Em caso de **sentenças desconstitutivas,** onde se busca a anulação do ato impugnado pelo impetrante, a sentença pode bastar para efetivar a tutela.

É possível a impetração do MS para se obter tutela de **cunho condenatório**, como no caso do pleito de recebimento de vantagem pecuniária. A esse respeito, estabelece o § 4º do artigo 14 que a tutela somente pode abranger prestações que se vencerem a partir do ajuizamento da demanda. Nesse sentido também entende o STF:

> **STF – Súmula 269:** O mandado de segurança não é substitutivo de ação de cobrança.
>
> **STF – Súmula 271:** Concessão de mandado de segurança não produz efeitos patrimoniais, em relação a período pretérito, os quais devem ser reclamados administrativamente ou pela via judicial própria.

h) Desistência do mandado de segurança

Tanto o STJ **(Resp 1.405.532/SP)** quanto o STF (**RE 669.367/RJ**) entendem quem é possível ao impetrante do mandado de segurança a possibilidade de desistência, **mesmo que tenha obtido uma sentença favorável a sua pretensão ou sem a anuência da parte contrária.**

O fundamento é que o mandado de segurança, enquanto ação constitucional, com base em alegado direito líquido e certo frente a ato ilegal ou abusivo de autoridade, não se reveste de lide em sentido material. Ademais, indeferir o pedido de desistência para supostamente preservar os interesses do Estado contra o próprio destinatário da garantia constitucional, configuraria patente desvirtuamento do instituto.

XIV

NEGÓCIOS JURÍDICOS E A FAZENDA PÚBLICA

1. ARBITRAGEM E O PODER PÚBLICO

Ao longo do tempo, houveram três correntes sobre a possibilidade de arbitragem para a Fazenda Pública:

a) não se admite arbitragem contra a Fazenda;

b) admite-se sempre, mesmo que não haja lei específica, bastando autorização na lei de arbitragem;

c) a que admite, desde que haja lei específica para determinada atividade pública.

A primeira corrente funda-se na ideia de indisponibilidade do interesse público. Já a segunda corrente entende que o interesse da Administração Pública não equivale ao interesse público. Já a terceira apoia-se na necessidade de respeito ao princípio da legalidade.

A maioria da doutrina se divide entre a segunda e a terceira corrente. De qualquer forma, trata-se de uma discussão irrelevante, uma vez que já existe autorização legal para que a Fazenda se sujeite a arbitragem, nos termos do art. 1º, da Lei 9.307/96, alterado pela Lei 13.129, de 2015:

> Art. 1º (...)
>
> **§ 1º** A administração pública direta e indireta poderá utilizar-se da arbitragem para dirimir conflitos relativos a direitos patrimoniais disponíveis.
>
> **2º** A autoridade ou o órgão competente da administração pública direta para a celebração de convenção de arbitragem é a mesma para a realização de acordos ou transações.

É de se ressaltar, inclusive, que antes mesmo da Lei 13.129, já haviam outras leis que previam a arbitragem, a exemplo da Lei nº 11.079, de 30 de dezembro de 2004, que institui normas gerais para licitação e contratação de parceria público-privada no âmbito da Administração Pública. Isso porque, o art. 11, III, do aludido diploma legislativo, prevê que o instrumento convocatório conterá minuta do contrato, indicará expressamente a submissão da licitação às normas ali previstas, podendo ainda prever o emprego dos mecanismos privados de resolução de disputas, inclusive a arbitragem, a ser realizada no Brasil e em língua portuguesa, nos termos da lei de arbitragem, para dirimir conflitos decorrentes ou relacionados ao contrato.

O próprio STJ já possuía entendimento autorizado a arbitragem no âmbito da Fazenda Pública (REsp 904.813/PR).

Em suma, o Poder Público se submete a lei de arbitragem.

Apesar de se submeter a lei de arbitragem, é preciso ficar claro que o procedimento de arbitragem envolvendo a Administração Pública **tem algumas particularidades.**

De início, cumpre ressaltar que em observância ao princípio da legalidade, a arbitragem envolvendo a Fazenda Pública **não pode ser confidencial.**

Temos ainda que a arbitragem pode ser de equidade e de direito. A arbitragem por equidade é aquela que não precisa seguir necessariamente as normas jurídicas, podendo as partes convencionarem sobre a aplicação do direito, podendo afastar a aplicação de uma norma no caso concreto, nos termos do art. 2º, §§ 1º e 2º:

> **§ 1º** Poderão as partes escolher, livremente, as regras de direito que serão aplicadas na arbitragem, desde que não haja violação aos bons costumes e à ordem pública.
>
> **§ 2º** Poderão, também, as partes convencionar que a arbitragem se realize com base nos princípios gerais de direito, nos usos e costumes e nas regras internacionais de comércio.

Em virtude do princípio da legalidade, **a doutrina entende que não é possível arbitragem por equidade,** quando o Poder Público figurar como uma das partes envolvidas, só é possível a arbitragem de direito. Nesse sentido, o artigo 2º, da Lei da Arbitragem:

> **§ 3º** A arbitragem que envolva a administração pública será sempre de direito e respeitará o princípio da publicidade.

Questiona-se, ainda, se a Fazenda Pública, em razão do princípio da impessoalidade, deve escolher o juízo arbitral por meio de licitação? Tem prevalecido que não. Trata-se de situação de inexigibilidade de licitação.

A sentença em sede de procedimento arbitral não se submete a remessa necessária:

> **Enunciado 164 FPPC:** A sentença arbitral contra a Fazenda Pública não está sujeita à remessa necessária.

Por fim, esclarece ainda que uma sentença arbitral que imponha uma condenação pecuniária ao Poder Público deve acarretar a expedição de precatório, em razão do que dispõe o art. 100 da Constituição Federal, regra que não pode ser afastada, ainda que se trate de arbitragem.

Caso a condenação seja de pequeno valor, não se expede não se expede precatório, mas Requisição de Pequeno Valor, a ser paga em sessenta dias, nos termos da legislação de regência.

Conforme entendimento de Leonardo Carneiro da Cunha, apenas não haverá necessidade de precatório ou de RPV se o ente que integra a Administração Pública for uma sociedade de economia mista ou uma empresa pública, **cujo regime jurídico é de direito privado, não estando sujeitas ao precatório.**

2. NEGÓCIOS JURÍDICOS E A FAZENDA PÚBLICA

a) Introdução

Código de 2015 tem como um dos grandes objetivos estimular a resolução do conflito pela forma mais adequada ao caso concreto. Assim, ele permite ampla liberdade de negociação entre as partes, para que elas busquem, de comum acordo, uma melhor solução para a demanda.

b) Negócios Típicos e Atípicos

O NCPC manteve vários negócios processuais que já eram previstos no CPC passado, como, por exemplo, a possibilidade de as partes elegerem o foro competente **(CPC, art. 63)**, convencionarem a suspensão do processo **(CPC, art. 313, 11)**, negociarem o adiamento da audiência. Todas elas são hipóteses de negócios processuais típicos, pois a própria lei já estabelece para que eles se destinam.

Por sua vez, artigo 190 do NCPC trouxe uma cláusula geral de negócios processuais, permitindo a celebração de negócios atípicos:

Art. 190. Versando o processo sobre direitos que admitam autocomposição, é lícito às partes plenamente capazes estipular mudanças no procedimento para ajustá-lo às especificidades da causa e convencionar sobre os seus ônus, poderes, faculdades e deveres processuais, antes ou durante o processo.

Parágrafo único. De ofício ou a requerimento, o juiz controlará a validade das convenções previstas neste artigo, recusando-lhes aplicação somente nos casos de nulidade ou de inserção abusiva em contrato de adesão ou em que alguma parte se encontre em manifesta situação de vulnerabilidade.

Assim, nos termos do artigo 190, o legislador conferiu as partes o poder de adequarem o processo, ajustando o procedimento as particularidades do caso.

A doutrina afirma que os negócios processuais podem ser bilaterais, que são aqueles realizados entre as partes, como também negócios processuais plurilaterais celebrados entre as partes e o juiz:

Enunciado 21 FPPC: São admissíveis os seguintes negócios plurilaterais, dentre outros: acordo para realização de sustentação oral, acordo para ampliação do tempo de sustentação oral, julgamento antecipado do mérito convencional, convenção sobre prova, redução de prazos processuais.

c) Negócios Processuais e a Fazenda

A Fazenda Pública é parte em processo judicial, podendo praticar atos negociais no processo. Assim, em princípio, não há qualquer vedação para que ela celebre negócio jurídico:

Enunciado 256 FPPC: A Fazenda Pública pode celebrar negócio jurídico processual.

Cada advogado público, que tem poder para praticar atos processuais, pode celebrar negócios jurídicos processuais. O advogado público pode convencionar a suspensão do processo, escolher o procedimento a ser adotado, o meio de impugnação a ser utilizado, em suma, pode celebrar negócio processual.

XV

RECLAMAÇÃO CONSTITUCIONAL

1. PREVISÃO E CABIMENTO

A Constituição previu a possibilidade de reclamação apenas para o STJ e STF:

> **Art. 102.** Compete ao Supremo Tribunal Federal, precipuamente, a guarda da Constituição, cabendo-lhe:
>
> **I** – processar e julgar, originariamente:
>
> **l)** a reclamação para a preservação de sua competência e garantia da autoridade de suas decisões;
>
> **Art. 105.** Compete ao Superior Tribunal de Justiça:
>
> **I** – processar e julgar, originariamente:
>
> **f)** a reclamação para a preservação de sua competência e garantia da autoridade de suas decisões;

O CPC, por sua vez, passou a prevê a possibilidade de reclamação para **qualquer tribunal,** nas seguintes hipóteses:

> **Art. 988.** Caberá reclamação da parte interessada ou do Ministério Público para:
>
> **I** – preservar a competência do tribunal;
>
> **II** – garantir a autoridade das decisões do tribunal;
>
> **III** – garantir a observância de enunciado de súmula vinculante e de decisão do Supremo Tribunal Federal em controle concentrado de constitucionalidade;

> IV – garantir a observância de acórdão proferido em julgamento de incidente de resolução de demandas repetitivas ou de incidente de assunção de competência.

Assim, atualmente, a reclamação é cabível para qualquer tribunal.

2. NATUREZA JURÍDICA

Existe grande controvérsia doutrinária sobre a natureza jurídica da reclamação. Instado a se manifestar sobre o tema, o STF (**ADI 2.212/CE**) afirmou que a reclamação não é recurso, nem ação, nem incidente processual.

Valendo-se de lições de Ada Pellegrini Grinover, o STF considerou a reclamação como **manifestação do direito constitucional de petição** previsto no art. 5°, XXXIV, "a", da Constituição, em função do qual o cidadão se dirige ao Poder Público, com o objetivo de obter a defesa de direito ou buscando combater ilegalidade ou abuso de poder. A reclamação, nessa acepção, seria veículo para exercício do direito de petição.

A doutrina (Leonardo Carneiro da Cunha) discorda desse entendimento. Para tanto, afirma que, na reclamação, há exercício de pretensão à tutela jurídica do Estado, que se faz por meio de ação, estando presentes todos os elementos que configuram uma demanda judicial: **a)** partes; **b)** causa de pedir e **c)** pedido. Assim, a reclamação somente pode ter natureza jurídica de ação.

Por fim, o STF, recentemente, no julgamento da Reclamação 24.417/SP-AgR entendeu que é cabível honorários em sede de reclamação. Ao fazer isso, ainda que implicitamente, **adotou o posicionamento de que a reclamação possui natureza jurídica de ação.**

3. REQUISITOS DA PETIÇÃO INICIAL

A reclamação exige capacidade postulatória, reforçando a tese de que ela tem natureza de ação. Assim, além dos membros do Ministério Públicos, Defensores, somente as partes com advogados constituídos nos autos é que podem propor reclamação.

Por ser uma ação, reclamação deve ser proposta por meio de petição inicial que preencha os requisitos do art. 319 do CPC, salvo o previsto no inciso VII, uma vez que não haverá em seu procedimento audiência de conciliação e julgamento.

Finalmente, assim como no mandado de segurança, a prova produzida na reclamação é a documental pré-constituída, **não sendo possível haver dilação probatória.**

4. DECISÃO APTA A FORMAR COISA JULGADA

A decisão em reclamação é apta a formar coisa julgada, somente podendo ser desfeita mediante o ajuizamento de ação rescisória **(STF – Rcl532 AgR).**

5. CUSTAS E HONORÁRIOS

Se entendermos que a reclamação é uma ação, deve o reclamante efetuar O pagamento de custas para seu ajuizamento. Ao final, o vencido há de ser condenado nos honorários de advogado da parte vencedora.

Contudo, como vimos anteriormente, o STF entendeu que a reclamação tem natureza jurídica de direito de petição. Em prevalecendo esse entendimento, não seria cabível custas ou honorários.

O STJ, partindo da mesma premissa do STF, entendia que não havia, na reclamação, condenação em honorários advocatícios **(Rcl 2.017/RS).**

Com a entrada do NCPC, **o STF mudou de opinião.** Segundo entendeu o STF, o CPC/2015 promoveu modificação essencial no procedimento da reclamação, ao instituir o contraditório prévio à decisão final (art. 989, III).

Neste novo cenário, a observância do princípio da causalidade **viabiliza a condenação da sucumbente na reclamação ao pagamento dos respectivos honorários**, devendo o respectivo cumprimento da condenação ser realizado nos autos do processo de origem, quando se tratar de impugnação de decisão judicial **(Rcl nº 24.417/SP-AgR).**

Em outras palavras, tendo em visto a nova disciplina da reclamação prevista no âmbito do CPC, a qual torna obrigatória a abertura de contraditório prévio, a mais recente jurisprudência do STF passou a considerar a reclamação uma manifestação do direito de ação, o que enseja a condenação da parte sucumbente ao pagamento dos respectivos honorários, com base no princípio da causalidade.

Com isso, o STF passou a seguir a orientação perfilhada por grande parte da doutrina, a exemplo de Leonardo Carneiro da Cunha.

6. RECLAMAÇÃO E DECISÃO TRANSITADA EM JULGADO

O CPC estabeleceu que não é cabível reclamação após o trânsito em julgado da decisão:

> **Art. 988.** (...)
>
> § 5º É inadmissível a reclamação:
>
> I – proposta após o trânsito em julgado da decisão reclamada;

O dispositivo, contudo, não traz nada de novo, apenas servindo para atestar o entendimento do STF sobre o tema:

> **STF – Súmula 734:** Não cabe reclamação quando já houver transitado em julgado o ato judicial que se alega tenha desrespeitado decisão do Supremo Tribunal Federal.

O objetivo desse entendimento é evitar que a reclamação seja utilizada para fazer as vezes de ação rescisória. Contudo, é preciso ficar claro que não se permite a reclamação quando, no momento de sua propositura, a decisão já estava transitada em julgado. Contudo, nos casos que a reclamação é proposta **e no decorrer do seu julgamento** a decisão trânsita em julgada, **não há óbice ao julgamento da reclamação,** já que quando ela foi proposta a decisão ainda não havia transitado em julgado.

Se a decisão reclamada tiver sido impugnada por recurso, a inadmissibilidade ou o julgamento dele não a prejudica:

> **Art. 988. (...)**
>
> **§ 6º** A inadmissibilidade ou o julgamento do recurso interposto contra a decisão proferida pelo órgão reclamado não prejudica a reclamação.

7. HIPÓTESES DE CABIMENTO

a) Aspectos gerais

A reclamação é uma demanda típica, é dizer, somente podendo ser utilizada em hipóteses previamente determinadas pelo legislador. O rol do art. 988 do CPC **é exaustivo.**

b) Reclamação para preservação de competência do tribunal

Uma das finalidades da reclamação é a preservação da competência do tribunal. Em regra, exige-se para a reclamação com fundamento na preservação da competência do tribunal, que haja um ato judicial que lhe tenha desrespeitado. Contudo, é possível juizar a reclamação em virtude de uma omissão, como, por exemplo, no caso de um órgão inferior demorar de forma excessiva ou injustificada para remeter o recurso para o tribunal destinatário.

Atualmente, a apelação, interposta por petição dirigida ao juízo de primeiro grau, deve ser processada e encaminhada ao tribunal, independentemente do exame de sua admissibilidade:

> **Art. 1.010. (...)**
>
> § 3º Após as formalidades previstas nos §§ 1º e 2º, os autos serão remetidos ao tribunal pelo juiz, independentemente de juízo de admissibilidade.

Assim, o exame de admissibilidade de um recurso de apelação é privativo do tribunal. Caso o juízo de primeiro grau realize o exame de admissibilidade, estará usurpando a competência do tribunal, possibilitando a interposição de reclamação:

> **Enunciado 207 do FPPC:** cabe reclamação, por usurpação de competência do tribunal de justiça ou do tribunal regional federal, contra a decisão de juiz de 1º grau que inadmitir recurso de apelação.

c) Reclamação para garantir a autoridade da decisão do tribunal

Aqui, a reclamação destinada a impor a autoridade do julgado pressupõe um processo prévio no qual se proferiu a decisão que se busca garantir. A desobediência poderá ser oriunda de um órgão do próprio Poder Judiciário ou de uma autoridade administrativa. Contudo, o STF entende que não cabe reclamação **contra decisão oriunda do mesmo tribunal**. O tribunal não pode desobedecer a ele mesmo.

Assim, a reclamação não pode constituir via adequada a cassar decisão do próprio Tribunal. De outra parte, não é a reclamação instrumento que possa corresponder a pedido de reconsideração de decisum da Corte **(Rcl 647)**.

É por causa desse entendimento que o STF entende que **não cabe reclamação contra atos decisórios dos ministros ou das Turmas que integram esta Corte Suprema, dado que tais decisões são juridicamente imputadas à autoria do próprio Tribunal em sua inteireza (Rcl 3.916 AgR)**.

No mesmo sentido, o STJ entende que não cabe reclamação contra ato do próprio STJ, quando houver recurso específico para o próprio tribunal que julgaria a reclamação (**STJ – AgRg na Rcl 2.950/SP).**

Em resumo, é possível a reclamação constitucional quando houver desobediência a alguma decisão do tribunal por parte de algum outro órgão jurisdicional ou administrativo. Não se exige que a desobediência esteja estratificada em ato comissivo, podendo concretizar-se em virtude de uma omissão.

1º – Reclamação contra ato que desrespeitou enunciado de súmula vinculante do STF

A Constituição permite que o STF edite súmula vinculante, vinculando os demais órgãos do Poder Judiciário e da Administração.

O descumprimento do enunciado consubstanciado na súmula vinculante permite a interposição de reclamação, nos termos do 7° da Lei 11.417/2006.

Cumpre ressaltar, contudo, que somente é possível a reclamação em razão do descumprimento dos demais órgãos do judiciário e da Administração Pública. Assim, o descumprimento pelo STF ou pelo Poder Legislativo, não permite a reclamação.

Com base no artigo 7º, da Lei 11.417/06, a reclamação poderá ser usada, sem prejuízo dos recursos ou outros meios de impugnação:

> **Art. 7º** Da decisão judicial ou do ato administrativo que contrariar enunciado de súmula vinculante, negar-lhe vigência ou aplicá-lo indevidamente caberá reclamação ao Supremo Tribunal Federal, sem prejuízo dos recursos ou outros meios admissíveis de impugnação.

Com isso, existe um cúmulo de meios de impugnação. É que não sendo possível a reclamação contra decisão judicial transitada em julgada, em regra, para se ajuizar reclamação, também é necessário que seja interposto o recurso cabível, pois somente assim a parte conseguirá impedir a formação da coisa julgada, permitindo a propositura da reclamação. É justamente por isso que a lei permite que se utilize, simultaneamente, ambos os institutos (recurso e reclamação).

A superveniente inadmissibilidade do recurso não prejudica a reclamação, a teor do já citado § 6° do art. 988 do CPC.

Especificamente em relação aos atos administrativos, a Lei previu mais um requisito, o esgotamento das vias administrativas:

> § 1º Contra omissão ou ato da administração pública, o uso da reclamação só será admitido após esgotamento das vias administrativas.

A norma, como bem ressaltado por Leonardo Carneiro da Cunha, tem o claro objetivo de evitar que o STF se transforme num órgão de primeiro grau de jurisdição para várias hipóteses que já poderiam ser resolvidas no âmbito administrativo ou em instâncias inferiores do Poder Judiciário. Interposto, o recurso administrativo, o procedimento será o previsto na Lei 9.784/99:

> **Art. 56. (...)**
>
> § **3º** Se o recorrente alegar que a decisão administrativa contraria enunciado da súmula vinculante, caberá à autoridade prolatora da decisão impugnada, se não a reconsiderar, explicitar, antes de encaminhar o recurso à autoridade superior, as razões da aplicabilidade ou inaplicabilidade da súmula, conforme o caso.
>
> **Art. 64-A.** Se o recorrente alegar violação de enunciado da súmula vinculante, o órgão competente para decidir o recurso explicitará as razões da aplicabilidade ou inaplicabilidade da súmula, conforme o caso.
>
> **Art. 64-B.** Acolhida pelo Supremo Tribunal Federal a reclamação fundada em violação de enunciado da súmula vinculante, dar-se-á ciência à autoridade prolatora e ao órgão competente para o julgamento do recurso, que deverão adequar as futuras decisões administrativas em casos semelhantes, sob pena de responsabilização pessoal nas esferas cível, administrativa e penal.

Por fim, a reclamação não serve como meio para cancelamento ou revisão dos enunciados de súmula vinculante. Para tal finalidade, há um procedimento próprio na lei.

2º Reclamação para garantir a observância de decisão do Supremo Tribunal Federal proferida em controle concentrado de constitucionalidade

Essa hipótese encontra-se prevista no CPC:

> **Art. 988.** Caberá reclamação da parte interessada ou do Ministério Público para:

> III – garantir a observância de enunciado de súmula vinculante e de decisão do Supremo Tribunal Federal em controle concentrado de constitucionalidade;

Nesse sentido, as decisões proferidas em ADI, ADC, ADPF produzem eficácia vinculante contra todos. Assim, o descumprimento das decisões proferidas em controle concentrado pelo judiciário ou administrativo. Não cabe contra decisão proferida pelo Poder Legislativo. A reclamação, nesses casos, serve para assegurar a autoridade da decisão.

A técnica do "balançar dos olhos":

A reclamação também serve como instrumento para modificação da jurisprudência do tribunal. Ao interpor reclamação, o tribunal deve realizar um "balançar dos olhos" analisando a decisão reclamada e aquela que originou o precedente.

Assim, no julgamento de uma reclamação, o STF pode alterar o posicionamento anteriormente adotado, declarando inconstitucional uma norma anteriormente declarada constitucional.

3º Reclamação para garantir a observância de precedente proferido em julgamento de casos repetitivos ou em incidente de assunção de competência

> **Art. 988.** Caberá reclamação da parte interessada ou do Ministério Público para:
> IV – garantir a observância de acórdão proferido em julgamento de incidente de resolução de demandas repetitivas ou de incidente de assunção de competência;

O incidente de assunção de competência e no julgamento de casos repetitivos têm um objetivo comum: formar precedente obrigatório.

Firmado o precedente obrigatório, os juízos e tribunais devem segui-lo, aplicando a tese adotada pelo precedente os casos sucessivos.

A doutrina (Leonardo Carneiro da Cunha) defende que, para que haja reclamação nesse caso, é preciso que o órgão jurisdicional deixe, expressamente, de seguir o precedente. Caso o órgão julgador simplesmente se omita em relação ao precedente, não falando nada sobre ele, não cabe reclamação. Em outras palavras, não cabe reclamação por omissão.

Caso o órgão simplesmente se omita sobre o precedente, cabe embargos de declaração, nos termos do art. 1.022, parágrafo único, I:

> **Art. 1.022.** Cabem embargos de declaração contra qualquer decisão judicial para:
>
> Parágrafo único. Considera-se omissa a decisão que:
>
> I – deixe de se manifestar sobre tese firmada em julgamento de casos repetitivos ou em incidente de assunção de competência aplicável ao caso sob julgamento;

Se mesmo após os embargos de declaração o órgão jurisdicional continuar em silêncio, será necessário entrar com o recurso cabível contra a decisão (Ex: Apelação, recurso especial, extraordinário.), não sendo possível a reclamação, em razão de falta de subsunção à hipótese de cabimento da reclamação: não houve inobservância do precedente, justamente por ser omissa a decisão.

Por fim, caso o precedente tenha sido firmado em recurso especial ou extraordinário repetitivo ou em recurso extraordinário com repercussão geral reconhecida, somente cabe a reclamação depois de esgotadas as vias ordinárias (CPC art. 988 § 5º, II):

> **Art. 988. (...)**
>
> **§ 5º** É inadmissível a reclamação:
>
> **II** – proposta para garantir a observância de acórdão de recurso extraordinário com repercussão geral reconhecida ou de acórdão proferido em julgamento de recursos extraordinário ou especial repetitivos, quando não esgotadas as instâncias ordinárias.

8. LEGITIMIDADE

a) Legitimidade ativa

Em regra, a reclamação pode ser proposta pelo Ministério Público ou por quem seja parte ou assistente em um processo prévio. Permite-se, na reclamação, a formação do litisconsórcio ativo facultativo, desde que presente alguma das hipóteses previstas no art. 113 do CPC.

b) Legitimidade Passiva

Na reclamação, **o réu é o beneficiário do ato reclamado**, e não a autoridade que descumpre a decisão do tribunal. O beneficiário do ato reclamado, réu na reclamação, deverá ser citado para, querendo, apresentar sua defesa em favor da manutenção do ato reclamado.

Com relação a autoridade que proferiu a decisão, ela será ouvida no processo da reclamação, mas não como ré, e sim como uma **fonte de prova**:

> **Art. 989.** Ao despachar a reclamação, o relator:
>
> **I** – requisitará informações da autoridade a quem for imputada a prática do ato impugnado, que as prestará no prazo de 10 (dez) dias.

9. PROCEDIMENTO

O procedimento da reclamação foi designado pelos artigos 988 a 993 do NCPC. As principais características do procedimento da reclamação são as seguintes:

a) Exigência de prova pré-constituída

O procedimento da reclamação é semelhante ao do mandado de segurança, devendo a petição inicial vir acompanhada da prova documental pré-constituída, pois não se admite a produção posterior de provas.

b) Requisitos da inicial

A reclamação é ajuizada por meio de uma petição inicial, a qual deve estar acompanhada dos documentos indispensáveis a sua propositura **(CPC, art. 988, § 2°)**.

A petição deverá observar os requisitos do artigo 319 do NCPC. Contudo, não havendo previsão de audiência preliminar de mediação ou conciliação no procedimento da reclamação, não há necessidade de o reclamante informar, na petição inicial, a opção pela realização dessa audiência **(CPC, art. 319, VII)**.

c) Tutela provisória na reclamação

Na reclamação, é possível que o relator conceda tutela provisória, suspendendo a eficácia do ato reclamado:

> **Art. 989.** Ao despachar a reclamação, o relator:
>
> **II** – se necessário, ordenará a suspensão do processo ou do ato impugnado para evitar dano irreparável;

Percebam que, prever tutela provisória para "evitar dano irreparável" o dispositivo acabou por prever a tutela provisória de urgência na reclamação.

Contudo, a tutela provisória é dividida em tutela de urgência e evidência. Nesse sentido, cabe tutela de evidência quando "as alegações de fato puderem ser comprovadas apenas documentalmente e houver tese firmada em julgamento de casos repetitivos ou em súmula vinculante" (CPC, art. 311, II).

Nesse sentido, a reclamação pode ser proposta para "garantir a observância de enunciado de súmula vinculante" (CPC, art. 988, II) e "de precedente proferido em incidente de resolução de casos repetitivos ou em incidente de assunção de competência" (CPC, art. 988, IV), bem como para garantir a observância de acórdão proferido em recurso repetitivo ou em recurso extraordinário com repercussão geral reconhecida, desde que esgotadas previamente as instâncias ordinárias (CPC, art. 988, § 5°, II).

Com base nisso, a doutrina (Leonardo Carneiro da Cunha) defende ser possível ainda a tutela de evidência na reclamação.

d) Reclamação repetitiva

O STJ já entendeu possível **(Reclamação 12.062/GO)** a aplicação da técnica de processo e julgamento repetitivo a reclamação, é dizer, havendo várias reclamações ou vários casos sobre o mesmo tema, deve ser adotado o procedimento próprio dos casos repetitivos, escolhendo-se uma ou duas reclamações para análise e julgamento, sobrestando-se os demais casos, aos quais se aplicará o resultado a que se chegar no julgamento daqueles escolhidos para julgamento por amostragem.

e) Prazo para ajuizamento

A reclamação não se sujeita a prazo, devendo ser observando apenas a impossibilidade de trânsito em julgado da decisão.

f) Inexistência de prejudicialidade com recurso interposto contra a decisão

> **Art. 988. (...)**
>
> **§ 6º** A inadmissibilidade ou o julgamento do recurso interposto contra a decisão proferida pelo órgão reclamado não prejudica a reclamação.

O dispositivo determinou que a reclamação não fica prejudicada com o julgamento do recurso. É preciso fazer a seguinte observação: se o recurso for inadmitido ou for conhecido, mas não provido, o julgamento realmente não afeta a reclamação. Contudo, o recurso for conhecido e provido, seja para anular a decisão recorrida, seja para reformá-la, estará prejudicado o exame da reclamação.

Isso porque, caso a decisão seja reformada, ela terá sido substituída pela decisão do tribunal, **retirando, assim, o interesse de agir.** Da mesma maneira, se houver anulação da decisão, esta deixou de existir, prejudicando o exame de mérito da reclamação.

Dessa forma, é preciso ficar claro que, se o recurso for provido, a reclamação fica prejudicada, não se aplicando o § 6º do art. 988 do CPC.

g) Atuação do MP

> **Art. 991.** Na reclamação que não houver formulado, o Ministério Público terá vista do processo por 5 (cinco) dias, após o decurso do prazo para informações e para o oferecimento da contestação pelo beneficiário do ato impugnado.

Leonardo Carneiro da Cunha defende que não há razão para o MP atua em todos os processos de reclamação. O dispositivo em análise deve ser interpretado com os demais dispositivos sobre o MP, os quais estabelecem que sua atuação deverá ocorrer **quando houver interesse público primário.**

Para ele, a circunstância de a reclamação poder ser utilizada para garantir a autoridade de precedente obrigatório não transforma o seu objeto litigioso em um caso de interesse público, social ou individual indisponível. Precedente obrigatório é norma jurídica, já a reclamação para garantir a sua autoridade é ação para fazer valer uma determinada norma jurídica. É por isso que só se faz obrigatória a intimação do Ministério Público em reclamação, **se estiver presente uma das hipóteses do art. 178 do CPC.**

Contudo, em uma prova objetiva, sugere-se defender a literalidade da lei, é dizer, é obrigatória a intimação do Ministério Público.

Sendo caso de intervenção do MP, não é necessária sua efetiva participação. Basta que ele seja intimado para responder.

h) Recurso

A reclamação nunca será dirigida ao juízo de primeiro grau, de forma que, por razões óbvias, não se admite no seu procedimento a apelação e nem o agravo de instrumento, já que se tratam de recursos interpostos contra decisões proferida por juízos de primeira instância.

Admite-se embargos de declaração. Caso a decisão seja proferida pelo relator, será possível o uso do agravo interno (CPC, art. 1.021). Se for julgada por tribunal de segunda instância, cabe recurso especial ou extraordinário. Se for julgado por tribunal superior, cabe recurso extraordinário, exceto, obviamente, no caso de julgamento pelo próprio STF.

i) Cabimento de amicus curiae em reclamação

O STF entendeu que é cabível a intervenção de amicus curiae em reclamação **(Rcl 11949/RJ).**

XVI

JUIZADOS ESPECIAIS

1. JUIZADOS ESPECIAIS FEDERAIS

a) Aspectos Gerais

1º Introdução

Os Juizados Especiais Federais foram criados para processar, conciliar e julgar causas de competência da Justiça Federal, desde que até o limite de 60 salários-mínimos:

> **Art. 3º** Compete ao Juizado Especial Federal Cível processar, conciliar e julgar causas de competência da Justiça Federal até o valor de sessenta salários mínimos, bem como executar as suas sentenças

Nos termos do artigo 109, I, compete a Justiça Federal julgar causas em União, Autarquias ou Empresa Pública forem autores, réus, assistentes ou opoentes. Já os Juizados Especiais Federais somente julgam causas em que tais entes federais ostentem a qualidade de réus:

> **Art. 6º** Podem ser partes no Juizado Especial Federal Cível:
>
> **I** – como autores, as pessoas físicas e as microempresas e empresas de pequeno porte, assim definidas na Lei no 9.317, de 5 de dezembro de 1996;
>
> **II** – como rés, a União, autarquias, fundações e empresas públicas federais.

Assim, caso algum ente federal seja autor de uma demanda, mesmo que inferior a 60 salários-mínimos, a causa não vai tramitar nos juizados especiais federais **(STJ – CC 48.125/SP).**

2º Contagem do prazo

O NCPC determinou que os prazos processuais se contam em dias úteis. A doutrina tem defendido que esse dispositivo do NCPC se aplica aos juizados:

Enunciado nº 416 do FPPC: A contagem do prazo processual em dias úteis prevista no art. 219 aplica-se aos Juizados Especiais Cíveis, Federais e da Fazenda Pública.

No mesmo sentido, o enunciado da Jornada de Direito Processual Civil:

> **Enunciado 19 da I Jornada de Direito Processual Civil:** O prazo em dias úteis, previsto no art. 219 do CPC/2015, aplica-se também aos procedimentos regidos pelas Leis n.º 9.099/1995, 10.259/2001 e 12.153/2009.

@direitodiretoblog – No âmbito dos juizados especiais, os prazos processuais contam-se em dias úteis?

Amigos, essa é uma das maiores polêmicas do NCPC. Parte da doutrina e da jurisprudência defendia que não se aplica aos juizados a contagem de prazo em dias úteis, em razão da celeridade necessária aos juizados. Nesse sentido:

O Enunciado 165 do Fonaje (Fórum Nacional dos Juizados Especiais) nos Juizados Especiais Cíveis, todos os prazos serão contados de forma contínua.

Por outro, com fundamento no § 2º, do 1.046 do NCPC, que diz que permanecem em vigor as disposições especiais reguladas por outras leis, aos quais se aplicará supletivamente este Código, a doutrina majoritária defende que os prazos nos juizados são contados em dias úteis.

Ora, se o NCPC se aplica de forma subsidiária aos juizados especiais e não havendo nas leis 9.099/1995, 10.259/2001 e 12.153/2009 qualquer dispositivo regulando a contagem dos prazos, deve se aplicar o disposto no CPC. Nesse sentido:

Enunciado 175 do Fonajef (Fórum Nacional dos Juizados Especiais Federais) dispõe que, "por falta de previsão legal específica nas leis que tratam dos juizados especiais, aplica-se, nestes, a previsão da contagem dos prazos em dias úteis (CPC/2015, art. 219) .

> **Enunciado nº 416 do Fórum Permanente de Processualistas Civis:** A contagem do prazo processual em dias úteis prevista no art. 219 aplica-se aos Juizados Especiais Cíveis, Federais e da Fazenda Pública.

Cumpre ressaltar, ainda, que no mês de agosto do ano corrente foi realizada a I Jornada de Direito Processual Civil, a qual aprovou o seguinte enunciado:

> **Enunciado 19 da I Jornada de Direito Processual Civil:** O prazo em dias úteis, previsto no art. 219 do CPC/2015, aplica-se também aos procedimentos regidos pelas Leis n.º 9.099/1995, 10.259/2001 e 12.153/2009.

Em suma, em que pese haja alguma controvérsia, a doutrina majoritária entende que os prazos nos juizados especiais contam-se em dias úteis, posição essa que deve prevalecer.

Por fim, a OAB ingressou com ADPF (483) para afastar o entendimento contrário a aplicação do artigo 219 do NCPC.

3º Improcedência Liminar

O art. 332 do CPC prevê os casos de improcedência liminar do pedido, possibilitando ao magistrado que, antes mesmo da citação do demandado, julgue improcedente o pedido formulado pelo demandante na sua petição inicial.

Nesse sentido, a doutrina tem defendido sua aplicação no âmbito dos Juizados Especiais:

> **Enunciado 507 do FPPC:** art. 332 aplica-se ao sistema de Juizados Especiais.

b) Competência absoluta

O legislador estabeleceu que a competência do Juizado Federal é absoluta:

> **Art. 3º. (...)**
>
> **§ 3º** No foro onde estiver instalada Vara do Juizado Especial, a sua competência é absoluta.

c) Causas excluídas

> **Art. 3º (...)**
>
> **§ 1º** Não se incluem na competência do Juizado Especial Cível as causas:
>
> **I** – referidas no art. 109, incisos II, III e XI, da Constituição Federal, as ações de mandado de segurança, de desapropriação, de divisão e demarcação, populares, execuções fiscais e por improbidade adminis-

trativa e as demandas sobre direitos ou interesses difusos, coletivos ou individuais homogêneos;

II – sobre bens imóveis da União, autarquias e fundações públicas federais;

III – para a anulação ou cancelamento de ato administrativo federal, salvo o de natureza previdenciária e o de lançamento fiscal;

IV – que tenham como objeto a impugnação da pena de demissão imposta a servidores públicos civis ou de sanções disciplinares aplicadas a militares.

§ 2º Quando a pretensão versar sobre obrigações vincendas, para fins de competência do Juizado Especial, a soma de doze parcelas não poderá exceder o valor referido no art. 3º, caput.

§ 3º No foro onde estiver instalada Vara do Juizado Especial, a sua competência é absoluta.

Causas do art. 109, II, III e XI: a) as causas entre Estado estrangeiro ou organismo internacional e municípios ou pessoa domiciliada ou residente no País; **b)** as causas fundadas em tratado ou contrato da União com Estado estrangeiro ou organismo internacional; **c)** a disputa sobre direitos indígenas.

@direitodiretoblog – É possível o ajuizamento de demandas envolvendo direitos individuais homogêneos no âmbito do juizado especial federal?

Nos termos do § 1º, I, do art. 3º, da Lei dos Juizados Especiais Federais, não se incluem na competência dos juizados federais ações envolvendo direitos difusos, coletivos e individuais homogêneos.

Ao interpretar essa vedação, a doutrina é uníssona em afirmar que a exclusão **só se justifica em relação as demandas coletivas**, não impedindo o ajuizamento de ações individuais. Assim, é possível a propositura de ação em que se discuta direito individual homogêneo, quando não se tratar de ação coletiva:

Enunciado nº 22 do FONAJEF: A exclusão da competência dos Juizados Especiais Federais quanto às demandas sobre direitos ou interesses difusos, coletivos ou individuais homogêneos somente se aplica quanto a ações coletivas.

Da mesma forma entende o STJ (CC 83.676/MG).

Procedimentos especiais:

Enunciado nº 09 do FONAJEF: Além das exceções constantes do § 1º do artigo 3º da Lei n. 10.259, não se incluem na competência dos Juizados Especiais Federais, os procedimentos especiais previstos no Código de Processo Civil, salvo quando possível a adequação ao rito da Lei n. 10.259/2001.

Complexidade da causa: Segundo o STJ, a competência do Juizado Especial Federal independe da complexidade da causa **(EDCL no AgRg no CC 103.770/SC).**

d) Tutela provisória

> **Art. 4º** O Juiz poderá, de ofício ou a requerimento das partes, deferir medidas cautelares no curso do processo, para evitar dano de difícil reparação.

Tutela provisória nos juizados especiais: embora o dispositivo afirme de forma literal que é cabível apenas a tutela cautelar, é inegável que ao juiz também se permite a concessão de tutela provisória satisfativa, de urgência ou de evidência.

Enunciado nº 418 do FPPC: As tutelas provisórias de urgência e de evidência são admissíveis no sistema dos Juizados Especiais.

@direitodiretoblog – É cabível estabilização dos efeitos da tutela no âmbito dos juizados especiais federais e da fazenda pública?

A doutrina (Leonardo Carneiro da Cunha) entende que não. De início, cumpre ressaltar que a estabilização somente ocorre no procedimento comum, não sendo adequada aos procedimentos especiais.

Por essa razão, não há estabilização da tutela de urgência nos Juizados Especiais, cujo procedimento é específico, não comportando a aplicação dos arts. 303 e 304 do CPC.

Ademais, é próprio do procedimento de estabilização a possibilidade de ingressar com ação, no prazo de 02 anos após a estabilização, a para revê-la, reformá-la ou invalidá-la (CPC, art. 304, § 2º). Só que a Fazenda Pública não pode ser autora nos Juizados Especiais, o que constitui mais um motivo para afastar a aplicação da regra no seu âmbito.

e) Procedimento

> **Art. 5º** Exceto nos casos do art. 4º, somente será admitido recurso de sentença definitiva.

Tipos de Recursos Cabíveis:

a) agravo de instrumento contra as decisões interlocutórias que apreciem as tutelas de urgência e desde que causem gravame às partes;

b) recurso inominado contra as sentenças;

c) embargos de declaração;

d) pedido de uniformização de interpretação de Lei Federal;

e) recurso extraordinário.

> **Art. 6º** Podem ser partes no Juizado Especial Federal Cível:
>
> **I** – como autores, as pessoas físicas e as microempresas e empresas de pequeno porte, assim definidas na Lei no 9.317, de 5 de dezembro de 1996;
>
> **II** – como rés, a União, autarquias, fundações e empresas públicas federais.

Rol exemplificativo: o STJ entende que o rol de autores é meramente exemplificativo, devendo a competência se basear na expressão econômica do feito. Assim, já se decidiu que tanto o espólio como incapaz podem ser partes.

Enunciado nº 10 do FONAJEF: O incapaz pode ser parte autora nos Juizados Especiais Federais, dando-se-lhe curador especial, se ele não tiver representante constituído.

Enunciado nº 82 do FONAJEF: O espólio pode ser parte autora nos juizados especiais cíveis federais.

O STJ já entendeu também que é permitido o litisconsórcio entre pessoas jurídicas de direito público **(AgRg no CC 95.890/SC)** e entre pessoa jurídica de direito público e direito privado **(CC 73.000/RS)**.

Pedido contraposto:

Enunciado nº 12 do FONAJEF: No Juizado Especial Federal, não é cabível o pedido contraposto formulado pela União Federal, autarquia, fundação ou empresa pública federal.

Art. 7º As citações e intimações da União serão feitas na forma prevista nos arts. 35 a 38 da Lei Complementar no 73, de 10 de fevereiro de 1993.

Parágrafo único. A citação das autarquias, fundações e empresas públicas será feita na pessoa do representante máximo da entidade, no local onde proposta a causa, quando ali instalado seu escritório ou representação; se não, na sede da entidade.

Enunciado nº 07 do FONAJEF: Nos Juizados Especiais Federais o procurador federal não tem a prerrogativa de intimação pessoal.

Art. 8º As partes serão intimadas da sentença, quando não proferida esta na audiência em que estiver presente seu representante, por ARMP (aviso de recebimento em mão própria).

§ 1º As demais intimações das partes serão feitas na pessoa dos advogados ou dos Procuradores que oficiem nos respectivos autos, pessoalmente ou por via postal.

§ 2º Os tribunais poderão organizar serviço de intimação das partes e de recepção de petições por meio eletrônico.

Art. 9º Não haverá prazo diferenciado para a prática de qualquer ato processual pelas pessoas jurídicas de direito público, inclusive a interposição de recursos, devendo a citação para audiência de conciliação ser efetuada com antecedência mínima de trinta dias.

Enunciado nº 53 do FONAJEF: Não há prazo em dobro para a Defensoria Pública no âmbito dos Juizados Especiais Federais.

Art. 10. As partes poderão designar, por escrito, representantes para a causa, advogado ou não.

Parágrafo único. Os representantes judiciais da União, autarquias, fundações e empresas públicas federais, bem como os indicados na forma do caput, ficam autorizados a conciliar, transigir ou desistir, nos processos da competência dos Juizados Especiais Federais.

Dispensabilidade de advogado: até a fase de recursos não é preciso advogado para atuar nos Juizados Especiais Federais. A interposição de recursos ou qualquer meio de impugnação requer a presença de advogado. Ressalta-se, contudo, que não se permite a representação por terceiros não advogados quando houver fins econômicos e habitualidade.

Enunciado nº 83 do FONAJEF: O art. 10, caput, da Lei n. 10.259/2001 não autoriza a representação das partes por não-advogados de forma habitual e com fins econômicos.

Nos processos criminais é indispensável a presença de advogado. A execução em questão só se ao juízo cível.

Art. 11. A entidade pública ré deverá fornecer ao Juizado a documentação de que disponha para o esclarecimento da causa, apresentando-a até a instalação da audiência de conciliação.

Parágrafo único. Para a audiência de composição dos danos resultantes de ilícito criminal (arts. 71, 72 e 74 da Lei no 9.099, de 26 de setembro de 1995), o representante da entidade que comparecer terá poderes para acordar, desistir ou transigir, na forma do art. 10.

Art. 12. Para efetuar o exame técnico necessário à conciliação ou ao julgamento da causa, o Juiz nomeará pessoa habilitada, que apresentará o laudo até cinco dias antes da audiência, independentemente de intimação das partes.

§ **1º** Os honorários do técnico serão antecipados à conta de verba orçamentária do respectivo Tribunal e, quando vencida na causa a entidade pública, seu valor será incluído na ordem de pagamento a ser feita em favor do Tribunal.

§ **2º** Nas ações previdenciárias e relativas à assistência social, havendo designação de exame, serão as partes intimadas para, em dez dias, apresentar quesitos e indicar assistentes.

Nos Juizados Especiais Federais, é possível a produção de qualquer meio de prova, ainda que não especificados em lei, desde que moralmente legítimos (Lei 9.099/1995, art. 32). As provas devem ser produzidas em audiência.

Os Juizados Especiais Federais podem resolver causas previdenciárias e assistenciais, onde é comum haver a necessidade de exames médicos ou laudos técnicos.

Assim, o art. 12 da Lei 10.259/2001 prevê a possibilidade de exame técnico, a ser apresentado em até 5 (cinco) dias antes da audiência, independentemente de intimação das partes. Havendo designação de exame, as partes serão intimadas para, em 10 (dez) dias, apresentar quesitos e indicar assistentes técnicos.

Os honorários do perito serão antecipados pelo tribunal, o qual será ressarcido pelo ente público, caso este reste vencido na causa.

f) Sistema Recursal

1º Da indispensável presença do advogado

Como vimos, nos juizados federais, até a fase de recurso, é dispensável a presença do advogado. Por outro lado, para a interposição de recursos, sua presença é necessária.

1.1. Remessa necessária

> **Art. 13.** Nas causas de que trata esta Lei, não haverá reexame necessário.

1.2. Recurso contra sentença

Nos juizados, contra a sentença, é cabível o chamado recurso inominado. Ele está sujeito ao prazo de 10 (dez) dias e tem o mesmo regime da apelação prevista no Código de Processo Civil. Assim, deve ser interposta por petição escrita, não se admitindo a forma oral.

A apelação, nos termos do § 3º do art. 1.010 do CPC, deve ser remetida ao tribunal, independentemente do juízo provisório de admissibilidade pelo juízo que proferiu a sentença. Essa regra aplica-se ao recurso contra a sentença nos Juizados Especiais:

> **Enunciado 474 do FPPC:** O recurso inominado interposto contra sentença proferida nos juizados especiais será remetido à respectiva turma recursal independentemente de juízo de admissibilidade.

Por fim, com relação aos efeitos, no âmbito dos Juizados Especiais Cíveis Federais, o recurso contra a sentença é dotado de duplo efeito. Vale dizer que tal recurso tem efeitos devolutivo e suspensivo.

Isso ocorre porque, nos termos do artigo 16 da Lei dos Juizados, o cumprimento da obrigação de fazer, não fazer ou entrega de coisa certa exige o trânsito em julgado.

> **Art. 16.** O cumprimento do acordo ou da sentença, com trânsito em julgado, que imponham obrigação de fazer, não fazer ou entrega de coisa certa, será efetuado mediante ofício do Juiz à autoridade citada para a causa, com cópia da sentença ou do acordo.

De igual modo, o cumprimento de obrigação de pagar:

> **Art. 17.** Tratando-se de obrigação de pagar quantia certa, após o trânsito em julgado da decisão, o pagamento será efetuado no prazo de sessenta dias, contados da entrega da requisição, por ordem do Juiz, à autoridade citada para a causa, na agência mais próxima da Caixa Econômica Federal ou do Banco do Brasil, independentemente de precatório.
>
> **§ 1º** Para os efeitos do § 3º do art. 100 da Constituição Federal, as obrigações ali definidas como de pequeno valor, a serem pagas independentemente de precatório, terão como limite o mesmo valor es-

> tabelecido nesta Lei para a competência do Juizado Especial Federal Cível (art. 3º, caput).
>
> § 2º Desatendida a requisição judicial, o Juiz determinará o seqüestro do numerário suficiente ao cumprimento da decisão.
>
> § 3º São vedados o fracionamento, repartição ou quebra do valor da execução, de modo que o pagamento se faça, em parte, na forma estabelecida no § 1º deste artigo, e, em parte, mediante expedição do precatório, e a expedição de precatório complementar ou suplementar do valor pago.
>
> § 4º Se o valor da execução ultrapassar o estabelecido no § 1º, o pagamento far-se-á, sempre, por meio do precatório, sendo facultado à parte exequente a renúncia ao crédito do valor excedente, para que possa optar pelo pagamento do saldo sem o precatório, da forma lá prevista.

Sendo certo que se exige o prévio trânsito em julgado para que se determine o cumprimento de qualquer obrigação, é evidente que os recursos, no âmbito dos Juizados Federais, são dotados de efeito suspensivo. O art. 43 da Lei 9.099/1995 não se aplica aos Juizados Federais, em razão da incompatibilidade com as citadas regras que dizem respeito ao cumprimento da sentença.

1.3. Embargos de Declaração

Os embargos de declaração nos Juizados Especiais, que estão previstos nos arts. 48 a 50 da Lei 9.099/1995, podem ser opostos oralmente.

O NCPC alterou a Lei 9.099/99, estabelecendo que os embargos interrompem o prazo recursal.

1.4. Recurso contra decisão que concede ou nega tutela provisória

Cabe recurso da decisão que defere ou indefere a tutela provisória no Juizado Especial. A lei não esclarece qual o recurso cabível.

Assim, é o caso de aplicar, subsidiariamente, o Código de Processo Civil, de forma que o recurso cabível não pode ser outro senão o agravo de instrumento.

1.5. Pedido de uniformização de jurisprudência

Proferido o julgamento pela Turma Recursal, é possível o ajuizamento de um pedido de uniformização de interpretação de lei federal, quando houver divergência com precedente de outra Turma Recursal, ou com súmula ou jurisprudência dominante do Superior Tribunal de Justiça:

> **Art. 14.** Caberá pedido de uniformização de interpretação de lei federal quando houver divergência entre decisões sobre questões de direito material proferidas por Turmas Recursais na interpretação da lei.

Perceba que, nos termos do artigo 14, **o pedido de uniformização somente é cabível quando se tratar de questões de direito material**. Se divergência disser respeito à aplicação de regra processual. revela-se inadmissível o pedido de uniformização.

Havendo divergência entre Turmas Recursais da mesma Região, o pedido de uniformização deve ser julgado pela reunião conjunta das Turmas em conflito, sob a presidência do Juiz Coordenador.

> **§ 1º** O pedido fundado em divergência entre Turmas da mesma Região será julgado em reunião conjunta das Turmas em conflito, sob a presidência do Juiz Coordenador.

Já se a divergência ocorrer entre Turmas de diferentes regiões, o pedido de uniformização será julgado pela Turma Nacional de Uniformização – TNU, integrada por juízes de Turmas Recursais, sob a presidência do Coordenador da Justiça Federal.

> **§ 2º** O pedido fundado em divergência entre decisões de turmas de diferentes regiões ou da proferida em contrariedade a súmula ou jurisprudência dominante do STJ será julgado por Turma de Uniformização, integrada por juízes de Turmas Recursais, sob a presidência do Coordenador da Justiça Federal.
>
> **§ 3º** A reunião de juízes domiciliados em cidades diversas será feita pela via eletrônica.

Havendo divergência entre a decisão da Turma Recursal e súmula ou jurisprudência dominante do STJ, o pedido de uniformização será igualmente julgado pela Turma Nacional de Uniformização – TNU.

Não se admite pedido de uniformização quando fundado em divergência com acórdãos de algum TRF. O incidente de uniformização perante a Turma Nacional de Uniformização – TNU – somente é cabível quando a decisão da Turma Recursal de origem divergir de decisão de outra Turma Recursal, pertencente a outra Região da Justiça Federal, ou de jurisprudência dominante do STJ.

Também é cabível o incidente de uniformização perante a TNU em face de decisão da Turma Regional de Uniformização proferida em contrariedade à súmula ou jurisprudência dominante do STJ. Por fim, quando a orientação acolhida pela Turma Nacional de Uniformização – TNU, contrariar súmula ou jurisprudência dominante do STJ, a parte interessada poderá provocar a manifestação deste, que deverá dirimir a divergência.

Requerida a manifestação do STJ, deverá o caso ser distribuído a um relator, que poderá, diante da plausibilidade do direito invocado e havendo fundado receio de dano de difícil reparação, conceder, de ofício ou a requerimento, medida liminar determinando a suspensão dos processos nos quais a controvérsia esteja estabelecida.

> **§ 5º** No caso do § 4º, presente a plausibilidade do direito invocado e havendo fundado receio de dano de difícil reparação, poderá o relator conceder, de ofício ou a requerimento do interessado, medida liminar determinando a suspensão dos processos nos quais a controvérsia esteja estabelecida.
>
> **§ 6º** Eventuais pedidos de uniformização idênticos, recebidos subsequentemente em quaisquer Turmas Recursais, ficarão retidos nos autos, aguardando-se pronunciamento do Superior Tribunal de Justiça.
>
> **§ 7º** Se necessário, o relator pedirá informações ao Presidente da Turma Recursal ou Coordenador da Turma de Uniformização e ouvirá o Ministério Público, no prazo de cinco dias. Eventuais interessados, ainda que não sejam partes no processo, poderão se manifestar, no prazo de trinta dias.
>
> **§ 8º** Decorridos os prazos referidos no § 7º, o relator incluirá o pedido em pauta na Seção, com preferência sobre todos os demais feitos, ressalvados os processos com réus presos, os habeas corpus e os mandados de segurança.
>
> **§ 9º** Publicado o acórdão respectivo, os pedidos retidos referidos no § 6º serão apreciados pelas Turmas Recursais, que poderão exercer juízo de retratação ou declará-los prejudicados, se veicularem tese não acolhida pelo Superior Tribunal de Justiça.
>
> **§ 10.** Os Tribunais Regionais, o Superior Tribunal de Justiça e o Supremo Tribunal Federal, no âmbito de suas competências, expedirão normas regulamentando a composição dos órgãos e os procedimentos a serem adotados para o processamento e o julgamento do pedido de uniformização e do recurso extraordinário.

1.6. Recurso Extraordinário

Por fim, é cabível, no âmbito dos Juizados Federais, a interposição de recurso extraordinário.

Art. 15. O recurso extraordinário, para os efeitos desta Lei, será processado e julgado segundo o estabelecido nos §§ 4º a 9º do art. 14, além da observância das normas do Regimento.

1.7. Recurso Adesivo

O recurso adesivo não é uma espécie de recurso, mas sim uma forma de interposição de recurso. O recurso pode ser interposto de forma independente e de forma adesiva. O recurso adesivo é exatamente o mesmo recurso que poderia ter sido interposto autonomamente, diferenciando-se apenas pela técnica de interposição.

Nem todos os recursos podem ser interpostos adesivamente. A lei permite a interposição adesiva da apelação, do recurso especial e do recurso extraordinário (CPC, art. 997, § 2º, II).

Por fim, é certo que o fundamento do recurso adesivo é a sucumbência recíproca, é dizer, quando o autor sai vitorioso apenas em parte de sua pretensão. Nesse caso, tanto ele como o réu serão, a um só tem, vencedores e vencidos (Ex: a parte pede 10 mil reais de indenização. O juiz concede 5 mil reais. Nesse caso, tanto o autor quanto o réu saíram vitoriosos e derrotados em 5 mil reais).

A jurisprudência não tem admitido recurso adesivo no âmbito dos juizados federais:

Enunciado nº 59 do FONAJEF: Não cabe recurso adesivo nos Juizados Especiais Federais.

O fundamento para tanto é que o recurso adesivo seria contrário à economia e à celeridade processuais.

A doutrina (Leonardo Carneiro da Cunha e Cândido Rangel Dinamarco) discorda desse entendimento, defendendo que é sim possível recurso adesivo nos juizados especiais. Afirmam que os objetivos do recurso adesivo coadunam-se muito harmoniosamente com os da criação do processo especialíssimo dos juizados, onde o zelo pela terminação rápida do serviço jurisdicional se situa entre as preocupações centrais.

Faz parte do espírito conciliatório que aqui se alvitra essa atitude do litigante que, atendido em parte quanto à pretensão sustentada em juízo, prefere não recorrer e só recorrerá se o fizer o adversário. Por isso, também no processo dos juizados especiais é admissível o recurso adesivo, embora não se tenha aqui o recurso de apelação mas o inominado, uma vez que os objetivos práticos deste coincidem com os daquela.

Em termos mais simples, a doutrina afirma que, ao contrário que é defendido pela jurisprudência, o recurso adesivo acaba por ser favorável a celeridade processual. Isso porque ele evita que a parte, satisfeita com a decisão, recorra apenas com medo de ter sua situação piorada pelo recurso da parte contrária, fazendo com que o processo demore ainda mais.

9. PEDIDO DE SUSPENSÃO

É cabível pedido de suspensão no âmbito dos juizados especiais. O pedido de suspensão pode ser dirigido ao Presidente da Turma Recursal quando voltar-se contra liminar, tutela antecipada ou sentença proferida por juiz do Juizado.

De acórdão proferido por Turma Recursal cabe pedido de suspensão dirigido ao Presidente do STF. Não se admite pedido de suspensão para o STJ, uma que vez que não cabe recurso especial no âmbito dos Juizados Especiais Federais **(STJ – SLS 267/MS).**

2. JUIZADOS ESPECIAIS DA FAZENDA PÚBLICA (LEI 12.153/2009)

2.1. Introdução

Grande parte dos comentários realizados no âmbito dos Juizados Especiais Federais valem para os Juizados Especiais da Fazenda Pública. Como forma de se evitar repetições desnecessárias, faremos apenas pequenos comentários em relação aos pontos mais importantes.

> **Art. 1º** Os Juizados Especiais da Fazenda Pública, órgãos da justiça comum e integrantes do Sistema dos Juizados Especiais, serão criados pela União, no Distrito Federal e nos Territórios, e pelos Estados, para conciliação, processo, julgamento e execução, nas causas de sua competência.
>
> **Parágrafo único.** O sistema dos Juizados Especiais dos Estados e do Distrito Federal é formado pelos Juizados Especiais Cíveis, Juizados Especiais Criminais e Juizados Especiais da Fazenda Pública.

Microssistema dos juizados especiais: Veja que o parágrafo único do artigo 1º criou o chamado microssistema dos juizados especiais, composto pelos juizados especiais civis e criminais, juizados especiais federais e juizados da fazenda pública. A consequência prática desse microssistema é que, havendo omissão, as normas de um juizado podem ser aplicadas em outro, de forma subsidiária.

> **Art. 2º** É de competência dos Juizados Especiais da Fazenda Pública processar, conciliar e julgar causas cíveis de interesse dos Estados, do Distrito Federal, dos Territórios e dos Municípios, até o valor de 60 (sessenta) salários mínimos.
>
> **§ 1º** Não se incluem na competência do Juizado Especial da Fazenda Pública:
>
> **I – as** ações de mandado de segurança, de desapropriação, de divisão e demarcação, populares, por improbidade administrativa, execuções fiscais e as demandas sobre direitos ou interesses difusos e coletivos;
>
> **II** – as causas sobre bens imóveis dos Estados, Distrito Federal, Territórios e Municípios, autarquias e fundações públicas a eles vinculadas;
>
> **III** – as causas que tenham como objeto a impugnação da pena de demissão imposta a servidores públicos civis ou sanções disciplinares aplicadas a militares.
>
> **§ 2º** Quando a pretensão versar sobre obrigações vincendas, para fins de competência do Juizado Especial, a soma de 12 (doze) parcelas vincendas e de eventuais parcelas vencidas não poderá exceder o valor referido no caput deste artigo.
>
> § 4º No foro onde estiver instalado Juizado Especial da Fazenda Pública, a sua competência é absoluta.

2.2. Competência em razão do valor e da complexidade da causa

O Juizado Especial da Fazenda Pública será competente para as causas de valor até 60 salários-mínimos, não importando a complexidade da causa. A Lei não obsta a competência desses juizados para apreciar as demandas de maior complexidade, bem como os que envolvam exame pericial.

A a limitação por força de lei é absoluta, motivo pelo qual o juiz, se for o caso, de ofício, deverá modificá-lo, da mesma forma que a parte contrária poderá impugná-lo. O valor de 60 salários-mínimos deve ser auferido na data da propositura da ação.

2.3. Competência territorial

A lei foi omissa com relação ao tema. O STJ entende que as ações de reparação de danos devem ser ajuizadas junto ao domicílio do autor, as ações de obrigação de fazer junto ao local em que a obrigação deve ser satisfeita, enquanto as demais demandas podem ser distribuídas junto ao domicílio do réu ou, a critério do autor, no local onde ele exerça suas atividades profissionais ou econômicas, ou, ainda, tenha filial, sucursal ou escritório (CC 104.044/SP).

2.4. Causas Excluídas

Das causas previstas no § 1º do art. 2º, merece destaque as causas que tenham como objeto a impugnação da pena de demissão imposta a servidores públicos civis, uma vez que a doutrina entende, por via reflexa, que é possível que as demais sejam revistas nos Juizados Especiais da Fazenda Pública. Além das causas previstas no referido § 1º, também não se incluem as ações de rito especial e as demandas entre Estado estrangeiro ou organismo internacional e Municípios.

2.5. Obrigações Vincendas

Em havendo obrigações vincendas (a serem vencidas), deve haver a soma de todas as vencidas e de 12 parcelas vincendas, não podendo esse valor ser superior a 60 salários-mínimos.

2.6. Tutela urgência

> **Art. 3º** O juiz poderá, de ofício ou a requerimento das partes, deferir quaisquer providências cautelares e antecipatórias no curso do processo, para evitar dano de difícil ou de incerta reparação.

A Lei dos Juizados da Fazenda Pública autorizou a possibilidade de se requerer no curso do processo tutelas de urgência. O dispositivo segue a mesma linha do disposto na Lei dos Juizados Federais, mas teve uma melhor redação, uma vez que deixa claro ser possível tutelas cautelares e antecipatórias. No mais, aplicam-se os mesmos comentários.

2.7. Recursos

> **Art. 4º** Exceto nos casos do art. 3º, somente será admitido recurso contra a sentença.

Tudo o que se disse sobre o sistema recursal dos Juizados Federais aplica-se, integralmente, aos Juizados Estaduais da Fazenda Pública.

2.8. Partes

> **Art. 5º** Podem ser partes no Juizado Especial da Fazenda Pública:
> I – como autores, as pessoas físicas e as microempresas e empresas de pequeno porte, assim definidas na Lei Complementar no 123, de 14 de dezembro de 2006;
> II – como réus, os Estados, o Distrito Federal, os Territórios e os Municípios, bem como autarquias, fundações e empresas públicas a eles vinculadas.

Autores: além dos previstos na norma, a doutrina entende que também podem ser autores as pessoas jurídicas qualificadas como OSCIP e as sociedades de crédito ao microempreendedor, mesmo porque as normas da Lei 9.099/95 lhe são aplicadas de forma subsidiária.

Além desses, entende-se que as sociedades assistenciais e sem fins lucrativos podem ser autoras, desde que se enquadrem como OSCIP. Também se entende que o condomínio e o espólio também pode ser autores.

Finalmente, com relação ao incapaz, houve quem entendesse que, em razão da aplicação subsidiária do artigo 8º, § 1º, I, da Lei 9.099/95, que expressamente proíbe a presença de incapazes no âmbito dos juizados especiais civis, os incapazes não poderiam ser autores no âmbito dos juizados da Fazenda Pública.

A tese, contudo, não prosperou, tendo prevalecido na que, não havendo vedação expressa, entende-se que os incapazes podem ser autores, devendo haver intervenção do MP.

O STJ, inclusive, já reconheceu a possibilidade de o incapaz ser autor no âmbito do Juizado Especial da Fazenda Pública[2]. Segundo entendeu o Tribunal, a Lei dos Juizados Especiais da Fazenda Pública, ao tratar da legitimidade ativa das demandas que lhe são submetidas (artigo 5º), faz alusão, tão somente, às pessoas físicas, **não fazendo restrição quanto aos incapazes,** nem mesmo por ocasião das disposições acerca das causas que excepcionam a sua competência (artigo 2º).

Tendo havido regulação clara e suficiente acerca do tema na Lei 12.153/09, **não há que se falar em omissão normativa a ensejar a incidência do artigo 8º da Lei 9.099/95,** visto ser este dispositivo legal de

---

2. <http://www.stj.jus.br/sites/STJ/default/pt_BR/Comunica%C3%A7%C3%A3º/noticias/Not%C3%Adcias/Menor-incapaz-pode-ser-autor-em-causa-que-tramita-no-Juizado-Especial-da Fazenda-P%C3%Bablica>. Acesso no dia 04 de fevereiro de 2018.

cunho subsidiário e que conflita com aquele regramento específico do Juizado Fazendário.

Pedido contraposto: prevalece na doutrina que não é possível pedido contraposto. O tema, contudo, não é pacífico.

Não se admite qualquer forma de intervenção de terceiro ou de assistência, pois são institutos incompatíveis com a celeridade exigida dos juizados especiais da Fazenda Pública. Admite-se, contudo, a figura do litisconsórcio.

2.9. Intimações e Prazos

> **Art. 6º** Quanto às citações e intimações, aplicam-se as disposições contidas no Código de Processo Civil.

Intimação pessoal: prevalece que não há prerrogativa de intimação pessoal nos juizados.

> **Art. 7º** Não haverá prazo diferenciado para a prática de qualquer ato processual pelas pessoas jurídicas de direito público, inclusive a interposição de recursos, devendo a citação para a audiência de conciliação ser efetuada com antecedência mínima de 30 (trinta) dias.

Prerrogativas da Fazenda: os prazos diferenciados estabelecidos no art. 183, não se aplicam aos juizados.

Defensores Públicos: prevalece o entendimento de que as prerrogativas de intimação pessoal e prazo em dobro não se aplicam aos juizados.

2.10 Audiência e outros aspectos

Citação para audiência de conciliação: o prazo mínimo de antecedência de 30 dias, é contado entre a data da juntada do mandado de citação e a realização da audiência, sendo que sua inobservância é considerada nulidade absoluta, salvo se não resultar prejuízo à defesa e nada ser manifestado pela Fazenda Público.

> **Art. 8º** Os representantes judiciais dos réus presentes à audiência poderão conciliar, transigir ou desistir nos processos da competência dos Juizados Especiais, nos termos e nas hipóteses previstas na lei do respectivo ente da Federação.

Art. 9º A entidade ré deverá fornecer ao Juizado a documentação de que disponha para o esclarecimento da causa, apresentando-a até a instalação da audiência de conciliação

Momento processual oportuno para apresentação: a juntada deve se dar até, no máximo, a instalação da audiência de conciliação. É o chamado deve de informação, que deverá ocorrer independentemente de requerimento do juízo.

Art. 10. Para efetuar o exame técnico necessário à conciliação ou ao julgamento da causa, o juiz nomeará pessoa habilitada, que apresentará o laudo até 5 (cinco) dias antes da audiência.

Art. 11. Nas causas de que trata esta Lei, não haverá reexame necessário.

Art. 12. O cumprimento do acordo ou da sentença, com trânsito em julgado, que imponham obrigação de fazer, não fazer ou entrega de coisa certa, será efetuado mediante ofício do juiz à autoridade citada para a causa, com cópia da sentença ou do acordo.

Art. 13. Tratando-se de obrigação de pagar quantia certa, após o trânsito em julgado da decisão, o pagamento será efetuado:

I – no prazo máximo de 60 (sessenta) dias, contado da entrega da requisição do juiz à autoridade citada para a causa, independentemente de precatório, na hipótese do § 3º do art. 100 da Constituição Federal; ou

II – mediante precatório, caso o montante da condenação exceda o valor definido como obrigação de pequeno valor.

§ 1º Desatendida a requisição judicial, o juiz, imediatamente, determinará o sequestro do numerário suficiente ao cumprimento da decisão, dispensada a audiência da Fazenda Pública.

§ 2º As obrigações definidas como de pequeno valor a serem pagas independentemente de precatório terão como limite o que for estabelecido na lei do respectivo ente da Federação.

§ 3º Até que se dê a publicação das leis de que trata o § 2º, os valores serão:

I – 40 (quarenta) salários mínimos, quanto aos Estados e ao Distrito Federal;

II – 30 (trinta) salários mínimos, quanto aos Municípios.

§ 4º São vedados o fracionamento, a repartição ou a quebra do valor da execução, de modo que o pagamento se faça, em parte, na forma estabelecida no inciso I do caput e, em parte, mediante expedição de precatório, bem como a expedição de precatório complementar ou suplementar do valor pago.

> **§ 5º** Se o valor da execução ultrapassar o estabelecido para pagamento independentemente do precatório, o pagamento far-se-á, sempre, por meio do precatório, sendo facultada à parte exequente a renúncia ao crédito do valor excedente, para que possa optar pelo pagamento do saldo sem o precatório.
>
> **§ 6º** O saque do valor depositado poderá ser feito pela parte autora, pessoalmente, em qualquer agência do banco depositário, independentemente de alvará.
>
> **§ 7º** O saque por meio de procurador somente poderá ser feito na agência destinatária do depósito, mediante procuração específica, com firma reconhecida, da qual constem o valor originalmente depositado e sua procedência.

Execução de título extrajudicial: deve ser processado na justiça comum, uma vez que a Lei 12.153/09 estabelece que somente se poderá, nos Juizados Especiais da Fazenda Pública, a execução de acordo ou sentença transitada em julgado.

> **Art. 15.** Serão designados, na forma da legislação dos Estados e do Distrito Federal, conciliadores e juízes leigos dos Juizados Especiais da Fazenda Pública, observadas as atribuições previstas nos arts. 22, 37 e 40 da Lei no 9.099, de 26 de setembro de 1995.
>
> **§ 1º** Os conciliadores e juízes leigos são auxiliares da Justiça, recrutados, os primeiros, preferentemente, entre os bacharéis em Direito, e os segundos, entre advogados com mais de 2 (dois) anos de experiência.
>
> **§ 2º** Os juízes leigos ficarão impedidos de exercer a advocacia perante todos os Juizados Especiais da Fazenda Pública instalados em território nacional, enquanto no desempenho de suas funções.

Impedimentos: apesar de lei se referir apenas aos juízes leigos, a doutrina entende que os conciliadores também estão impedidos. Nota que a Lei dos Juizados da Fazenda Pública exige apenas 02 anos de prática para os juízes leigos, enquanto a Lei dos Juizados Estaduais exige 05 anos.

> **Art. 16.** Cabe ao conciliador, sob a supervisão do juiz, conduzir a audiência de conciliação.
>
> **§ 1º** Poderá o conciliador, para fins de encaminhamento da composição amigável, ouvir as partes e testemunhas sobre os contornos fáticos da controvérsia.
>
> **§ 2º** Não obtida a conciliação, caberá ao juiz presidir a instrução do processo, podendo dispensar novos depoimentos, se entender suficientes para o julgamento da causa os esclarecimentos já constantes dos autos, e não houver impugnação das partes.

2.11 Sistema Recursal

Art. 17. As Turmas Recursais do Sistema dos Juizados Especiais são compostas por juízes em exercício no primeiro grau de jurisdição, na forma da legislação dos Estados e do Distrito Federal, com mandato de 2 (dois) anos, e integradas, preferencialmente, por juízes do Sistema dos Juizados Especiais.

§ 1º A designação dos juízes das Turmas Recursais obedecerá aos critérios de antiguidade e merecimento.

§ 2º Não será permitida a recondução, salvo quando não houver outro juiz na sede da Turma Recursal.

Art. 18. Caberá pedido de uniformização de interpretação de lei quando houver divergência entre decisões proferidas por Turmas Recursais sobre questões de direito material.

§ 1º O pedido fundado em divergência entre Turmas do mesmo Estado será julgado em reunião conjunta das Turmas em conflito, sob a presidência de desembargador indicado pelo Tribunal de Justiça.

§ 2º No caso do § 1º, a reunião de juízes domiciliados em cidades diversas poderá ser feita por meio eletrônico.

§ 3º Quando as Turmas de diferentes Estados derem a lei federal interpretações divergentes, ou quando a decisão proferida estiver em contrariedade com súmula do Superior Tribunal de Justiça, o pedido será por este julgado.

Finalidade do pedido de uniformização: uniformizar a interpretação dos pontos sobre direito material. Prevalece que não cabe pedido de uniformização sobre direito processual.

Divergência entre turmas de Estados diferentes ou proferidas em contrariedade a súmula do STJ: aqui, o julgamento fica a cargo do próprio STJ, a fim de se obter do referido tribunal a correta interpretação das normas federais de direito material. Diverge dos Juizados Federais, pois lá, a manifestação do STJ só ocorre após deliberação da Turma Nacional de Uniformização.

Art. 19. Quando a orientação acolhida pelas Turmas de Uniformização de que trata o § 1º do art. 18 contrariar súmula do Superior Tribunal de Justiça, a parte interessada poderá provocar a manifestação deste, que dirimirá a divergência.

§ 1º Eventuais pedidos de uniformização fundados em questões idênticas e recebidos subsequentemente em quaisquer das Turmas Recur-

> sais ficarão retidos nos autos, aguardando pronunciamento do Superior Tribunal de Justiça.
>
> **§ 2º** Nos casos do caput deste artigo e do § 3º do art. 18, presente a plausibilidade do direito invocado e havendo fundado receio de dano de difícil reparação, poderá o relator conceder, de ofício ou a requerimento do interessado, medida liminar determinando a suspensão dos processos nos quais a controvérsia esteja estabelecida.
>
> **§ 3º** Se necessário, o relator pedirá informações ao Presidente da Turma Recursal ou Presidente da Turma de Uniformização e, nos casos previstos em lei, ouvirá o Ministério Público, no prazo de 5 (cinco) dias.
>
> **§ 5º** Decorridos os prazos referidos nos §§ 3º e 4º, o relator incluirá o pedido em pauta na sessão, com preferência sobre todos os demais feitos, ressalvados os processos com réus presos, os habeas corpus e os mandados de segurança.
>
> **§ 6º** Publicado o acórdão respectivo, os pedidos retidos referidos no § 1º serão apreciados pelas Turmas Recursais, que poderão exercer juízo de retratação ou os declararão prejudicados, se veicularem tese não acolhida pelo Superior Tribunal de Justiça.

Acolhimento de tese que contrarie súmula do STJ: no caso do julgamento de pedido de uniformização, quando a divergência for ente turmas do mesmo Estado, se ao final for acolhida tese que contrarie súmula do STJ, a própria parte interessada poderá provocar o STJ, por meio de reclamação.

"Amicus Curiae": A Lei dos Juizados Especiais da Fazenda, diferentemente dos Federais, não previu a hipótese de "amicus curiae" se manifestarem.

XVII

DESAPROPRIAÇÃO

1. CONCEITO

A desapropriação é a mais drástica das modalidades de intervenção do Estado na propriedade. Consiste na transferência compulsória da propriedade de um bem para o Estado, podendo ser realizado tanto em relação a bens móveis e imóveis. O seu fundamento é a supremacia do interesse público.

É considerada uma forma de **aquisição originária da propriedade,** já que não depende de um negócio jurídico.

Em função disso, o Estado libera-se de eventuais ônus reais, devendo os credores se sub-rogar no preço pago pelo Poder Público (Art. 31, DL 3.365/41).

2. LEGISLAÇÃO APLICÁVEL

Existem diversas espécies de desapropriação, a depender do bem ou do fundamento jurídico que a autoriza. Em razão disso, os doutrinadores conceituam as modalidades de desapropriação em ordinárias e extraordinárias.

São ordinárias as realizadas por necessidade ou utilidade pública ou por interesse social, sendo exigida a prévia indenização em dinheiro **(Art. 5º, XXIV**). Por sua vez, as desapropriações extraordinárias são as decorrentes do inadequado aproveitamento do solo urbano **(Art. 182, CF)** e da improdutividade do imóvel rural **(Art. 184, CF).**

O artigo 243 não trata propriamente de desapropriação, mas sim de um verdadeiro confisco constitucional **(RE 635.336/PE)**, conforme reconhecido pelo STF, uma vez que a administração não indeniza o particular pela terra.

@direitodiretoblog – É possível a discussão de culpa no confisco constitucional

Nos termos do art. 243 da CF, as propriedades onde forem localizadas culturas ilegais de plantas psicotrópicas ou a exploração de trabalho escravo na forma da lei serão expropriadas sem qualquer indenização ao proprietário.

Alguns autores (Ex: Carvalho Filho) costumam chamar esse dispositivo de "desapropriação confiscatória". Contudo, ao analisar o dispositivo, o STF **(RE 635.336/PE)** entendeu que se trata de um confisco constitucional.

Nos termos do voto do Min. Gilmar Medes, "O instituto previsto no art. 243 da Constituição Federal não é verdadeira espécie de desapropriação, mas uma penalidade imposta ao proprietário que praticou a atividade ilícita de cultivar plantas psicotrópicas, sem autorização prévia do órgão sanitário do Ministério da Saúde. Portanto, a expropriação é espécie de confisco constitucional e tem caráter sancionatório.

Apesar do caráter sancionatório, o confisco constitucional não dispensa a comprovação da culpa do proprietário. Para o STF, a aplicação do artigo 243 não exige que o proprietário do bem tenha participado efetivamente do cultivo das drogas. Contudo, exige-se que haja algum grau de culpa dele para sua aplicação, é dizer, o artigo 243 consagra uma responsabilidade subjetiva.

Assim, para aplicação do confisco constitucional, é essencial que o titular tenha agido com culpa in eligendo (culpa na escolha) ou in vigilando (culpa na fiscalização, em não zelar pelo correto uso do bem por parte de terceiros que detenham sua posse.

Por fim, segundo o STF, compete ao proprietário, e não a União, o ônus de provar que não agiu de forma culposa.

Com relação a legislação aplicável, temos o seguinte:

a) Desapropriação por necessidade ou utilidade pública, aplica-se o art. 5º, XXIV da CF/88 e o Decreto-Lei 3.365/41;

b) Desapropriação por interesse social, aplica-se o art. 5º, XXIV, da CF/88 e a Lei 4.132/62;

c) Desapropriação urbanística, aplica-se o art. 182, § 4º, III, da CF/88 e a Lei 10.257/01;

d) Desapropriação para reforma agrária, aplica-se o art. 184 da CF/88 e a LC 76/93;

e) Expropriação, aplica-se o art. 243 da CF/88 e a Lei 8.257/91.

3. PROCEDIMENTO APLICÁVEL NAS DESAPROPRIAÇÕES POR UTILIDADE OU INTERESSE SOCIAL

A principal modalidade de desapropriação é a chamada desapropriação por necessidade ou utilidade pública. Diante do objetivo desta obra de analisar os principais pontos da atuação do Poder, focaremos nossa atenção nessa espécie, tendo em vista ser ela a espécie de desapropriação com mais detalhes e decisões jurisprudenciais.

O procedimento de desapropriação por utilidade ou interesse social é dividido em duas fases, a administrativa e judicial. Vejamos cada uma delas.

1ª Fase Administrativa

a) Introdução

Consiste em um processo administrativo, com o objetivo de verificar se existe os requisitos necessários à desapropriação:

- necessidade ou utilidade pública;
- interesse social.

Em havendo os requisitos, deverá haver a chamada declaração de utilidade pública ou interesse social. Tal declaração é feita mediante decreto do Poder Público **(DL 3.365/41, art. 6º)**, de competência do Chefe do Poder Executivo, ou por iniciativa do Poder Legislativo:

> **Art. 8º** O Poder Legislativo poderá tomar a iniciativa da desapropriação, cumprindo, neste caso, ao Executivo, praticar os atos necessários à sua efetivação.

Há certa divergência em relação a formalização da declaração de utilidade pública ou interesse social quando feita pelo Legislativo. Uma primeira corrente (Di Pietro), tem defendido que ela deve ocorrer por lei efeitos concretos.

Outra corrente (Carvalho Filho e Rafael Oliveira) de ocorrer por meio de decreto legislativo, uma vez que o artigo 6º do DL 3.365/41 fala expressamente em decreto.

Como bem ressaltado por Guilherme Freire de Melo Barros, a declaração de utilidade pública ou interesse social não afeta, por si só, **o direito de propriedade do particular. É dizer, a declaração não impede a regular utilização da propriedade pelo particular.** Assim, não tem o particular direito qualquer espécie de indenização em razão da declaração.

Na declaração, cabe ao Poder Público individualizar o bem que será desapropriado. É vedado ao Poder Público realizar uma declaração genérica, no sentido de que determina área possui interesse social, utilidade ou necessidade público.

Embora a declaração não implique óbice a regular utilização do bem pelo particular, é certo que ela possui importantes consequências:

- com a declaração, as autoridades administrativas ou seus representantes estão autorizados a ingressarem no bem objeto da desapropriação. Para tanto, a lei autoriza, inclusive, o uso da força policial, nos termos do artigo 7º do Decreto-lei 3.365/41:

> **Art. 7º** Declarada a utilidade pública, ficam as autoridades administrativas autorizadas a penetrar nos prédios compreendidos na declaração, podendo recorrer, em caso de oposição, ao auxílio de força policial.
>
> **Parágrafo único:** Àquele que for molestado por excesso ou abuso de poder, cabe indenização por perdas e danos, sem prejuízo da ação penal.

- Início do prazo de caducidade do decreto expropriatório.
- Fixação do estado do bem. Esse procedimento serve para a fixação de eventuais indenizações por benfeitorias. Após a declaração é permitido ao proprietário realizar benfeitorias, contudo, a indenização delas vai seguir o disposto na legislação:

> **Art. 26.** No valor da indenização, que será contemporâneo da avaliação, não se incluirão os direitos de terceiros contra o expropriado.
>
> **§ 1º** Serão atendidas as benfeitorias necessárias feitas após a desapropriação; as úteis, quando feitas com autorização do expropriante.

Com isso, após a declaração, temos a seguinte regra: as benfeitorias necessárias serão sempre indenizadas. As úteis somente serão indenizadas se feitas com autorização do Poder Público e as voluptuárias não serão indenizadas.

Estabelecida a necessidade de transferência do bem para o domínio público, o Poder Público pode celebrar com o particular acordo para o pagamento em dinheiro do valor da indenização. Caso o particular não aceite o referido acordo, passa-se à fase judicial.

b) Caracterização da utilidade pública e do interesse social

> **Art. 5º** Consideram-se casos de utilidade pública:

> **a)** a segurança nacional;
>
> **b)** a defesa do Estado;
>
> **c)** o socorro público em caso de calamidade;
>
> **d)** a salubridade pública;
>
> **e)** a criação e melhoramento de centros de população, seu abastecimento regular de meios de subsistência;
>
> **f)** o aproveitamento industrial das minas e das jazidas minerais, das águas e da energia hidráulica;
>
> **g)** a assistência pública, as obras de higiene e decoração, casas de saúde, clínicas, estações de clima e fontes medicinais;
>
> **h)** a exploração ou a conservação dos serviços públicos;
>
> ***i)*** a abertura, conservação e melhoramento de vias ou logradouros públicos; a execução de planos de urbanização; o parcelamento do solo, com ou sem edificação, para sua melhor utilização econômica, higiênica ou estética; a construção ou ampliação de distritos industriais;
>
> **j)** o funcionamento dos meios de transporte coletivo;
>
> **k)** a preservação e conservação dos monumentos históricos e artísticos, isolados ou integrados em conjuntos urbanos ou rurais, bem como as medidas necessárias a manter-lhes e realçar-lhes os aspectos mais valiosos ou característicos e, ainda, a proteção de paisagens e locais particularmente dotados pela natureza;
>
> **l)** a preservação e a conservação adequada de arquivos, documentos e outros bens moveis de valor histórico ou artístico;
>
> **m)** a construção de edifícios públicos, monumentos comemorativos e cemitérios;
>
> **n)** a criação de estádios, aeródromos ou campos de pouso para aeronaves;
>
> **o)** a reedição ou divulgação de obra ou invento de natureza científica, artística ou literária;
>
> **p)** os demais casos previstos por leis especiais.

Por sua vez, os casos que caracterizam o interesse social constam do artigo 2º da Lei 4.132/62:

> **Art. 2º** Considera-se de interesse social:
>
> **I** – o aproveitamento de todo bem improdutivo ou explorado sem correspondência com as necessidades de habitação, trabalho e consumo dos centros de população a que deve ou possa suprir por seu destino econômico;

II – a instalação ou a intensificação das culturas nas áreas em cuja exploração não se obedeça a plano de zoneamento agrícola,

III – o estabelecimento e a manutenção de colônias ou cooperativas de povoamento e trabalho agrícola:

IV – a manutenção de posseiros em terrenos urbanos onde, com a tolerância expressa ou tácita do proprietário, tenham construído sua habilitação, formando núcleos residenciais de mais de 10 (dez) famílias;

V – a construção de casa populares;

VI – as terras e águas suscetíveis de valorização extraordinária, pela conclusão de obras e serviços públicos, notadamente de saneamento, portos, transporte, eletrificação armazenamento de água e irrigação, no caso em que não sejam ditas áreas socialmente aproveitadas;

VII – a proteção do solo e a preservação de cursos e mananciais de água e de reservas florestais.

VIII – a utilização de áreas, locais ou bens que, por suas características, sejam apropriados ao desenvolvimento de atividades turísticas.

No primeiro momento, o processo administrativo verifica a caracterização de uma dessas hipóteses, a fim de expedir o decreto expropriatório.

Na prática, é comum que o Poder Público declare a utilidade pública ou o interesse social de um determinado bem, afirmando que vai usá-lo para uma situação "x", mas acaba por utilizar o bem para finalidade diversa da declarada.

A doutrina e a jurisprudência pacificaram o entendimento de que, se a nova finalidade também for voltada ao interesse público (Ex: declarou que iria construir uma escola, mas construiu um hospital), o particular não tem direito de retrocessão, ou seja, de reaver o imóvel. É o que se chama de tredestinação lícita.

@direitodiretoblog – em que consiste a retrocessão?

A retrocessão consiste no direito que o particular possui de exigir a devolução do bem que não foi utilizado pelo Poder Público para atender o interesse público.

O instituto da retrocessão, assim, pressupõe necessariamente que tenha havido uma tredestinação do bem. A tredestinação, ao seu turno, divide-se da seguinte forma:

- **tredestinação lícita**: A Administração não satisfaz o interesse descrito no decreto expropriatório, mas satisfaz outro interesse público (Ex: o decreto expropriatório foi para a construção de uma delegacia, mas acabou se construindo uma escola no local).

- **tredestinação ilícita:** A administração, após expropriar o bem, não satisfaz nenhum interesse público (Ex: após expropriar o bem, a Administração informa que vai vendê-lo).

Prevalece que somente a tredestinação ilícita possibilita a retrocessão.

c) Legitimidade das partes

A legitimidade ativa é do ente público, que edita o decreto expropriatório. Além do Poder Executivo, a legislação permitiu que o procedimento de desapropriação fosse iniciado pelo Poder Legislativo, nos termos do artigo 8º, já visto anteriormente.

Também é possível que a ação de desapropriação pode ser proposta pela concessionária de serviço público no exercício de função delegada, mediante autorização expressa em lei ou contrato **(DL 3.365/41, art. 3º).**

Por fim, o polo passivo é ocupado pelo proprietário do bem.

Em algumas situações, não é possível se determinar quem é o proprietário do bem. Quando isso ocorre, a doutrina entende que deverão ser citados como litisconsorte passivo, todos aqueles que aparentam ser proprietários.

Também é possível, no caso concreto, que apenas um dos supostos proprietários tenha sido efetivamente citado e que as demais pessoas que afirmam serem proprietários do local intervenham no processo.

Se isso ocorrer, percebendo o juiz que há dúvida fundada sobre o domínio, o preço ficará em depósito, ressalvada aos interessados a ação própria para discutir o domínio **(DL 3.365/41, art. 34, parágrafo único).**

Isso ocorre porque, como veremos adiante, na desapropriação a cognição do magistrado é limitada, não admitindo que haja discussão sobre o domínio do bem. Tal discussão deverá ocorrer por meio do processo ordinário.

Posteriormente, definido pelas vias ordinárias quem efetivamente é o proprietário, deverá ele comparecer nos autos da desapropriação e comprovar esse reconhecimento judicial, a fim de poder levantar o valor depositado.

@direitodiretoblog – No âmbito da ação de desapropriação por utilidade pública, a citação do marido dispensa a citação da esposa?

O artigo 16, do Decreto-Lei 3.365/41, que regulamenta o procedimento judicial da desapropriação por utilidade pública determina o seguinte:

> **Art. 16.** A citação far-se-á por mandato na pessoa do proprietário dos bens; a do marido dispensa a dá mulher (...).

A doutrina (Leonardo Carneiro da Cunha) sempre defendeu que esse artigo não foi recepcionado pela atual constituição, por ofensa ao princípio do devido processo legal, deixando de conferir à parte um processo justo, com resultado efetivo.

Para ele, se se propõe a demanda apenas em face do marido, eventual sentença de procedência não seria efetiva, não havendo como ser cumprida, pois não poderia ser imposta a mulher, que também é titular do bem, não sendo ela atingida pela coisa julgada, por não ter sido parte no processo.

O STJ, contudo, proferiu decisão pela aplicabilidade do dispositivo, afastando o disposto no art. 73, § 1º, I do CPC, o qual determina que, nas ações que versem sobre direitos reais imobiliários, tanto o réu como o seu cônjuge devem ser citados.

Segundo entendeu o STJ, o artigo 42 do Decreto-Lei 3.365/41 afirma que o CPC somente incidirá na hipótese em for omissa a lei das desapropriações. Portanto, havendo expressa previsão quanto à matéria, não se aplicaria a norma geral **(REsp 1.404.085-CE).**

Ente desapropriante não responde por tributos anteriores à desapropriação: O ente desapropriante não responde por tributos incidentes sobre o imóvel desapropriado nas hipóteses em que o período de ocorrência dos fatos geradores é anterior ao ato de aquisição originária da propriedade **(REsp 1.668.058/ES).**

d) Prazo

Uma vez tendo sido editado o decreto expropriatório, o ente público possui o prazo **decadencial** de 05 anos para propor a demanda judicial. O prazo em questão se inicia com a edição do decreto expropriatório, no caso de necessidade ou utilidade pública **(DL 3.365/41, Art. 10).** Na desapropriação por interesse social, o prazo é menor, **de apenas 02 anos (Lei 4.132/62, art. 3º).**

Não sendo a ação proposta no prazo legal, nova declaração de necessidade ou utilidade pública somente pode ser efetivada após decorrido o prazo de 01 ano data em que o decreto anterior caducou **(DL 3.365/41, Art. 10).**

e) Objeto da desapropriação

Nos termos da lei, todo e qualquer direito ou bem que possa ser valorado economicamente poderá ser objeto de desapropriação:

> **Art. 2º** Mediante declaração de utilidade pública, todos os bens poderão ser desapropriados pela União, pelos Estados, Municípios, Distrito Federal e Territórios.

A jurisprudência entende que até mesmo os bens inalienáveis podem vir a ser objeto de desapropriação. O fundamento é que o interesse público prevalece sobre a inalienabilidade do bem. E mais, até mesmo ações de empresas privadas podem vir a ser desapropriadas:

> **STF – Súmula 476:** Desapropriadas as ações de uma sociedade, o Poder desapropriante, imitido na posse, pode exercer, desde logo, todos os direitos inerentes aos respectivos títulos.

A legislação, contudo, veda a desapropriação de cotas e ações de sociedade na seguinte hipótese:

> **Art. 2º (...)**
>
> **§ 3º** É vedada a desapropriação, pelos Estados, Distrito Federal, Territórios e Municípios de ações, cotas e direitos representativos do capital de instituições e empresas cujo funcionamento dependa de autorização do Governo Federal e se subordine à sua fiscalização, salvo mediante prévia autorização, por decreto do Presidente da República.

Contudo, não cabe desapropriação de todo e qualquer bem. Segundo a doutrina (Rafael Oliveira), não cabe desapropriação nas seguintes hipóteses:

- **impossibilidades materiais:** aqui, não cabe desapropriação em função da natureza dos bens (Ex: moeda corrente, direitos personalíssimos).
- **impossibilidades jurídicas**: aqui, embora faticamente fosse possível a desapropriação, há uma vedação imposta pelo próprio ordenamento jurídico (Ex: O artigo 185 da Constituição Federal determina que são insuscetíveis de desapropriação para fins de reforma agrária a pequena e média propriedade rural, assim definida em lei, desde que seu proprietário não possua outra e a propriedade produtiva).

@direitodiretoblog – É possível a desapropriação de um cadáver?

Amigos, por incrível existe divergência doutrinária nesse tema. Carvalho Filho, por exemplo, entende que, em situações excepcionalíssimas, é possível a desapropriação do cadáver, como, por exemplo, para pesquisa científica e proteção da sociedade.

Por outro lado, Rafael Oliveira entende que isso não é possível. De início, tal situação se revelaria desproporcional, uma vez o Estado pode se utilizar de cadáveres de indigentes para a pesquisa científica, respeitada as limitações legais. Ademais, não haveria possibilidade de fixação de indenização nesse caso, uma vez que o cadáver não é um bem posto à disposição do comércio.

1º A questão da desapropriação de bens públicos

Embora não seja comum, a desapropriação pode se dar entre entes públicos. A União tem legitimidade para desapropriar bens dos Estados, DF e Municípios, ao passo que os Municípios podem ter seus bens desapropriados também pelo Estado:

> **Art. 2º. (...)**
>
> § 2º Os bens do domínio dos Estados, Municípios, Distrito Federal e Territórios poderão ser desapropriados pela União, e os dos Municípios pelos Estados, mas, em qualquer caso, ao ato deverá preceder autorização legislativa.

A lei, portanto, criou uma espécie de hierarquia entre os interesses envolvidos: o interesse nacional (União) prevalece sobre o regional (Estado), o qual prevalece sobre o local (Municípios).

Contudo, há severa divergência na doutrina sobre o real alcance do disposto no art. 2º, § 2º, Decreto-Lei. Podemos resumi os posicionamentos da doutrina da seguinte forma:

Primeira Corrente: não seria possível a desapropriação de bens públicos, sob pena de violação à autonomia dos entes federados. Esse é posicionamento de Fábio Konder Comparato.

Segunda Corrente: aplica-se literalmente o artigo 2º, § 2º, do Decreto-Lei. Assim, é possível a desapropriação de bens públicos "de cima para baixo". Para tanto, basta o cumprimento dos dois requisitos legais: a) desapropriação de cima para baixo; b) o ato seja precedido de autorização legislativa. É o posicionamento majoritário da doutrina (Carvalho Filho, Di Pietro) e do STF **(AC 1.225 MC/RR).**

Terceira Corrente: é possível a desapropriação de bens públicos tanto de "cima para baixo" quanto de "baixo para cima". O fundamento é que os entes federativos são iguais. É o posicionamento de Rafael Oliveira.

Por fim, o entendimento majoritário, no qual se estabelece uma hierarquia de interesse também deve ser observado no caso em que mais de um ente deseja desapropriar o mesmo bem (Ex: União e Estado querem desapropriar o mesmo bem. Nesse caso, o interesse da União deve prevalecer). Esse é o entendimento do STF **(RE 172.816/RJ)**.

2º Fase Judicial

a) Competência

De início, a competência é verificada pelo ente expropriante. Nos casos em que for feita pela União ou por outro ente federal, a competência será da Justiça Federal **(CF, art. 109, I)**. Quando a desapropriação não for proposta pela União ou outro ente federal, a competência será da Justiça Estadual.

A desapropriação deve sempre ser proposta, processada e julgada por um juízo estadual ou federal. Os juízes trabalhistas, eleitorais ou militares não processam e julgam demandas de desapropriação. Cabe apenas aos juízes estaduais e federais processar e julgar esses tipos de demanda.

Havendo delegação do ente público para que a desapropriação seja feita por concessionária de serviços públicos, entidade privada, a competência é da Justiça Estadual, mesmo nos casos em que o delegante é a União ou outro ente federal.

Isso porque a circunstância de o serviço delegado ser federal não atrai a competência da Justiça Federal, **mas sim a condição da pessoa que figura na causa.** Assim, considerando que a concessionária, na maioria das vezes, é uma pessoa jurídica de direito privado, não há interesse federal na causa, a não ser que a União ou outro ente federal interventor também esteja na demanda.

No caso de a desapropriação ser proposta pela União em face de um estado, a competência para processar a julgar a ação é, originalmente, do STF, nos termos do art. 102, I, "f", da CF/88. O STF, contudo, entende que sua competência originária, **somente se concretiza, caso configurada a possibilidade de conflito suscetível de afetar o equilíbrio da federação (STF – Reclamação 723/SP).** Em outras palavras, não basta que a desapropriação seja proposta pela União em face de um Estado para atrair a competência do STF. É preciso que, no caso concreto, haja a possibilidade de conflito passível de afetar o equilíbrio da federação.

Nos casos de desapropriação proposta pelo Estado em face de um Município, ela deve ser proposta na primeira instância da Justiça Estadual. No caso de desapropriação intentada pela União em face de um Município, a competência para processá-la e julgá-la é da Justiça Federal de primeira instância.

Definida a Justiça em que será proposta a demanda, o juízo competente deve ser aferido com base no critério da localização do bem a ser desapropriado, nos termos do artigo 47 do NCPC. Ficando o imóvel em mais de um foro, comarca ou Estado, a competência será definida pela prevenção (CPC, art. 59), estendendo-se sobre a totalidade do imóvel (CPC, art. 60).

Nas desapropriações, não há competência delegada da Justiça Federal para a Justiça Estadual. Assim, se o bem não estiver situado em cidade sede da Justiça Federal, ação deve ser proposta na Secção Judiciária da Justiça Federal com competência para aquela região.

O Decreto-Lei 3.365/41 traz a previsão de que os processos de desapropriação somente serão processados e julgados por juízes que já possuem vitaliciedade (Art. 12).

Prevalece na doutrina (Leonardo Carneiro da Cunha) que a **norma em questão não foi recepcionada,** uma vez que a Constituição não fez qualquer distinção entre o exercício da jurisdição por um magistrado recém-empossado e por outro vitalício.

b) Procedimento

b.1) Petição Inicial

A ação de desapropriação deve seguir o rito ordinário do CPC:

> **Art. 19.** Feita a citação, a causa seguirá com o rito ordinário.

A petição inicial sujeita-se as exigências gerais do CPC, previstas em seus artigos 319 e 320. É necessário juntar, entre os documentos essenciais que devem acompanhar a petição inicial, cópia do decreto expropriatório e da planta dos bens com suas contratações.

Finalmente, a inicial deve conter a oferta do preço que o ente público pretende pagar pelo bem (Art. 13).

b.2) Resposta do réu

a) Cognição

Apesar de ação de desapropriação seguir o rito ordinário, a amplitude da sua cognição não será a mesma do regime comum.

A cognição judicial pode ser analisada nos planos vertical e horizontal.

A cognição vertical, que se relaciona a profundidade da análise judicial, divide-se em cognição sumária e cognição exauriente. A cognição sumária constitui aquela cognição superficial, decorrente de uma mera probabilidade ou verossimilhança. Por sua vez, a cognição exauriente baseia-se em um juízo de certeza, em razão de uma incontrovérsia ou da produção de todas as provas possíveis no processo. Trata-se de distinção essencial para diferenciar as tutelas de urgência das tutelas finais. Isso porque a **cognição exauriente**, ao contrário da sumária, **faz coisa julgada material.**

No plano horizontal, a cognição relaciona-se a matéria processual, condições da ação e ao mérito, classificando-se em limitada ou ampla.

A cognição limitada é aquela que ocorre nos casos em que a lei restringir a amplitude da defesa, limitando as matérias que podem ser alegadas pela parte. Por sua vez, a cognição ampla, no plano horizontal, permite que as partes aleguem qualquer matéria de defesa.

Feito essa distinção, podemos afirmar que, no âmbito da ação de desapropriação, a cognição no **plano vertical** é exauriente, sendo apta a produzir coisa julgada material. No **plano horizontal**, contudo, ela é limitada, pois a lei restringe as matérias que podem ser alegadas na defesa do réu.

Com isso, ao ser citado, o réu possui o prazo de 15 dias para contestar. Em sua defesa poderá alegar apenas vício do processo judicial (ausências de condição da ação ou pressupostos processuais) ou impugnação do preço:

> **Art. 20.** A contestação só poderá versar sobre vício do processo judicial ou impugnação do preço; qualquer outra questão deverá ser decidida por ação direta.

Além dessas duas hipóteses, nada mais pode ser alegado, nem discutido. Qualquer outra questão, portanto, deve ser levada ao conhecimento do Poder Judiciário através de ação própria.

Diante dessa limitação cognitiva, **tem-se como incabível a apresentação de reconvenção no processo de desapropriação,** pois a reconvenção é uma ação dentro de um mesmo processo. A proposição de reconvenção é contrária ao disposto no art. 20 do DL 3.365/41, o qual afirma que qualquer outra matéria deve ser discutido em "ação direta" o que exige processo autônomo.

Discute-se na doutrina a constitucionalidade tal limitação. Uma primeira corrente, defendida por Marçal Justen Filho, defende que a limitação das matérias de defesa prevista no art. 20 é inconstitucional, pois limitaria o princípio constitucional da ampla defesa.

Por outro lado, uma 2ª corrente, majoritária, entende que essa limitação é constitucional (Ex: Rafael Oliveira, Carvalho Filho). O fundamento é que a legislação consagra diversos procedimento que limitam a cognição, sem que isso seja considerado inconstitucional (Ex: Art. 615).

Ademais, não há que se falar em violação a ampla defesa, pois na desapropriação ela existe, mas é diferida no tempo e espaço. O réu poderá alegar todas as defesas que entender possíveis, desde que o faça em uma ação direta.

b) Direito de extensão

Direito de extensão é o direito assegurado ao proprietário de exigir que a desapropriação parcial se torne em total. Isso ocorre quando a parte que resta da desapropriação, isoladamente, não possui valoração ou utilidade econômica razoável.

Assim, é possível que na contestação o réu alegue também o chamado direito de extensão. O direito de extensão não viola a limitação cognitiva prevista no art. 20 do DL 3.365/41, pois, em última análise, **relaciona-se ao preço da indenização.** É, assim, matéria alegável na defesa do réu no processo de desapropriação.

Com relação ao momento máximo de alegação do direito de extensão, há divergência na doutrina.

Uma 1ª Corrente defende que o direito de extensão deverá ser alegado no processo administrativo ou no máximo até a contestação judicial, sob pena de preclusão (Ex: Hely Lopes Meirelles).

Outra corrente afirma que pode ser alegado depois da contestação, por meio de ação autônoma, desde que dentro do prazo prescricional (Ex: Rafael Oliveira).

Revelia na desapropriação

A revelia, que é a ausência de contestação, produz dois efeitos: material (CPC, art. 319) e um processual (CPC, art. 322). Em outras palavras, não apresentada a contestação, presumem-se verdadeiros os fatos alegados pelo autor, passando os prazos a correr independentemente de intimação do réu revel que não tenha advogado constituído nos autos.

Na desapropriação, havendo revelia, o efeito processual aplica-se normalmente. Se o réu for revel e não tiver advogado constituído nos autos, os prazos correrão independentemente de intimação. Contudo, não se verifica aqui o efeito material da revelia. Em outras palavras, o valor ofertado pelo ente público não é tido como certo.

Isso porque o procedimento de desapropriação exige a realização de perícia para se aferir a correção do valor ofertado pelo ente público, como forma de se verificar se ele é justo ou não, em atendimento a exigência constitucional. **Somente não haverá perícia se o réu concordar expressamente com o preço (DL 3.365/42, art. 23).**

Ora, se o réu for revel, **não haverá concordância expressa.** Assim, a única conclusão possível é que a revelia não gera presunção de aceitação do preço.

Com isso, mesmo havendo revelia, a perícia deve ser determinada, de ofício, pelo juiz.

Havendo perícia, ela deve de ser custeada pelo ente expropriante, cabendo-lhe efetuar o depósito prévio dos honorários do perito, nos termos da Súmula 232 do STJ.

b.3) Participação do Ministério Público

Não se tem um posicionamento pacífico sobre a obrigatoriedade da intervenção do Ministério Público nos processos de desapropriação. Apenas no caso de desapropriação para fins de reforma agrária faz a exigência de participação do MP (LC nº 76/93, art. 18, § 2º).

Ao analisar o tema, o STJ, em acertada decisão, entendeu que o conflito de interesses no processo de desapropriação é eminentemente econômico, de modo que não há necessidade de intervenção do MP **(Resp 486.645/SP).**

b.4.) Imissão provisória na posse

Na desapropriação, é possível antecipação de tutela em favor do ente público, para que ele seja emitido provisoriamente na posse do imóvel.

Isso, em regra, não implica na imediata transferência da propriedade, mas tão somente a permissão para que o ente público ingresso no bem e exerça a posse. Contudo, nos termos do artigo 34-A, do DL 3.365/41, incluído pela Lei 13.465/17, se houver concordância, reduzida a termo, do expropriado, a decisão concessiva da imissão provisória na posse **implicará a aquisição da propriedade pelo expropriante com o consequente registro da propriedade na matrícula do imóvel.**

A concordância escrita do expropriado não implica renúncia ao seu direito de questionar o preço ofertado em juízo (34-A, § 1º, do DL 3.365/41).

Ao analisar as mudanças promovidas pela Lei 13.465/17, o Professor José dos Santos Carvalho Filho3, estabelece o seguinte:

> "Segundo o art. 34-A, se o expropriado expressar sua concordância, em manifestação reduzida a termo, a decisão que conceder a imissão provisória na posse importará na aquisição da propriedade pelo expropriante, sendo-lhe permitido registrá-la na matrícula no imóvel. Significa que não haverá necessidade de aguardar a decisão final para que se processe a transferência da propriedade. A própria imissão na posse já renderá ensejo à titulação necessária para o registro no cartório imobiliário. É, portanto, a transferência antecipada da propriedade.
>
> Em virtude da alteração, seria cabível indagar: o expropriado vai concordar com quê? A concordância incide apenas sobre o processo expropriatório promovido pelo Estado. É que o proprietário, conformado com a desapropriação, e ciente de que não poderá mesmo evitá-la, já que a ele só se assegura a indenização, adquire a consciência de que o melhor mesmo é dar a sua anuência relativamente ao poder conferido ao expropriante.
>
> Em consequência dessa faculdade conferida ao expropriado, torna-se imperioso distinguir renúncia à discussão sobre a desapropriação, de um lado, e renúncia ao questionamento sobre a indenização, de outro. O que a lei permite é apenas a primeira, considerando a inevitabilidade do processo, por mais demorado que seja. Contudo, o exercício dessa faculdade não subtrai do expropriado o direito a discutir o valor indenizatório ofertado em juízo pelo expropriante, até porque se trata de garantia constitucional."

A legislação, considerando os interesses envolvidos, previu, na imissão provisória da posse, um tratamento distinto em razão do tipo de imóvel que é objeto de desapropriação, **já que o imóvel residencial urbano possui disciplina própria.**

Para ele aplica-se o Decreto-Lei 1.075/70. Uma vez invocada urgência na petição inicial, o autor tem que efetuar o depósito do preço ofertado. Após, o réu é intimado para, em 5 (cinco) dias, manifestar-se.

Caso o réu apresente impugnação no prazo de 05 dias, deverá o juiz determinar a realização de uma avaliação prévia, de forma a fixar um valor provisório do imóvel para que possa, então, impor a imissão provisória na posse do bem. Somente após o depósito integral do valor apurado na avaliação prévia é que a imissão provisória pode ser concedida.

---

3. CARVALHO FILHO, José dos Santos. Disponível em: <http://genjuridico.com.br/2017/10/09/desapropriacao-transferencia-antecipada-da-propriedade/>. Acesso em 18 de dezembro de 2017.

Já se o **imóvel residencial ficar em zona rural ou prédio urbano não residencial,** a disciplina é a do art. 15 do Decreto-Lei 3.365/41.

O procedimento, nesse caso, exige o preenchimento de dois requisitos:

- **declaração de urgência:** aqui, basta que o poder público alegue a urgência, não sendo preciso comprovar a urgência.
- **depósito prévio:** é preciso que o Poder Pública efetue o depósito prévio, nos termos do art. 15, § 1º, do Decreto-lei 3.365/41.

Já houve questionamento acerca da constitucionalidade da imissão provisória na posse do imóvel expropriado, em razão da exigência constitucional de haver indenização prévia e em dinheiro. O STF, contudo, entendeu que é constitucional.

STF - Súmula nº 652: Não contraria a Constituição o art. 15, § 1º, do Dec.-lei 3.365/41 (Lei da Desapropriação por utilidade pública).

Ademais, em casos de imissão provisória da posse, a legislação previu para o réu o direito ao recebimento de juros compensatórios, que objetivam recompor seu prejuízo pela perda antecipada da posse **(Decreto Lei 3.365/41, art. 15-A).**

Nos termos dos parágrafos 2º e 3º do art. 15 do DL 3.365/41, a alegação de urgência, que não poderá ser renovada, obrigará o expropriante a requerer a imissão provisória dentro do prazo improrrogável de 120 dias. Expirado tal prazo, não será concedida a imissão provisória.

O STF, contudo, flexibilizou o texto legal, tendo entendido que não é necessária previsão de urgência no decreto expropriatório. Ainda que não conste do texto do decreto expropriatório, a urgência poderá ser alegada no curso do procedimento judicial da desapropriação **(STF - RE 69.702).** Conforme o STF, o prazo de 120 dias inicia-se da data da alegação de urgência no processo judicial.

4. LEVANTAMENTO PARCIAL DO DEPÓSITO

Nos termos do § 2º do art. 33 do DL 3.365/41, o desapropriado pode levantar 80% do depósito feito pelo expropriante, o que não implica sua concordância com o valor ofertado pelo bem.

Para que possa efetuar o levantamento, compete ao réu provar o seguinte: **a)** prova da propriedade do bem objeto da demanda; **b)** prova de quitação de dívidas fiscais do bem e; **c)** editais publicados para conhecimento de terceiros **(Art. 34, DL 3.365/41).**

Havendo dúvida sobre a propriedade do bem, o valor não poderá ser levantado, permanecendo depositado em juízo, enquanto os supostos proprietários discutem a matéria em ação própria.

Por fim, com a alteração promovida pela Lei 13.465/17, nos casos **em que houver concordância**, reduzida a termo, do expropriado, o expropriado poderá levantar 100% (cem por cento) do depósito **(Art. 34-A, § 2º)**. Nesse caso, contudo, do valor a ser levantado pelo expropriado devem ser deduzidos os valores relativos as dívidas fiscais e as multas decorrentes de inadimplemento e de obrigações fiscais, bem como, a critério do juiz, aqueles tidos como necessários para o custeio das despesas processuais **(Art. 34-A, § 3º)**.

5. INADMISSIBILIDADE DE OPOSIÇÃO

Conforme o artigo 682 do NCPC, quem pretender, no todo ou em parte, a coisa ou o direito sobre que controvertem autor e réu poderá, até ser proferida a sentença, oferecer oposição contra ambos.

Na desapropriação, autor e réu não estão disputando a titularidade do bem. Assim, é incabível a oposição devendo o suposto proprietário discutir em ação ordinária sua propriedade.

6. PRINCIPAIS ASPECTOS DA SENTENÇA NA AÇÃO DE DESAPROPRIAÇÃO

No processo de desapropriação, é somente após a sentença judicial que se estabelece o valor da justa indenização a ser paga pelo expropriante, nos termos da Constituição.

Para se chegar no correto valor da justa indenização, a sentença deverá enfrentar ainda diversos outros temas relevantes, tais como condenação em honorários advocatícios, custas processuais, incidência de juros, compensatórios e moratórios, correção monetária.

Analisaremos a seguir os principais pontos da sentença no processo de desapropriação.

a) Momento da perícia para fins de cálculo do valor da indenização

Nos termos do artigo 26, do Decreto-lei 3.365/41, temos o seguinte:

> **Art. 26.** No valor da indenização, que será contemporâneo da avaliação, não se incluirão os direitos de terceiros contra o expropriado

Com isso, a lei determinou que o valor da indenização tenha por base o laudo pericial feito para determinar o valor do imóvel. A polêmica aqui foi saber se essa perícia era a perícia administrativa, realizada quando da imissão provisória na posse, ou pela perícia judicial.

O STJ pacificou o entendimento que a avaliação citada pelo artigo é avaliação judicial. Logo, quando o art. 26 do DL 3.365/41 afirma que a indenização, em regra, deverá corresponder ao valor do imóvel apurado na data da perícia, ela está se referindo à avaliação judicial **(AgRg no REsp 1.459.124-CE)**.

Por fim, cumpre ressaltar que o STF, com fundamento no princípio do livre convencimento motivo, entendeu que o juiz, desde que fundamentado no conjunto probatório, pode afastar o valor fixado na perícia **(RE 567708/SP)**.

b) Correção monetária, juros moratórios e juros compensatórios

b.1) Juros Compensatórios

Os **juros compensatórios** são devidos em razão da perda da posse pelo particular em virtude de imissão provisória da posse pelo ente público.

O termo inicial de incidência dos juros compensatórios **é a imissão provisória da posse** pelo ente público. Isso porque, é a partir daqui que o particular perde a possibilidade de usufruir o bem.

> **STF - Súmula 164:** No processo de desapropriação, são devidos juros compensatórios desde a antecipada imissão de posse, ordenada pelo juiz, por motivo de urgência.

> **STJ - Súmula 69:** Na desapropriação direta, os juros compensatórios são devidos desde a antecipada imissão na posse e, na desapropriação indireta, a partir da efetiva ocupação do imóvel.

A jurisprudência também entende que os juros compensatórios incidem sobre o valor da indenização corrigindo monetariamente.

> **STJ - Súmula 113:** Os juros compensatórios, na desapropriação direta, incidem a partir da imissão na posse, calculados sobre o valor da indenização, corrigido monetariamente.

Com relação ao seu valor, ao longo da história, ele foi fixado à razão de 12% ao ano, conforme súmula do STF:

> **STF - Súmula 618:** Na desapropriação, direta ou indireta, a taxa dos juros compensatórios é de 12% (doze por cento) ao ano.

Ocorre que por meio da medida provisória 2.183-56, foi inserido o art. 15-A no Decreto-Lei 3.365/41, que deu nova disciplina aos juros compensatórios, **fixando os juros compensatórios em 6% ao ano.**

Tal dispositivo foi objeto de ADI e, em sede de medida cautelar, o STF suspendeu a sua eficácia **(ADI nº 2.332/DF)**. Com isso, retornou-se ao modelo antigo, onde o percentual é de 12% ao ano.

Ocorre que, como a medida cautelar possui eficácia "ex nunc", apenas suspendendo a eficácia da norma impugnada, tem-se que a regra do art. 15-A, que fixou os juros em 6% ao ano foi eficaz e produziu efeitos no ordenamento jurídico durante certo período de tempo. Sobre o tema, o STJ elaborou a seguinte norma:

> **STJ – Súmula 408:** Nas ações de desapropriação, os juros compensatórios incidentes após a Medida Provisória n. 1.577, de 11/06/1997, devem ser fixados em 6% ao ano até 13/09/2001 e, a partir de então, em 12% ao ano, na forma da Súmula n. 618 do Supremo Tribunal Federal.

Por fim, se a perícia for feita na desapropriação, concluir que o depósito feito inicialmente equivale ou supera o valor a ser fixado como indenização pela perda do bem, não deverá haver condenação do ente expropriante ao pagamento de juros compensatórios, pois estará atendida a exigência constitucional do pagamento do preço justo e prévio.

@direitodiretoblog – incidem juros compensatórios na desapropriação de imóvel produtivo?:

Na desapropriação, os juros compensatórios são devidos em razão da perda da posse pelo particular em virtude de imissão provisória da posse pelo ente público.

Por muito tempo, houve discussão acerca da incidência de juros compensatórios em imóveis improdutivos. O STJ, em sede de recurso repetitivo **(Resp 1.116.364/PI)** entendeu que a eventual improdutividade do imóvel não afasta o direito aos juros compensatórios, pois esses restituem não só o que o expropriado deixou de ganhar com a perda antecipada, mas também a expectativa de renda, considerando a possibilidade de o imóvel ser aproveito a qualquer momento, de forma racional e adequada, ou até ser vendido com o recebimento do seu valor à vista.

Assim, somente não haverá juros compensatórios quando a propriedade se mostrar impassível de qualquer espécie de exploração econômica, atual ou futura, em decorrência de limitações legais ou da situação topográfica do local onde se situa a propriedade **(Eresp 519.365/SP)**.

Perceba, assim, que para que não haja a incidência de juros compensatórios, não basta que a propriedade seja improdutiva, assim considerada a propriedade que atualmente não é explorada economicamente, mas que pode vir a ser explorada no futuro, é preciso que a propriedade seja insuscetível de exploração econômica, atual ou futura, em razão da sua situação geográfica (Ex: ela fica em um terreno rochoso, que não se presta a exploração) ou legal (o tereno não pode ser explorado, por exemplo, por ser área de reserva legal).

b.2) Juros Moratórios

Com relação aos juros moratórios, seu pagamento se fundamenta no atraso do pagamento do valor da indenização.

Justamente por se fundamentar no atraso do pagamento da indenização, é preciso se verificar se realmente houve atraso para sua incidência. Isso porque no Brasil, o sistema de pagamento de obrigações pelo Poder Público é dos precatórios. Nele, o ente público só fica em mora depois de ultrapassado o exercício financeiro que o precatório deveria ser pago.

Isso significa que o entendimento da Súmula 70 do STJ (Os juros moratórios, na desapropriação direta ou indireta, contam-se desde o trânsito em julgado da sentença) não mais se aplica, devendo prevalecer a regra do Art. 15-B do DL 3.365/41, ou seja, os juros moratórios são devidos a partir de 1° de Janeiro do exercício financeiro seguinte ao que o valor deveria ter sido efetuado.

b.3) Correção Monetária

A correção monetária objetiva a recomposição do valor real da dívida, e é sempre devida, **ainda que por mais de uma vez:**

> **STJ - Súmula 67:** Na desapropriação, cabe a atualização monetária, ainda que por mais de uma vez, independente do decurso de prazo superior a um ano entre o cálculo e o efetivo pagamento da indenização.
>
> **STF - Súmula 561:** Em desapropriação, é devida a correção monetária até a data do efetivo pagamento da indenização, devendo proceder-se à atualização do cálculo, ainda que por mais de uma vez.

b.4) Cumulação de juros

O STJ possui antigo enunciado sumular afirmando que é possível a cumulação dos juros compensatórios e moratórios, em sede de desapropriação.

STJ – Súmula 12: Em desapropriação, são cumuláveis juros compensatórios e moratórios.

Ocorre que, posteriormente, por ocasião do julgamento do Recurso Especial nº 1.118.103/SP, submetido a sistemática do recurso repetitivo, o STJ entendeu que as espécies de juros ora analisadas não são exatamente cumulativas, pois se referem a momentos diferentes. Ao final, o STJ entendeu o seguinte:

"Segundo jurisprudência assentada por ambas as Turmas da 1ª Seção, os juros compensatórios, em desapropriação, somente incidem até a data da expedição do precatório original. Tal entendimento está agora também confirmado pelo § 12 do art. 100 da CF, com a redação dada pela EC 62/09. **Sendo assim, não ocorre, no atual quadro normativo, hipótese de cumulação de juros moratórios e juros compensatórios, eis que se tratam de encargos que incidem em períodos diferentes:** os juros compensatórios têm incidência até a data da expedição de precatório, enquanto que os moratórios somente incidirão se o precatório expedido não for pago no prazo constitucional".

Por fim, pela demora no pagamento do preço, o particular não tem direito a outros tipos de indenização que não sejam as espécies de juros ora analisadas.

STF – Súmula 416: Pela demora no pagamento do preço da desapropriação não cabe indenização complementar além dos juros.

c) Honorários Advocatícios

Na desapropriação, os honorários advocatícios estão regidos pelo § 1º do artigo 27 do DL 3.365/41. A norma em questão determinou que eles serão fixados em percentual que varia de 0,5% a 5% do valor apurado pela diferença entre a oferta inicial do Poder Público e o montante fixado pelo juiz na sentença.

O dispositivo ainda previu um teto para os honorários de 151 mil reais, **mas essa parte teve sua eficácia suspensa em virtude da decisão em medida cautelar da ação direta de inconstitucionalidade 2.332/DF,** de forma que não há mais limite para o valor dos honorários na desapropriação.

Com relação a **base de cálculo dos honorários,** a jurisprudencial definiu o seguinte:

STJ – Súmula 131: Nas ações de desapropriação incluem-se no cálculo da verba advocatícia as parcelas relativas aos juros compensatórios e moratórios, devidamente corrigidas.

STJ – Súmula 141: Os honorários de advogado em desapropriação direta são calculados sobre a diferença entre a indenização e a oferta, corrigidas monetariamente.

STF – Súmula 617: A base de cálculo dos honorários de advogado em desapropriação é a diferença entre a oferta e a indenização, corrigidas ambas monetariamente.

Com base nos enunciados sumulares, pode-se afirmar que a base de cálculo dos honorários **é a diferença entre a oferta e a indenização.** Ademais, incide ainda na base de cálculo os valores devidos a título de juros compensatórios e moratórios, tudo corrigido monetariamente. Sobre esse valor, incide o percentual fixado na sentença, em razão de 0,5 a 5%.

d) Custas Processuais

Na ação de desapropriação, as custas foram reguladas pelo art. 30 do DL 3.365/41, que estabelece o ônus do autor, se o réu aceitar o preço oferecido. Se o réu não aceitar o preço, as custas serão pagas pelo vencido ou proporcionalmente, na forma da lei.

e) Outros aspectos da sentença

Caso a perícia realizada no imóvel conclua pelo entendimento de que ele vale menos que o ofertado inicialmente pelo Poder Público, é possível que a sentença acolha esse valor menor do que o indicado na petição inicial.

Conforme entende o STJ, não há que se falar em julgamento "ultra petita" quando a fixação da indenização fica abaixo do que fora proposta inicialmente pelo Poder Público. Afinal, o pagamento pelo imóvel desapropriado rege-se peço princípio da justa indenização **(Resp 848.787/SC).**

Por fim, o **pagamento da indenização pela desapropriação não está sujeito a tributação por imposto de renda,** conforme entendimento do STJ (**Resp 1.116/460/SP**). O entendimento do STJ demonstra que a indenização não caracteriza acréscimo patrimonial, porque o particular teve o desfalque em seu patrimônio referente à perda do domínio.

Indenização por desapropriação e prova de apenas parte da propriedade do imóvel: Se, em procedimento de desapropriação por interesse social, ficar constatado que a área medida do bem é maior do que a escriturada no Registro de Imóveis, o expropriado receberá indenização correspondente à área registrada, ficando a diferença depositada em Juízo até que, posteriormente, se complemente o registro ou se defina a titularidade para o pagamento a quem de direito.

A indenização devida deverá considerar a área efetivamente desapropriada, ainda que o tamanho real seja maior do que o constante da escritura, a fim de não se configurar enriquecimento sem causa em favor do ente expropriante **(REsp 1.466.747-PE).**

7. COISA JULGADA, RECURSOS E REMESSA NECESSÁRIA

a) Coisa Julgada

Na ação de desapropriação, como vimos anteriormente, a cognição no plano horizontal é reduzida, limitada à discussão acerca do valor da indenização.

Assim, na desapropriação, temos que o juiz não exerce uma cognição exauriente sobre o domínio do bem, já que a lei não permitiu esse tipo de defesa, somente permitindo que se alegue vícios no processo judicial ou discuta o preço ofertado.

Por isso, a verificação da propriedade do bem não forma coisa julgada, pois é examinada apenas na fundamentação ("incidenter tantum") e não na parte dispositiva.

Assim, a propriedade do bem desapropriado poderá ser objeto de discussão em outras demandas judiciais, a fim de se verificar quem tem direito a receber o valor da indenização.

b) remessa necessária e recursos

A remessa necessária na ação de desapropriação somente é exigida quando o valor fixado na sentença for o dobro do ofertado pelo ente público **(DL 3.365/41, art. 28, § 1º).**

Com relação aos recursos, é possível a interposição de apelação contra a sentença que julga o pedido de desapropriação. Nesse caso, seu recebimento ocorre apenas no efeito devolutivo se o recorrente é o particular e, no duplo efeito, se o recorrente for o Poder Público (DL 3.365/41, art. 28). No curso do processo, as decisões interlocutórias desafiam o agravo.

8. DESISTÊNCIA DA DESAPROPRIAÇÃO

Na doutrina, há uma certa divergência sobre o tema. Rafael Oliveira, por exemplo, entende que o Poder Público somente pode desistir até o trânsito em julgado da sentença, sob pena de transformar o pedido de desistência em sucedâneo da ação rescisória.

Por outro lado, Carvalho Filho e Leonardo Carneiro da Cunha entendem que a desistência é possível mesmo após o trânsito em julgado, desde que o ente público não tenha feito o pagamento integral do preço.

O STJ tem adoto a segunda corrente, entendendo que é possível a desistência da desapropriação após o trânsito em julgado da sentença, desde que observado os seguintes requisitos:

- somente é possível enquanto não houver o pagamento integral do preço **(Agrg no Resp 1.090.549/SP).**
- o imóvel possa ser devolvido sem que ele tenha sido alterado de forma substancial (que impeça sua utilização como antes era possível). Essa exigência somente tem sentido nas desapropriações em que houve imissão provisória da posse.

Por fim, compete ao particular provar a existência de fato impeditivo do direito de desistência da desapropriação **(REsp 1.368.773/MS).**

Rafael Oliveira defende que a desistência da desapropriação acarreta ainda duas importantes consequências:

- O Poder Público deve indenizar o proprietário por meio de ação de indenização autônoma;
- A sentença de extinção do processo de desapropriação deve condenar o Poder Público ao pagamento das despesas processuais e dos honorários advocatícios, na forma do artigo 90 do CPC.

9. DESAPROPRIAÇÃO INDIRETA

a) Conceito e Aspectos Gerais

A desapropriação indireta, também chamada de apossamento administrativo, não está previsto como uma modalidade de desapropriação, pois não decorre de um procedimento regular e legítimo do Poder Público. Trata-se de um fato administrativo, consistente na apropriação indevida pelo Estado, o que caracteriza um verdadeiro esbulho possessório.

De certa forma, essa conduta abusiva do ente público encontra respaldo legal no art. 35 do Decreto-Lei nº 3.365/41, que veda ao particular a propositura de demandas que busquem a reivindicação do bem expropriado, determinando a solução da questão em perdas e danos. Uma vez expropriado pelo estado o bem, estaria caracterizado o fato consumado, a impedir o retorno do bem ao domínio particular.

Nesses casos, cabe ao particular ingressar com ação de desapropriação indireta pedindo a condenação do Poder Público a pagar a mesma indenização que pagaria numa desapropriação direita ou regular.

A ação de desapropriação indireta é uma demanda indenizatória, devendo ser proposta por petição inicial que atenda aos requisitos dos arts. 282 e 283 do CPC. Além disso, o autor deve demonstrar ser o titular do bem e que houve apossamento indevido por parte do ente público. É fundamental, na ação desapropriação indireta, que o autor comprove o domínio, mediante certidão de propriedade, esclarecendo e precisando a descrição da área apossada com seus limites e confrontações. É que a desapropriação indireta substitui a ação reivindicatória.

Se o particular era apenas possuidor do bem e este foi esbulhado pelo Poder Público, poderá também propor ação de desapropriação indireta. Em outras palavras, a ação de desapropriação indireta poderá ser proposta não somente pelo titular do bem, mas também pelo possuidor.

O simples indeferimento de licença de edificação, sob o fundamento de que já houve edição de decreto expropriatório relativamente ao imóvel, não rende ensejo a ação de desapropriação indireta, pois não há ai desapropriação da área, nem ato ilegal (Resp 182.369). De igual modo, não caberá ação de desapropriação indireta, se o indeferimento da licença de edificação tiver como fundamento um plano de melhoramento público.

b) Prazo Prescricional

Com relação ao prazo prescricional para propositura da ação de desapropriação indireta, o STJ entendia, sob a égide do Código Civil de 1916, que o prazo prescricional para propositura de ação desapropriação era de 20 anos (Súmula 119 do STJ). Isso porque esse era o prazo de usucapião extraordinário no antigo código. Assim, como a ação de desapropriação indireta tem natureza real, não se aplicaria o prazo de 05 anos próprio das ações propostas contra o Poder Público.

Contudo, como o advento do noco Código Civil de 2002, o prazo de usucapião extraordinária foi reduzida para 15 anos. Ocorre que o Código estabeleceu (Art. 1.238, parágrafo único) que o prazo de 15 anos da usucapião extraordinária é reduzido para 10 anos se o possuidor houver realizado obras ou serviços de caráter produtivo.

Assim, como a desapropriação indireta pressupõe a realização de obra pelo Poder Público ou sua destinação em função da utilidade pública, o STJ entendeu que no atual Código Civil o prazo prescricional aplicável a ação de desapropriação indireta **é de 10 anos, encontrando-se superada a Súmula 119 (Resp 1.300.442).**

c) Promessa de Compra e venda não registrada

Por fim, já entendeu o STJ que o promissário comprador do imóvel tem direito de receber a indenização no caso deste imóvel ter sofrido desapropriação indireta, ainda que esta promessa não esteja registrada no Cartório de Registro de Imóveis (REsp 1.204.923-RJ).

d) Limitação Administrativa X Desapropriação Indireta

O STJ entendeu que não há desapropriação indireta **sem que haja o efetivo apossamento da propriedade pelo Poder Público.** Desse modo, as restrições ao direito de propriedade impostas por normas ambientais, ainda que esvaziem o conteúdo econômico, não constituem desapropriação indireta. A edição de leis ambientais que restringem o uso da propriedade caracteriza uma limitação administrativa, cujos prejuízos causados devem ser indenizados por meio de uma ação de direito pessoal, e não de direito real, como é o caso da ação contra a desapropriação indireta.

A consequência prática disso é que se aplica, aos casos de leis ambientais que restrinjam o uso da propriedade, ainda que lhe esvaziem totalmente o conteúdo econômico, a prescrição quinquenal, nos termos do art. 10, parágrafo único, do Decreto-Lei n. 3.365/41, e não o prazo de prescricional de 10 anos das ações de desapropriação indireta **(STJ – AgRg no REsp Nº 1.359.433/MG).**

10. DESAPROPRIAÇÃO JUDICIAL PRIVADA POR POSSE TRABALHO

A chamada desapropriação judicial privada por posse trabalho encontra-se prevista no artigo 1.228, § 4º, do Código Civil:

> **Art. 1.228. (...)**
>
> **§ 4º** O proprietário também pode ser privado da coisa se o imóvel reivindicado consistir em extensa área, na posse ininterrupta e de boa-fé, por mais de cinco anos, de considerável número de pessoas, e estas nela houverem realizado, em conjunto ou separadamente, obras e serviços considerados pelo juiz de interesse social e econômico relevante.
>
> **§ 5º** No caso do parágrafo antecedente, o juiz fixará a justa indenização devida ao proprietário; pago o preço, valerá a sentença como título para o registro do imóvel em nome dos possuidores.

Trata-se de um importante instrumento, sem precedentes no direito comparado, é dizer, é uma criação genuinamente brasileira.

A natureza jurídica desse instituto é alvo de controvérsia na doutrina. Parte dela defende que se trata de mais uma espécie de usucapião. Contudo, prevalece na doutrina civil (Flávio Tarturce) que o instituto na verdade é uma espécie de desapropriação.

Isso porque o § 5º consagra o pagamento de uma justa indenização, não admitindo o nosso sistema jurídico a usucapião onerosa. Nesse sentido, a doutrina aponta quatro diferenças básicas entre esse instituto e a usucapião coletiva urbana, prevista no art. 10 do Estatuto da Cidade, a saber:

a) Na usucapião coletiva urbana, os ocupantes devem ser de baixa renda; na desapropriação judicial privada não há essa necessidade.

b) Na usucapião coletiva urbana, a área deve ter, no mínimo, 250 metros quadrados, exigência que não está presente na despropriação judicial privada, bastando uma "extensa área".

c) A usucapião coletiva somente se aplica aos imóveis urbanos, enquanto a despropriação judicial privada pode ser aplicada aos imóveis urbanos e rurais.

d) Na usucapião não há direito à indenização, ao contrário da despropriação judicial privada.

A forma de desapropriação que ora se estuda é privada, pois concretizada no interesse direto e particular daquelas que, em número considerável, ocuparam extensa área. Esta fundada em uma posse qualificada, a posse-trabalho, conceituada pela legislação como sendo a posse sem interrupção e de boa fé por mais de 05 anos, traduzida em em trabalho criador, feito conjunta ou separadamente, quer se concretize na realização de um serviço ou na construção de uma morada, quer se manifeste em investimentos de caráter produtivo ou cultural.

Parte da doutrina entende que essa modalidade de desapropriação é inconstitucional, uma vez que incentivaria a invasão de terras por movimentos sociais. Contudo, vem prevalecendo na doutrina a sua constitucionalidade, uma vez que o instituto busca dar uma função social a propriedade em situações as quais o proprietário não mais vem atendendo aos interesses da coletividade:

Enunciado nº 82 da I Jornada: é constitucional a modalidade aquisitiva de propriedade imóvel prevista nos §§ 4º e 5º do art. 1.228 do novo Código Civil.

Com relação a sua aplicabilidade a bens públicos, a doutrina vem entendendo que seria possível sua aplicação nos casos de bens públicos dominicais, sendo inoponíveis as demais espécies de bens públicos.

> **Enunciado nº 304 da IV Jornada:** são aplicáveis as disposições dos §§ 4º e 5º do art. 1.228 do Código Civil às ações reivindicatórias relativas a bens públicos dominicais, mantido, parcialmente, o Enunciado 83 da I Jornada de Direito Civil, no que concerne às demais classificações dos bens públicos.

Tal entendimento, contudo, não encontra amparo na jurisprudência dos Tribunais, **a qual considera que não é possível haver posse em bens públicos, qualquer seja sua classificação, havendo mera detenção**. Assim, não havendo posse, não há como invocar o dispositivo ora comentado.

Outro aspecto importante desse dispositivo, diz respeito a possibilidade de sua invocação como matéria de defesa em ação reivindicatória. Nesse sentido:

> **Enunciado nº 84 da I Jornada:** A defesa fundada no direito de aquisição com base no interesse social (art. 1.228, §§ 4º e 5º, do novo Código Civil) deve ser arguida pelos réus da ação reivindicatória, eles próprios responsáveis pelo pagamento da indenização.

Com relação a responsabilidade pelo pagamento da indenização reclamada pelo dispositivo, prevalece na doutrina que, em regra, compete aos próprios possuidores o seu pagamento (Enunciado nº 84).

Contudo, nos casos de possuidores de baixa renda, a doutrina defende que é possível que o pagamento da indenização seja suportada pela Administração, em um contexto de políticas públicas sociais de moradia urbana ou rural e desde que tenha havido sua intervenção no processo judicial.

> **Enunciado nº 30 da IV Jornada:** A justa indenização devida ao proprietário em caso de desapropriação judicial (art. 1.228, § 5º) somente deverá ser suportada pela Administração Pública no contexto das políticas públicas de reforma urbana ou agrária, em se tratando de possuidores de baixa renda e desde que tenha havido intervenção daquela nos termos da lei processual. Não sendo os possuidores de baixa renda, aplica-se a orientação do Enunciado 84 da I Jornada de Direito Civil.

Com relação a forma de calcular o valor da indenização, a doutrina civilista buscou afastar a aplicação do Decreto-Lei nº 3.365/41, que trata das formas ordinárias de desapropriação, entendo inaplicável ao caso concreto a incidência de juros compensatórios.

Enunciado nº 240 da III Jornada: A justa indenização a que alude o § 5º do art. 1.228 não tem como critério valorativo, necessariamente, a avaliação técnica lastreada no mercado imobiliário, sendo indevidos os juros compensatórios.

Com relação ao momento de transferência do imóvel, a doutrina entende que ele somente ocorre com o pagamento da justa indenização judicial:

Enunciado nº 241 da III Jornada: O registro da sentença em ação reivindicatória, que opera a transferência da propriedade para o nome dos possuidores, com fundamento no interesse social (art. 1.228, § 5º), é condicionada ao pagamento da respectiva indenização, cujo prazo será fixado pelo juiz.

Em relação ao conceito de boa-fé exigido pelo artigo, a doutrina majoritária entende que não se aplica ao caso em exame a boa-fé subjetiva (Art. 1.201, CC), a qual versa sobre o plano intencional dos agentes, mas a boa-fé objetiva, relacionada às condutas dos envolvidos.

A partir desse entendimento, pode-se pensar que os invasores de um imóvel, ainda que tenha ciência do vício de sua posse, podem invocar a aplicação da desapropriação judicial privada, caso tenham agido com boa-fé, no âmbito da função social da propriedade.

Enunciado nº 309 da IV Jornada: o conceito de posse de boa-fé de que trata o art. 1.201 do Código Civil não se aplica ao instituto previsto no § 4º do art. 1.228.

A doutrina entende que o instituto da despropriação judicial privada pode ser alegado em defesa tanto em ação petitória (em que se discute a propriedade) quanto em ação possessória (discute posse).

Enunciado nº 310 da IV Jornada: Interpreta-se extensivamente a expressão "imóvel reivindicado" (art. 1.228, § 4º), abrangendo pretensões tanto no juízo petitório quanto no possessório.

A doutrina entende ainda que, salvo nos casos em que o pagamento fique a cargo da Administração Pública, uma vez fixado o valor da indenização, caso ele não seja pago pelos possuidores dentro do prazo prescricional, é possível a expedição de mandato para registro da propriedade em nome deles.

Enunciado nº 311 da IV Jornada: Caso não seja pago o preço fixado para a desapropriação judicial, e ultrapassado o prazo prescricional para se exigir o crédito correspondente, estará autorizada a expedição de mandado para registro da propriedade em favor dos possuidores.

Por fim, em que pese pela letra fria do código a despropriação judicial privada somente possa ser alegada como matéria de defesa em ação reivindicatória, a doutrina entende que também é possível a sua alegação em petição inicial, é dizer, ação autônoma:

> **Enunciado nº 496 da V Jornada:** O conteúdo do art. 1.228, §§ 4º e 5º, pode ser objeto de ação autônoma, não se restringindo à defesa em pretensões reivindicatórias.

BIBLIOGRAFIA

BARROS, Guilherme Freire de Melo. Poder Público em Juízo Para Concursos. 6ª Edição. Salvador: Juspodvm, 2016.

CAVALCANTE, Márcio André Lopes. Dizer o Direito <http://www.dizerodireito.com.br/>.

CUNHA, Leonardo Carneiro da. A Fazenda Pública em Juízo. 13ª Edição. Rio de Janeiro: Forense, 2016.

DIDIER JR., Fredie. Curso de direito Processual Civil - Vol. II. 10ª edição. Salvador: Juspodvm, 2015.

MADUREIRA, Cláudio Penedo. ANDRADE, José Arildo Valadão de. Execução Fiscal. 5ª edição. Salvador: Juspodvm, 2014.

NEVES, Daniel Amorim Assumpção. Manual de Processo Civil - Volume Único. 9ºª Edição, Salvador: Juspodvm, 2017.

OLIVEIRA, Rafael Carvalho Rezende. Curso de Direito Administrativo. 4ª Edição. Rio de Janeiro: Método, 2016.

TARTUCE, Flávio. Manual de Direito Civil - Volume Único - 4ª Edição. Rio de Janeiro: Método, 2014.

PARTE II

DIREITO PROCESSUAL E MATERIAL DO TRABALHO E ADVOCACIA PÚBLICA

I

NORMA GERAL SOBRE AS PRERROGATIVAS DA FAZENDA PÚBLICA

No âmbito da Justiça do Trabalho, as principais prerrogativas da Fazenda Pública em juízo estão descritas no Decreto-Lei 779/69, constituindo-se a principal norma sobre o tema.

> **Art. 1º** Nos processos perante a Justiça do Trabalho, constituem privilégio da União, dos Estados, do Distrito Federal, dos Municípios e das autarquias ou fundações de direito público federais, estaduais ou municipais que não explorem atividade econômica:
>
> **I** – a presunção relativa de validade dos recibos de quitação ou pedidos de demissão de seus empregados ainda que não homologados nem submetidos à assistência mencionada nos parágrafos 1º, 2º e 3º do artigo 477 da Consolidação das Leis do Trabalho;
>
> **II** – o quádruplo do prazo fixado no artigo 841, "in fine", da Consolidação das Leis do Trabalho;
>
> **III** – o prazo em dobro para recurso;
>
> **IV** – a dispensa de depósito para interposição de recurso;
>
> **V** – o recurso ordinário "ex officio" das decisões que lhe sejam total ou parcialmente contrárias;
>
> **VI** – o pagamento de custas a final salva quanto à União Federal, que não as pagará.

1. PRESUNÇÃO DE VALIDADE DO TERMO DE RESCISÃO DO CONTRATO DE TRABALHO – TRCT

> **Art. 1º** (...)
>
> **I** – a presunção relativa de validade dos recibos de quitação ou pedidos de demissão de seus empregados ainda que não homologados nem submetidos à assistência mencionada nos parágrafos 1º, 2º e 3º do artigo 477 da Consolidação das Leis do Trabalho;

Em sua redação original, o artigo 477, § 1º da CLT exigia que o termo de rescisão do contrato de trabalho – TRCT de empregado com mais de um ano de trabalho fosse objeto de homologação, providência dispensada em relação ao Estado, uma vez que o art. 2º, I, do DL 779/69, outorga presunção relativa de validade aos recibos de quitação ou pedidos de demissão dos empregados públicos.

Cumpre ressaltar, contudo, que essa exigência de homologação foi suprimida pela chamada "reforma trabalhista" (Lei 13.467/2017), que revogou o § 1º do artigo 477 da CLT.

Assim, o disposto no art. 2º, I, do DL 779/69 deixou de ser uma prerrogativa da Fazenda, já que tal homologação não é mais exigida aos particulares.

Ainda sobre o tema da rescisão do contrato, o § 6º do artigo 477, em sua redação original, previa dois prazos máximos para pagamento das verbas rescisórias:

> **§ 6º** – O pagamento das parcelas constantes do instrumento de rescisão ou recibo de quitação deverá ser efetuado nos seguintes prazos:
>
> **a)** até o primeiro dia útil imediato ao término do contrato; ou
>
> **b)** até o décimo dia, contado da data da notificação da demissão, quando da ausência do aviso prévio, indenização do mesmo ou dispensa de seu cumprimento.

A reforma trabalhista revogou as alíneas "a" e "b" e deu nova redação ao § 6º, unificando os prazos de pagamentos, que agora deverão ocorrer em até dez dias úteis:

> **§ 6º** A entrega ao empregado de documentos que comprovem a comunicação da extinção contratual aos órgãos competentes bem como o pagamento dos valores constantes do instrumento de rescisão ou recibo de quitação deverão ser efetuados até dez dias contados a partir do término do contrato.

Assim, o § 6º estabelece duas obrigações:

a) entregar ao empregado os documentos que comprovem a comunicação da extinção contratual aos órgãos competentes;

b) o pagamento dos valores constantes do instrumento de rescisão ou recibo de quitação deverão ser efetuados até dez dias contados a partir do término do contrato.

Caso o empregador descumpra tais exigências, ficará sujeito a aplicação de multa, nos termos do § 8º, do art. 477, que não foi revogado pela reforma trabalhista:

> **§ 8º** – A inobservância do disposto no § 6º deste artigo sujeitará o infrator à multa de 160 BTN, por trabalhador, bem assim ao pagamento da multa a favor do empregado, em valor equivalente ao seu salário, devidamente corrigido pelo índice de variação do BTN, salvo quando, comprovadamente, o trabalhador der causa à mora.

Por fim, convém ressaltar que o TST entende que a multa prevista no § 8º do art. 477 da CLT aplica-se a Fazenda Pública, entendimento esse que não deverá ser modificado com a "Reforma Trabalhista".

TST – OJ nº 238 da SDI-I: Submete-se à multa do artigo 477 da CLT a pessoa jurídica de direito público que não observa o prazo para pagamento das verbas rescisórias, pois nivela-se a qualquer particular, em direitos e obrigações, despojando-se do "jus imperii" ao celebrar um contrato de emprego.

2. PRAZO EM QUÁDRUPLO PARA COMPARECER À AUDIÊNCIA

> **Art. 1º (...)**
>
> **II** – o quádruplo do prazo fixado no artigo 841, "in fine", da Consolidação das Leis do Trabalho;

O art. 841 da CLT fixa prazo mínimo de cinco dias entre a notificação do reclamado e a realização da audiência, ocasião em que deverá ser apresentada qualquer das modalidades de resposta previstas na lei processual.

Em relação ao estado, contudo, esse prazo deve ser contado me quádruplo, em razão do disposto no art. 2º, inciso II, do DL 779/69, devendo haver, assim, a observância da antecedência mínima de 20 dias entre a notificação e a audiência.

Ressalta-se que o prazo em quádruplo continua a ser aplicável nos dissídios envolvendo a Fazenda Pública, em razão do disposto no art. 1º, inciso II, do Decreto-Lei 779/69, norma especial em relação ao CPC, que atualmente prevê o prazo em dobro para a Fazenda oferecer contestação.

3. PRAZO EM DOBRO E DISPENSA DE DEPÓSITO PARA RECORRER

> **Art. 1º (...)**
>
> **III** – o prazo em dobro para recurso;

Outra prerrogativa prevista no art. 2º do DL 779/69 é o prazo em dobro para recorrer.

> **IV** – a dispensa de depósito para interposição de recurso;

Ademais, outra prerrogativa da Fazenda no tocante à interposição de recursos é a dispensa do depósito recursal **(Art. 2º, IV, do DL 779/69)** e do recolhimento de custas processuais **(Art. 790-A, I, da CLT)**. Contudo, em relação as custas, caso a Fazenda saia vencida na ação, será preciso pagar tais valores. A dispensa refere-se apenas ao pagamento antecipado.

> **Art. 790-A.** São isentos do pagamento de custas, além dos beneficiários de justiça gratuita:
>
> **I** – a União, os Estados, o Distrito Federal, os Municípios e respectivas autarquias e fundações públicas federais, estaduais ou municipais que não explorem atividade econômica; (...)
>
> **Parágrafo único.** A isenção prevista neste artigo não alcança as entidades fiscalizadoras do exercício profissional, nem exime as pessoas jurídicas referidas no inciso I da obrigação de reembolsar as despesas judiciais realizadas pela parte vencedora.

A União e, somente ela, sempre será isenta do pagamento de custas e por um motivo bem simples: é ela quem mantém a Justiça do Trabalho, de forma que o pagamento de custas aqui configuraria a chamada confusão.

4. REMESSA NECESSÁRIA

A remessa necessária encontra-se previsto no art. 2º, V, do DL 779/69. Aplicam-se a Justiça do Trabalho o disposto no CPC, com as adaptações da Súmula 303 do TST:

TST – Súmula 303:

I – Em dissídio individual, está sujeita ao reexame necessário, mesmo na vigência da Constituição Federal de 1988, decisão contrária à Fazenda Pública, salvo quando a condenação não ultrapassar o valor correspondente a:

a) 1.000 (mil) salários mínimos para a União e as respectivas autarquias e fundações de direito público;

b) 500 (quinhentos) salários mínimos para os Estados, o Distrito Federal, as respectivas autarquias e fundações de direito público e os Municípios que constituam capitais dos Estados;

c) 100 (cem) salários mínimos para todos os demais Municípios e respectivas autarquias e fundações de direito público.

II – Também não se sujeita ao duplo grau de jurisdição a decisão fundada em:

a) súmula ou orientação jurisprudencial do Tribunal Superior do Trabalho;

b) acórdão proferido pelo Supremo Tribunal Federal ou pelo Tribunal Superior do Trabalho em julgamento de recursos repetitivos;

c) entendimento firmado em incidente de resolução de demandas repetitivas ou de assunção de competência;

d) entendimento coincidente com orientação vinculante firmada no âmbito administrativo do próprio ente público, consolidada em manifestação, parecer ou súmula administrativa.

III – Em ação rescisória, a decisão proferida pelo Tribunal Regional do Trabalho está sujeita ao duplo grau de jurisdição obrigatório quando desfavorável ao ente público, exceto nas hipóteses dos incisos anteriores.

IV – Em mandado de segurança, somente cabe reexame necessário se, na relação processual, figurar pessoa jurídica de direito público como parte prejudicada pela concessão da ordem. Tal situação não ocorre na hipótese de figurar no feito como impetrante e terceiro interessado pessoa de direito privado, ressalvada a hipótese de matéria administrativa.

Ressalta-se, contudo, que ao contrário do que entende o STJ, onde a não interposição de recurso voluntário não impede o manejo de recurso contra a decisão no reexame necessário, o **TST entende que, em regra, a não interposição de recurso voluntário faz ocorrer a preclusão do di-**

reito, não cabendo recurso ordinário ou de revista da decisão que julga o reexame necessário.

TST - OJ nº 334 da SDI - I: Incabível recurso de revista de ente público que não interpôs recurso ordinário voluntário da decisão de primeira instância, ressalvada a hipótese de ter sido agravada, na segunda instância, a condenação imposta.

II

QUESTÕES ENVOLVENDO ASPECTOS PROCESSUAIS E MATERIAIS DO DIREITO DO TRABALHO QUE AFETAM DIRETA OU INDIRETAMENTE AO PODER PÚBLICO

1. DISPENSA DA JUNTADA DE PROCURAÇÃO

Considerando que a capacidade de representação processual dos procuradores da Fazenda Pública decorre da lei, e não da vontade do administrador, tais representantes judiciais estão dispensados da juntada de instrumento de procuração.

Ademais, o poder de representação dos procuradores dessas entidades é inerente à sua própria função. Dessa forma, a nomeação para o cargo, devidamente publicada no Diário Oficial, confere ao procurador das pessoas jurídicas de direito público o poder de representá-las em juízo, tendo a representação presunção de validade até prova em contrário.

TST – Súmula nº 436:

I – A União, Estados, Municípios e Distrito Federal, suas autarquias e fundações públicas, quando representadas em juízo, ativa e passivamente, por seus procuradores, estão dispensadas da juntada de instrumento de mandato e de comprovação do ato de nomeação.

II – Para os efeitos do item anterior, é essencial que o signatário ao menos declare-se exercente do cargo de procurador, não bastando a indicação do número de inscrição na Ordem dos Advogados do Brasil.

Não obstante, conforme se infere da leitura do item II da Súmula 436, o Procurador deve ao menos se declarar exercente do cargo, não bastando a simples indicação do número de inscrição na OAB.

Caso o Procurador apenas indique o número da OAB, nesse caso será necessária a juntada do instrumento de procuração. Esse é o entendimento clássico do STF, antes mesmo da edição da referida Súmula do TST em 2012 (**STF - AI-AgR: 160204 SP**).

2. REPRESENTAÇÃO DAS AUTARQUIAS E FUNDAÇÕES POR PROCURADORES ESTADUAIS E MUNICIPAIS

O TST possui a seguinte Orientação Jurisprudencial sobre o tema:

Orientação Jurisprudencial 318 da SDI – I:

I – Os Estados e os Municípios não têm legitimidade para recorrer em nome das autarquias e das fundações públicas.

II – Os procuradores estaduais e municipais podem representar as respectivas autarquias e fundações públicas em juízo somente se designados pela lei da respectiva unidade da federação (art. 75, IV, do CPC de 2015) ou se investidos de instrumento de mandato válido.

Com isso, o TST estabeleceu que, em regra, os procuradores estaduais ou municipais não podem representar as autarquias e fundações dos respectivos entes. Isso ocorre porque as autarquias e fundações possuem personalidade jurídica própria, distinta dos Estados e Municípios. Contudo, diante da entrada no NCPC, o TST alterou o enunciado da orientação jurisprudencial, aceitando a representação nas seguintes hipóteses:

a) designação prevista na lei do respectivo ente; ou
b) instrumento de mandato válido.

3. PRAZO DE 30 DIAS PARA A APRESENTAÇÃO DE EMBARGOS À EXECUÇÃO

No âmbito da execução contra particulares, o CLT estabeleceu um prazo de 05 dias para o executado propor embargos, após ter garantido a execução:

Art. 884 - Garantida a execução ou penhorados os bens, terá o executado 5 (cinco) dias para apresentar embargos, cabendo igual prazo ao exequente para impugnação.

Já em relação a execução contra a Fazenda Pública, não há regra específica na CLT. Assim, diante da ausência de regra específica, 03 teorias surgiram quanto ao prazo que a Fazenda possui para propor embargos à execução:

a) na falta de regra específica, deve ser aplicada a regra geral da CLT, de 5 dias (art. 884 da CLT);

b) tendo os embargos natureza de defesa e o Decreto 779/1969 estabelece o prazo em quádruplo para o comparecimento em audiência (onde seria apresentada a defesa no processo de conhecimento), o prazo dos embargos seria de 20 dias, conjugando-se a regra do Decreto 779/1969 com o art. 884 da CLT;

c) como a CLT é omissa em relação ao tema, deve ser aplicado subsidiariamente o CPC, adotando-se a regra do art. 730 do CPC, que antigamente era de 10 dias.

A terceira teoria foi a que prevaleceu no âmbito dos tribunais, até que a MP 2.180-35 alterou o art. 1.º-B da Lei 9.494/1997, estabelecendo o prazo de 30 dias para a apresentação de embargos por parte da Fazenda Pública.

O TST, contudo, em 2005, entendeu inconstitucional essa alteração, em virtude do aludido artigo 1º-B ter sido inserido por meio de medida provisória. Na visão do Tribunal, não haveria urgência e relevância que justificasse a edição dessa MP **(TST, RR-1.201/1996020-04-00.8)**.

Assim, o tribunal passou a entender que o prazo seria de apenas 10 dias, afastando a alteração realizada pelo art. 1º-B.

Em razão dessa decisão do TST, foi ajuizada a ADC nº 11, a qual buscava declarar a constitucionalidade do art. 1-B da Lei 9.494/97. Na ocasião, o STF, em sede de medida liminar, entendeu que não teria havido violação aos requisitos da relevância e urgência pela MP 2.180-35, tendo determinando ainda a suspensão de todos os processos nos quais se discutia a constitucionalidade da ampliação do prazo para a oposição de embargos pela fazenda, até houvesse uma decisão de mérito. Em atenção à referida decisão liminar, o TST atualmente tem determinado o recebimento dos embargos à execução opostos dentro do prazo de 30 dias.

A bem da verdade, embora a ADC 11 ainda não tenha sido julgada em seu mérito, o certo é que o tema perdeu a relevância. Isso porque o art. 535 do Novo CPC, ao tratar do cumprimento de sentença contra a Fazenda Pública, estabeleceu o prazo 30 dias para ela apresentar impugnação.

Dessa forma, considerando que o artigo 535 substitui o artigo 730 do CPC de 73, **a tendência seria a perda do objeto da ADC nº 11, já que a discussão sempre envolveu inconstitucionalidade formal (ausência de relevância e urgência), e não material.**

4. REVELIA E FAZENDA PÚBLICA

A revelia não se confunde com seus efeitos. Dessa forma, considerando que a revelia ocorre tão somente com a não apresentação de contestação, a Fazenda Pública poderá ser revel. Contudo, mesmo revel, o STJ entende que a revelia, em regra, não produz seu efeito material de presunção de veracidade dos fatos nos litígios contra a Fazenda Pública, uma vez que ele versa sobre direitos indisponíveis **(AgRg no AREsp 358826/RJ).**

O TST, contudo, possui entendimento diverso do STJ, entendendo ser aplicável a fazenda os efeitos materiais da revelia:

> **TST – OJ nº 152:** Pessoa jurídica de direito público sujeita-se à revelia prevista no artigo 844 da CLT.

A chamada "Reforma Trabalhista" acrescentou o seguinte parágrafo ao artigo 844:

> **§ 4º** A revelia não produz o efeito mencionado no caput deste artigo se
>
> **I** – havendo pluralidade de reclamados, algum deles contestar a ação;
>
> II – o litígio versar sobre direitos indisponíveis;
>
> **III** – a petição inicial não estiver acompanhada de instrumento que a lei considere indispensável à prova do ato
>
> **IV** – as alegações de fato formuladas pelo reclamante forem inverossímeis ou estiverem em contradição com prova constante dos autos

Como se vê, a Reforma estabeleceu que a revelia não produz seus efeitos quando o litígio versar sobre direitos indisponíveis, o que afastaria sua aplicação contra a Fazenda Pública.

Contudo, considerando que o TST tem entendimento pacífico de equiparar o ente público aos particulares quando litiga na Justiça do Trabalho, entendemos pouco provável que ele altere o posicionamento da OJ 152.

5. PRESCRIÇÃO INTERCORRENTE NA JUSTIÇA DO TRABALHO

A prescrição intercorrente é aquela que ocorre quando já há uma sentença judicial, normalmente durante o curso do processo de execução, em razão da inércia do exequente.

Durante muitos anos, a sua aplicação ou não na Justiça do Trabalho foi um dos temas mais polêmicos na jurisprudência e doutrina. Sobre o tema, haviam 03 correntes:

Primeira Corrente: o STF, antes mesmo da Constituição de 88, editou súmula entendendo pela POSSIBILIDADE de ocorrer prescrição intercorrente no processo do trabalho (Súmula 327). Isso porque a CLT (Art. 889) estabelece que se aplica ao processo de execução trabalhista a Lei de Execuções Fiscais - LEF no caso de omissão da CLT. Por sua vez, a LEF, em seu artigo 40, § 4º previu a ocorrência de prescrição intercorrente. A prescrição intercorrente, nesse caso, ocorre no mesmo prazo da prescrição trabalhista (05 anos durante a vigência do contrato e 02 anos após o fim do contrato).

Segunda Corrente: adotava a posição do TST (Súmula 114), entendendo pela impossibilidade de prescrição intercorrente. Isso porque o art. 879 da CLT permite que a execução trabalhista se inicie até mesmo de ofício. Assim, por não precisar da iniciativa do exequente, não haveria possibilidade de existir prescrição intercorrente no âmbito da execução trabalhista.

Terceira Corrente: intermediária, entendia que é cabível prescrição intercorrente na execução trabalhista, mas somente nos casos em que algum ato da execução dependa da atuação do credor e esse se mantém inerte.

A chamada "Reforma Trabalhista" (Lei 13.467/17) adotou expressamente a 1ª corrente, entendendo pela possibilidade de haver prescrição intercorrente na Justiça do Trabalho, nos seguintes termos:

> **Art. 11-A. Ocorre a prescrição intercorrente no processo do trabalho no prazo de dois anos.**
>
> **§ 1º A** fluência do prazo prescricional intercorrente inicia-se quando o exequente deixa de cumprir determinação judicial no curso da execução.
>
> **§ 2º** A declaração da prescrição intercorrente pode ser requerida ou declarada de ofício em qualquer grau de jurisdição.

Com isso, salvo alguma reviravolta jurisprudencial, chegou ao fim uma das maiores polêmicas do direito processual trabalhista.

6. "JUS POSTULANDI" NA JUSTIÇA DA TRABALHO

> **Art. 791** – Os empregados e os empregadores poderão reclamar pessoalmente perante a Justiça do Trabalho e acompanhar as suas reclamações até o final.

Estabelece a CLT que os empregados e os empregadores poderão reclamar pessoalmente perante a Justiça do Trabalho e acompanhar suas reclamações até o final. Isso significa que, no processo do trabalho, as partes detêm o chamado "jus postulandi", ou seja, é dispensável a presença de advogado.

Contudo, esse "jus postulandi" não é ilimitado, sofrendo as limitações previstas na Súmula 425 do TST.

> **TST - Súmula 425:** O jus postulandi das partes, estabelecido no art. 791 da CLT, limita-se às Varas do Trabalho e aos Tribunais Regionais do Trabalho, **não alcançando a ação rescisória, a ação cautelar, o mandado de segurança e os recursos de competência do Tribunal Superior do Trabalho.**

@direitodiretoblog - Na Justiça do Trabalho, as partes podem ajuizar pessoalmente reclamação?

Como vimos, as partes possuem "jus postulandi" no âmbito da Justiça do Trabalho. Tal "jus postulandi", contudo, foi limitado pelo TST, nos termos da Súmula 425.

Em uma primeira vista, seria sim possível as partes ajuizarem diretamente reclamação, tendo em vista que o instituto não consta na súmula 425 do TST.

Contudo, no julgamento da **Rcl-20103-47.2016.5.00.0000**, o TST reconheceu que "não se conhece de reclamação (art. 988 do CPC de 2015) na hipótese em que o reclamante postula em causa própria e não comprova sua condição de advogado regularmente inscrito nos quadros da OAB, pois a dispensa da capacidade postulatória mediante a competente habilitação técnica legal somente pode ocorrer nos casos expressamente autorizados por lei, conforme entendimento consagrado pelo Supremo Tribunal Federal".

Com isso, o TST imputou a reclamação a natureza jurídica de ação.

7. AUDIÊNCIA E OBRIGATORIEDADE DE O PREPOSTO DA RECLAMADA SER SEU EMPREGADO

Na audiência de julgamento deverá estar presentes o reclamante e o reclamado, independentemente do comparecimento de seus representantes, salvo nos casos de reclamatórias plúrimas ou ações de cumprimento, quando os empregados poderão fazer-se representar pelo Sindicato de sua categoria **(Art. 843, CLT).**

A CLT estabelece que era facultado ao empregador fazer-se substituir pelo gerente, ou qualquer outro preposto que tenha conhecimento do fato e cujas declarações obrigarão o proponente (**Art. 843, § 1º, CLT**).

Discutia-se na doutrina se haveria necessidade de o preposto ser empregado do reclamado. O TST, antes da reforma trabalhista, entendeu que ele deve ser necessariamente empregado do reclamado, salvo:

> **TST - Súmula 377:** exceto quanto à reclamação de empregado doméstico, ou contra micro ou pequeno empresário, o preposto deve ser necessariamente empregado do reclamado. Inteligência do art. 843, § 1º, da CLT e do art. 54 da Lei Complementar nº 123, de 14 de dezembro de 2006.

Ocorre que a chamada "Reforma Trabalhista" (Lei 13.467/17) acrescentou o seguinte parágrafo no artigo 843 da CLT:

> § 3º - O preposto a que se refere o § 1º deste artigo não precisa ser empregado da parte reclamada.

Com isso, tem-se que restou superado o enunciado da súmula 377 do TST, pois o preposta não precisa mais ser necessariamente empregado do reclamado.

8. APRESENTAÇÃO DE CONTESTAÇÃO QUANDO AUSENTE O RECLAMADO

Antes da "Reforma Trabalhista" o TST possuía o seguinte entendimento:

> **TST - Súmula 121:** A reclamada, ausente à audiência em que deveria apresentar defesa, é revel, ainda que presente seu advogado munido de procuração, podendo ser ilidida a revelia mediante a apresentação de atestado médico, que deverá declarar, expressamente, a impossibilidade de locomoção do empregador ou do seu preposto no dia da audiência.

Assim, antes da reforma, o TST entendia que a simples ausência da reclamada, mesmo que presente seu advogado munido de procuração, era caso de revelia. Contudo, a reforma acrescentou o seguinte parágrafo ao artigo 844:

> **Art. 844. (...)**
>
> § 5º - Ainda que ausente o reclamado, presente o advogado na audiência, serão aceitos a contestação e os documentos eventualmente apresentados.

Assim, com a inclusão do § 5° ao art. 844 da CLT, se o reclamado não comparecer em audiência, mas comparecer o seu advogado constituído nos autos, poderá juntar defesa e documentos, alterando o atual entendimento do TST. Trata-se de mais uma súmula do TST prejudicada com a reforma.

9. A QUESTÃO DOS HONORÁRIOS

a) Honorários advocatícios

Antes da reforma trabalhista, nas relações de emprego, os honorários advocatícios não decorriam da simples sucumbência, sendo necessário que a parte comprovasse, concomitantemente:

a) estar assistida por sindicato da categoria profissional;

b) comprovar a percepção de salário inferior ao dobro do salário mínimo ou encontrar-se em situação econômica que não lhe permita demandar sem prejuízo do próprio sustento ou da respectiva família.

TST – Súmula 219:

I – Na Justiça do Trabalho, a condenação ao pagamento de honorários advocatícios não decorre pura e simplesmente da sucumbência, devendo a parte, concomitantemente: a) estar assistida por sindicato da categoria profissional; b) comprovar a percepção de salário inferior ao dobro do salário mínimo ou encontrar-se em situação econômica que não lhe permita demandar sem prejuízo do próprio sustento ou da respectiva família.

Com isso, no processo do trabalho, se a parte estivesse assistida por advogado particular, ainda que de forma gratuita, não haveria a fixação de honorários de sucumbência, ao contrário da regra existente no processo civil.

A reforma trabalhista, contudo, alterou essa situação, **de forma que na Justiça do Trabalho os honorários passaram a ser devidos pela simples sucumbência**:

> **Art. 791-A.** Ao advogado, ainda que atue em causa própria, serão devidos honorários de sucumbência, fixados entre o mínimo de 5% (cinco por cento) e o máximo de 15% (quinze por cento) sobre o valor que resultar da liquidação da sentença, do proveito econômico obtido ou, não sendo possível mensurá-lo, sobre o valor atualizado da causa.

Interessante notar que o legislador fixou parâmetros distintos do NCPC, uma vez que na Justiça do Trabalho os honorários deverão ser fixados entre 5% e 15%, enquanto no CPC os honorários devem ser fixados entre 10% e 20%.

O legislador também estabeleceu que são devidos honorários nas causas contra a Fazenda Pública:

> **§ 1º** Os honorários são devidos também nas ações contra a Fazenda Pública e nas ações em que a parte estiver assistida ou substituída pelo sindicato de sua categoria.

Com isso, o enunciado da Súmula 219 do TST foi superado.

b) Pagamento dos honorários do perito

Antes da reforma trabalhista, nos casos em que os beneficiários da justiça gratuita eram sucumbentes na demanda, os honorários periciais deveriam ser pagos pela União:

TST – Súmula 457: A União é responsável pelo pagamento dos honorários de perito quando a parte sucumbente no objeto da perícia for beneficiária da assistência judiciária gratuita, observado o procedimento disposto nos arts. 1º, 2º e 5º da Resolução n.º 66/2010 do Conselho Superior da Justiça do Trabalho – CSJT.

A reforma trabalhista, contudo, alterou os dispositivos relativos aos honorários periciais, estabelecendo que a responsabilidade pelo seu pagamento é da parte vencida, mesmo que beneficiária da justiça gratuita:

> **Art. 790-B.** A responsabilidade pelo pagamento dos honorários periciais é da parte sucumbente na pretensão objeto da perícia, ainda que beneficiária da justiça gratuita.

Ademais, estabelece que, somente nos casos em que o beneficiário da justiça gratuita não tenha obtido em juízo créditos capazes de suportar a despesa, ainda que em outro processo, a União responderá pelo encargo.

> **§ 4º** Somente no caso em que o beneficiário da justiça gratuita não tenha obtido em juízo créditos capazes de suportar a despesa referida no caput, ainda que em outro processo, a União responderá pelo encargo.

Cumpre ressaltar, contudo, que o PGR ingressou com **ADI (ADI 5766)** contra esses dispositivos, a qual encontra-se pendente de julgamento.

c) Pagamento dos honorários do assistente do perito

O perito assistente difere do perito do juízo. O perito do juízo, como o próprio nome diz, é nomeado pelo magistrado, nos casos em que a solução da causa necessita de uma perícia.

O perito do juízo deve agir com imparcialidade e isenção, não devendo, portanto, ter interesse em ajudar ou prejudicar qualquer das partes. Exatamente por ser necessária a perícia para a solução da causa é que quem vai arcar o ônus do pagamento dos honorários do perito é a parte que sucumbiu no objeto da perícia.

Já o assistente do perito é indicado por uma das partes e atua no seu interesse, verificando se as conclusões do perito do juízo estão corretas. Sua nomeação, portanto, não é essencial para a realização da perícia, sendo uma faculdade da parte.

É exatamente por ser uma faculdade da parte, que será a parte que o indicou a responsável pelo pagamento do perito assistente, mesmo que tenha saído vitoriosa na demanda, uma vez que sua presença era desnecessária ao feito. É uma aplicação do princípio da causalidade.

> **TST – Súmula 341**: A indicação do perito assistente é faculdade da parte, a qual deve responder pelos respectivos honorários, ainda que vencedora no objeto da perícia.

10. CONTAGEM PRAZO

O Novo Código de Processo Civil estabeleceu que a contagem dos prazos processuais deve observar apenas os dias úteis:

> **Art. 219.** Na contagem de prazo em dias, estabelecido por lei ou pelo juiz, computar-se-ão somente os dias úteis.
>
> **Parágrafo único.** O disposto neste artigo aplica-se somente aos prazos processuais.

Quando entrou em vigor no de 2016, o TST editou a Instrução Normativa 39/2016, pela qual afastou a aplicação do artigo 219 na Justiça do Trabalho, o que significava dizer que na Justiça do Trabalho os prazos eram corridos.

Contudo, a reforma trabalhista determinou o seguinte:

> **Art. 775.** Os prazos estabelecidos neste Título serão contados em dias úteis, com exclusão do dia do começo e inclusão do dia do vencimento.

Assim, o processo do trabalho **passa acompanhar o processo civil**, com a **contagem dos prazos em dias úteis.**

Além disso, a reforma incluiu ainda o artigo 775-A na CLT:

> Art. 775-A. Suspende-se o curso do prazo processual nos dias compreendidos entre 20 de dezembro e 20 de janeiro, inclusive.
>
> § 1º Ressalvadas as férias individuais e os feriados instituídos por lei, os juízes, os membros do Ministério Público, da Defensoria Pública e da Advocacia Pública e os auxiliares da Justiça exercerão suas atribuições durante o período previsto no caput deste artigo.
>
> § 2º Durante a suspensão do prazo, não se realizarão audiências nem sessões de julgamento.

O artigo em questão possui a mesma redação do artigo 220 do NCPC. Para evitarmos repetições desnecessárias, remetemos o leitor aos comentários feitos sobre esse artigo (Capitulo II).

11. JUSTIÇA COMPETENTE PARA JULGAR CONTRATOS TEMPORÁRIOS

A justiça competente para julgar qualquer direito relacionado à contratação do servidor nos casos do art. 37, IX, é sempre a justiça comum (estadual ou federal), não importando se a lei estadual ou municipal estabeleceu o regime da CLT, uma vez que o fez de forma indevida (**STF – AI 784188 AgR**).

Assim, ainda que a lei do ente diga que os contratos temporários se submetem as regras da CLT, a justiça competente não será a trabalhista, mas sim a comum (Estadual ou Federal).

12. INTERVALO INTRAJORNADA

Intervalo intrajornada é aquele que deve ocorrer durante a mesma jornada de trabalho, estando previstos no artigo 71 do CLT:

> **Art. 71** – Em qualquer trabalho contínuo, cuja duração exceda de 6 (seis) horas, é obrigatória a concessão de um intervalo para repouso ou alimentação, o qual será, no mínimo, de 1 (uma) hora e, salvo acordo escrito ou contrato coletivo em contrário, não poderá exceder de 2 (duas) horas.
>
> **§ 1º** – Não excedendo de 6 (seis) horas o trabalho, será, entretanto, obrigatório um intervalo de 15 (quinze) minutos quando a duração ultrapassar 4 (quatro) horas.

Assim, em regra, no trabalho que excede 6 horas, o empregador deverá conceder pelo menos uma hora de intervalo. A reforma trabalhista, contudo, permitiu que esse valor seja diminuído por negociação coletiva, desde que respeito o limite mínimo de 30 minutos de intervalo:

Art. 611-A. A convenção coletiva e o acordo coletivo de trabalho, observados os incisos III e VI do caput do art. 8º da Constituição, têm prevalência sobre a lei quando, entre outros, dispuserem sobre:

III – intervalo intrajornada, respeitado o limite mínimo de trinta minutos para jornadas superiores a seis horas.

Antes da chamada reforma trabalhista, o TST entendia que o fato de o empregador não ter concedido nada ou ter concedido 50 minutos de intervalo, teria a mesma consequência: o pagamento de uma hora acrescida de 50% por dia de descumprimento:

TST – Súmula 437:

I – Após a edição da Lei nº 8.923/94, a não-concessão ou a concessão parcial do intervalo intrajornada mínimo, para repouso e alimentação, a empregados urbanos e rurais, implica o pagamento total do período correspondente, e não apenas daquele suprimido, com acréscimo de, no mínimo, 50% sobre o valor da remuneração da hora normal de trabalho (art. 71 da CLT), sem prejuízo do cômputo da efetiva jornada de labor para efeito de remuneração.

A reforma trabalhista, contudo, acrescentou o seguinte parágrafo ao artigo 71:

> § 4º A não concessão ou a concessão parcial do intervalo intrajornada mínimo, para repouso e alimentação, a empregados urbanos e rurais, implica o pagamento, de natureza indenizatória, apenas do período suprimido, com acréscimo de 50% (cinquenta por cento) sobre o valor da remuneração da hora normal de trabalho.

Assim, o entendimento constante do inciso I da Súmula 437 do TST foi superada, uma vez que a não concessão do intervalo intrajornada implica o pagamento apenas do período suprimido (Ex: se foi concedido 50 minutos, apenas 10 minutos deverá ser pago com acréscimo de 50%), com acréscimo de 50% (cinquenta por cento) sobre o valor da remuneração da hora normal de trabalho.

Qual a natureza desse valor pago?

Antes da reforma trabalhista, o TST entendia que esse pagamento tinha natureza salarial e, portanto, repercutia no pagamento de outras verbas salarias (Ex: adicional de insalubridade, noturno etc).

TST - Súmula 437:

III - possui natureza salarial a parcela prevista no art. 71, § 4º, da CLT, com redação introduzida pela Lei nº 8.923, de 27 de julho de 1994, quando não concedido ou reduzido pelo empregador o intervalo mínimo intrajornada para repouso e alimentação, **repercutindo, assim, no cálculo de outras parcelas salariais.**

Ocorre que o § 4º do artigo 71 deixa claro que se trata de uma parcela de natureza indenizatória, restando superado também o inciso III, do artigo 437 do TST:

> **§ 4º** A não concessão ou a concessão parcial do intervalo intrajornada mínimo, para repouso e alimentação, a empregados urbanos e rurais, implica o pagamento, de natureza indenizatória, apenas do período suprimido, com acréscimo de 50% (cinquenta por cento) sobre o valor da remuneração da hora normal de trabalho.

Assim, o entendimento constante do inciso III da Súmula 437 do TST também foi superado.

13. IMPOSSIBILIDADE DE O EMPREGADOR EXIGIR DO EMPREGADO O CUMPRIMENTO DO AVISO PRÉVIO PROPORCIONAL

O aviso prévio é a comunicação do desejo de rescisão do contrato de trabalho pela parte que decide extingui-lo. O aviso prévio somente ocorre nos contratos de trabalho por prazo indeterminado e quando a rescisão for imotivada, isto é, sem justa causa.

Por sua vez, o aviso prévio proporcional foi introduzido em nosso ordenamento pela Lei 12.506/11. Por essa lei, será concedido aviso prévio de 30 (trinta) dias aos empregados que contem até 1 (um) ano de serviço na mesma empresa.

A esse prazo de 30 dias será somado 03 dias por ano de serviço prestado na mesma empresa, até o máximo de 60 (sessenta) dias, perfazendo um total de até 90 (noventa) dias.

Recentemente chegou ao TST a seguinte discussão: o aviso prévio proporcional é um direito exclusivo do empregado ou o empregador também poderá utilizá-lo de forma a obrigar o empregado a permanecer por mais de 30 dias no caso de aviso prévio trabalhado.

O TST entendeu que a proporcionalidade do aviso prévio a que se refere a Lei nº 12.506/2011 aplica-se somente aos casos em que o empregador toma a iniciativa de rescindir o contrato de trabalho.

Interpretar a norma de forma diversa, ou seja, exigir que o trabalhador cumpra aviso prévio superior a trinta dias, na hipótese em que ele próprio intentar a rescisão do contrato, significaria compactuar com alteração legislativa prejudicial ao empregado. Em outras palavras, o aviso prévio proporcional é um direito exclusivo do empregado **(TST-E-RR-1964–73.2013.5.09.0009).**

14. INAPLICABILIDADE DA MULTA PREVISTA NO ARTIGO 523, § 1º, DO NCPC NOS PROCESSOS QUE TRAMITAM PERANTE A JUSTIÇA DO TRABALHO

O artigo 523, § 1º, do NCPC estabeleceu a aplicação de multa de 10% sobre o valor do débito, nos casos em que executado não cumpre voluntariamente, dentro do prazo legal de 15 dias, a obrigação executada:

> **Art. 523.** No caso de condenação em quantia certa, ou já fixada em liquidação, e no caso de decisão sobre parcela incontroversa, o cumprimento definitivo da sentença far-se-á a requerimento do exequente, sendo o executado intimado para pagar o débito, no prazo de 15 (quinze) dias, acrescido de custas, se houver.
>
> **§ 1º** Não ocorrendo pagamento voluntário no prazo do caput, o débito será acrescido de multa de dez por cento e, também, de honorários de advogado de dez por cento.

Ao analisar a compatibilidade desse dispositivo com processo trabalhista, **o TST entendeu que a multa do artigo 523 do CPC/2015 (artigo 475-J do CPC/73) não é compatível com o Processo do Trabalho.**

Segundo o TST, ao contrário do que ocorre no procedimento do CPC, em que ao executado somente é possível a prática de um ato (pagar), no Processo do Trabalho, os artigos 880 e 882 da CLT facultam ao devedor, no prazo de 48h, praticar um desses dois atos: pagar ou garantir a execução com outro tipo de bem.

A possibilidade de nomeação de bens à penhora excluiria a ordem para pagamento imediato da dívida, o que demonstraria a incompatibilidade lógica da multa do artigo 523 do CPC com o Processo do Trabalho. Não se poderia criar um regime que fizesse uma "simbiose de normas".

15. INAPLICABILIDADE DO DISPOSTO NO ARTIGO 229 DO NCPC NOS PROCESSOS PERANTE A JUSTIÇA DO TRABALHO

O NCPC estabelece o seguinte:

> **Art. 229.** Os litisconsortes que tiverem diferentes procuradores, de escritórios de advocacia distintos, terão prazos contados em dobro para todas as suas manifestações, em qualquer juízo ou tribunal, independentemente de requerimento.
>
> **§ 1º** Cessa a contagem do prazo em dobro se, havendo apenas 2 (dois) réus, é oferecida defesa por apenas um deles.
>
> **§ 2º** Não se aplica o disposto no caput aos processos em autos eletrônicos.

O TST, contundo, entende que regra do NCPC, que estabelece prazo em dobro para litisconsortes que possuírem diferentes procuradores, não se aplica ao processo do trabalho.

> **TST - OJ nº 310 da SDI-I:** Inaplicável ao processo do trabalho a norma contida no art. 229, caput e §§ 1º e 2º, do CPC de 2015 (art. 191 do CPC de 1973), em razão de incompatibilidade com a celeridade que lhe é inerente.

16. COMPETÊNCIA PARA JULGAMENTO DE AÇÕES ENVOLVENDO O MEIO AMBIENTE DE TRABALHO DE SERVIDORES PÚBLICOS ESTATUTÁRIOS

Sobre o tema, em julgado mais antigo (**RR - 993-14.2011.5.22.0004)** o TST entendeu que a Justiça do Trabalho é incompetente para julgar demandas envolvendo o meio ambiente de trabalho de servidores estatutários.

Na ocasião, entendeu que a decisão do STF proferida na ADI 3.395/DF, na qual se entendeu que a Justiça do Trabalho não tem competência para resolver controvérsias envolvendo servidor público estatutário e que cabe à Justiça Comum fazê-lo, também alcança questões envolvendo condições de saúde do servidor estatutário, porquanto essas questões são disciplinadas no regime jurídico aplicável à relação administrativa, conforme as regras próprias de regência estabelecidas em lei.

Contudo, em recente julgado (**RR-16400-66.2009.5.15.0023), o TST alterou seu posicionamento,** decidindo que compete à Justiça do Trabalho julgar ação que discute a adequação do meio ambiente de trabalho às normas de saúde segurança de servidores municipais.

Na ocasião se entende que a restrição da competência da Justiça do Trabalho para analisar processos sobre servidores estatutários não alcança as ações cuja causa de pedir seja o descumprimento de normas trabalhistas de segurança, saúde e higiene.

A conclusão decorre da Súmula 736 do próprio Supremo, que reconhece a atribuição do Judiciário Trabalhista para julgar casos sobre esse tema (Compete à justiça do trabalho julgar as ações que tenham como causa de pedir o descumprimento de normas trabalhistas relativas à segurança, higiene e saúde dos trabalhadores).

De acordo com o TST, o STF de fato restringe a competência prevista no artigo 114, inciso I, da Constituição Federal, mas a demanda relativa as condições do meio ambiente de trabalho não sofrem interferência do tipo de vínculo jurídico entre o servidor e a administração pública.

Isso porque o objeto principal da ação é a higidez no local de trabalho, e não o indivíduo trabalhador em si.

Essa última decisão do TST parece ser mais correta, tendo sido esse também do STF sobre o tema **(Rcl 20744 AgR).**

III

QUESTÕES ENVOLVENDO ESTABILIDADE

1. A QUESTÃO DA ESTABILIDADE DOS SERVIDORES CELETISTAS E DA NECESSIDADE DE MOTIVAÇÃO DE SUA DISPENSA

A atual Constituição, na sua redação original, estabelecia o seguinte sobre a estabilidade dos servidores públicos:

> **Art. 41.** São estáveis, após dois anos de efetivo exercício, os servidores nomeados em virtude de concurso público.

Assim, nos termos da redação original da CF, para que se adquirisse estabilidade no serviço público, bastava que o servidor tivesse sido aprovado por concurso público e possuísse dois anos de efetivo exercício. O artigo 41 da CF/88, contudo, foi alterado pela EC 19/98, que lhe deu a seguinte redação:

> **Art. 41.** São estáveis após três anos de efetivo exercício os servidores nomeados para cargo de provimento efetivo em virtude de concurso público

Denota-se, que a nova redação do artigo 41 utiliza expressamente o termo "cargo", expressão que é própria daqueles servidores estatutários. Com isso, após a EC 19/98, passaram a ser requisitos para aquisição da estabilidade:

a) ingresso por meio de concurso;

b) nomeação para cargo de provimento efetivo, excluídos da estabilidade os empregados públicos celetistas;

c) estágio probatório correspondente a três anos de efetivo exercício;

d) avaliação especial de desempenho por comissão instituída para essa finalidade (art. 41, § 4º).

Nesse sentido, temos que a Constituição, desde sua promulgação, obriga apenas que o ente público possua um regime único para seus servidores, mas não obrigou que ele fosse o regime estatutário. Com isso, há alguns entes que possuem servidores celetistas em suas Administrações Direta e Indireta.

Diante disso, o TST entendeu que os servidores celetistas da Administração Direta, autárquica e fundacional, que na data da promulgação da EC 19/98 tivessem sido aprovados por concurso público e possuíssem 02 anos de efetivo serviço são estáveis:

TST - Súmula 390:

I – O servidor público celetista da administração direta, autárquica ou fundacional é beneficiário da estabilidade prevista no art. 41 da CF/1988.

Contudo, mesmo na vigência do art. 41 em sua redação original, o TST entendia que o empregado público de empresa pública e sociedade de economia mista não possui direito a estabilidade, já que nesse a caso a própria Constituição determinou a sua sujeição ao mesmo regime trabalhista das sociedades privadas (Art. 173, § 1º, II).

TST - Súmula 390:

II – Ao empregado de empresa pública ou de sociedade de economia mista, ainda que admitido mediante aprovação em concurso público, não é garantida a estabilidade prevista no art. 41 da CF/1988.

Outro assunto relevante em relação ao tema, versa sobre a necessidade ou não de motivação na dispensa dos empregados públicos de empresas públicas e sociedade de economia mista. O TST entendia que não era necessária a aludida motivação, salvo no caso dos Correios, que é equiparado a Fazenda Pública em vários aspectos. Nesse sentido:

TST - OJ nº 247 da SDI-I:

I - A despedida de empregados de empresa pública e de sociedade de economia mista, mesmo admitidos por concurso público, independe de ato motivado para sua validade;

II - A validade do ato de despedida do empregado da Empresa Brasileira de Correios e Telégrafos (ECT) está condicionada à motivação, por gozar a empresa do mesmo tratamento destinado à Fazenda Pública em relação à imunidade tributária e à execução por precatório, além das prerrogativas de foro, prazos e custas processuais.

O STF, contudo, entendeu de maneira diferente. Para ele, não apenas as dispensas dos empregados dos Correios, mas a de todas as empresas públicas e sociedades de economia mista precisam ser motivadas. O fundamento é o de que, como a pessoa passou por um processo impessoal de escolha (concurso público), sua dispensa também deve se dar de forma impessoal, o que só pode ser aferido através da motivação do ato **(RE 589998/PI).**

Apesar de o TST ainda não ter formalmente cancelado a OJ n 247 da SDI-I, ela encontra-se superada, tendo o TST adotado o posicionamento do STF em seus últimos julgados **(RR 138900342008504005).**

Dessa forma, o tema pode ser assim sintetizado:

Celetistas contratados pela Administração Pública direta, autárquica ou fundacional ANTES da EC19 e que concluíram o estágio probatório ANTES da EC19.	São detentores de estabilidade (item I da Súmula 390 do TST).
Celetistas contratados pela Administração Pública direta, autárquica ou fundacional ANTES da EC19 e que NÃO concluíram o estágio probatório antes da EC19.	Não são detentores de estabilidade, mas precisam ter sua dispensa motivada (novo entendimento do STF).
Celetistas contratados pela Administração Pública direta, autárquica ou fundacional DEPOIS da EC19.	Não são detentores de estabilidade, mas precisam ter sua dispensa motivada (novo entendimento do STF).

IV

QUESTÕES ENVOLVENDO A VALIDADE DOS CONTRATOS REALIZADOS COM A FAZENDA PÚBLICA

1. TRABALHO ILÍCITO E TRABALHO PROIBIDO

Para Maurício Godinho, trabalho ilícito é aquele que compõe um tipo legal penal ou concorre diretamente para ele; o trabalho proibido é aquele que se realiza em desrespeito à norma imperativa vedatória de labor em determinadas situações.

Segundo Alice Monteiro de Barros, o trabalho ilícito é aquele em que o próprio objeto do contrato é a prestação de serviços ilícitos; o trabalho proibido é aquele prestado em desacordo com as normas de proteção trabalhista.

Para ambos e para doutrina majoritária, o trabalho ilícito não gera efeitos trabalhistas; já o trabalho proibido gera efeitos trabalhistas, muito embora sua prestação deva ser proibida pela autoridade, é dizer, a autoridade cessa a prestação dos serviços, contudo, o trabalhador recebe todos os direitos pelo trabalho já prestado.

a) **Jogo do bicho:** para a doutrina majoritária, trata-se de trabalho ilícito, não gerando efeitos trabalhistas

OJ nº 199 da SDI-1: É nulo o contrato de trabalho celebrado para o desempenho de atividade inerente à prática do jogo do bicho, ante a ilicitude de seu objeto, o que subtrai o requisito de validade para a formação do ato jurídico.

b) **Policial militar que presta serviços a particulares:** prevalece que se trata de trabalho proibido, gerando efeitos trabalhistas

TST – Súmula 386: Preenchidos os requisitos do art. 3º da CLT, é legítimo o reconhecimento de relação de emprego entre policial militar e empresa privada, independentemente do eventual cabimento de penalidade disciplinar prevista no Estatuto do Policial Militar.

c) **Contração com a Fazenda Pública sem prévia realização de concurso público:** trata-se de trabalho ilícito, não gerando efeitos trabalhistas, ressalvados os direitos à percepção dos salários referentes ao período trabalhado e, nos termos do art. 19-A da Lei 8.036/90, ao levantamento dos depósitos efetuados no Fundo de Garantia do Tempo de Serviço — FGTS.

2. INEXISTÊNCIA DE ESTABILIDADE PROVISÓRIA ASSEGURADA AS GESTANTES PARA EMPREGADAS CONTRATADAS SEM CONCURSO PÚBLICO

O TST entendeu que não é possível estender a garantia provisória de emprego à empregada gestante dispensada em razão do reconhecimento da nulidade do contrato firmado com ente público, sem prévia aprovação em concurso púbico (**TST-E-ED-RR-175700-88.2007.5.04.0751).**

O fundamento foi que o STF considerou nula a contratação de pessoal pela Administração Pública sem a observância de prévia aprovação em concurso público, razão pela qual não gera quaisquer efeitos jurídicos válidos em relação ao empregado eventualmente contratado, ressalvados:

a) o direito de ele receber os salários referentes ao período trabalhado; **b)** o direito de ele levantar os depósitos do FGTS (Art. 19-A, da Lei 8.036/90).

Nesse sentido, o TST esclareceu que o gozo da estabilidade provisória da gestante pressupõe a validade da relação estabelecida entre as partes, o que não se verifica no caso de contratação de empregada sem concurso público.

3. FGTS

a) Constitucionalidade do art. 19-A da Lei 8.036/90

É nula a contratação de pessoal pela Administração Pública sem a observância de prévia aprovação em concurso público, razão pela qual não gera quaisquer efeitos jurídicos válidos em relação aos empregados eventualmente contratados, ressalvados os direitos à percepção dos salários referentes ao período trabalhado e, nos termos do art. 19-A da Lei 8.036/90, ao levantamento dos depósitos efetuados no Fundo de Garantia do Tempo de Serviço — FGTS **(ADI 3127/DF).**

O fundamento do STF foi o seguinte: não é possível reconhecer a existência de vínculo empregatício nem conceder ao contratado os respectivos direitos trabalhistas, uma vez que o art.37, § 2º, da CF/88 atribui às contratações sem concurso "uma espécie de nulidade jurídica qualificada", cuja consequência é não só o desfazimento imediato da relação, mas também a punição da autoridade responsável. "

Assim, o único efeito jurídico válido, nessas circunstâncias, é o direito aos salários correspondentes aos serviços efetivamente prestados e a possibilidade de recebimento dos valores depositados na conta vinculada do trabalhador no FGTS, uma vez que a norma do art. 19-A é apenas a explicitação do fato de serem devidas as verbas salariais.

O STF entendeu também que o art. 19-A na Lei n. 8.036/90 não interfere na autonomia dos Estados e Municípios para organizar o regime funcional de seus servidores, não cria despesa sem dotação orçamentária nem viola direito adquirido da Administração Pública. A norma apenas dispôs sobre relações jurídicas de natureza trabalhista, dando nova destinação a um valor que já vinha sendo recolhido na conta vinculada dos trabalhadores.

b) Prazo prescricional para cobrança em juízo

O prazo prescricional para a cobrança judicial dos valores devidos relativos ao FGTS é de 5 anos. A verba do FGTS possui natureza jurídica de verba trabalhista. Logo, aplica-se a ela a regra prevista no art. 7º, XXIX, da CF/88, que traz o prazo prescricional de 5 anos para cobrança de direitos trabalhistas:

> **Art. 7º** São direitos dos trabalhadores urbanos e rurais, além de outros que visem à melhoria de sua condição social:
>
> **XXIX** - ação, quanto aos créditos resultantes das relações de trabalho, com prazo prescricional de CINCO anos para os trabalhadores urbanos e rurais, até o limite de DOIS anos após a extinção do contrato de trabalho;

Ressalta-se que o TST entendia, de forma consolidada, que esse prazo era de 30 anos.

PARTE II
DIREITO PROCESSUAL E MATERIAL DO TRABALHO E ADVOCACIA PÚBLICA

> **Súmula 362-TST:** É trintenária a prescrição do direito de reclamar contra o não-recolhimento da contribuição para o FGTS, observado o prazo de 2 (dois) anos após o término do contrato de trabalho.

Como houve uma mudança brusca da jurisprudência, o STF, por razões de segurança jurídica, modulou os efeitos desta decisão. Assim, esse novo prazo prescricional de 5 anos somente vale a partir deste julgado do Supremo.

O art. 23, § 5º, da Lei 8.036/90 e o art. 55 do Decreto 99.684/90, que previam o prazo prescricional de 30 anos, foram julgados inconstitucionais.

4. PRIVATIZAÇÃO E ESTATIZAÇÃO

Na **privatização,** uma empresa que até então fazia parte da Administração pública, é transferida para a iniciativa privada. Nesse caso, o TST entende que eventual nulidade de contrato, por ausência de concurso pública, deixa de existir.

Com isso, o empregado que antes estava trabalhando de forma irregular, por ausência de concurso público, após a privatização terá todos os direitos trabalhistas garantidos, já que não se exige concurso para inciativa privada:

> **TST – Súmula 430:** Convalidam-se os efeitos do contrato de trabalho que, considerado nulo por ausência de concurso público, quando celebrado originalmente com ente da Administração Pública Indireta, continua a existir após a sua privatização.

Na **estatização,** por sua vez, ocorre o contrário. Uma empresa que pertencia a iniciativa privada é adquirida pelo Estado. Aqui, o fenômeno da sucessão trabalhista não ocorre normalmente, de forma que os empregados da empresa não poderão continuar, uma vez que a Constituição exige concurso público para ingresso nos empregos públicos.

Caso não haja concurso, todos os empregados estarão em situação irregular, tendo direito apenas ao saldo de salário e depósitos do FGTS, conforme entendimento do STF **(RE 705.140/RS).**

V

QUESTÕES ENVOLVENDO A RESPONSABILIDADE DA ADMINISTRAÇÃO NOS CONTRATOS

1. RESPONSABILIDADE PELO DESCUMPRIMENTO DE OBRIGAÇÕES TRABALHISTA PELO CONTRATADO PELA ADMINISTRAÇÃO APÓS LICITAÇÃO

O artigo 71, § 1º, da Lei 8.666/93 estabelece que a inadimplência do contratado com relação aos encargos trabalhistas, fiscais e comerciais não transfere para a Administração Pública a responsabilidade por seu pagamento.

Por muitos anos, o TST considerou esse dispositivo inconstitucional, entendendo que o mero inadimplemento dos encargos trabalhistas já era suficiente para atrair a responsabilidade da Administração. Contudo, o STF, no julgamento da ADC 16 declarou que esse dispositivo é constitucional.

Em razão da decisão do STF, o TST alterou seu entendimento (Súmula 331, V) e determinou que a responsabilidade da Administração não surge com o mero inadimplemento, mas haverá responsabilidade subsidiária se ficar demonstrada a sua culpa "in vigilando", ou seja, somente será responsabilidade se ficar comprovado que o Poder Público deixou de fiscalizar se a empresa estava cumprindo pontualmente suas obrigações trabalhistas, fiscais e comerciais.

Cumpre ressaltar que o TST entendia que havia uma culpa presumida da Administração pela não fiscalização do cumprimento das obrigações trabalhistas. Assim, a justiça trabalhista entendia que competia a Administração a comprovação de que fiscalizou o contrato.

O STF, no julgamento do RE 760931/DF concordou em parte com o novo entendimento do TST. Em que pese a Administração possa ser condenada pelo não cumprimento dos encargos trabalhistas, tal condenação não pode decorrer de uma culpa presumida. Não se pode considerar válida a interpretação que cria uma culpa presumida da Administração Pública.

A Administração Pública não pode responder pelas dívidas trabalhistas da empresa contratada a partir de qualquer tipo de presunção, somente admitindo que isso ocorra caso a condenação esteja inequivocamente lastreada em elementos concretos de prova da falha da fiscalização do contrato.

Assim, compete ao empregado terceirizado, na sua reclamação, demonstrar concretamente que houve falha concreta do Poder Público na fiscalização do contrato (Ex: ele pode comprovar que notificou a Administração do descumprimento das obrigações trabalhistas pela empresa contratada). Ressalta-se, contudo, que é do ex-empregado o ônus da prova **(RE 760931/DF).**

"E se a Administração for comunicada que empresa contratada não está cumprido com suas obrigações, como ela pode se livrar da responsabilidade?"

Nesse caso, o melhor instrumento para evitar a responsabilidade será o ingresso de ação consignação em pagamento, com o depósito em juízo de todos os valores devidos ao empregado.

"Qual a justiça competente para apreciar tal ação?"

O STJ entendeu que ela deverá ser julgada PELA JUSTIÇA DO TRABALHO. A partir da análise do pedido e pela causa de pedir deduzidos, verifica-se que a lide tem natureza predominantemente trabalhista.

Ademais, deve-se destacar que a EC 45/2004 ampliou a competência da Justiça do Trabalho, tornando incontroversa a competência desta para, nos termos do art. 114, IX, da CF, conhecer e julgar "outras controvérsias decorrentes da relação de trabalho", como a aqui analisada. Além disso, nessa hipótese, a Justiça do Trabalho é quem terá melhores condições de apreciar as alegações **(CC 136.739-RS).**

A questão da reclamação

Vimos anteriormente que o artigo 71, § 1º, da Lei 8.666/93 estabelece que a inadimplência do contratado com relação aos encargos trabalhistas, fiscais e comerciais não transfere para a Administração Pública a responsabilidade por seu pagamento.

Vimos também que, por muitos anos, o TST considerou esse dispositivo inconstitucional, entendendo que o mero inadimplemento dos encargos trabalhistas já era suficiente para atrair a responsabilidade da Administração. Contudo, o STF, no julgamento da ADC 16 declarou que esse dispositivo é constitucional.

Várias decisões da Justiça do Trabalho continuaram entendendo de forma diferente do art. 71, § 1º. Contra essas decisões, o Poder Público ajuizava diretamente reclamações no STF, que era obrigado a recebê-las considerando que de uma decisão, até mesmo de 1ª instância, que viola o que o STF deliberou em sede de ADI, ADC ou ADPF, cabe reclamação.

Ocorre, como vimos anteriormente, que no ano de 2017 o STF, por meio do RE 760931/DF, submetido ao sistema da repercussão geral reafirmou o entendimento de que o art. 71, § 1º, da Lei nº 8.666/93 é constitucional e deve ser aplicado.

O problema é que, com isso, **o STF entendeu que o RE 760931/DF substituiu a decisão proferida na ADC 16.** Isso implicou em uma grande mudança na prática: as decisões proferidas em sede de controle concentrado produzem efeitos vinculantes, permitindo a interposição de reclamação diretamente ao STF, sem a necessidade de esgotamento de instâncias.

Por outro lado, os RE submetidos a sistemática da repercussão geral, até permitem a interposição de reclamação, mas somente quando esgotados os recursos existentes nas instâncias ordinárias (1º e 2º grau), nos termos do artigo 988, § 5º, II, do NCPC.

Assim, como o STF entendeu que o RE 760931/DF substituiu a decisão proferida na ADC 16, agora, caso queira interpor reclamação nos casos envolvendo o descumprimento do artigo 71, § 1º, da Lei 8.666/93, **a Fazenda Pública terá que esgotar as instâncias ordinárias para ajuizar reclamação,** já que vimos que a reclamação contra decisão em recurso extraordinário exige esgotamento das instâncias ordinárias, ao contrário de reclamação contra decisão em ADC **(Rcl 27789 AgR/BA).**

2. Inexistência de responsabilidade nos contratos de subempreitada

O contrato de empreitada pode ser conceituado como o negócio jurídico por meio do qual uma das partes – empreiteiro ou prestador –

obriga-se a fazer ou a mandar fazer determinada obra, mediante uma determinada remuneração, a favor de outrem – dono de obra ou tomador.

Ocorre que a execução dessa obra poderá ser transferida para um terceiro, parcial ou totalmente, ocorrendo aquilo que a doutrina chamada de subempreitada (Ex: O Município de Fortaleza contrata a construtura X para a construção de um viaduto. Por sua vez, a Construtora X contrata a Construtora Y para realizar tal obra).

Essa situação foi disciplinada pela CLT da seguinte maneira:

> **Art. 455** – Nos contratos de subempreitada responderá o subempreiteiro pelas obrigações derivadas do contrato de trabalho que celebrar, cabendo, todavia, aos empregados, o direito de reclamação contra o empreiteiro principal pelo inadimplemento daquelas obrigações por parte do primeiro.
>
> **Parágrafo único** – Ao empreiteiro principal fica ressalvada, nos termos da lei civil, ação regressiva contra o subempreiteiro e a retenção de importâncias a este devidas, para a garantia das obrigações previstas neste artigo.

Notem, meus amigos, que a CLT somente previu responsabilidade para o empreiteiro, que responderá pelas obrigações inadimplidas pelo subempreiteiro, sendo omissa em relação ao dono da obra (No nosso exemplo, o Município de Fortaleza).

Isso ocorre porque a relação entre o dono da obra e o empreiteiro é meramente civil, sendo, assim, diversa daquela que ocorre entre o executor da obra e seus empregados.

Assim, ao analisar o artigo 455 da CLT, o TST entendeu que, diante da inexistência de previsão legal, o contrato de empreitada entre o dono da obra e o empreiteiro não enseja responsabilidade solidária ou subsidiária nas obrigações trabalhistas contraídas pelo empreiteiro, salvo nos casos o dono da obra é também construtor ou incorporador:

> **Orientação jurisprudencial nº 191 da SDI-I:** Diante da inexistência de previsão legal específica, o contrato de empreitada de construção civil entre o dono da obra e o empreiteiro não enseja responsabilidade solidária ou subsidiária nas obrigações trabalhistas contraídas pelo empreiteiro, salvo sendo o dono da obra uma empresa construtora ou incorporadora.

A exceção em relação as construtoras e incorporadoras é fundamentada no fato de que elas exercem a mesma função do empreiteiro, de forma que o artigo 455 se aplica por analogia a eles, atraindo, assim, o disposto no artigo 455 da CLT.

Ocorre que ao longo dos anos construiu-se uma tese, aceita por diversos Tribunais Regionais do Trabalho, que visava restringir a aplicação da OJ 191. Segundo essa tese, o dono da obra somente não teria responsabilidade quando se trata-se de pessoas físicas ou micro e pequenas empresas, na forma da lei, que não exercessem atividade econômica vinculada ao objeto contratado.

Esse entendimento acabava por equiparar as médias e grandes empresas, assim como os entes públicos, como se fossem empresas construtoras e incorporadoras, atraindo a responsabilização na forma do artigo 455.

O fundamento dessa tese era o seguinte: embora os entes públicos não possuam entre as suas finalidades principais a atividade de construção, essa atividade é bastante frequente, uma vez que o Estado precisa construir escolas, hospitais etc. Com isso, ele deveria se equiparar as construtoras e incorporadoras.

Essa tese acabou indo parar no TST, que ao analisar o tema em julgamento realizado sob a sistemática dos recursos de revista repetitivos (art. 896-B, da CLT), determinou o seguinte:

a) o entendimento em questão confere uma interpretação jurídica que não se amolda nem com a redação da OJ 191 do TST, nem com os fundamentos que ensejaram a edição da aludida orientação, impondo uma redução substancial de seu alcance;

b) a restrição afronta a isonomia, pois empresta tratamento igual a situações diversas (o ente público seria responsabilizado pelos débitos trabalhistas da empreiteira da mesma forma que o dono de obra que tem como finalidade principal, de fato, a construção civil);

c) o princípio da dignidade da pessoa humana deve ser utilizado como vetor de interpretação da legislação, não podendo servir, por si só, como fator determinante para a criação de obrigações.

Com isso, o TST afastou qualquer entendimento tendente a reconhecer a responsabilidade de qualquer ente da Administração Pública, direta e indireta, na qualidade de "dono da obra", por obrigações trabalhistas decorrentes dos contratos administrativos por ela celebrados.

VI

QUESTÕES ENVOLVENDO DIREITOS SALARIAIS

1. IMPOSSIBILIDADE DE DISSÍDIO FIXAR CLÁUSULAS ECONÔMICAS EM FACE DE PESSOA JURÍDICA DE DIREITO PÚBLICO

Conforme entendimento majoritário jurisprudencial não cabe a instauração de dissídio coletivo para a discussão de cláusulas econômicas ou sociais de servidores estatutários da administração direta, autárquica e fundacional. Em relação aos servidores públicos estatutários, o entendimento predominante é de que não há dúvida quanto à impossibilidade de celebração de acordo ou convenção coletiva, como também de ajuizamento de dissídio coletivo, porquanto não lhes foi assegurado no art. 39, § 3º da CF a aplicação do art. 7º, XXVI, que dispõe acerca do reconhecimento de acordos e convenções coletivas de trabalho.

Por seu turno, no caso de a pessoa jurídica de direito público manter empregados públicos (celetistas) é cabível dissídio coletivo tão somente no que tange as obrigações sociais (que não implicam dispêndios financeiros).

> **TST – OJ nº 05 da SDC:** Em face de pessoa jurídica de direito público que mantenha empregados, cabe dissídio coletivo exclusivamente para apreciação de cláusulas de natureza social. Inteligência da Convenção nº 151 da Organização Internacional do Trabalho, ratificada pelo Decreto Legislativo nº 206/2010.

A impossibilidade de apreciação de cláusulas econômicas justifica-se porque a administração pública deve observar o princípio da legalidade, somente podendo conceder aumento aos seus servidores mediante lei específica, observando a iniciativa privativa em cada caso, exigindo ainda prévia dotação orçamentária e autorização específica na lei de diretrizes orçamentárias.

Em cabendo negociação coletiva envolvendo cláusulas sociais, se aplicam ao Poder Público muitos dos dispositivos do artigo 611-A da CLT.

> **Art. 611-A.** A convenção coletiva e o acordo coletivo de trabalho, observados os incisos III e VI do caput do art. 8º da Constituição, têm prevalência sobre a lei quando, entre outros, dispuserem sobre (...).

Outro aspecto importante é que a "Reforma Trabalhista" estabeleceu que as condições estabelecidas em acordo coletivo de trabalho sempre prevalecerão sobre as estipuladas em convenção coletiva de trabalho (Art. 620).

2. EQUIPARAÇÃO SALARIAL

2.1. Aspectos Gerais e mudanças promovidas pela reforma

> **Art. 461.** Sendo idêntica a função, a todo trabalho de igual valor, prestado ao mesmo empregador, no mesmo estabelecimento empresarial, corresponderá igual salário, sem distinção de sexo, etnia, nacionalidade ou idade
>
> **§ 1º** Trabalho de igual valor, para os fins deste Capítulo, será o que for feito com igual produtividade e com a mesma perfeição técnica, entre pessoas cuja diferença de tempo de serviço para o mesmo empregador não seja superior a quatro anos e a diferença de tempo na função não seja superior a dois anos.
>
> **§ 2º** Os dispositivos deste artigo não prevalecerão quando o empregador tiver pessoal organizado em quadro de carreira ou adotar, por meio de norma interna da empresa ou de negociação coletiva, plano de cargos e salários, dispensada qualquer forma de homologação ou registro em órgão público.
>
> **§ 3º** No caso do § 2º deste artigo, as promoções poderão ser feitas por merecimento e por antiguidade, ou por apenas um destes critérios, dentro de cada categoria profissional.
>
> **§ 4º** – O trabalhador readaptado em nova função por motivo de deficiência física ou mental atestada pelo órgão competente da Previdência Social não servirá de paradigma para fins de equiparação salarial.
>
> **§ 5º** – A equiparação salarial só será possível entre empregados contemporâneos no cargo ou na função, ficando vedada a indicação de paradigmas remotos, ainda que o paradigma contemporâneo tenha obtido a vantagem em ação judicial própria.

> **§ 6º** No caso de comprovada discriminação por motivo de sexo ou etnia, o juízo determinará, além do pagamento das diferenças salariais devidas, multa, em favor do empregado discriminado, no valor de 50% (cinquenta por cento) do limite máximo dos benefícios do Regime Geral de Previdência Social.

A Constituição Federal proíbe a distinção salarial por motivo de sexo, idade, cor ou estado civil:

> **Art. 7º** (...)
> **XXX** – proibição de diferença de salários, de exercício de funções e de critério de admissão por motivo de sexo, idade, cor ou estado civil;

Trata-se de uma aplicação do princípio da isonomia no âmbito das relações trabalhistas. O instrumento adequado para viabilizar a isonomia salaria é a chamada equiparação salarial, prevista no artigo 461 da CLT. Para que o empregado tenha direito a equiparação é necessário o cumprimento dos seguintes requisitos:

a) mesmo empregador;

b) trabalho no mesmo estabelecimento do empregador;

c) Identidade de funções;

d) Trabalho de igual valor;

e) diferença de tempo de serviço de, no máximo, 4 anos e na mesma função de, no máximo, 2 anos;

f) Inexistência de quadro de carreira ou de plano de cargos e salários.

A chamada reforma trabalhista (Lei 13.467/17) realizou diversas alterações no artigo 461 e parágrafos. Veremos as principais alterações:

Trabalho no mesmo estabelecimento empresarial

Antes da Reforma Trabalhista, exigia-se como requisito para a equiparação salarial que o trabalho fosse prestado na mesma localidade entre paradigma e equiparando. Com relação ao conceito de "mesma localidade" o TST entendia que ele se referia ao mesmo município ou municípios da mesma região metropolitana:

TST – Súmula 06:

X – O conceito de "mesma localidade" de que trata o art. 461 da CLT refere-se, em princípio, ao mesmo município, ou a municípios distintos que, comprovadamente, pertençam à mesma região metropolitana.

A reforma, contudo, alterou o "caput" para estabelecer que o trabalho deve ser prestado dentro do mesmo estabelecimento, expressão muito mais restritiva.

Assim, por exemplo, **caso uma empresa possua em uma mesma cidade dois ou mais estabelecimentos diversos, não seria assegurado o direito à equiparação salarial**. Com isso, pode se dizer que a reforma passou a permitir a contratação de empregados com salários diferentes, em uma mesma localidade, desde que em estabelecimentos diversos, ainda que exerçam a mesma função em trabalho de igual valor.

Trata-se de um tema que certamente vai suscitar muita controvérsia doutrinária e jurisprudencial, uma vez que não há nenhum argumento lógico na mudança promovida pela lei.

Tempo de serviço e tempo de função

Antes da reforma trabalhista o tempo de serviço não era relevante para fins de equiparação, mas somente o tempo não função:

TST – Súmula 06:

II – Para efeito de equiparação de salários em caso de trabalho igual, conta-se o tempo de serviço na função e não no emprego.

A reforma trabalhista, contudo, modificou o § 1º do artigo 461, acrescento o tempo de serviço do empregado no emprego como um novo requisito a ser observado na equiparação.

Assim, vamos imaginar o seguinte exemplo. Paulo possui 10 anos no emprego e trabalha apenas a 01 ano como no setor de recursos humanos da empresa, como auxiliar de recursos humanos. Ele recebe 2 mil reais. Carolina, por sua vez, tem apenas 01 no emprego e sempre trabalhou como auxiliar de recursos humanos, recebendo mil reais pela função.

Pela norma antiga, Carolina teria direito a equiparação, uma vez que o tempo na função entre ela e Paulo é menor que dois anos. Contudo, como agora se exige também que a diferença de tempo no emprego não seja superior a 04 anos, Carolina não tem direito a equiparação, uma vez que a diferença de tempo no emprego entre eles é de 09 anos.

Trata-se de mais uma norma restritiva inserida pela "Reforma Trabalhista".

Inexistência de quadro de carreira ou de plano de cargos e salários

A "Reforma Trabalhista" também alterou a redação do § 2º do artigo 461. Antes da reforma, a validade do quadro de carreira ou de plano de cargos e salários dependia de homologação perante o Ministério do Trabalho e Emprego - MTE. Essa exigência acabou suprimida pela reforma. Assim, atualmente não mais se exige para a validade dos institutos a sua homologação perante o MTE.

Após a reforma, dois são os institutos que impedem a equiparação salarial:

a) Existência de pessoal organizado em quadro de carreira;

b) Plano de cargos e salários adotado em norma interna da empresa ou mediante negociação coletiva.

Critérios de promoção por antiguidade e merecimento

Antes da reforma trabalhista, as promoções decorrentes do quadro de carreira e plano de cargos e salários deveriam obedecer aos critérios de antiguidade e merecimento. Além disso, a lei exigia que houvesse uma necessária alternância entre os requisitos. Não havendo essa alternância, o empregado tinha direito a equiparação, nos termos do entendimento do TST:

> **Orientação Jurisprudencial 418 da SDI-I:** Não constitui óbice à equiparação salarial a existência de plano de cargos e salários que, referendado por norma coletiva, prevê critério de promoção apenas por merecimento ou antiguidade, não atendendo, portanto, o requisito de alternância dos critérios, previsto no art. 461, § 2º, da CLT.

Ocorre que a reforma estabeleceu que as promoções não necessitam observar a alternância entre os critérios de merecimento e antiguidade, podendo o empregador adotar apenas um destes critérios isoladamente. Assim, é possível que o quadro de carreira preveja apenas promoções por merecimento.

Com isso, o entendimento previsto na OJ nº 418 restou superado.

Vedação à indicação de paradigmas remotos

Antes das mudanças, o TST entendia que era possível o pedido de equiparação, mesmos nos casos em que a diferença salarial tinha origem em uma decisão judicial em favor do paradigma:

TST – Súmula 06:

VI – Presentes os pressupostos do art. 461 da CLT, é irrelevante a circunstância de que o desnível salarial tenha origem em decisão judicial que beneficiou o paradigma, exceto:

a) se decorrente de vantagem pessoal ou de tese jurídica superada pela jurisprudência de Corte Superior;

b) na hipótese de equiparação salarial em cadeia, suscitada em defesa, se o empregador produzir prova do alegado fato modificativo, impeditivo ou extintivo do direito à equiparação salarial em relação ao paradigma remoto, considerada irrelevante, para esse efeito, a existência de diferença de tempo de serviço na função superior a dois anos entre o reclamante e os empregados paradigmas componentes da cadeia equiparatória, à exceção do paradigma imediato.

Muitas vezes ocorria que esse pedido de equiparação se valia de paradigmas remotos, que eram aquelas pessoas que não mais estavam na função no momento do pedido de equiparação. A "Reforma Trabalhista" acabou com essa prática, ao exigir no § 5º que ambos os trabalhadores sejam contemporâneos na função.

Assim, não poderá mais o empregado se valer de um paradigma remoto, ou seja, do salário recebido por determinado trabalhador remotamente que não tenha trabalhado contemporaneamente com ele na função

2.2. Equiparação salarial e pessoa jurídica de direito público

Sobre o tema, é certo que a Constituição exigiu que a fixação e alteração da remuneração dos servidores públicos fosse feita por meio de lei específica, observada a iniciativa privativa em cada caso **(art. 37, X, da CF/88).**

Ademais, a Constituição também vedou a vinculação ou equiparação de quaisquer espécies remuneratórias para o efeito de remuneração de pessoal do serviço público **(art. 37, XIII, da CF).**

Assim, diante da clareza do comando constitucional o TST possui entendimento de que, quando se pleiteia a equiparação salarial entre servidores públicos da administração direta, autárquica e fundacional, não é possível aplicar o art. 461, da CLT, ainda que tenham sido contratados pelo regime da CLT

Orientação Jurisprudencial nº 297 da SDI – I: O art. 37, inciso XIII, da CF/1988, veda a equiparação de qualquer natureza para o efeito de remuneração do pessoal do serviço público, sendo juridicamente impossível a aplicação da norma infraconstitucional prevista no art. 461 da CLT quando se pleiteia equiparação salarial entre servidores públicos, independentemente de terem sido contratados pela CLT.

Cumpre ressaltar ainda que o STF possui entendimento vinculante proibindo o aumento dos vencimentos de servidores públicos sob o fundamento de isonomia:

STF - Súmula Vinculante 37: não cabe ao Poder Judiciário, que não tem função legislativa, aumentar vencimentos de servidores públicos sob o fundamento de isonomia.

2.3. Empregador empresa pública e sociedade de economia mista

Em relação as empresas públicas e sociedade de economia mista é possível sim a aplicação do artigo 461 da CLT. Isso porque o art. 173, § 1º, II da CF/88, determina que as empresas públicas e sociedades de economia mista estão sujeitas ao regime jurídico próprio das empresas privadas, inclusive quanto aos direitos e obrigações trabalhistas.

Assim, entende-se que as pessoas jurídicas de direito privado, ainda quando pertencentes à estrutura da administração indireta, equiparam-se ao empregador privado a partir do momento em que contratam empregados pelo regime da CLT.

TST - Súmula 455: À sociedade de economia mista não se aplica a vedação à equiparação prevista no art. 37, XIII, da CF/1988, pois, ao admitir empregados sob o regime da CLT, equipara-se a empregador privado, conforme disposto no art. 173, § 1º, II, da CF/198.

3. DESVIO FUNCIONAL

a) Aspectos Gerais

O desvio funcional não se confunde com o instituto da equiparação salarial. Na equiparação salarial duas pessoas exercem a mesma função, mas uma ganha mais que a outra. Com isso, aquele que ganha menos busca, por meio da equiparação, a mesma remuneração do outro.

Já no desvio funcional, a pessoa é contratada para prestar um serviço "x", mas acaba sendo desviada para prestar outro serviço, diverso daquele que foi contratada.

Na equiparação salarial o empregado busca o reconhecimento do direito ao aumento remuneratório, a fim de que empregado prejudicado passe a receber o mesmo salário do empregado paradigma, corrigindo a distorção de vencimentos. É, assim, uma situação permanente.

No desvio funcional, o empregado o empregado busca duas coisas:

a) o direito a receber remuneração mais elevada pelo período em que desempenhou aquela atividade que não era originariamente sua;

b) exercer as funções para qual foi contratado, passando a receber a remuneração a ela inerente, sem que esse fato acarrete redução salarial ilícita.

É importante ficar clara a distinção entre os dois institutos, uma vez que as consequências jurídicas de ambos são diferentes, conforme veremos a seguir.

b) Desvio funcional e o poder público

Ao analisar o tema do desvio de função no serviço público o TST editou a seguinte orientação jurisprudencial:

> **Orientação Jurisprudencial nº 125:** O simples desvio funcional do empregado não gera direito a novo enquadramento, mas apenas às diferenças salariais respectivas, mesmo que o desvio de função haja iniciado antes da vigência da CF/1988.

Assim, como se percebe, o TST entende que o desvio funcional não gera direito ao enquadramento, mas assegura o direito às diferenças salariais. Ocorre que essa OJ foi editada no ano de 2002. Na ocasião em que ela foi editada, o TST entendia que o direito as diferenças salariais somente eram cabíveis dentro do mesmo regime jurídico.

Vamos explicar melhor: o TST entendia que não era devido direito as diferenças salariais se um servidor contratado por meio do regime celetista estivesse em desvio funcional, exercendo funções típicas de um servidor estatutário. É dizer, inicialmente o TST não aplicava o desvio de função para regime jurídico distinto, sob pena de haver aumento de vencimentos ou provimento de cargo público pela via transversa, ou seja, sem a prévia aprovação em concurso público específico (**TST, SBDI-I. E-ED-RR-3800-54.2002.5.02.0432**).

Posteriormente, contudo, o TST reviu esse posicionamento, concluindo que, havendo identidade entre as atividades realizadas por servidor público estatutário e aquelas exercidas por empregado público em flagrante desvio de função, será devido o pagamento das diferenças salariais respectivas.

O fundamento utilizado pelo TST nesse caso foi que negar ao empregado o direito de contraprestação pecuniária pelos serviços efetivamente prestados em desvio de função implicaria enriquecimento ilícito da Administração Pública **(SBDI-I. E-ED-RR-210900-27.2000.5.09.0020).**

Em resumo, o empregado público que exerce, em desvio de função, atividades inerentes tanto a emprego público quanto a cargo público (estatutário) diverso, de remuneração superior, terá direito às diferenças salariais respectivas.

Por fim, é preciso salientar que, uma vez reconhecido o desvio de função, além do direito as diferenças salariais, deverá ser determinado imediatamente o fim do desvio de função e o retorno do servidor a sua função de origem.

4. IMPOSSIBILIDADE DE O EMPREGADO PÚBLICA DA ADMINISTRAÇÃO PÚBLICA DIRETA, AUTÁRQUICA E FUNDACIONAL RECEBER MENOS QUE UM SALÁRIO-MÍNIMO

A atual Constituição estabeleceu como uma garantia dos trabalhadores, o direito ao salário-mínimo, fixado em lei e nacionalmente unificado:

> **Art. 7º** São direitos dos trabalhadores urbanos e rurais, além de outros que visem à melhoria de sua condição social:
>
> **IV** – salário mínimo, fixado em lei, nacionalmente unificado, capaz de atender a suas necessidades vitais básicas e às de sua família com moradia, alimentação, educação, saúde, lazer, vestuário, higiene, transporte e previdência social, com reajustes periódicos que lhe preservem o poder aquisitivo, sendo vedada sua vinculação para qualquer fim;

Ocorre também que existem algumas profissões, regulamentadas por lei, que possuem o chamado salário profissional, fixado em patamar superior ao salário-mínimo.

Além disso, também é possível a fixação, mediante sentença normativa ou acordo ou convenção coletiva, de piso salarial diferenciado e superior ao mínimo para os empregados integrantes de determinadas categorias. Tais dispositivos também deverão ser observados, conforme estabelece a Constituição:

V – piso salarial proporcional à extensão e à complexidade do trabalho;

Ao analisar esses direitos, o Tribunal Superior do Trabalho entendeu que ambas as garantias estão vinculadas à jornada prevista no art. 7, XIII, da CF/88, de oito horas diárias e quarenta e quatro semanais.

Assim, nos casos em que um trabalhador se submete a uma jornada de trabalho inferior a jornada de oito horas diárias e quarenta e quatro semanais, o salário poderá ser pago proporcionalmente ao número de horas trabalhadas em jornada reduzida:

Orientação Jurisprudencial nº 358 da SDI-I:

I – Havendo contratação para cumprimento de jornada reduzida, inferior à previsão constitucional de oito horas diárias ou quarenta e quatro semanais, é lícito o pagamento do piso salarial ou do salário mínimo proporcional ao tempo trabalhado.

Ocorre que a garantia do salário-mínimo, prevista no art. 7º, inciso IV, da CF/88, é de aplicação obrigatória aos servidores ocupantes de cargo público, por força do art. 39, § 3, da CF/88.

Ao analisar a possibilidade de os servidores públicos perceberem menos que um salário-mínimo quando trabalharem em carga horária inferior ao disposto no art. 7º, XIII da Constituição o Supremo Tribunal Federal conferiu interpretação diversa da dada pelo TST.

Isso porque, em sede de repercussão geral (RE 964.659), o STF decidiu que **"o direito constitucional à remuneração não inferior ao salário mínimo, aplicável ao servidores em razão do art. 39, § 3º, da Constituição Federal, não comporta exceções.**

Assim, esse entendimento é de ser conferido no caso do servidor que trabalha em regime de jornada reduzida. Ressalte-se que a previsão constitucional da possibilidade de redução da jornada de trabalho não afasta nem tempera a aplicabilidade da garantia constitucional do salário mínimo."

Em outras palavras, O STF entendeu que remuneração dos servidores (composta por vencimento básico + demais vantagens recebidas, como adicionais ou gratificações) não pode ser menor que o salário-mínimo, mesmo nos casos de servidor sujeito à jornada de trabalho reduzida.

Assim, em função da decisão proferida pelo STF, o TST acabou inserido o item II à OJ 358, da SDI-I:

II - Na Administração Pública direta, autárquica e fundacional não é válida remuneração de empregado público inferior ao salário mínimo, ainda que cumpra jornada de trabalho reduzida. Precedentes do Supremo Tribunal Federal.

Por fim, cumpre ressaltar que a vedação para que os servidores recebam menos que um salário-mínimo diz respeito ao total da remuneração recebida (vencimento básico + outras vantagens). Não há nenhuma proibição no sentido de que o vencimento básico dos servidores seja inferior ao salário-mínimo:

> **STF - Súmula Vinculante nº 16:** Os artigos 7º, IV, e 39, § 3º (redação da EC 19/98), da Constituição, referem-se ao total da remuneração percebida pelo servidor público.

Em resumo, embora os empregados que cumpram jornadas inferiores ao estabelecido pela Constituição possam receber menos de um salário-mínimo, tal entendimento não se aplica no âmbito da Administração Pública direta, autárquica e fundacional, onde o empregado público, mesmo que cumpra jornada reduzida, não pode perceber menos que um salário-mínimo.

BIBLIOGRAFIA

CASSAR, Vólia Bomfim. Direito do Trabalho. 14ª Edição. Rio de Janeiro: Método, 2016.

CAVALCANTE, Márcio André Lopes. Dizer o Direito <http://www.dizerodireito.com.br/>.

CORREIA, Henrique. MIESSA, Élisson. Manual da Reforma Trabalhista: O que Mudou?. 1ª Edição. Salvador: Juspodvm, 2017.

PINHEIRO, Rogério Neiva. Direito e Processo do Trabalho-Aplicados à Administração Pública e Fazenda Pública. 2ª Edição. Rio de Janeiro: Método, 2016.

PARTE III

PRINCIPAIS ASPECTOS DO PODER PÚBLICO NO ÂMBITO ADMINISTRATIVO

I

REGIME ADMINISTRATIVO DISCIPLINAR DOS SERVIDORES FEDERAIS

1. INTRODUÇÃO

Amigos, é quase impossível analisar o regime disciplinar dos servidores de todas as esferas federativas. Assim, aqui, o estudo vai se limitar ao regime disciplinar dos servidores públicos federais. Contudo, não é demais lembrar que a grande maioria dos entes federados copia o modelo federal. Com isso, grande parte do que for estudado aqui também se aplica aos servidores de outras esferas federativas.

@direitodiretoblog – É possível a aplicação analógica da Lei 8.112/90 a servidores públicos estaduais e municipais?

Em regra, não é possível a utilização de dispositivos da Lei 8.112/90 em situações envolvendo servidores estaduais ou municipais.

Não há que se falar em analogia, porque, segundo decisão do STJ (**RMS 46.438-MG**), a analogia somente pode ser utilizada entre normas do mesmo ente da federação (exemplo: norma municipal integrada analogicamente por outra norma municipal), e não entre normas de entes diversos (exemplo: norma municipal, integrada analogicamente por norma federal).

Excepcionalmente, contudo, o STJ tem admitido a utilização das disposições federais em situações envolvendo servidores estaduais ou municipais.

Segundo o STJ, a analogia das legislações estaduais e municipais com a Lei n. 8.112/90 somente é possível se houver omissão **no tocante a direito de cunho constitucional, que seja autoaplicável, bem como que a situação não dê azo ao aumento de gastos**; em suma, ela precisa ser avaliada caso a caso e com parcimônia.

Por exemplo, o STJ já decidiu pela aplicação, por analogia, das regras da Lei n.º 8.112/90 sobre licença para acompanhamento de cônjuge a determinado servidor estadual cuja legislação não prevê esse afastamento **(RMS 34.630/AC).** Nesse exemplo, o STJ reconheceu que a analogia se justificava para proteção da unidade familiar, valor protegido constitucionalmente (art. 226 da CF/88). .

Por outro lado, o STJ já entendeu que NÃO se aplicam analogicamente as regras federais relativas a recondução (Art. 29 da Lei 8.112/90), nos casos de omissão da lei estadual ou municipal. Aqui, não é possível a analogia porque esse direito não tem cunho constitucional (**RMS 46.438-MG).**

2. ASPECTOS GERAIS

O regime disciplinar dos servidores públicos federais encontra-se previsto do art. 116 até o art. 142 da Lei 8.112/90, os quais versam sobre os deveres, proibições, penalidades e responsabilidades dos servidores referentes ao exercício de seus cargos.

3. AUTONOMIA DAS SANÇÕES PENAIS, CIVIS E ADMINISTRATIVAS

É pacífico na doutrina e na jurisprudência o entendimento de que as esferas administrativas, civis e penais são independentes, sendo descabida a suspensão do processo administrativo durante o prazo de trâmite do processo penal.

> **Art. 125.** As sanções civis, penais e administrativas poderão cumular-se, sendo independentes entre si.

4. SINDICÂNCIA VS PROCESSO ADMINISTRATIVO DISCIPLINAR

a) Sindicância

a.1) Noções Gerais

A sindicância é um meio mais célere de apurar as irregularidades praticadas pelos servidores. Trata-se de um procedimento semelhante a inquérito policial.

O objetivo da sindicância é propiciar a investigação do ilícito pela Administração Pública, isto é, consiste em uma apuração preliminar sobre a ocorrência do ilícito funcional, razão pela qual busca colher indícios sobre:

- Existência da infração;
- Sua autoria;
- O elemento subjetivo do agente.

a.2) Aplicação do princípio do contraditório e princípio da ampla defesa na sindicância

Como vimos anteriormente, a sindicância tem por finalidade a colheita de provas, possuindo caráter inquisitório. Por conta disso, alguns autores entendem que, nessa fase, é dispensada a defesa do sindicado.

Os Tribunais Superiores concordam com essa tese? NÃO. Isso porque é preciso observar que da sindicância poderá resultar o arquivamento do processo, a instauração de PAD ou mesmo a aplicação de advertência ou suspensão de até 30 dias. Por conta disso, tem-se que a ampla defesa deve ser também respeitada no âmbito dessa fase preliminar.

> Art. 153. O inquérito administrativo obedecerá ao princípio do contraditório, assegurada ao acusado ampla defesa, com a utilização dos meios e recursos admitidos em direito.

a.3) Conclusões da sindicância

A sindicância poderá chegar as seguintes conclusões:

Não houve nada.

houve algo, mas se trata de um ilícito penal.

houve algo e se trata de um ilícito administrativo.

Se a sindicância concluir que não houve nada, deverá haver o arquivamento do feito.

Se houve sim, mas este é um ilícito PENAL, de modo que deve ser encaminhado para o Ministério Público, que decidirá se denunciará ou não.

Se houve sim e o fato é um ilícito ADMINISTRATIVO, de modo que vamos processar e punir.

Por fim, se a conclusão foi de houve um ilícito administrativo, poderá haver as seguintes condutas:

- Se a aplicação for de advertência ou suspensão por menos de 30 dias, caberá sindicância,
- Se a aplicação for de penas mais graves, instaura-se um PAD. Nesse caso, os autos da sindicância integrarão os autos disciplinares, como peça informativa.

> **Art.145.** Da sindicância poderá resultar:
>
> **I** – arquivamento do processo;
>
> **II** – aplicação de penalidade de advertência ou suspensão de até 30 (trinta) dias;
>
> **III** – instauração de processo disciplinar.

Assim, vemos que a lei previu que no caso de punição por advertência ou por suspensão por menos de 30 dias, o processo para que se apliquem as punições é chamado também de "sindicância".

Tem-se, assim, que a lei utiliza o mesmo nome "sindicância" para 02 circunstâncias diferentes: investigação e processo.

Para compatibilizar isso, a doutrina chama a sindicância de sindicância investigação e sindicância processo. Ou seja, a sindicância começa como uma investigação e, com o decorrer dela, percebe-se que há efetivamente algo ali e que se trata de advertência ou suspensão por menos de 30 dias, a sindicância investigação é convertida em sindicância processo.

Porém, se ficar comprovado que houve algo, mas NÃO é advertência ou suspensão por menos de 30 dias, aquela investigação deverá ser encaminhada ao processo que será o processo administrativo disciplinar sumário ou o comum.

a.4) Dispensa de prévia sindicância antes do PAD

A sindicância NÃO é uma etapa do PAD, de modo que sua realização NÃO é obrigatória, podendo ser instaurado PAD de imediato sempre que os elementos probatórios existentes já forem suficientes.

a.5) Prazo

Segundo previsão da Lei 8.112/90, o prazo para sua conclusão não deverá exceder 30 dias, podendo ser prorrogado por igual período a critério da autoridade superior.

> **Art. 145.**
>
> **Parágrafo único.** O prazo para conclusão da sindicância não excederá 30 (trinta) dias, podendo ser prorrogado por igual período, a critério da autoridade superior.

a.6) Impossibilidade de participação do servidor que participou da sindicância no "julgamento" do PAD

O servidor que realizou a sindicância pode também determinar a instauração de processo disciplinar, designando a comissão processante, e, ao final dos trabalhos, aprovar o relatório final? NÃO.

O STJ decidiu que o servidor que participou das investigações na sindicância e concluiu que o sindicado havia cometido a infração disciplinar, tanto que determinou a instauração do PAD, NÃO pode, posteriormente, ser a autoridade designada para aprovar o relatório final produzido pela comissão no processo administrativo, uma vez que ele já formou seu convencimento no sentido da culpabilidade do acusado. **(STJ - MS 15.107-DF).**

b) Processo Administrativo Disciplinar - PAD

O PAD é utilizado quando temos penalidades mais graves, pois ele é cabível sempre que o ilícito praticado pelo servidor ensejar suspensão por MAIS de 30 dias, demissão, cassação (de aposentadoria ou de disponibilidade) e destituição (do cargo em comissão).

5. DOS DEVERES

Os deveres dos servidores estão contidos no artigo 116 da Lei 8.112/90. Por sua importância, segue-se a leitura da letra da lei.

> **Art. 116.** São deveres do servidor:
>
> **I** - exercer com zelo e dedicação as atribuições do cargo;
>
> **II** - ser leal às instituições a que servir;
>
> **III** - observar as normas legais e regulamentares;
>
> **IV** - cumprir as ordens superiores, exceto quando manifestamente ilegais;
>
> **V** - atender com presteza:
>
> **a)** ao público em geral, prestando as informações requeridas, ressalvadas as protegidas por sigilo;
>
> **b)** à expedição de certidões requeridas para defesa de direito ou esclarecimento de situações de interesse pessoal;
>
> **c)** às requisições para a defesa da Fazenda Pública.
>
> **VI** - levar as irregularidades de que tiver ciência em razão do cargo ao conhecimento da autoridade superior ou, quando houver suspeita de envolvimento desta, ao conhecimento de outra autoridade competente para apuração;

VII – zelar pela economia do material e a conservação do patrimônio público;

VIII – guardar sigilo sobre assunto da repartição;

IX – manter conduta compatível com a moralidade administrativa;

X – ser assíduo e pontual ao serviço;

XI – tratar com urbanidade as pessoas;

XII – representar contra ilegalidade, omissão ou abuso de poder.

Parágrafo único. A representação de que trata o inciso XII será encaminhada pela via hierárquica e apreciada pela autoridade superior àquela contra a qual é formulada, assegurando-se ao representando ampla defesa.

6. DAS PROIBIÇÕES

A incidência do servidor em alguma das proibições faz com que ele possar ser punido com advertência, suspensão ou demissão.

Para provas, não há muito o que se fazer, pois elas costumam exigir a letra fria da lei. Sugere-se, aqui, decorar as hipóteses de suspensão e demissão. Se o leitor souber essas hipóteses, consegue acertar as hipóteses de advertência por exclusão.

a) das infrações punidas com advertência

Art. 117. Ao servidor é proibido:

I – ausentar-se do serviço durante o expediente, sem prévia autorização do chefe imediato;

II – retirar, sem prévia anuência da autoridade competente, qualquer documento ou objeto da repartição;

III – recusar fé a documentos públicos;

IV – opor resistência injustificada ao andamento de documento e processo ou execução de serviço

V – promover manifestação de apreço ou desapreço no recinto da repartição;

VI – cometer a pessoa estranha à repartição, fora dos casos previstos em lei, o desempenho de atribuição que seja de sua responsabilidade ou de seu subordinado;

VII – coagir ou aliciar subordinados no sentido de filiarem-se a associação profissional ou sindical, ou a partido político;

VIII – manter sob sua chefia imediata, em cargo ou função de confiança, cônjuge, companheiro ou parente até o segundo grau civil;

XIX – recusar-se a atualizar seus dados cadastrais quando solicitado.

b) Das infrações punidas com advertência

Art. 117. Ao servidor é proibido:

XVII – cometer a outro servidor atribuições estranhas ao cargo que ocupa, exceto em situações de emergência e transitórias;

XVIII – exercer quaisquer atividades que sejam incompatíveis com o exercício do cargo ou função e com o horário de trabalho;

c) Das infrações punidas com demissão

c.1) Infrações punidas apenas com pena de demissão

Art. 117. Ao servidor é proibido:

X – participar de gerência ou administração de sociedade privada, personificada ou não personificada, exercer o comércio, exceto na qualidade de acionista, cotista ou comanditário;

Parágrafo único. A vedação de que trata o inciso X do caput deste artigo não se aplica nos seguintes casos:

I – participação nos conselhos de administração e fiscal de empresas ou entidades em que a União detenha, direta ou indiretamente, participação no capital social ou em sociedade cooperativa constituída para prestar serviços a seus membros; e

II – gozo de licença para o trato de interesses particulares, na forma do art. 91 desta Lei, observada a legislação sobre conflito de interesses.

XII – receber propina, comissão, presente ou vantagem de qualquer espécie, em razão de suas atribuições;

XIII – aceitar comissão, emprego ou pensão de estado estrangeiro;

XIV – praticar usura sob qualquer de suas formas;

XV – proceder de forma desidiosa;

XVI – utilizar pessoal ou recursos materiais da repartição em serviços ou atividades particulares.

c.2) Infrações punidas com pena de demissão + incompatibilização do ex-servidor para nova investidura em cargo público pelo prazo de 05 anos

IX – valer-se do cargo para lograr proveito pessoal ou de outrem, em detrimento da dignidade da função

XI – atuar, como procurador ou intermediário, junto a repartições públicas, salvo quando se tratar de benefícios previdenciários ou assistenciais de parentes até o segundo grau, e de cônjuge ou companheiro;

7. DENÚNCIA ANÔNIMA

Segundo o STJ, não há ilegalidade na instauração de processo administrativo com fundamento em denúncia anônima, por conta do poder--dever de autotutela imposto à Administração e, por via de consequência, ao administrador público (**AgRg no REsp 1307503/RR).**

Ao receber uma denúncia anônima, como a Administração deverá proceder?:

Segundo o STJ **(MS 18.664/DF),** ao receber uma denúncia anônima imputando ilícitos ao um servidor, não deve o Administrador, desde logo, determinar a instauração do PAD.

Assim, após o recebimento de denúncia anônima, faz-se necessário uma investigação preliminar, com as cautelas necessárias, para que se averígue a sua plausibilidade, e, uma vez constatado indícios suficientes dos fatos, seja determinado a instauração de sindicância ou PAD. Com isso, visa evitar eventuais danos ao servidor inocente

8. COMISSÃO

a) Composição e noções gerais

O PAD será instaurado por meio da publicação de portaria designando uma comissão para investigar as acusações e apresentar, ao final, relatório com suas conclusões (procedência ou não das acusações).

Na portaria de instauração de processo administrativo disciplinar é indispensável a descrição minuciosa da imputação para a garantia do exercício do contraditório e da ampla defesa?

NÃO. Segundo entendimento do STJ, a Portaria de instauração do Processo Administrativo dispensa a descrição minuciosa da imputação, exigida após a instrução do feito, na fase de indiciamento, o que é capaz de viabilizar o exercício do contraditório e da ampla defesa **(MS 2256 /DF).**

Isso ocorre porque a finalidade principal deste ato é dar publicidade à designação dos agentes responsáveis pela instrução do feito. Assim, somente após a instrução, momento no qual a Administração coligirá todos os elementos probatórios aptos a comprovar possível conduta delitiva do investigado, a comissão processante será capaz de produzir um relato circunstanciado dos ilícitos supostamente praticados.

A comissão investigadora será composta por 03 servidores ESTÁVEIS designados pela autoridade competente.

> **Art. 149.** O processo disciplinar será conduzido por comissão composta de 03 servidores estáveis designados pela autoridade competente, observado o disposto no § 3º do art. 143, que indicará, dentre eles, o seu presidente, que deverá ser ocupante de cargo efetivo superior ou de mesmo nível, ou ter nível de escolaridade igual ou superior ao do indiciado.
>
> **§ 1º** – A Comissão terá como secretário servidor designado pelo seu presidente, podendo a indicação recair em um de seus membros.

No ponto, cumpre esclarecer que a estabilidade do servidor, nesse caso, **NÃO precisa ser no cargo que ele está ocupando no momento.** Portanto, membros da comissão processante podem estar em estágio probatório no cargo, desde que já sejam estáveis no serviço público.

Ressalta-se ainda que o STJ possui posição restritiva quanto à interpretação do dispositivo, no sentido de que TODOS os membros da Comissão devem ser ESTÁVEIS, e não apenas o Presidente, por ser tal exigência uma garantia ao investigado, pautada na ideia de juiz natural, e também aos membros da Comissão que, sendo estáveis, atuarão com independência e imparcialidade.

Dentre esses 03 servidores, a autoridade competente designará o presidente da comissão, que deverá ter cargo superior ou igual (ou, então, escolaridade superior ou igual) ao do acusado. O presidente nomeará o secretário da comissão.

Não poderão participar da comissão de sindicância nem de inquérito: o cônjuge/companheiro e os parentes (até o 3º grau) do acusado.

> **Art.149. § 2º** – NÃO poderá participar de comissão de sindicância ou de inquérito, cônjuge, companheiro ou parente do acusado, consanguíneo ou afim, em linha reta ou colateral, até o 3º grau.

Na composição da comissão de processo disciplinar, é possível a designação de servidores lotados em unidade de federação diversa daquela em que atua o servidor investigado, em razão da ausência de previsão legal na lei nº 8.112 exigindo que os membros da comissão e o investigado sejam da mesma unidade.

b) Inexistência de impedimento de que os membros da comissão do primeiro PAD, que foi anulado, participem da segunda comissão

Determinado PAD foi anulada pela autoridade competente, com fundamento no fato de a comissão ter negado um pedido de produção de prova formulado pelo servidor e que era importante para o esclarecimento dos fatos. Diante disso, a autoridade competente determinou a anulação do PAD e a realização de outro.

O novo PAD foi instaurado e teve os mesmos servidores nomeados para a comissão. Em razão disso, foi impetrado mandado de segurança perante o STF, requerendo a anulação desse novo PAD, com fundamento no fato de a comissão ser composta pelos mesmos integrantes do anterior, que foi anulado, o que importaria na ausência de isenção, imparcialidade e impessoalidade, considerando que estes membros já tinham formulado um juízo de valor em relação ao acusado.

Ao analisar a situação, o STF não concordou com essa tese. Para a nossa Suprema Corte, não há qualquer impeditivo legal de que a comissão de inquérito em processo administrativo disciplinar seja formada pelos mesmos membros de comissão anterior que havia sido anulada. **(STF. RMS 28774/DF).**

Os arts. 18 e 20 da Lei nº 9.784/99 (Lei do Processo Administrativo) estabelecem os casos de impedimento ou de suspeição para os integrantes de comissão disciplinar:

> **Art. 18.** É impedido de atuar em processo administrativo o servidor ou autoridade que:
>
> **I** – Tenha interesse direto ou indireto na matéria;
>
> **II** – Tenha participado ou venha a participar como perito, testemunha ou representante, ou se tais situações ocorrem quanto ao cônjuge, companheiro ou parente e afins até o terceiro grau;
>
> **III** – esteja litigando judicial ou administrativamente com o interessado ou respectivo cônjuge ou companheiro.

Art. 20. Pode ser arguida a suspeição de autoridade ou servidor que tenha amizade íntima ou inimizade notória com algum dos interessados ou com os respectivos cônjuges, companheiros, parentes e afins até o terceiro grau.

Não se vislumbra, portanto, a alegada impossibilidade de participação dos membros da primeira comissão processante, pois esse fato não se enquadra em nenhuma das situações previstas nos artigos transcritos.

O art. 169 da Lei nº 8.112/90, por sua vez, preconiza o seguinte:

> **Art. 169.** Verificada a ocorrência de vício insanável, a autoridade que determinou a instauração do processo ou outra de hierarquia superior declarará a sua nulidade, total ou parcial, e ordenará, no mesmo ato, a constituição de OUTRA comissão para instauração de novo processo.

O STF e o STJ, ao interpretarem este dispositivo, entendem que, quando ele diz "constituição de outra comissão", NÃO exige que nesta outra comissão os membros sejam diferentes daqueles que compuseram a primeira.

Em outras palavras, se o motivo pelo qual o primeiro PAD foi anulado NÃO está relacionado com a isenção da comissão, NÃO existe impedimento legal para que os membros da primeira participem da comissão que irá conduzir o segundo processo.

Aplica-se aqui a mesma lógica que é utilizada no processo judicial: a anulação de uma decisão/sentença judicial NÃO impede que o juiz que decidiu aprecie novamente a causa, salvo se o vício estava relacionado com ele **(STJ MS 16.192/DF).**

9. PROVAS NO PROCESSO DISCIPLINAR

a) Vinculação da autoridade julgadora a prova dos autos

O direito de produção de provas também inclui a necessidade de que a prova interfira no convencimento do julgador. No ponto, é essencial estudar a previsão do art. 168 da lei nº 8.112/90.

> **Art. 168.** O julgamento acatará o relatório da comissão, salvo quando contrário às provas dos autos. Parágrafo único. Quando o relatório da comissão contrariar as provas dos autos, a autoridade julgadora poderá, motivadamente, agravar a penalidade proposta, abrandá-la ou isentar o servidor de responsabilidade.

Dá leitura desse artigo, é possível notar que a autoridade que vai aplicar a pena não se encontra vinculada ao relatório da comissão processante, mas ao conjunto probatório produzido nos autos.

É justamente em razão do contido no art. 168 que decorre a impossibilidade de a autoridade julgadora decidir o PAD de modo discricionário, pois ela estará vinculada ao que foi apurado nos autos do procedimento, e isso ainda que a comissão processante relate a questão de forma diversa, seja para beneficiar ou para prejudicar o servidor processado.

Em resumo, a produção de provas é importante por ser o conjunto probatório a base efetiva para a decisão da autoridade julgadora, e não o relatório da comissão processante, uma vez que este poderá divergir do quanto colhido, conclusão esta que não pode ser feita pela autoridade julgadora, a qual está vinculada às provas produzidas nos autos.

b) Prova emprestada

Tanto a jurisprudência do STJ **(MS 17.472/DF)** quanto a do STF **(MS 28774/DF)** admitem normalmente a utilização no processo administrativo de "prova emprestada" do inquérito policial ou do processo penal, desde que autorizada pelo juízo criminal e respeitados o contraditório e a ampla defesa.

> **STJ – Súmula 591:** É permitida a prova emprestada no processo administrativo disciplinar, desde que devidamente autorizada pelo juízo competente e respeitados o contraditório e a ampla defesa.

Ainda sobre o tema, cumpre salientar que o "empréstimo" da prova é permitido mesmo que o processo penal ainda não tenha transitado em julgado. Segundo o STJ (RMS 33.628/PE), é possível a utilização, em processo administrativo disciplinar, de prova emprestada validamente produzida em processo criminal, independentemente do trânsito em julgado da sentença penal condenatória.

Isso porque, em regra, o resultado da sentença proferida no processo criminal não repercute na instância administrativa, tendo em vista a independência existente entre as instâncias.

Por fim, cumpre salientar que o STJ **(MS 14.140-DF)** e o STF **(MS 28774/DF)** entendem ser possível utilizar, em processo administrativo disciplinar, na qualidade de "prova emprestada", a interceptação telefônica produzida em ação penal, desde que a interceptação tenha sido feita com autorização do juízo criminal e com observância das demais exigências contidas na lei nº 9.296/1996.

c) Ausência de transcrição integral de dados obtidos por meio de interceptação telefônica não gera nulidade

Mesmo em matéria penal, a jurisprudência do STF e do STJ é no sentido de que NÃO é necessária a degravação integral das escutas, sendo bastante que dos autos constem excertos suficientes a embasar o oferecimento da denúncia.

O servidor processado, que também é réu no processo criminal, tem acesso à integralidade das interceptações e, se entender necessário, pode juntar no processo administrativo os eventuais trechos que considera pertinentes ao deslinde da controvérsia. O acusado em processo administrativo disciplinar NÃO possui direito subjetivo ao deferimento de todas as provas requeridas nos autos, ainda mais quando consideradas impertinentes ou meramente protelatórias pela comissão processante (art. 156, § 1º, Lei nº 8.112/90) **(STF. RMS 28774/DF).**

d) Monitoramento do conteúdo do e-mail corporativo dos servidores pela Administração Pública

As informações obtidas por monitoramento de e-mail corporativo de servidor público NÃO configuram prova ilícita quando relacionadas com aspectos "não pessoais" e de interesse da Administração Pública e da própria coletividade, especialmente quando exista, nas disposições normativas acerca do seu uso, expressa menção da sua destinação somente para assuntos e matérias afetas ao serviço, bem como advertência sobre monitoramento e acesso ao conteúdo das comunicações dos usuários para cumprir disposições legais ou instruir procedimento administrativo. **(STJ - RMS 48.665-SP).**

10. PAD E DEFESA TÉCNICA

O STF entendeu que a defesa técnica no âmbito do PAD é um direito do servidor em virtude do seu direito à ampla defesa, mas não um dever. Com isso, é o próprio servidor quem decidirá se deseja ou não o acompanhamento de um advogado durante o transcurso do PAD. Caso decida por recebê-lo, sua defesa técnica deverá ser devidamente assegurada, embora não seja obrigatória

STF - Súmula Vinculante nº 5: A falta de defesa técnica por advogado no processo administrativo disciplinar não ofende a Constituição.

No ponto, é certo que Súmula Vinculante nº 05 do STF não viola a obrigatoriedade de se assegurar a parte o direito à ampla defesa e ao contraditório. Ela afirma apenas que é dispensada a defesa técnica no âmbito do PAD, é dizer, aquela subscrita por um advogado. Todos os princípios constitucionais, inclusive a ampla defesa e o contraditório, devem ser observados no processo administrativo.

Cumpre ressaltar que, em 2016, o Conselho Federal da OAB requereu o cancelamento da súmula vinculante nº 05. O STF, contudo, em apertado julgamento (6x5) manteve a súmula (PSV 58).

Também vale lembrar que em razão da previsão do art. 164 da lei nº 8.112/90, ao servidor acusado que esteja em lugar incerto e não sabido será designado um defensor dativo. Esse defensor dativo, contudo, não precisa ser necessariamente advogado, mas deverá ser um servidor de cargo efetivo superior ou de mesmo nível:

> **Art. 164.** Considerar-se-á revel o indiciado que, regularmente citado, não apresentar defesa no prazo legal.
>
> **§ 1º** – A revelia será declarada, por termo, nos autos do processo e devolverá o prazo para a defesa.
>
> **§ 2º** – Para defender o indiciado revel, a autoridade instauradora do processo designará um servidor como defensor dativo, que deverá ser ocupante de cargo efetivo superior ou de mesmo nível, ou ter nível de escolaridade igual ou superior ao do indiciado.

11. DEVER DE PUNIR

Em que pese haja alguma discricionariedade da Administração no momento de graduar a penalidade disciplinar ou no enquadramento da conduta, a doutrina entende que não há nenhuma discricionariedade ao dever de punir. Assim, tendo o servidor cometido uma infração, a Administração é obrigada a puni-lo.

> **Art.128.** Na aplicação das penalidades serão consideradas a natureza e a gravidade da infração cometida, os danos que dela provierem para o serviço público, as circunstâncias agravantes ou atenuantes e os antecedentes funcionais.
>
> **Parágrafo único.** O ato de imposição da penalidade mencionará sempre o fundamento legal e a causa da sanção disciplinar.

Ainda sobre o tema, a doutrina e a jurisprudência entendem que não há discricionariedade da autoridade julgadora quanto à penalidade a ser aplicada. Isso, inclusive, pode ser observado na própria lei nº 8.112/90, que estabelece nos artigos 128 a 132 as hipóteses de aplicação de cada uma das penalidades previstas (Ex: se a lei determina que aquela conduta é punível com demissão inexiste para o administrador discricionariedade a autorizar a aplicação de pena diversa da demissão).

Por fim, destaca-se que o STJ tem entendido pela não aplicação do princípio da insignificância no âmbito do PAD (MS 18.090/DF).

Assim, deve ser aplicada a penalidade de demissão ao servidor público federal que obtiver proveito econômico indevido em razão do cargo, independentemente do valor auferido (no caso em concreto foram 40 reais).

12. PENALIDADES QUE PODEM SER APLICADAS AO SERVIDOR

Nos termos dos artigos 116 e 117, que trazem deveres dos servidores e as condutas proibidas a eles, se o servidor não praticar alguns dos seus deveres ou se exceder nos seus direitos, será cabível as seguintes penalidades:

> **Art. 127.** São penalidades disciplinares:
>
> **I** - advertência;
>
> **II**- suspensão;
>
> **III** - demissão;
>
> **IV** - cassação de aposentadoria ou disponibilidade;
>
> **V** - destituição de cargo em comissão;
>
> **VI** - destituição de função comissionada.

Vamos ver cada uma das hipóteses:

12.1. Advertência

A advertência consubstancia-se em um aviso para que o servidor não venha a cometer novamente determinada conduta. A advertência deve ser aplicada de forma necessariamente escrita, é dizer, não basta a mera advertência oral.

> **Art.129.** A advertência será aplicada por escrito, nos casos de violação de proibição constante do art. 117, incisos I a VIII e XIX, e de inobservância de dever funcional previsto em lei, regulamentação ou norma interna, que não justifique imposição de penalidade mais grave.

12.2. Suspensão

A suspensão é uma punição que é cabível apenas para servidores efetivos, consistindo no "afastamento" do servidor, por um determinado período de tempo, em razão de alguma infração, mas com a possibilidade de volta.

Os servidores efetivos podem ser suspensos por até 90 dias, sem remuneração. Caso haja a suspensão, o período de afastamento não é contado como tempo de serviço:

> **Art. 130.** A suspensão será aplicada em caso de reincidência das faltas punidas com advertência e de violação das demais proibições que não tipifiquem infração sujeita a penalidade de demissão, não podendo exceder de 90 (noventa) dias.

A lei estabeleceu 04 situações em que a suspensão é cabível ao servidor:

1ª) Quando o servidor comete a outro servidor atividade estranha, é dizer, o servidor entrega a outro servidor atividade estranha àquela que ele deveria executar (art. 117, XVI). Contudo, caso haja uma situação emergencial, é excepcionalmente admitido o cometimento a outro servidor de atividade estranha. Assim, nem sempre que se comete a um servidor atividade estranha a ele, o indivíduo será punido com suspensão.

2ª) Quando o servidor pratica uma conduta incompatível. Aqui, o legislador utilizou um conceito jurídico indeterminando, cabendo uma análise discricionária por parte da Administração. É ela quem vai analisar, no caso concreto, se aquela conduta é ou não incompatível.

3ª) Servidor que se recusa a fazer exame médico. Temos aqui uma peculiaridade, porque o prazo máximo de suspensão é de 15 dias.

> **Art.130. (...) § 1º** - Será punido com suspensão de até 15 (quinze) dias o servidor que, injustificadamente, recusar-se a ser submetido a inspeção médica determinada pela autoridade competente, cessando os efeitos da penalidade uma vez cumprida a determinação.

4ª) Reincidência na mesma advertência, é dizer, se o servidor pratica conduta que é punível com advertência e, num segundo momento, pratica exatamente a mesma conduta (não pode ser outra), ele não será mais advertido, mas suspenso.

Até quando a conduta praticada poderá redundar em reincidência?:

Vimos que caso o servidor pratique uma conduta e sofra algum tipo de penalidade, essa penalidade é aplicada a ele e vai constar no assentamento funcional do servidor. Contudo, essa penalidade só dura por um tempo, pois passado esse prazo, aquela penalidade é retirada do assentamento, de modo que este fica livre de penalidades. É o que a lei chama de prazo para cancelamento do registro.

O prazo de cancelamento do registro de advertência é de 03 anos e o de suspensão é de 05 anos.

Obviamente, o registro só será cancelado se o servidor não tiver praticado nova infração disciplinar. Por fim, esclarece que o cancelamento das penalidades pelo decurso não tem efeito retroativo.

> **Art. 131.** As penalidades de advertência e de suspensão terão seus registros cancelados, após o decurso de 03 (três) e 05 (cinco) anos de

> efetivo exercício, respectivamente, se o servidor não houver, nesse período, praticado nova infração disciplinar.
>
> **Parágrafo único.** O cancelamento da penalidade não surtirá efeitos retroativos.

Dessa forma, a lei impede que o servidor, depois do cancelamento da penalidade, venha a requerer o recebimento da remuneração que deixou de receber porque estava suspenso ou pleitei uma promoção por merecimento retroativa, porque, na época não obteve a promoção por causa da advertência.

Qual providencia poderá tomar a Administração nos casos em que a suspensão do servidor implicar prejuízos a ela e/ou ao particular?:

Caso um órgão ou entidade só possua um servidor exercendo uma determinada função, sua suspensão, obviamente, causará prejuízos ao andamento do serviço público.

Diante dessa situação, em vez de se dar a suspensão, aplica-se uma multa, de modo que o servidor vai trabalhar aqueles dias, mas ele só receberá a metade da remuneração. Assim, vemos que a suspensão é uma discricionariedade da Administração.

> **Art. 130. (...)**
>
> **§ 2º** - Quando houver conveniência para o serviço, a penalidade de suspensão poderá ser convertida em multa, na base de 50% (cinquenta por cento) por dia de vencimento ou remuneração, ficando o servidor obrigado a permanecer em serviço.

Note que a multa não é uma penalidade autônoma. É necessário primeiro que a Administração aplique a suspensão e, depois, converta-a em multa.

É possível suspensão nos casos de servidores detentores de cargo em comissão e função de confiança?:

Aqui, não podemos falar de suspensão, uma vez que esses servidores não têm direito àquele cargo ou àquela função. Assim, esses tipos de servidores só são mandados embora do cargo ou função, não podendo mais retornar. É o que a lei chama de destituição.

12.3. Demissão

De início, cumpre esclarecer que a demissão consiste numa punição, de modo que ela não se confunde com a exoneração, que é a perda do cargo por parte do servidor, mas sem que isso consista numa forma de demissão.

Ademais, é importante ficar claro que a demissão somente ocorre para o servidor ativo efetivo. Nos casos de servidores que ocupam função de confiança ou cargo em comissão ocorre a chamada destituição As hipóteses de demissão estão previstas no art. 132, de modo que a demissão é um ato vinculado. Cometeu o ato previsto nesse artigo, será punido com a demissão.

> **Art. 132.** A demissão será aplicada nos seguintes casos:
>
> I – crime contra a administração pública;
>
> II – abandono de cargo;
>
> III – inassiduidade habitual;
>
> IV – improbidade administrativa;
>
> V – incontinência pública e conduta escandalosa, na repartição;
>
> VI – insubordinação grave em serviço;
>
> VII – ofensa física, em serviço, a servidor ou a particular, salvo em legítima defesa própria ou de outrem;
>
> VIII – aplicação irregular de dinheiros públicos;
>
> IX – revelação de segredo do qual se apropriou em razão do cargo;
>
> X – lesão aos cofres públicos e dilapidação do patrimônio nacional;
>
> XI – corrupção;
>
> XII – acumulação ilegal de cargos, empregos ou funções públicas;
>
> XIII – transgressão dos incisos IX a XVI do art. 117.

A demissão incompatibiliza o servidor a retornar ao serviço público pelo prazo de 05 anos. Contudo, ele não poderá retornar ao serviço público federal quando for condenado por:

a) Corrupção.

b) Lesão aos cofres públicos.

c) Improbidade administrativa.

d) Crimes contra a Administração Pública.

e) Aplicação irregular de dinheiros públicos.

Art. 137. A demissão ou a destituição de cargo em comissão, por infringência do art. 117, incisos IX e XI, incompatibiliza o ex-servidor para nova investidura em cargo público federal, pelo prazo de 05 (cinco) anos.

Parágrafo único. NÃO poderá retornar ao serviço público federal o servidor que for demitido ou destituído do cargo em comissão por infringência do art. 132, incisos I, IV, VIII, X e XI.

1º INTIMAÇÃO DA DEMISSÃO

Uma vez demitido, o ex-servidor deverá ser intimado de tal decisão. Segundo o STF, essa intimação não precisa ser pessoal, basta a intimação pelo Diário Oficial.

A Corte Suprema **(RMS 24526 e RMS 24619)** firmou sua jurisprudência no sentido de que a publicação na imprensa oficial é a comunicação adequada do ato de demissão, **NÃO havendo expressa previsão legal que determine a intimação PESSOAL** do acusado em Processo Administrativo Disciplinar, no âmbito federal.

2º EXECUÇÃO PROVISÓRIA

A jurisprudência entende que é possível que a sanção aplicada em PAD, inclusive a de demissão, seja desde logo executada mesmo que ainda esteja pendente recurso administrativo.

Em outras palavras, não há qualquer ilegalidade na imediata execução de penalidade administrativa imposta em PAD a servidor público, ainda que a decisão não tenha transitado em julgado administrativamente **(STJ - MS 19.488/DF).**

Para tanto, o STJ utilizou dois fundamentos:

- Os atos administrativos gozam de autoexecutoriedade, possibilitando que a Administração Pública realize por meios próprios, a execução dos seus efeitos materiais, independentemente de autorização judicial ou do trânsito em julgado da decisão administrativa.
- Ademais, a execução dos efeitos materiais de penalidade imposta ao servidor público não depende do julgamento de recurso interposto na esfera administrativa, uma vez que ele, em regra, não possui efeito suspensivo, nos termos do art. 109 da lei nº 8.112/90 **(STJ - MS 14.425/DF):**

> **Art. 109.** O recurso poderá ser recebido com efeito suspensivo, a juízo da autoridade competente. O recurso administrativo é recebido, via de regra, apenas no efeito devolutivo, o que permite a execução imediata da decisão tomada no processo administrativo.

13. PRESCRIÇÃO

a) Prazo

> **Art.142.** A ação disciplinar prescreverá:
>
> **I** - em 5 (cinco) anos, quanto às infrações puníveis com demissão, cassação de aposentadoria ou disponibilidade e destituição de cargo em comissão;
>
> **II** - em 2 (dois) anos, quanto à suspensão;
>
> **III** - em 180 (cento e oitenta) dias, quanto à advertência.

Tem-se, assim, com base no artigo 142, os seguintes prazos de prescrição:

- 180 dias: quanto à advertência.
- 02 anos: quanto à suspensão.
- 05 anos: quanto à demissão, cassação (aposentadoria ou disponibilidade) e destituição (de cargo em comissão).

b) termo inicial

> **Art.142.** A ação disciplinar prescreverá:
>
> **§ 1º** O prazo de prescrição começa a correr da data em que o fato se tornou conhecido.

Com base no § 1º do artigo 142, é correto afirmar que a prescrição não tem início da data em que o fato é praticado, mas sim nada em que ele se tornou conhecido. A grande controvérsia doutrinária e jurisprudencial nesse ponto é a seguinte: o fato tem que ser conhecido por quem? Sobre o tema, há duas correntes:

1ª) No âmbito de ação disciplinar de servidor público federal, o prazo de prescrição da pretensão punitiva estatal começa a fluir na data em que a irregularidade praticada pelo servidor tornou-se conhecida por alguma autoridade do serviço público, e NÃO, necessariamente, pela autoridade competente para a instauração do processo administrativo disciplinar. **O**

STJ, em alguns julgados antigos, já chegou a adotar essa corrente (MS 20.162-DF).

2ª) No âmbito de ação disciplinar de servidor público federal, o prazo de prescrição da pretensão punitiva estatal começa a fluir na data em que a irregularidade praticada pelo servidor tornou-se conhecida pela autoridade competente para instauração do PAD, e não a data em que alguma autoridade do serviço público tomar conhecimento da irregularidade praticada. **Esse é o posicionamento atual do STJ (AgRg no AgRg no Resp 1.535.918/RS).**

c) Dever de apuração

A autoridade competente para instauração do PAD tem o dever, e não apenas uma faculdade, de apurar o suposto ilícito, conforme disposição expressa da própria Lei 8.112/90:

> **Art. 169. (...) § 2º** – A autoridade julgadora que der causa à prescrição de que trata o art. 142, § 2º, será responsabilizada na forma do Capítulo IV do Título IV.

d) Fato que também constitui crime ou contravenção penal

Caso a infração disciplinar for também tipificada como crime ou contravenção pela lei penal, o prazo prescricional será o da LEI PENAL. NÃO se aplicam os prazos previstos na lei nº 8.112/1990.

Segundo a doutrina, a pretensão punitiva da Administração Pública em relação à infração administrativa que também configura crime em tese somente se sujeita ao prazo prescricional criminal quando instaurada a respectiva ação penal. Assim se não houver inquérito e ação penal, não se aplica a prescrição do CP, mas a de direito administrativo.

Em outras palavras: ainda que o fato seja tipificado como crime, diante de ausência de apuração na esfera criminal, deve ser aplicado o prazo prescricional que regula a punição administrativa.

e) Interrupção

> **Art.142. (...) § 3º** – A abertura de sindicância ou a instauração de processo disciplinar interrompe a prescrição, até a decisão final proferida por autoridade competente.

O prazo de prescrição é interrompido por abertura de sindicância ou instauração de processo disciplinar, uma vez interrompido, esse prazo volta a correr por inteiro no dia em que se cessar a interrupção. C

Cumpre salientar que, segundo o STJ **(MS 12153/DF)**, apenas a sindicância instaurada com caráter punitivo tem o condão de interromper o prazo prescricional, e não aquelas meramente investigatórias ou preparatórias de um processo disciplinar.

f) Prazo máximo da interrupção

> **Art.142. (...)**
>
> **§ 4º** – Interrompido o curso da prescrição, o prazo começará a correr a partir do dia em que cessar a interrupção.

Segundo a jurisprudência **(STJ – MS 19.755/DF)**, a interrupção da prescrição operada com a abertura do PAD ou da sindicância não é definitiva, **se mantendo durante o prazo de 140 dias.**

Para se chegar a esse prazo, a jurisprudência fez o seguinte raciocínio. Segundo a Lei 8.112/90 o PAD tem prazo máximo de 120 dias para conclusão (60 dias, prorrogáveis por uma única vez):

> **Art.152.** O prazo para a conclusão do processo disciplinar não excederá 60 (sessenta) dias, contados da data de publicação do ato que constituir a comissão, admitida a sua prorrogação por igual prazo, quando as circunstâncias o exigirem.

Após a conclusão do PAD (no prazo máximo de 120 dias) a autoridade julgadora tem o prazo máximo de 20 dias para o julgamento:

> **Art. 167.** No prazo de 20 (vinte) dias, contados do recebimento do processo, a autoridade julgadora proferirá a sua decisão.

Assim, somando-se todos esses prazos (60 + 60 + 20), a jurisprudência chegou ao prazo máximo de 140 dias de interrupção, findo o qual a prescrição volta a correr.

g) Inexistência de nulidade pelo excesso de prazo

Cumpre ressaltar que, em regra, caso o prazo máximo de 140 dias para conclusão e julgamento do PAD seja ultrapassado, não haverá nulidade. Sua única consequência é a volta do transcurso da prescrição.

STJ – Súmula 592: O excesso de prazo para a conclusão do processo administrativo disciplinar só causa nulidade se houver demonstração de prejuízo à defesa.

h) Prescrição intercorrente

A jurisprudência do STJ admite a possibilidade de prescrição intercorrente no processo administrativo disciplinar, com base no art. 1º, § 1º, da Lei 9.873/99:

> **Art. 1º. (...) § 1º** – Incide a prescrição (intercorrente) no procedimento administrativo paralisado por mais de 03 anos, pendente de julgamento ou despacho, cujos autos serão arquivados de ofício ou mediante requerimento da parte interessada, sem prejuízo da apuração da responsabilidade funcional decorrente da paralisação, se for o caso

i) Inconstitucionalidade do art. 170 da Lei 8.112/90

> **Art. 170.** Extinta a punibilidade pela prescrição, a autoridade julgadora determinará o registro do fato nos assentamentos individuais do servidor.

Segundo o aludido art. 170, uma vez extinta a punibilidade pela prescrição, seria possível o registro dos fatos nos assentos individuais do servidor. O STF decidiu que esse art. 170 é inconstitucional por violar os princípios da presunção de inocência e da razoabilidade **(MS 23262).**

14. PAD E SERVIDORES CEDIDOS

A legislação permite que um servidor seja cedido de um órgão para outro (Ex: Fulanilson é servidor do Ministério Público da União e é cedido para o STF).

Nesse sentido, caso o servidor cedido cometa uma infração administração administrativa no órgão que o recebeu, o STJ entendeu o seguinte:

a) **Instauração do PAD:** deverá ser feita preferencialmente pelo STF (órgão no qual foi praticada a infração). O Fundamento para tanto é que essa providência facilita a colheita das provas, já que o ilícito lá foi praticado.

b) **Julgamento do servidor e aplicação da sanção:** deverão ser realizados obrigatoriamente pelo órgão ao qual o servidor está vinculado. (No nosso exemplo, pelo MPU), uma vez que é com este órgão que o servidor possui o vínculo jurídico.

A instauração de processo disciplinar contra servidor efetivo cedido deve ocorrer, preferencialmente, no órgão em que tenha sido praticada a suposta irregularidade. Contudo, o julgamento e a eventual aplicação de sanção só podem ocorrer no órgão ao qual o servidor efetivo estiver vinculado **(STJ - MS 21.991-DF).**

15. CRIME CONTINUADO E INFRAÇÕES ADMINISTRATIVAS

O crime continuado é uma ficção jurídica criada para ajudar o réu. Embora faticamente ele tenha praticado mais de um crime, a lei considera que ele cometeu apenas um. Assim, ao contrário de somar a pena dos crimes, ela aplica apenas a pena de um crime, com um aumento de pena previsto na lei. Isso faz que, ao final, a pena do réu seja menor.

No âmbito administrativo, a relevância prática da aplicação do crime continuado é a seguinte. Caso o servidor pratique duas ou mais condutas passíveis de aplicação da pena de suspensão, ele já poderá ter contra si aplicada a pena de demissão. Contudo, se aplicamos a teoria do crime continuado, teríamos que considerar que ele só cometeu um ilícito passível de suspensão, de forma que não é possível aplicar a pena de suspensão.

O STJ possui precedente negando a aplicação dessa teoria em sede administrativa **(RMS 19.853/MS)**. Em outro precedente, afirmou que, mesmo que se entendesse pela aplicação da teoria do crime continuado, seria preciso analisar os requisitos para sua aplicação, que são os seguintes:

- **Requisitos objetivos:** o crime deve ter sido praticado nas mesmas condições de tempo, lugar e modo de execução do delito, conforme prevê expressamente o art. 71; e
- **Requisitos de natureza subjetiva:** é a unidade de desígnio, ou seja, o liame volitivo entre os delitos, a demonstrar que os atos criminosos se apresentam entrelaçados (a conduta posterior deve constituir um desdobramento da anterior). O agente queria cometer um só crime, mas escolheu fazer isso de forma parcelada.

No caso concreto em análise, o STJ afirmou que os requisitos não estavam preenchidos. Isso porque os ilícitos foram praticados em condições de tempo, lugar e modo de execução diferentes, estando também ausente a unidade de desígnios ou vínculo subjetivo entre as condutas **(REsp 1.471.760-GO).**

16. RESPONSABILIDADES

As infrações cometidas pelos servidores podem acarretar-lhes responsabilidade administrativa (penalidade disciplinares), civis (indenização por danos morais e materiais) e penais (sanções criminais).

> **Art. 121.** O servidor responde civil, penal e administrativamente pelo exercício irregular de suas atribuições.

Essas responsabilidades são cumulativas e independentes.

A responsabilidade civil dos servidores públicos é SUBJETIVA, isto é, o Estado deverá provar que o agente agiu com culpa ou dolo.

> **Art. 122.** A responsabilidade civil decorre de ato omissivo ou comissivo, doloso ou culposo, que resulte em prejuízo ao erário ou a terceiros.

O Estado terá direito à ação regressiva contra o servidor público, a fim de obter ressarcimento do valor que fora condenado a indenizar à vítima. Aliás, essa obrigação se estende aos sucessores do servidor público e contra eles será executada até o limite do valor da herança recebida.

Já sabemos que as responsabilidades penal, civil e administrativa são autônomas e não se misturam. Contudo, temos 03 situações em que o que ficou decidido na esfera penal vincula a esfera civil e a esfera administrativa:

a) **Condenação criminal:** se um servidor é condenado criminal por um fato, que também corre responsabilização no âmbito civil e/ou administrativo, a condenação no âmbito penal implica reconhecimento **automático** da responsabilidade do servidor por este fato nas outras duas esferas.

b) Absolvição por negativa de autoria.

c) Absolvição por inexistência do fato.

Se o servidor que praticou uma conduta que influenciou na esfera penal e também na esfera civil e administrativa, mas é absolvido, na esfera penal, porque se entendeu que ele não era o autor ou porque o fato não existiu, essa decisão implica a não responsabilização diante da esfera civil e administrativa.

E se o servidor já tiver sido condenado no âmbito administrativo ou civil e for absolvido por negativa de autoria ou inexistência do fato no âmbito penal? A condenação será DESFEITA. O servidor será, inclusive, reintegrado se tiver sido demitido.

OBS: falta de provas não absolve ninguém em outras esferas! NÃO há vinculação quando a absolvição é por falta de prova, de modo que o servidor continuará sim podendo ser punido na esfera civil ou administrativa. Aliás, nenhum outro motivo, que não os supracitados, vinculam.

A doutrina chama de falta residual a infração que é punida no âmbito cível ou administrativo, mas não é punida no âmbito penal.

17. CONTROLE JUDICIAL DAS DECISÕES ADMINISTRATIVAS EM PAD

O STJ define os próprios limites para o controle judicial das decisões administrativas em PAD: a observância às garantias do contraditório e da ampla defesa e à proporcionalidade da penalidade aplicada **(AgInt no MS 20515/DF).**

Em outras palavras, NÃO cabe ao Judiciário analisar o juízo de valor realizado pela autoridade julgadora, no qual se inclui o próprio juízo de adequação entre a conduta perpetrada e a proibição legalmente prevista.

O que poderá o Judiciário examinar é se todas as oportunidades necessárias para a garantia do contraditório e da ampla defesa foram asseguradas ao servidor investigado e se, ao final, a conclusão da autoridade julgadora observou os próprios parâmetros fixados na lei nº 8.112/90 para a aplicação daquela penalidade específica, considerando que a lei NÃO atribuiu liberdade ao administrador para decidir qual penalidade irá aplicar uma vez tipificado o ato.

Resumindo: ao Judiciário compete apenas o exame do respeito ao contraditório e à ampla defesa e da proporcionalidade na pena a ser aplicada, mas NÃO pode adentrar no juízo de valor realizado pelo administrador durante a realização do PAD.

II

GREVE NO SERVIÇO PÚBLICO

1. PREVISÃO CONSTITUCIONAL

> **Art. 37.** A administração pública direta e indireta de qualquer dos Poderes da União, dos Estados, do Distrito Federal e dos Municípios obedecerá aos princípios de legalidade, impessoalidade, moralidade, publicidade e eficiência e, também, ao seguinte:
>
> **VII** – o direito de greve será exercido nos termos e nos limites definidos em lei específica;

Inicialmente, é preciso atentar-se que a Constituição determinou a elaboração de **lei específica** para a regulamentação do direito de greve. É comum que as bancas de concurso façam pegadinhas afirmando que o direito de greve deve ser regulamentado por meio de lei complementar. Não confundam. É por meio de lei específica.

2. NORMA DE EFICÁCIA LIMITADA

O inciso VII, do art. 37, é uma norma de eficácia limitada, necessitando de complementação legislativa. Diante da ausência de norma regulamentando o tema, o STF determinou a aplicação temporária ao setor público, no que couber, da lei de greve vigente no setor privado (Lei 7.783/89), até que o Congresso Nacional edite a mencionada norma regulamentadora (**MI 708**).

3. IMPOSSIBILIDADE DE SANÇÕES PELO EXERCÍCIO DA GREVE

O STF entende que é inconstitucional as disposições normativas que estabeleçam sanções administrativas para os servidores que estejam em estágio probatório, pelo simples fato de ele ter aderido à greve **(ADI 3.235).**

4. COMPETÊNCIA PARA O JULGAMENTO DOS DISSÍDIOS DE GREVE

Quando do julgamento do Mandado de Injunção nº 670, o Supremo Tribunal Federal decidiu, reconhecida a mora legislativa, estender a aplicação das Leis nº 7.701/88 e 7783/89, que tratam do direito de greve na iniciativa privativa, aos servidores públicos, até que a situação fosse definitivamente regulamentada em lei. Delineou-se, assim, qual seria a competência para a apreciação da greve no serviço público, restando definido que:

a) compete ao Superior Tribunal de Justiça o julgamento do dissídio quando a greve for de âmbito nacional ou abranger mais de uma região da Justiça Federal;

b) no âmbito federal, quando a greve estiver adstrita a uma única região, a competência será do respectivo Tribunal Regional Federal e;

c) no contexto estadual ou municipal, quando a greve estiver adstrita a uma única unidade da federação, a competência será do Tribunal de Justiça.

5. JUSTIÇA COMPETENTE PARA DECIDIR SOBRE A ABUSIVIDADE DA GREVE DE SERVIDORES PÚBLICOS

Para entender melhor o tema, é preciso ficar claro o seguinte: quando a Constituição, em seu artigo 39, determinou que a Administração adotasse o regime jurídico único para administração direta, autárquica e fundacional, isso não significou que a obrigatoriedade da adoção do regime estatutário.

A Administração poderá adotar o regime celetistas para a administração direta, autárquica e fundacional, desde que esse regime seja único, é dizer, valha para todas suas admissões.

Diante disso, é preciso ficar claro que existe alguns entes, especialmente pequenos municípios, que adotaram o regime celetista para Administração Direta.

Em razão disso, o STF, em sede de repercussão geral, entendeu que compete a Justiça Comum, federal ou estadual, julgar a abusividade de greve de servidores públicos estatutários ou celetistas, desde que eles pertençam a Administração Direta, Autárquica e Fundacional **(RE 846.854/SP).**

Esse entendimento, contudo, não alcança os chamados empregados públicos, pertencentes as sociedades de economia mista e empresas públicas, cujo julgamento da abusividade ou não da greve é da justiça trabalhista.

6. A ADMINISTRAÇÃO PÚBLICA DEVE DESCONTAR OS DIAS NÃO TRABALHADOS POR SERVIDOR PÚBLICO EM GREVE

O STF, em sede de repercussão geral **(RE 693.456/RJ),** fixou a seguinte tese que permite o corte do ponto dos servidores em greve: "A administração pública deve proceder ao desconto dos dias de paralisação decorrentes do exercício do direito de greve pelos servidores públicos, em virtude da suspensão do vínculo funcional que dela decorre, permitida a compensação em caso de acordo. O desconto será, contudo, incabível se ficar demonstrado que a greve foi provocada por conduta ilícita do Poder Público".

O fundamento dessa decisão foi o seguinte:

a) aplica-se no que couber, as greves realizadas pelo serviço público, a Lei 7.783/89, que regula a greve no serviço privado. A aludida lei determina que o exercício do direito de greve é causa de SUSPENSÃO DO CONTRATO DE TRABALHO (Art. 7º).

b) no direito do trabalho, ocorre suspensão do contrato quando não há trabalho e, portanto, não há pagamento dos salários.

c) Segundo asseverou o STF, "por definição a greve é uma opção de risco", uma vez que a suspensão dos pagamentos constitui um "risco inerente ao mecanismo de greve, o qual normalmente há de resolver-se mediante negociação". Em verdade, esse risco de suspensão do pagamento pelos dias de greve constitui em um importante instrumento necessário à ponderação de interesses em choque a fim de chegar-se ao fim da paralisação. Sem a possibilidade de descontos dos dias parados, os servidores poderiam adiar as negociações indefinidamente, até que seus pleitos fossem plenamente atendidos.

Com a possibilidade de se descontar os dias parados, é possível que, em uma ponderação de interesses, eles voltem ao trabalho ao terem suas demandas parcialmente atendidas, privilegiando-se, assim, o princípio da continuidade do serviço público. Assim, em razão de a greve ser uma causa de suspensão do contrato de trabalho é que o STF entendeu ser possível proceder aos descontos dos salários dos dias parados. Pensar ao contrário, segundo o STF é legitimar o enriquecimento ilícito dos servidores, que receberiam seus salários sem ter efetivamente trabalhado.

Quer dizer então que sempre que houver greve os servidores terão seus salários descontados?:

Não. O STF excepcionou o desconto em dois casos:

a) em caso de acordo com a Administração, para que os dias parados sejam pagos em determinado período. Trata-se de pratica comum na Administração, na qual ela estabelece um determinado tempo para que os servidores compensem as horas paradas (Ex: os servidores têm 06 meses para fazer horas a mais e assim pagar as horas paradas durante a greve. Findo esse prazo, caso não haja compensação, o salário do servidor é descontado);

b) também não haverá desconto se ficar demonstrado que a greve foi motivada por ato ilegal do Poder Público (Ex: atrasos de salários).

Existe alguma forma de os servidores se protegerem do risco de terem os salários cortados?:

Sim, normalmente na iniciativa privada existem os chamados "fundos de greve". Cuida-se de uma contribuição cobrada pelos sindicatos de seus filiados para a formação de um fundo destinado a cobrir as despesas daqueles servidores que eventualmente tiverem seus pontos cortados, sofrendo, assim, descontos salariais.

É possível realizar o desconto dos dias parados de forma parcelada?

Sim. Segundo o STJ **(RMS 49.339/SP)**, não se mostra razoável a possibilidade de desconto em parcela única sobre a remuneração do servidor público dos dias parados e não compensados provenientes do exercício do direito de greve. Assim, a Administração Pública não pode obrigar que os descontos dos dias parados pela greve sejam feitos de uma só vez, é dizer, em parcela única.

Antes disso, ela deve oportunizar a possibilidade de que o pagamento seja feito em parcelas. Segundo o STJ, é preciso atentar-se para o fato de que a remuneração possui natureza alimentar e o referido desconto em parcela única causaria um dano desarrazoado ao servidor. Ademais, para fundamentar o pleito de parcelamento, o STJ se utilizou do artigo 46 da Lei 8.112/90:

Art. 46. As reposições e indenizações ao erário, atualizadas até 30 de junho de 1994, serão previamente comunicadas ao servidor ativo, aposentado ou ao pensionista, para pagamento, no prazo máximo de trinta dias, podendo ser parceladas, a pedido do interessado.

§ 1º O valor de cada parcela não poderá ser inferior ao correspondente a dez por cento da remuneração, provento ou pensão.

Ressalta-se que, mesmos nos casos de servidores públicos estaduais ou municipais, o STJ tem aplicado a lei 8.112/90 por analogia.

7. IMPOSSIBILIDADE DE REALIZAÇÃO DE GREVE POR SERVIDORES QUE ATUEM NA ÁREA SE SEGURANÇA PÚBLICA

O STF entendeu (**RE 654.432**) que o exercício do direito de greve, sob qualquer forma ou modalidade, é vedado aos policiais civis e a todos os servidores públicos que atuem diretamente na área de segurança pública.

Segundo o STF, existem dispositivos constitucionais que vedam a possibilidade do exercício do direito de greve por parte de todas as carreiras policiais. No confronto entre o direito de greve e o direito da sociedade à ordem pública e paz social, deve prevalecer o interesse público em relação interesse individual de uma determinada categoria.

Para tentar atenuar os efeitos sobre as carreiras que atuam diretamente na área de segurança, o STF entendeu que, em que pese não possam fazer greve, podem os sindicatos acionar o Poder Judiciário para que seja feita uma mediação sobre o tema, de forma a garantir que a categoria tenha uma forma de vocalizar suas reivindicações, nos moldes do artigo 165 do Código de Processo Civil.

Ademais, o STF também entendeu que é obrigatória a participação do Poder Público em mediação instaurada pelos órgãos classistas das carreiras de segurança pública, nos termos do artigo 165 do Código de Processo Civil, para vocalização dos interesses da categoria.

8. DESNECESSIDADE DE INSTAURAÇÃO DE PROCESSO ADMINISTRATIVO PARA SE PROCEDER O DESCONTO DOS DIAS PARADOS

Segundo o STJ (**AgInt no AREsp 780.209/SC**), não há necessidade de processo administrativo prévio para realizar descontos na remuneração do servidor, em razão de dias parados decorrentes de greve.

9. ABUSIVIDADE DA GREVE REALIZADA POR MOTIVOS POLÍTICOS

O TST, em recente julgamento (**RO-1393-27.2013.5.02.0000**), reconheceu que a greve realizada por explícita motivação política, mesmo que por curto período de tempo, é abusiva, visto que o empregador não dispõe de poder de negociação para pacificar o conflito.

Em outras palavras, se o empregador não possui meios de fazer cessar o movimento paredista, mediante concessão dos interesses pleiteados pelos trabalhadores, é certo que o instrumento é utilizado inadequadamente pelos empregados e, portanto, a greve deve ser considerada abusiva.

Embora tal decisão tenha sido proferida no âmbito da Justiça do Trabalho, **entendemos que seus fundamentos são plenamente aplicáveis nas greves deflagradas pelos servidores públicos.**

III

RESPONSABILIDADE DO PARECERISTA

Segundo a doutrina e o voto do Min. Joaquim Barbosa no MS 24.631/DF, existem três espécies de parecer:

Facultativo	Obrigatório	Vinculante
O administrador NÃO É obrigado a solicitar o parecer do órgão jurídico.	O administrador é obrigado a solicitar o parecer do órgão jurídico	O administrador É obrigado a solicitar o parecer do órgão jurídico
O administrador pode discordar da conclusão exposta pelo parecer, desde que o faça fundamentadamente	O administrador pode discordar da conclusão exposta pelo parecer, desde que o faça fundamentadamente com base em um novo parecer	O administrador NÃO pode discordar da conclusão exposta pelo parecer. Ou o administrador decide nos termos da conclusão do parecer, ou, então, não decide.

Facultativo	Obrigatório	Vinculante
Em regra, o parecerista não tem responsabilidade pelo ato administrativo. Contudo, o parecerista pode ser responsabilizado se ficar configurada a existência de culpa ou erro grosseiro.	Em regra, o parecerista não tem responsabilidade pelo ato administrativo. Contudo, o parecerista pode ser responsabilizado se ficar configurada a existência de culpa ou erro grosseiro.	Há uma partilha do poder de decisão entre o administrador e o parecerista, já que a decisão do administrador deve ser de acordo com o parecer. Logo, o parecerista responde solidariamente com o administrador pela prática do ato, não sendo necessário demonstrar culpa ou erro grosseiro

IV

CONCURSO PÚBLICO

1. INTRODUÇÃO

O tema concurso público é um dos que possuem mais decisões judiciais. Trata-se de tema extremamente comum na prática da advocacia pública. Assim, vamos analisar os principais entendimentos jurisprudenciais sobre ele.

2. EXAMES PSICOTÉCNICOS

a) Requisitos de validade

Para a validade da realização de exames psicotécnicos em concursos públicos, os Tribunais Superiores entendem que é necessário o cumprimento dos seguintes pressupostos, cumulativamente:

- Autorização em lei em sentido material e no edital do certame;

STF – Súmula Vinculante nº 44: Só por lei se pode sujeitar a exame psicotécnico a habilitação de candidato a cargo público.

- Estabelecimento de critérios objetivos, de reconhecido caráter científico para avaliação dos candidatos. Ademais, faz-se necessário um mínimo de publicidade sobre os critérios a serem utilizados no exame;
- Possibilidade de recurso administrativo.

AGU – Súmula 35: O exame psicotécnico a ser aplicado em concurso público deverá observar critérios objetivos, previstos no edital, e estará sujeito a recurso administrativo.

Presente todos esses requisitos é possível a realização de exame psicotécnico em caráter eliminatório.

b) Legitimidade passiva nas ações em que se discutem os critérios adotados no exame

O STJ entende que eventual ação ordinária na qual se discute a eliminação de candidato em concurso público, com fundamento na subjetividade dos critérios de avaliação de exame psicotécnico previstos no edital, deve ser proposta contra a entidade que promoveu o concurso e não contra a instituição contratada para sua realização **(REsp 1.425.594/ES).**

Por exemplo, em concurso público para juiz no Ceará, realizada pela CESPE, determinado candidato foi reprovado no exame psicotécnico. Tal candidato deverá entrar com ação contra o Estado do Ceará e não contra o CESPE.

3. INEXISTÊNCIA DE SEGUNDA CHAMADA EM TESTES FÍSICOS

Tanto o STF **(RE 630733/DF)** quanto o STJ **(RMS 51428/MA)** entendem que os candidatos em concurso público não têm direito à prova de segunda chamada nos testes de aptidão física em razão de circunstâncias pessoais, ainda que de caráter fisiológico ou de força maior (Ex: Gravidez, Acidentes), salvo se houver previsão no edital permitindo essa possibilidade.

4. TERMO INICIAL DO MANDADO DE SEGURANÇA ENVOLVENDO CONCURSO PÚBLICO

Para o STJ, o termo inicial do prazo decadencial para a impetração de mandado de segurança no qual se discuta regra editalícia que tenha fundamentado eliminação em concurso público é a data em que o candidato toma ciência do ato administrativo que determina sua exclusão do certame, e não a da publicação do edital do certame **(REsp 1.124.254-PI).**

5. CARÁTER ELIMINATÓRIO DO EXAME MÉDICO

O STJ entendeu que, se o estatuto jurídico dos servidores prever que é necessário a aptidão física para tomar posse no cargo, não é preciso que haja a mesma previsão na lei específica que regulamenta a carreira. Assim, no caso de concursos federais, considerando a previsão na Lei 8.112/90, o candidato a cargo público federal pode ser eliminado em exame médico admissional, ainda que a lei que discipline a carreira não confira caráter eliminatório ao referido exame **(AgRg no REsp 1.414.990-DF).**

6. SINDICÂNCIA E ELIMINAÇÃO POR CONDENAÇÕES JUDICIAIS NÃO TRANSITADAS EM JULGADO

O STJ já decidiu **(RMS nº 37331/DF)**, que a existência de inquéritos em andamento pode pesar como mau comportamento para fins de sindicância de vida pregressa em concurso público para provimento de cargos de soldado de polícia militar. O STF e a doutrina majoritária, contudo, que é inconstitucional a exclusão de certame público de candidato que responda a inquérito policial ou ação penal sem trânsito em julgado da sentença condenatória, por nítida violação ao princípio da presunção de inocência (ADPF nº 144).

@direitodiretoblog – É possível que um candidato seja eliminado na fase de sindicância por possuir débitos registrados nos sistemas de proteção ao crédito (Ex: SPC e SERASA)?

Amigos, chegou ao STJ a seguinte situação bizarra: pode alguém ser excluído de concurso público por possuir débitos registrados nos sistemas de proteção ao crédito?

O STJ entendeu que não. Segundo o Tribunal da Cidadania, destoa dos princípios da proporcionalidade e razoabilidade o ato que exclui do certame candidato que possui nome negativado em cadastro de restrição creditícia, já que nem ações penais ou inquéritos policias em curso como regra possuem o condão de eliminar o candidato, com maior razão a simples inscrição no SPC/SERASA também não detém essa capacidade. **(RMS 30.734/DF).**

7. CONCURSO PÚBLICO E TATUAGEM

Editais de concurso público não podem estabelecer restrição a pessoas com tatuagem, **salvo situações excepcionais em razão de conteúdo que viole valores constitucionais (RE 898450/SP).**

8. CONTROLE DE QUESTÕES DE CONCURSO PELO PODER JUDICIÁRIO

a) Impossibilidade, em regra, de controle de mérito pelo Judiciário

O STF entende que, em regra, não é possível o controle de mérito das questões de concurso público. Assim, os critérios utilizados pela banca examinadora não podem ser revistos pelo Poder Judiciário, uma vez que não compete ao Poder Judiciário substituir a banca examinadora para reexaminar o conteúdo das questões e os critérios de correção utilizados.

Excepcionalmente, contudo, em casos de flagrante ilegalidade ou inconstitucionalidade, a Justiça poderá ingressar no mérito administrativo para rever critérios de correção e de avaliação impostos pela banca examinadora **(RE 632853/CE).**

b) Conteúdo fora do edital

Com relação aos casos de conteúdos cobrados fora do edital, o STF tem outro entendimento. Nesse caso, é sim possível a anulação da questão. Aqui, o Judiciário não estará entrando no mérito da questão, mas apenas averiguando se houve violação ao edital do concurso.

c) Exigência de que o espelho de prova, com a motivação da nota, seja apresentado antes ou durante a divulgação do resultado, sob pena de nulidade

Amigos, diversas bancas possuem a reprovável conduta de não apresentar o espelho de prova com a motivação da nota atribuída. Tal situação constitui uma grave ofensa a impessoalidade exigida da banca.

Não fosse o bastante, essa situação impossibilita completamente o exercício do direito de recorrer do candidato. Ora, como ele vai recorrer se não sabe nem ao menos o que errou? Tal situação é, no mínimo, Kafkiana.

Recentemente, contudo, surgiu uma fagulha de esperança para tentar acabar com essa conduta bizarra das bancas. O STJ proferiu decisão exigindo que a banca examinadora do certame, por ocasião da divulgação dos resultados das provas, demonstre, de forma clara e transparente, que os critérios de avaliação previstos no edital foram devidamente considerados, sob pena de nulidade da avaliação.

Exigiu ainda o STJ, considerando que as informações constantes dos espelhos de provas subjetivas representam a motivação do ato administrativo, consistente na atribuição de nota ao candidato, que o espelho seja apresentado anteriormente ou concomitante à prática do ato administrativo, pois caso se permita a motivação posterior, isso pode dar ensejo para que se fabriquem, forjem ou criem motivações.

Em resumo, não é legítima a conduta da banca examinadora de divulgar o espelho de provas com a motivação das notas após ser contestada na via judicial ou administrativa. Destaque-se também que não há fundamentação válida se a banca apenas divulga critérios muito subjetivos e a nota global dos candidatos, desacompanhados do padrão de resposta e das notas atribuídas para cada um dos critérios adotados (RMS 49.896/RS).

Apesar de se tratar de decisão não vinculante, é um precedente valioso para tentar combater essa prática nociva.

9. DIREITO SUBJETIVO À NOMEAÇÃO

a) Aprovados dentro do número de vagas previsto no edital

o STF entende que o candidato em concurso público aprovado dentro do número de vagas previsto no edital tem direito subjetivo a ser nomeado, observado o prazo de validade do concurso **(RE 598.099/MS).**

b) Desrespeito a ordem de classificação

Caso haja desrespeito a ordem de classificação do concurso, surge para o candidato preterido, haja ou não vagas certas no edital, direito subjetivo a nomeação.

STF – Súmula 15: Dentro do prazo de validade do concurso, o candidato aprovado tem o direito à nomeação, quando o cargo for preenchido sem observância da classificação.

c) Surgimento de novas vagas e discussão sobre direito subjetivo à nomeação

Após ter decidido pelo direito subjetivo à nomeação aos candidatos aprovados dentro das vagas previstas no edital, chegou ao STF a seguinte discussão. Se eram 15 vagas previstas no edital e no decorrer do concurso houveram 10 aposentadorias, é possível afirmar que 10 aprovados passaram a ter direito subjetivo à nomeação?

Não, para o STF o surgimento de novas vagas ou a abertura de novo concurso para o mesmo cargo, durante o prazo de validade do certame anterior, não gera automaticamente o direito à nomeação dos candidatos aprovados fora das vagas previstas no edital, ressalvadas as hipóteses de preterição arbitrária e imotivada por parte da administração, caracterizada por comportamento tácito ou expresso do Poder Público capaz de revelar a inequívoca necessidade de nomeação do aprovado durante o período de validade do certame, a ser demonstrada de forma cabal pelo candidato.

Assim, o direito subjetivo à nomeação do candidato aprovado em concurso público exsurge nas seguintes hipóteses:

- quando a aprovação ocorrer dentro do número de vagas dentro do edital;
- quando houver preterição na nomeação por não observância da ordem de classificação; e
- quando surgirem novas vagas, ou for aberto novo concurso durante a validade do certame anterior, e ocorrer a preterição de candidatos de forma arbitrária e imotivada por parte da administração nos termos acima. **(RE 837311/PI – (repercussão geral).**

d) Desistência e direito subjetivo

Segundo o STJ, o candidato aprovado fora do número de vagas previstas no edital de concurso público tem direito subjetivo à nomeação quando o candidato imediatamente anterior na ordem de classificação, aprovado dentro do número de vagas, for convocado e manifestar desistência **(AgRg no ROMS 48.266/TO).**

10. CLÁUSULA DE BARREIRA

A chamada cláusula de barreira é prática comum em concurso público. Consiste na previsão no edital de que somente um determinado número de candidatos serão considerados aprovados no concurso, independentemente da quantidade de pessoas que tenham feito o número mínimo de pontos exigidos no edital para aprovação.

Em suma, trata-se de cláusula que determina que somente os candidatos mais bem aprovados é que são considerados aprovados (Ex: somente irão para a 2ª fase do concurso as 300 maiores notas da prova objetiva, independentemente da quantidade de pessoas que fez o mínimo exigido pelo edital).

O STF considerou constitucional a "cláusula de barreira" (RE 635.739/AL).

11. IMPOSSIBILIDADE DE CARÁTER ELIMINATÓRIO NAS PROVAS DE TÍTULOS

As provas de títulos em concurso público para provimento de cargos públicos efetivos na Administração Pública, em qualquer dos Poderes e em qualquer nível federativo, não podem ter natureza eliminatória. A finalidade da prova de títulos é, unicamente, a de classificar os candidatos, sem jamais justificar sua eliminação do certame **(STF - MS 31176/DF e MS 32074/DF).**

12. INAPLICABILIDADE DA TEORIA DO FATO CONSUMADO EM CONCURSO PÚBLICO

Segundo o STF a posse ou o exercício em cargo público por força de decisão judicial de caráter provisório não implica a manutenção, em definitivo, do candidato que não atende a exigência de prévia aprovação em concurso público (CF, art. 37, II), valor constitucional que prepondera sobre o interesse individual do candidato, que não pode invocar, na hipótese, o princípio da proteção da confiança legítima, pois conhece a precariedade da medida judicial.

Em termos mais simples, não se aplica a teoria do fato consumado para candidatos que assumiram o cargo público por força de decisão judicial provisória posteriormente revista **(RE 608482/RN).**

13. POSSE EM CARGO PÚBLICO POR DETERMINAÇÃO JUDICIAL

a) Inexistência, em regra, do dever de indenizar

Para o STF, em regra, não cabe indenização a servidor empossado por decisão judicial sob o argumento de que houve demora na nomeação.

Excepcionalmente, será devida indenização se ficar demonstrado, no caso concreto, que o servidor não foi nomeado logo por conta de uma situação de arbitrariedade flagrante. (RE 724347/DF).

b) Impossibilidade de direito à promoção retroativa

Segundo o STF, a nomeação tardia de candidatos aprovados em concurso público, por meio de ato judicial, à qual atribuída eficácia retroativa, não gera direito às promoções ou progressões funcionais que alcançariam se houvesse ocorrido, a tempo e modo, a nomeação.

O fundamento para tanto foi o seguinte: a promoção ou a progressão funcional, a depender do caráter da movimentação, se vertical ou horizontal, não exige apenas o cumprimento do requisito temporal.

Além da passagem do tempo, ela pressupõe a aprovação em estágio probatório e a confirmação no cargo, bem como o preenchimento de outras condições indicadas na legislação ordinária.

Assim, uma vez empossado, cabe ao servidor cumprir todas as regras relacionados com o regime jurídico do cargo, incluídas aquelas relativas ao estágio probatório e as específicas de cada carreira.

Assim, somente considerado o desempenho do agente, por meio de atuação concreta a partir da entrada em exercício, é possível alcançar a confirmação no cargo e eventuais promoções **(RE 629392 RG/MT).**

14. CONVOCAÇÃO DO CANDIDATO APROVADO APENAS PELO DIÁRIO OFICIAL

Para o STJ, a convocação para determinada fase de concurso público ou para nomeação de candidato aprovado apenas mediante publicação do chamamento em diário oficial quando passado muito tempo entre a realização ou a divulgação do resultado da etapa imediatamente anterior e a referida convocação, viola os princípios da razoabilidade e da publicidade, uma vez que é inviável exigir que o candidato acompanhe, diariamente, com leitura atenta, as publicações oficiais **(AgRg no RMS 37.227/RS).**

15. CONTRATAÇÃO SEM CONCURSO PÚBLICO E SEUS EFEITOS

Segundo entendeu o STF (**RE 705140/RS),** é nula a contratação de pessoal pela Administração Pública sem a observância de prévia aprovação em concurso público, razão pela qual não gera quaisquer efeitos jurídicos válidos em relação ao empregado eventualmente contratado, ressalvados:

a) o direito de ele receber os salários referentes ao período trabalhado;

b) o direito de ele levantar os depósitos do FGTS (art. 19-A da Lei 8.036/90).

16. SURDEZ UNILATERAL E VISÃO MONOCULAR PARA FINS DE VAGAS RESERVADAS AOS DEFICIENTES

O candidato com surdez unilateral não tem direito a participar do concurso público nas vagas reservadas aos deficientes. A surdez unilateral não é considerada como deficiência auditiva segundo o Decreto 3.298/99 **(STJ - MS 18.966/DF).**

Já a visão monocular permite:

STJ - Súmula 377: O portador de visão monocular tem direito de concorrer, em concurso público, às vagas reservadas aos deficientes.

17. CONSTITUCIONALIDADE DA ADOÇÃO DE CRITÉRIOS DE HETEROIDENTIFICAÇÃO NO SISTEMA DE COTAS RACIAIS PARA CONCURSOS PÚBLICOS

A Lei 12.990/2014 instituiu aos negros a reserva de 20% das vagas em concursos públicos para provimento de cargos efetivos e empregos públicos no âmbito da Administração direita e indireta federal. Ademais, tem prevalecido que essa reserva se aplica aos três poderes, ao MPU e a DPU.

Como critério de identificação dos cotistas, a referida lei adotou o chamado critério da autodeclaração:

> **Art. 2º** Poderão concorrer às vagas reservadas a candidatos negros aqueles que se autodeclararem pretos ou pardos no ato da inscrição no concurso público, conforme o quesito cor ou raça utilizado pela Fundação Instituto Brasileiro de Geografia e Estatística - IBGE.

Ademais, a referida Lei também previu as seguintes punições para quem for flagrado fazendo declarações falsas:

> **Art. 2º. (...)**
>
> **Parágrafo único.** Na hipótese de constatação de declaração falsa, o candidato será eliminado do concurso e, se houver sido nomeado, ficará sujeito à anulação da sua admissão ao serviço ou emprego público, após procedimento administrativo em que lhe sejam assegurados o contraditório e a ampla defesa, sem prejuízo de outras sanções cabíveis.

Contudo, o sistema de autodeclaração previsto pela lei é bastante suscetível a abusos. Diante disso, a própria Administração passou a adotar um critério heterônomo, é dizer, realizado pela própria Administração, para verificar a veracidade da declaração feita pelo candidato cotista (Ex: exigência de entrevista pessoal com a comissão do concurso, formação de bancas com pessoas especializadas para realização de entrevista com os candidatos, encaminhamento de fotos etc).

O STF entendeu que o critério de autodeclaração é constitucional. Segundo a Corte Suprema, deve-se respeitar as pessoas tal qual elas se percebem. Contudo, é possível também que a Administração adote um controle heterônomo, sobretudo, quando existirem fundadas razões para se acreditar que houve abuso na autodeclaração.

Por fim, esclarece que, embora seja constitucional a adoção do critério de heteroidentificação, é preciso que a Administração, ao realizar esse controle, respeite a dignidade da pessoa humana e garanta o contraditório e a ampla defesa **(ADC 41/DF).**

18. CONTRATAÇÕES TEMPORÁRIAS

As contratações temporárias no âmbito da administração pública foram reguladas pelo artigo 37, IX, da Constituição:

> **Art. 37. (...)**
> **IX** – a lei estabelecerá os casos de contratação por tempo determinado para atender a necessidade temporária de excepcional interesse público;

a) Processo seletivo

Na esfera federal, a contratação não é feita mediante concurso público, mas sim por meio de processo seletivo simplificado, sujeito a ampla divulgação, inclusive no Diário Oficial da União.

b) Requisitos

O STF entende que, para que se considere válida a contratação temporária, é preciso que:

a) os casos excepcionais estejam previstos em lei;

b) o prazo de contratação seja predeterminado;

c) a necessidade seja temporária;

d) o interesse público seja excepcional.

c) Possibilidade de contratação de servidores temporários para o exercício de atividades permanentes

A doutrina se controvertia acerca do tema, uma vez que parte dela entendia que a contratação de servidores temporários somente seria permitida em casos de atividades de caráter temporário ou eventual, não sendo permitida tal contratação no caso de atividades permanentes.

O STF, contudo, entendeu que o art. 37, IX, da CF/88 autoriza que a Administração Pública contrate pessoas, sem concurso público, tanto para o desempenho de atividades de caráter eventual, temporário ou excepcional, como também para o desempenho das funções de caráter regular e permanente, desde que indispensáveis ao atendimento de necessidade temporária de excepcional interesse público. O que deve ser temporário e a necessidade e não o serviço realizado **(ADI nº3.068 e 3.247/MA).**

d) Lei que institua hipóteses abrangentes e genéricas é inconstitucional

O STF decidiu que a lei do ente federativo regulamentando o art. 37, IX, da CF/88 não poderá prever hipóteses abrangentes e genéricas de contratações temporárias sem concurso público. Além disso, essa lei deverá especificar a contingência fática que caracteriza a situação de emergência. A Lei questionada no STF era do Município de Bertópolis/MG e dizia que seria possível a contratação temporária para "suprir necessidades de pessoal na área do magistério".

Os Ministros entenderam que a lei municipal permitia de forma genérica e abrangente a contratação temporária de profissionais para a realização de atividade essencial e permanente (magistério), sem descrever as situações excepcionais e transitórias que fundamentam esse ato, como calamidades e exonerações em massa, por exemplo **(RE 658026/MG).**

e) Prazo de 12 meses

Quando a contratação temporária visar a suprir o serviço público de servidores enquanto se aguarda o desenrolar de concurso público preordenado à contratação definitiva, considera o STF razoável que tal contratação se dê pelo prazo de 12 meses **(ADI 3.649).**

f) Possibilidade de servidor aposentado ser contratado temporariamente

o artigo 6º da Lei n.° 8.745/93, que versa sobre contratações temporárias no âmbito federal, proíbe a contratação de "é proibida a contratação, nos termos desta Lei, de servidores da Administração direta ou indireta da União, dos Estados, do Distrito Federal e dos Municípios, bem como de empregados ou servidores de suas subsidiárias e controladas".

O STJ, ao analisar esse artigo, entendeu que a proibição se estende apenas aos servidores da ativa. Segundo entendeu o STJ, "não se extrai da redação nenhuma restrição aos servidores inativos". Em outras palavras, o art. 6º da Lei n.° 8.745/93 somente veda que servidores públicos da ativa sejam contratados como servidores temporários, não estendendo essa proibição para servidores aposentados. Ademais, não se aplica ao caso o art. 118, § 3º da Lei n.° 8.112/90, que veda a acumulação de proventos de aposentadoria com remuneração de cargo ou emprego público efetivo.

Os servidores temporários contratados sob o regime do art. 37, IX, não estão vinculados a um cargo ou emprego público, exercendo apenas uma função administrativa temporária (função autônoma, justamente por não estar vinculada a cargo ou emprego).

Além disso, ainda que se considere que isso é um "cargo" público, não se trata de cargo público efetivo já que as pessoas são selecionas mediante processo seletivo simplificado e irão exercer essa função por um prazo determinado, não possuindo direito à estabilidade.

Em suma, não é cargo; mas mesmo que fosse, não seria cargo efetivo (**REsp 1.298.503-DF**).

V

PREVIDENCIÁRIO PÚBLICO

1. INTRODUÇÃO

O estudo do chamado direito previdenciário público consubstancia-se na análise das regras constitucionais para aposentadoria dos servidores públicos. Aqui, vamos analisar as principais polêmicas jurisprudenciais sobre o tema.

2. SOMENTE SERVIDORES EFETIVOS PODEM SER INCLUÍDOS NO REGIME PRÓPRIO

O STF, por ocasião do julgamento das **ADI 4639/GO e ADI 4641/SC**, que tratavam de leis estaduais que incluíram no regime próprio de Previdência Social os titulares de serventias extrajudiciais (notários e registradores), decidiu que somente servidores públicos efetivos podem ser incluídos no regime próprio.

Assim, as leis foram declaradas inconstitucionais. Os titulares de serventias notariais e registrais exercem atividade estatal, entretanto não são titulares de cargo público efetivo, tampouco ocupam cargo público. Não são servidores públicos. Logo, a eles não se aplica o regime próprio de Previdência Social previsto para os servidores públicos (art. 40 da CF/88).

3. APOSENTADORIA POR INVALIDEZ PERMANENTE

> **Art. 40. (...)**
>
> **§ 1º** Os servidores abrangidos pelo regime de previdência de que trata este artigo serão aposentados, calculados os seus proventos a partir dos valores fixados na forma dos §§ 3º e 17:

I – por invalidez permanente, sendo os proventos proporcionais ao tempo de contribuição, exceto se decorrente de acidente em serviço, moléstia profissional ou doença grave, contagiosa ou incurável, na forma da lei;

a) Proventos integrais e proporcionais

A aposentadoria por invalidez permanente será proporcional ao tempo de contribuição, salvo nos casos em que a invalidez decorrer de acidente de serviço, moléstia profissional ou doença grave, contagiosa ou incurável, na forma da lei. Nesse último caso, a aposentadoria será por proventos integrais.

b) Rol Taxativo de doenças

Conforme vimos, somente nos casos em que a invalidez for decorrente de acidente em serviço, moléstia profissional ou doença grave, contagiosa ou incurável, especificada em lei, é que a aposentadoria será com proventos integrais.

Em razão dessa exigência de a doença estar especificado em lei, chegou na jurisprudência a seguinte discussão: o rol das doenças previstas em lei é taxativo ou exemplificativo?

Prevaleceu que esse rol é taxativo. Isso porque o art. 41, § 1º, I, da CF/88 é bastante claro ao exigir que a lei defina as doenças e moléstias que ensejam aposentadoria por invalidez com proventos integrais. Logo, esse rol legal deve ser tido como exaustivo (taxativo) **(RE 656.860/MT).**

Em razão disso, o STJ tem decidido que serão PROPORCIONAIS (e não integrais) os proventos de aposentadoria de servidor público federal diagnosticado com doença grave, contagiosa ou incurável que não esteja prevista no art. 186, § 1º, da Lei nº 8.112/1990 nem indicada em lei **(REsp 1.324.671-SP).**

4. APOSENTADORIA COMPULSÓRIA

Art. 40. (...)

§ 1º Os servidores abrangidos pelo regime de previdência de que trata este artigo serão aposentados, calculados os seus proventos a partir dos valores fixados na forma dos §§ 3º e 17:

II – compulsoriamente, com proventos proporcionais ao tempo de contribuição, aos 70 (setenta) anos de idade, ou aos 75 (setenta e cinco) anos de idade, na forma de lei complementar;

a) **Norma de observância obrigatória**

Consoante a firme jurisprudência do STF, as normas da Constituição Federal que dispõem acerca da aposentadoria dos servidores efetivos estatutários são de observância obrigatória pelas Constituições Estaduais e pelas Leis Orgânicas dos Municípios **(ADI - MC 4.696/DF e ADI - MC 4.698/MA).**

b) **Alcance**

A jurisprudência dos Tribunais Superiores é firme em dizer que a aposentadoria compulsória somente atinge os titulares de cargos efetivos **(STJ - RMS 36.950/RO, RE 786540/DF).** Assim, a aposentadoria compulsória não se aplica aos:

a) agentes políticos detentores de mandatos eletivos;
b) ocupantes de cargo em comissão;
c) empregados públicos celetista;
d) notários/registradores públicos;
e) contratações temporárias.

5. APOSENTADORIA VOLUNTÁRIA

> **Art. 40. (...)**
>
> **§ 1º** Os servidores abrangidos pelo regime de previdência de que trata este artigo serão aposentados, calculados os seus proventos a partir dos valores fixados na forma dos §§ 3º e 17:
>
> **III – voluntariamente,** desde que cumprido tempo mínimo de dez anos de efetivo exercício no serviço público e cinco anos no cargo efetivo em que se dará a aposentadoria, observadas as seguintes condições:

a) **Tempo mínimo**

O STF já entendeu que os cinco anos de exercício no cargo efetivo em que se dará a aposentadoria não precisam ser ininterruptos. Para atender a essa exigência constitucional, o servidor precisa apenas ter cumprido o tempo de exercício de cinco anos no cargo em que se aposentará, mesmo que esse tempo não tenha sido contínuo, é dizer, admite-se que sejam somados períodos não contínuos de exercício quando entre eles tenham ocorrido interrupções por qualquer motivo **(RE-AgR 541.614/SP).**

a) sessenta anos de idade e trinta e cinco de contribuição, se homem, e cinquenta e cinco anos de idade e trinta de contribuição, se mulher;

b) sessenta e cinco anos de idade, se homem, e sessenta anos de idade, se mulher, com proventos proporcionais ao tempo de contribuição.

§ 2º – Os proventos de aposentadoria e as pensões, por ocasião de sua concessão, não poderão exceder a remuneração do respectivo servidor, no cargo efetivo em que se deu a aposentadoria ou que serviu de referência para a concessão da pensão.

§ 3º Para o cálculo dos proventos de aposentadoria, por ocasião da sua concessão, serão consideradas as remunerações utilizadas como base para as contribuições do servidor aos regimes de previdência de que tratam este artigo e o art. 201, na forma da lei.

b) Fim da aposentadoria com proventos integrais

O § 3º do artigo 40 foi alterado pela EC 41/2003. Antes dela, todo servidor se aposentava com proventos integrais, o que importa dizer que ele se aposentadoria com remuneração igual a última remuneração percebida em atividade (Ex: Fulanilson foi técnico judiciário por 30 anos e ganhava uma remuneração de 8 mil reais. Quando completou 60 anos, foi aprovado no cargo de Juiz, passando a receber 28 mil reais. Ao se aposentar, sua aposentadoria seria 28 mil reais).

A nova redação do § 3º pôs fim a aposentadoria com proventos integrais, de forma que os proventos não corresponderão, como antes era possível, ao valor da última remuneração do servidor. Seu valor será uma média calculada, nos termos da lei, com base nas remunerações sobre as quais o servidor contribuiu ao longo de sua vida profissional (No nosso exemplo, Fulanilson receberia uma aposentadoria com base na média de contribuição, o que certamente será um valor menor que os 28 mil reais que recebe como juiz). Esse parágrafo foi regulamentado pela Lei 10.887/2004.

A Constituição ainda estabeleceu, no § 17 do artigo 40, que todos os valores de remuneração considerados para o cálculo dos proventos serão devidamente atualizados na forma da lei. Essa disposição também foi regulamentada pela Lei 10.887/2004.

c) Fim da paridade

A EC 41/2003 também extinguiu a chamada paridade. Pela paridade, a Constituição garantia aos proventos de aposentadoria e pensão uma paridade com a remuneração recebida pelos servidores ativos do mesmo cargo.

Assim, era assegurada a revisão dos proventos, pelos mesmos índices e na mesma data, sempre que se modificasse a remuneração dos servidores em atividade, sendo também estendidos aos aposentados e aos pensionistas quaisquer benefícios ou vantagens posteriormente concedidos.

A paridade, contudo, foi extinta pela EC 41/2001, a qual criou o sistema chamado de "princípio da preservação do valor real", previsto no art. 40, § 8º, da CF/88. Por esse sistema, os proventos do aposentado devem ser constantemente reajustados para que seja sempre garantido o seu poder de compra.

Assim, atualmente, é possível que os reajustes concedidos aos servidores da ativa não sejam, necessariamente, estendidos aos aposentados.

Outro ponto que merece destaque é que mesmo quando ainda existia o sistema da paridade, o STF entendia que somente os benefícios ou vantagens de natureza geral eram estendidos aos aposentados.

É justamente por isso que aos aposentados não se estende o benefício do auxílio-alimentação:

> **STF – Súmula vinculante 55:** o direito ao auxílio-alimentação não se estende aos servidores inativos.

Para o STF, o direito ao auxílio-alimentação não se estende aos aposentados e pensionistas por se tratar de verba de natureza indenizatória destinada a cobrir os dispêndios com refeições do servidor no efetivo exercício de suas funções, não se incorporando à remuneração ou aos proventos da aposentadoria, nem mesmo para aqueles que tem direito à paridade de que tratava o § 8º, do art. 40 antes da EC 41/2003.

d) gratificações "pro labore faciendo"

As gratificações "pro labore faciendo" são valores pagos aos servidores por um serviço a maior que eles estão fazendo. São valores criados para recompensar o servidor pelo ônus que ele está tendo ao desempenhar serviços que estão fora das atribuições normais de seu cargo.

Por serem instituídas para recompensar um serviço a mais, fora das suas atribuições normais, somente são devidas ao servidor enquanto ele permanecer realizando esse serviço. Em razão disso, ela não deve ser paga aos servidores inativos, já que, por motivos óbvios, o servidor inativo não pode ser remunerado por um trabalho a mais.

Assim, é certo dizer que a gratificação "pro labore faciendo" é uma verba que não está abrangida pelo princípio da paridade. Justamente por não ser abrangida pela paridade, ao longo dos anos, as gratificações "pro labore faciendo" foram utilizadas pela Administração para "fraudar" a regra da paridade.

Criou-se uma infinidade de gratificações autodeclaradas "pro labore faciendo", mas que na prática eram pagas indistintamente a todos os servidores. Em razão disso, milhares de ações foram ajuizadas perante os Tribunais Superiores, requerendo a extensão das gratificações aos aposentados. Em razão disso, o STF fixou os seguintes entendimentos:

- as vantagens remuneratórias legítimas e de caráter geral conferidas a determinada categoria, carreira ou, indistintamente, a servidores públicos, por serem vantagens genéricas, são extensíveis aos servidores inativos e pensionistas;
- nesses casos, a extensão alcança os servidores que tenham ingressado no serviço público antes da publicação da EC 20/1998 e da EC 41/2003, e se aposentado ou adquirido o direito à aposentadoria antes da EC 41/2003;
- com relação aos servidores que se aposentaram após a EC 41/2003, devem ser observados os requisitos estabelecidos na regra de transição contida em seu art. 7º, em virtude da extinção da paridade integral entre ativos e inativos contida no art. 40, § 8º, da CF, redação original, para os servidores que ingressaram no serviço público após a publicação da EC 41/2003; e
- com relação aos servidores que tivessem ingressado no serviço público antes da EC 41/2003 e se aposentaram ou adquiriram o direito à aposentadoria após a sua edição, é necessário observar a incidência das regras de transição fixadas pela EC 47/2005, a qual estabeleceu efeitos retroativos à data de vigência da EC 41/2003. **(RE 596962/MT).**

6. APOSENTADORIAS ESPECIAIS

> **§ 4º** É vedada a adoção de requisitos e critérios diferenciados para a concessão de aposentadoria aos abrangidos pelo regime de que trata este artigo, ressalvados, nos termos definidos em leis complementares, os casos de servidores:
>
> **I** – portadores de deficiência;
>
> **II** – que exerçam atividades de risco;
>
> **III** – cujas atividades sejam exercidas sob condições especiais que prejudiquem a saúde ou a integridade física.

a) Aposentadoria especial de servidores portadores de deficiência

Com relação aos servidores vinculados ao regime geral de previdência social - RGPS, já existe lei regulamentado a aposentadoria dos segurados com deficiência. Trata-se da LC 142/2013, a qual regulamentou o § 1º do art. 201 da CF/88 no tocante à aposentadoria da pessoa com deficiência segurada do RGPS.

Com relação aos servidores público, ainda não foi editada a lei complementar exigida pelo Art. 40, § 4º, I, da CF/88.

Assim, diante da omissão legislativa, o STF, reconhecendo que o Presidente da República está em "mora legislativa" por ainda não ter enviado ao Congresso Nacional o projeto de lei para regulamentar o art. 40, § 4º, I da CF/88, determinou que sejam aplicadas aos servidores públicos portadores de deficiência os critérios e condições previstos na LC 142/2013 **(MI 5126-DF)**

b) Aposentadoria especial para os que exercem atividades de risco

b.1) Aposentadoria dos policiais civis e militares

b.1.1) Aposentadoria dos policiais civis

A aposentadoria especial dos policiais civis foi regulamenta pela Lei Complementar 144/2014, de abrangência nacional que possui as seguintes regras:

> **Art. 1º** O servidor público policial será aposentado:
> **II** – voluntariamente, com proventos integrais, independentemente da idade:
> **a) após 30 (trinta) anos de contribuição**, desde que conte, pelo menos, 20 (vinte) anos de exercício em cargo de natureza estritamente policial, se homem;
> **b) após 25 (vinte e cinco) anos de contribuição**, desde que conte, pelo menos, 15 (quinze) anos de exercício em cargo de natureza estritamente policial, se mulher.

b.1.2) Aposentadoria dos policiais militares

O STF entendeu que não se aplica a regra de aposentadoria especial do art.40, § 4º, da CF/88, porque os militares não podem ser considerados, atualmente, como servidores públicos, sendo a eles aplicável um regime jurídico próprio disciplinado pelo art. 142, § 3º, X (e não pelo art. 40, § 4º).

Não havendo determinação constitucional expressa, a decisão de conceder aposentadoria com critérios facilitados para policiais militares é uma escolha discricionária de cada Estado-membro (**ADO 28/SP**).

c) Aposentadoria dos servidores cujas atividades sejam exercidas sob condições especiais que prejudiquem a saúde ou a integridade física

c.1) Introdução

Aqui, também ainda não editada a lei complementar exigida pela Constituição. Em razão disso, muitos mandados de injunção foram impetrados, com o fim de que lhes sejam assegurados o concreto exercício do direito constitucionalmente assegurado.

Diante da grande quantidade de ações, o STF editou a seguinte súmula vinculante:

> **STF – Súmula Vinculante nº 33:** Aplicam-se ao servidor público, no que couber, as regras do Regime Geral de Previdência Social sobre aposentadoria especial de que trata o artigo 40, parágrafo 4º, inciso III, da Constituição Federal, até edição de lei complementar específica.

Assim, enquanto não for editada a lei complementar reclamada pela Constituição, aplicam aos servidores públicos o disposto no art. 57, da Lei 8.231/1991:

> **Art.57.** A aposentadoria especial será devida, uma vez cumprida a carência exigida nesta Lei, ao segurado que tiver trabalhado sujeito a condições especiais que prejudiquem a saúde ou a integridade física, durante 15 (quinze), 20 (vinte) ou 25 (vinte e cinco) anos, conforme dispuser a lei.

c.2) Inexistência de direito a conversão de tempo especial em comum

No âmbito do regime geral, para que o segurado faça jus à aposentadoria especial ele deve trabalhar integralmente em condições especiais.

Para evitar algumas situações de injustiça, caso o segurado trabalhe em condições especiais durante algum tempo e, posteriormente, migre para uma atividade normal, embora não possa mais se aposentar de forma especial, o tempo que ele trabalhou em condições especiais, ao ser convertido em comum, terá um acréscimo de tempo.

Por exemplo, em algumas atividades, será aplicado o fato 1.2. Assim, caso o segurado trabalhe 1 ano (366 dias) em condições especiais de tempo, esse tempo, ao ser convertido em comum, será multiplicado por 1.2 (366 x 1,2= 439,2). Ao final, o tempo que ele trabalhou em condições especiais (366 dias) vai valer 1 ano e dois meses em tempo comum (439 dias).

Em termos práticos, em que pese não possa se aposentar de forma especial, o segurado vai precisar trabalhar menos tempos para se aposentar de forma comum, em razão das condições mais benéficas usadas na conversão do tempo especial em comum.

O STF entendeu que o direito a essa conversão não é assegurado aos servidores públicos. Para ele, não se extrai da norma contida no art. 40, § 4º, III, da Constituição, que existe o dever constitucional que o Presidente da República e o Congresso Nacional editem uma lei, em favor dos servidores públicos, prevendo contagem diferenciada para quem trabalhou parte da sua vida em atividades insalubres e, ao final, averbe (registre e some) este período para fins de aposentadoria.

Em outras palavras, para o STF, o art. 40, § 4º, III, da Constituição **não garante necessariamente aos servidores este direito à conversão com contagem diferenciada de tempo especial em comum**. O que este dispositivo garante é apenas o direito à aposentadoria especial, com critérios e requisitos diferenciados **(MI 3.788 AgR e MI- AgR 1.508/DF).**

7. A QUESTÃO DOS "ESPECIALISTAS EM EDUCAÇÃO"

> § 5º – Os requisitos de idade e de tempo de contribuição serão reduzidos em cinco anos, em relação ao disposto no § 1º, III, "a", para o professor que comprove exclusivamente tempo de efetivo exercício das funções de magistério na educação infantil e no ensino fundamental e médio.

Nos termos do § 5º, os requisitos de idade e tempo de contribuição serão reduzidos em cinco anos para os professores que comprovem exclusivamente tempo de efetivo exercício das funções de magistério na educação infantil e no ensino fundamental e médio.

Contudo, ao longo dos anos, chegou ao STF a discussão acerca do alcance da expressão "funções de magistério". Tal expressão abrangeria apenas o efetivo exercício "dentro da sala de aula", ou compreenderia também atividades correlatas, como a de diretoria escolar, por exemplo? E mais, apenas fariam jus à aposentadoria especial os professores, ou estariam abarcados pela norma também pessoas com formação específica na área pedagógica, inclusive com grau de pós-graduação, os chamados "especialistas em educação".

Ao analisar o tema na ADI 3772-2, o STF deu interpretação conforme ao artigo 67, parágrafo 2º, da Lei n. 9.394/1996, que dispõe:

> **Art. 67.** Os sistemas de ensino promoverão a valorização dos profissionais da educação, assegurando-lhes, inclusive nos termos dos estatutos e dos planos de carreira do magistério público: (...)
>
> § **2º** Para os efeitos do disposto no § 5º do art. 40 e no § 8º do art. 201 da Constituição Federal, são consideradas funções de magistério as exercidas por professores e especialistas em educação no desempenho de atividades educativas, quando exercidas em estabelecimento de educação básica em seus diversos níveis e modalidades, incluídas, além do exercício da docência, as de direção de unidade escolar e as de coordenação e assessoramento pedagógico.

De acordo com a mencionada decisão do Supremo, o dispositivo acima deve ser considerado constitucional desde que as atividades de exercício de direção de unidade escolar e as de coordenação e assessoramento pedagógico sejam exercidas por professores. Ou seja, os "especialistas em educação" não fazem jus à aposentadoria especial, exceto, obviamente, no caso de também serem professores.

8. PRAZO PARA AÇÃO DE REVISÃO DE APOSENTADORIA NO SERVIÇO PÚBLICO

Havia na doutrina duas correntes sobre o tema:

Primeira Corrente: entendia que o prazo para propor ação de revisão de aposentadoria no serviço público era de 10 anos, com fundamento no art. 103, caput, da Lei nº 8.213/91:

> **Art. 103.** É de dez anos o prazo de decadência de todo e qualquer direito ou ação do segurado ou beneficiário para a revisão do ato de concessão de benefício, a contar do dia primeiro do mês seguinte ao do recebimento da primeira prestação ou, quando for o caso, do dia em que tomar conhecimento da decisão indeferitória definitiva no âmbito administrativo

Aqui, cumpre esclarecer que, em que pese a lei refira-se a prazo decadencial, trata-se na verdade de um prazo prescricional. Isso porque a ação de revisão da aposentadoria tem como objetivo obrigar a Administração Pública a fazer uma nova aposentadoria e a pagar as parcelas pretéritas. Assim, é uma ação que veicula uma pretensão (obrigação de fazer e pagar), de forma o prazo é prescricional.

Segunda Corrente: entende que o prazo é quinquenal (5 anos), com fulcro no art. 1º do Decreto 20.910/32:

> **Art. 1º** As dívidas passivas da União, dos Estados e dos Municípios, bem assim todo e qualquer direito ou ação contra a Fazenda Federal, Estadual ou Municipal, seja qual for a sua natureza, prescrevem em cinco anos contados da data do ato ou fato do qual se originarem.

Ao analisar o tema, o STJ adotou a segunda corrente. Para o STJ, a pretensão de revisão do ato de aposentadoria tem como termo inicial do prazo prescricional a concessão do benefício pela Administração. Após se passarem mais de 5 anos entre a aposentadoria do servidor e o ajuizamento da ação, ocorre a prescrição do fundo de direito (Pet 9.156-RJ). Para tanto, o STJ argumentou o seguinte:

a) O prazo previsto no art. 103 da Lei 8.213/91 é aplicável às aposentadorias concedidas pelo Regime Geral da Previdência Social (RGPS), não se aplicando para os benefícios concedidos nos regimes próprios dos servidores públicos (RPPS).

b) A CF/88 estabelece que os requisitos e critérios fixados para o RGPS serão aplicáveis ao regime de previdência dos servidores públicos apenas no que couber (§ 12 do art. 40). Em outras palavras, as regras de previdência dos trabalhadores em geral só serão aproveitadas para a previdência dos servidores públicos de forma subsidiária, ou seja, quando não houver regramento específico sobre determinado tema. Por isso, o constituinte utilizou a expressão "no que couber".

No caso do prazo para a ação de revisão, existe uma norma específica que prevê o prazo prescricional de 5 anos para as demandas que envolvem relações de cunho administrativo, tais como as ações propostas pelos servidores públicos contra a Administração Pública.

Assim, não se pode dizer que exista lacuna, razão pela qual se afasta a adoção do prazo decenal previsto no art. 103 da Lei 8.213/91.

É extremamente importante para os candidatos de provas de advocacia pública a seguinte informação: o STJ afirmou que, passados os cinco anos, haverá a prescrição do próprio fundo de direito:

Isso porque o STJ entendeu que a aposentadoria do servidor público é concedida por um único ato (ato complexo) e que, a partir dessa concessão, inicia-se a pretensão do aposentado de exigir a sua revisão.

Superado esse prazo de 5 anos, extingue-se não apenas a pretensão de receber as parcelas em atraso, mas também o próprio "fundo de direito", ou seja, não há mais como fazer a revisão. Logo, nesse caso, não se aplica o raciocínio exposto na súmula 85 do STJ:

> **STJ – Súmula nº 85:** Nas relações jurídicas de trato sucessivo em que a Fazenda Pública figure como devedora, quando não tiver sido negado o próprio direito reclamado, a prescrição atinge apenas as prestações vencidas antes do quinquênio anterior à propositura da ação

9. ESTABILIDADE GRAVÍDICA E SERVIDORA COMISSIONADA

A nomeação e a exoneração de servidora pública para cargo comissionada é ato amplamente discricionário, razão pela qual por muito tempo se discutiu a possibilidade de se conceder a estabilidade gravídica a servidoras comissionadas.

O STF, pondo fim a polêmica, entendeu que as servidoras públicas e empregadas gestantes, inclusive as contratadas a título precário, como no caso das servidoras comissionadas, independentemente do regime jurídico de trabalho, têm direito à licença-maternidade de cento e vinte dias e à estabilidade provisória desde a confirmação da gravidez até cinco meses após o parto **(AI-AgR 804574 e RE-AgR 420839)**

A interpretação dada pelo Supremo Tribunal Federal ao art. 10, II, b, do ADCT foi a de que a estabilidade provisória instituída a favor da gestante visa proteger a maternidade e o nascituro, sendo irrelevante para esse específico efeito a forma de contratação, pois se trata de garantia de caráter social.

10. POSSE POR LIMINAR E APOSENTADORIA

Amigos, já falamos aqui na parte sobre concurso público, que o STF entendeu que não se aplica a teoria do fato consumado aos casos de candidato que toma possa em cargo por meio de liminar **(RE 608.482).**

Assim, mesmo que tenham se passado muitos anos da posse mediante liminar, o candidato, no caso de o processo ter sido julgado improcedente ao final, terá sua nomeação tornada sem efeito.

Contudo, recentemente chegou ao STJ um caso inusitado. Determinado servidor tomou posse mediante liminar. O processo envolvendo o servidor demorou tanto a ser julgado, que o servidor conseguiu alcançar o tempo de contribuição necessário para se aposentar. Contudo, ao final, o processo do servidor foi julgado improcedente. Diante disso, a Administração tornou sem efeito a nomeação do servidor e cassou sua aposentadoria.

Ao analisar a situação, o STJ entendeu que, de fato, a nomeação do servidor deve ser tornada sem efeito, diante da inaplicabilidade da teoria do fato consumado. Contudo, o mesmo não se pode dizer da aposentadoria.

Isso porque o servidor efetivamente recolheu as contribuições necessárias para a aposentadoria, em razão de efetivamente ter prestado o serviço. Nesse sentido, da mesma forma que a Administração não pode exigir a devolução dos valores recebidos a título de remuneração, sob pena de enriquecimento ilícito, ela não pode ignorar o tempo de contribuição do servidor.

Assim, considerando que, embora ele estivesse de forma precária no cargo, o vínculo previdenciário, após as contribuições previdenciária ao regime próprio, consolidou-se com a reunião dos requisitos para a concessão de aposentadoria.

Dessa forma, a legislação federal estabelece a cassação da aposentadoria apenas nos casos de demissão do servidor e acumulação ilegal de cargos (Arts. 133, § 6º e 134 da Lei 8.112/90), não havendo, portanto, respaldo legal para impor a mesma penalização quando o exercício do cargo é amparado por decisões judiciais precárias e o servidor se aposenta por tempo de contribuição durante esse exercício após legítima contribuição ao sistema **(MS 20.588/DF)**.

11. CUMULAÇÃO LÍCITA DE CARGOS

O STF entendeu **(RE 602.043 e RE 612.975)** que, no caso de cumulação lícita de cargos, nos moldes da Constituição, o teto constitucional remuneratório deve ser aplicado de forma isolada para cada cargo público cumulado. O mesmo entendimento serve para a aposentadoria.

12. MENOR SOB GUARDA

O instituto da guarda encontra-se previsto no ECA (Arts. 33 a 35). Cuida-se de um instituto que visa a regularizar a posse de fato do menor (Ex: apesar de ter pais vivos, quem efetivamente cuida dele são aos avôs).

Assim, o menor sob guarda é aquele que é colocado em família substituta, sendo a guarda concedida quando os pais não apresentarem condições de exercer, com plenitude, seus deveres inerentes ao poder familiar, seja por motivos temporários ou permanentes.

O art. 33, § 3º, do ECA estabelece que a guarda confere à criança ou adolescente a condição de dependente, para todos os fins, inclusive previdenciários. Ocorre que, em 1997, foi editada a Lei 9.528/97, que retirou o menor sob guarda da condição de beneficiário previdenciário da Lei 8.213/91.

Diante disso, o INSS passou a defender que o menor sob guarda, após a Lei 9.528/97 não era mais dependente previdenciário. Segundo a mencionada Autarquia Federal, a Lei 8.213/91 com a redação dada pela Lei 9.528/97, é posterior e mais especial que o ECA. Assim, no conflito entre a redação atual da Lei 8.213/91 e o art. 33, § 3º, do ECA, deveria prevalecer o primeiro diploma, ante a natureza específica da norma previdenciária.

O STJ em alguns julgados chegou a adotar a tese do INSS (AgInt no Agint no AREsp 880.230/MG). Contudo, no ano de 2016, por meio de julgamento da Corte Especial, o STJ estabeleceu que ao menor sob guarda deve ser assegurado o direito ao benefício da pensão por morte mesmo se o falecimento se deu após a modificação legislativa promovida pela Lei 0.528/97 na Lei 8.213/91.

O artigo 33, § 3º, do ECA deve prevalecer sobre a modificação legislativa promovida na lei geral da Previdência Social, em homenagem ao princípio da proteção integral e preferência da criança e do adolescente, previsto no artigo 227 da Constituição Federal (Eresp 1.141.788/RS).

O fundamento do STJ é que o ECA não é uma simples lei, uma vez que representa verdadeira política pública de proteção à criança e do adolescente, em cumprimento ao mandamento constitucional previsto no art. 227, da CF/88.

Não é dado ao intérprete atribuir à norma jurídica conteúdo que atente contra a dignidade da pessoa humana e, consequentemente, contra o princípio da proteção integral e preferencial a criança e adolescente, já que esses postulados são a base do estado democrático de direito e devem orientar a interpretação de todo o ordenamento jurídico.

Assim, em que pese a lei previdenciária seja posterior e mais específica, não menos certo é que a criança e adolescente contam com proteção de norma específica que confere ao menor sob guarda a condição de dependente previdenciário, logo prevalece a previsão do ECA, constante no art. 33, § 3º, mesmo sendo anterior à lei previdenciária.

Por fim, ressalta-se que esse entendimento vale tanto para o regime geral quanto para o regime próprio de previdência (RMS 36.034/MT).

VI

RESPONSABILIDADE CIVIL

1. (IM)POSSIBILIDADE DE AJUIZAMENTO, PELO PARTICULAR, DE AÇÃO CONTRA O ESTADO E O AGENTE PÚBLICO, EM LITISCONSÓRCIO PASSIVO

Trata-se de um tema polêmico, com divergência doutrinária e jurisprudencial.

Celso Antônio Bandeira de Mello por exemplo, afirma que o art. 37, § 6º, não tem caráter defensivo do funcionário perante terceiro, uma vez que a norma visa proteger o administrado, oferecendo-lhe um patrimônio solvente e a possibilidade de responsabilização objetiva em muitos casos.

Assim, não seria possível afirmar que a Constituição restringiu sua possibilidade de proceder contra quem lhe causou dano, pois, sendo esse um dispositivo protetor do administrado, não é possível utilizá-lo para restrições ao lesado.

Ademais, entende o festejado doutrinador que a parte final do § 6º do art. 37, a qual prevê o regresso do Estado contra o agente responsável, volta-se a proteção do patrimônio público, ou da pessoa de direito privado prestadora de serviço público.

Daí a conclusão de que o dispositivo constitucional em questão tem como objetivo a defesa do administrado e do Estado ou de quem lhe faça as vezes, não se podendo vislumbrar nele intenções de proteger o servidor.

A vítima, portanto, pode propor a ação de indenização só contra o Estado, só contra o Agente, ou contra ambos, em litisconsórcio, como responsáveis solidários nos casos de dolo ou culpa. O STJ já usou esse entendimento **(Resp 1.325.862/PR).**

Noutro ponto, temos o entendimento do STF, para quem o mencionado art. 37, § 6º, da CF, consagra dupla garantia:

a) uma em favor do particular, possibilitando-lhe ação indenizatória contra a pessoa jurídica de direito público ou de direito privado que preste serviço público;

b) outra em prol do servidor estatal, que somente responde administrativa e civilmente a pessoa jurídica a que pertencer, no caso de se demonstrar o dolo ou a culpa de sua conduta **(RE 720.275/SC e RE 327.904).**

2. DECISÕES ENVOLVENDO PRESOS

a) Inexistência de direito a indenização por prisão cautelar

Em regra, não há que se falar em responsabilidade do Estado por atos judiciais, uma vez que esta responsabilidade é dirigida aos agentes públicos no exercício de funções administrativas.

Nesse sentido, em se tratando de atos emanados da função jurisdicional, estes são protegidos da responsabilidade civil do Estado por dois princípios básicos:

- princípio da soberania do Estado: sendo atos que traduzem uma das funções estruturais do Estado, refletem o exercício da própria soberania.
- princípio da recorribilidade dos atos jurisdicionais: se um ato do juiz prejudica a parte no processo, tem ela os mecanismos recursais e até mesmo outras ações para postular a sua revisão. Assegura-se ao interessado, nessa hipótese, o sistema do duplo grau de jurisdição.

Excepcionalmente, contudo, a própria Constituição previu hipótese de responsabilidade civil do estado por ato jurisdicional:

> **Art. 5º (...)**
>
> **LXXV** – o Estado indenizará o condenado por erro judiciário, assim como o que ficar preso além do tempo fixado na sentença;

Diante do comando constitucional, passou-se a questionar se haveria responsabilidade do Estado no caso em que uma pessoa seja presa de forma cautelar (prisão em flagrante, temporária ou preventiva) e posteriormente absolvida por falta de provas no processo.

Vem prevalecendo, contudo, que não há direito indenização nesses casos. Isso porque a apuração de infrações penais e o respectivo ajuizamento de ação penal caracterizam-se como atos legítimos e lícitos dos órgãos responsáveis pela persecução penal, verdadeiro exercício regular do direito e cumprimento do dever legal e, em consequência, eventual absolvição por insuficiência de provas no processo penal não gera, por si só, a responsabilidade civil do Estado.

É de se esclarecer ainda que o mero fato de a parte ter sido absolvida no processo não significa que houve erro judiciário, **até mesmo porque os requisitos para as prisões cautelares (flagrante, temporária e preventiva) são diversos daqueles exigidos para as prisões penas, baseadas em sentença transitada em julgado.**

Em sendo assim, não se pode falar em responsabilidade civil pelo simples de o agente ter sido preso e posteriormente absolvido por falta de provas no processo.

O STJ, contudo, excepcionalmente vem admitindo a responsabilidade nesses casos, na modalidade de subjetiva, quando a parte demonstrar que as autoridades públicas responsáveis pela sua prisão (Delegado, Agente de Polícia, Membro do MP ou Juiz) agiram com abuso de poder, com má-fé, de forma temerária (AREsp 182.241/MS, ARE 752.938 AgR/RS).

b) Termo inicial da prescrição de pretensão indenizatória decorrente de tortura e morte de preso

No caso de um preso ter sido torturado e morto nas dependências de uma instalação estatal, o prazo prescricional de 05 anos para que os seus sucessores ingressem com ação indenizatória em face do Estado tem início da seguinte maneira:

- **Se tiver sido ajuizada ação penal contra os autores do crime:** o termo inicial da prescrição será o trânsito em julgado da sentença penal.

• **Se o inquérito policial tiver sido arquivado (não foi ajuizada ação penal):** o termo inicial da prescrição da ação de indenização é a data do arquivamento do IP. **(REsp 1.443.038-MS)**

c) O Estado deve indenizar preso que se encontre em situação degradante.

Considerando que é dever do Estado, imposto pelo sistema normativo, manter em seus presídios os padrões mínimos de humanidade previstos no ordenamento jurídico, é de sua responsabilidade, nos termos do art. 37, § 6º, da Constituição, a obrigação de ressarcir os danos, inclusive morais, comprovadamente causados aos detentos em decorrência da falta ou insuficiência das condições legais de encarceramento (RE 580252/MS).

d) O estado sempre responde pela morte de um detento?

O STF **(RE 841.526/RS)** fixou a tese de que em caso de inobservância do seu dever específico de proteção, previsto no Art. 5º, XLIX, da CF, o estado é responsável pela morte de um detento.

Ressalta-se que nos termos da jurisprudência do STF, a responsabilidade nesse caso é objetiva. Isso porque o Estado responde objetivamente pelas suas omissões, desde que ele tenha obrigação legal específica de agir para impedir o resultado danoso. A isso se chama de "Omissão específica" do Estado.

É preciso ficar claro, contudo, que embora o estado possa a vir ser responsabilizado objetivamente pela morte de um detento, em razão da inobservância do seu dever específico, previsto no Art. 5º, XLIX, da CF, não é toda morte de detento que ensejará a responsabilização estatal.

Conforme o STF, o dever constitucional de proteção ao detento somente se considera violado quando possível a atuação estatal no sentido de garantir seus direitos fundamentais, pressuposto inafastável para a configuração da responsabilidade civil estatal, na forma do artigo 37, § 6º, da Constituição.

Assim, nos casos em que não é possível agir para evitar a morte do detento (que ocorreria mesmo que ele estivesse em liberdade), rompe-se o nexo de causalidade, afastando a responsabilidade do poder público.

Por exemplo, caso a morte do detento ocorra em razão de uma doença hereditária, que poderia ocorrer em qualquer lugar, não há responsabilidade estatal. Da mesma forma, caso o preso nunca tenha demonstrado anteriormente que poderia praticar suicídio, sendo o ato completamente repentino e imprevisível, o Estado não será responsabilizado porque não houve qualquer omissão atribuível ao poder público.

Por fim, cumpre ressaltar que é do Poder Público o ônus de provar a excludente de responsabilidade.

3. DECISÕES ENVOLVENDO QUESTÕES DE SAÚDE E ASSISTÊNCIA SOCIAL

a) Inexistência de responsabilidade solidária dos três entes por má prestação de serviços do SUS

O STJ entende que a União não tem legitimidade passiva em ação de indenização por danos decorrentes de erro médico ocorrido em hospital da rede privada durante atendimento custeado pelo SUS. Isso porque, de acordo com a descentralização das atribuições previstas na Lei nº 8.080/90, a responsabilidade pela fiscalização dos hospitais credenciados ao SUS é do Município, a quem compete responder em tais casos **(EREsp 1.388.822-RN).**

b) Impossibilidade de chamamento ao processo em ação de fornecimento de medicamentos

Nas ações para fornecimento de medicamentos, apesar de a obrigação ser solidária entre Municípios, Estados e União, caso o autor tenha proposto a ação apenas contra o Estado-membro, não cabe o chamamento ao processo da União, **medida que apenas iria protelar a solução da causa (Resp 1.203.244/SC).**

Para tanto, o STJ entende que se o chamamento ao processo é típico das obrigações solidárias de pagar quantia, o que não é o caso, **já que as ações para fornecimento de medicamentos são de entregar coisa certa.**

c) Poder Judiciário pode obrigar a Administração Pública a manter quantidade mínima de determinado medicamento em estoque

A Administração Pública pode ser obrigada, por decisão do Poder Judiciário, a manter estoque mínimo de determinado medicamento utilizado no combate a certa doença grave, de modo a evitar novas interrupções no tratamento.

Não há violação ao princípio da separação dos poderes no caso. Isso porque com essa decisão o Poder Judiciário não está determinando metas nem prioridades do Estado, nem tampouco interferindo na gestão de suas verbas. O que se está fazendo é controlar os atos e serviços da Administração Pública que, neste caso, se mostraram ilegais ou abusivos já que, mesmo o Poder Público se comprometendo a adquirir os medicamentos, há falta em seu estoque, ocasionando graves prejuízos aos pacientes.

PARTE III
PRINCIPAIS ASPECTOS DO PODER PÚBLICO NO ÂMBITO ADMINISTRATIVO

Assim, não tendo a Administração adquirido o medicamento em tempo hábil a dar continuidade ao tratamento dos pacientes, atuou de forma ilegítima, violando o direito à saúde daqueles pacientes, o que autoriza a ingerência do Poder Judiciário **(RE 429.903/RJ).**

d) Inconstitucionalidade do sistema de diferenciação de classe no âmbito do SUS

O sistema de diferença de classes, no âmbito do SUS, consistia na possibilidade de alguém internado em hospital particular conveniado ao SUS buscar acomodações superiores, bem como o atendimento diferenciado por médico do próprio SUS ou por médico particular, mediante o pagamento dos valores correspondentes à diferença entre o tratamento coberto pelo SUS e o tratamento de melhor qualidade oferecido pelo hospital particular.

O STF no RE 581.488 considerou tal prática inconstitucional.

O fundamento para tanto foi o seguinte: o SUS, conforme instituído pela Lei 8.080/1990, é regido pelos princípios da:

- **universalidade,** como garantia de atenção à saúde por parte do sistema a todo e qualquer cidadão, por meio de serviços integrados por todos os entes da federação;
- **equidade**, a assegurar que serviços de todos os níveis sejam prestados, de acordo com a complexidade que o caso venha a exigir, de forma isonômica, nas situações similares; e
- **integralidade,** reconhecendo-se cada indivíduo como um todo indivisível e integrante de uma comunidade.

Embora os serviços de saúde devam obedecer a esses princípios, estão limitados pelos elementos técnico-científicos, e pela capacidade econômica do Estado. Nesse contexto, possibilitar assistência diferenciada a pessoas numa mesma situação, dentro de um mesmo sistema, vulnera a isonomia e a dignidade humana.

Admitir que um paciente internado pelo SUS enha acesso a melhores condições de internação ou a médico de sua confiança mediante pagamento subverte a lógica do sistema e ignora suas premissas. Além disso, a Constituição não veda o atendimento personalizado de saúde, e admite o sistema privado. Os atendimentos realizados pela rede pública, todavia, não devem se submeter à lógica do lucro, por não ser essa a finalidade do sistema. Ainda que os supostos custos extras corressem por conta do interessado, a questão econômica ocupa papel secundário dentre os objetivos impostos ao ente estatal.

e) Fazenda pública pode ser multada por não fornecer medicamento

O STJ entendeu, sob regime dos recursos repetitivos, que a Fazenda Pública pode ser multada em astreintes por não fornecer medicamentos **(Resp 1.474.665).**

Para tanto, entendeu que a função das astreintes é justamente no sentido de superar a recalcitrância do devedor em cumprir a obrigação de fazer ou de não fazer que lhe foi imposta, incidindo esse ônus a partir da ciência do obrigado e da sua negativa de adimplir a obrigação voluntariamente.

A particularidade de impor obrigação de fazer ou de não fazer à Fazenda Pública não ostenta a propriedade de mitigar, em caso de descumprimento, a sanção de pagar multa diária. E, em se tratando do direito à saúde, com maior razão deve ser aplicado, em desfavor do ente público devedor, o preceito cominatório, sob pena de ser subvertida garantia fundamental.

f) decisões envolvendo benefícios assistenciais

f.1. Possibilidade de o estrangeiro em situação regular no país ter direito a benefício assistencial

A Constituição Federal de 1988 previu o seguinte benefício assistencial:

> **Art. 203.** A assistência social será prestada a quem dela necessitar, independentemente de contribuição à seguridade social, e tem por objetivos:
>
> **V** – a garantia de um salário mínimo de benefício mensal à pessoa portadora de deficiência e ao idoso que comprovem não possuir meios de prover à própria manutenção ou de tê-la provida por sua família, conforme dispuser a lei.

Ressalta-se que, por ser benefício assistencial e não previdenciário, o gozo desse benefício independe de qualquer contribuição prévia realizada pelo beneficiário. Em outras palavras, trata-se de benefício de caráter não contributivo.

A questão que chegou ao STF foi saber esse benefício somente seria assegurado a brasileiros ou se os estrangeiros em situação regular em nosso país também teriam direito a ele, uma que a lei que regulamentou o benefício (Lei 8.742/1993) não previu expressamente essa possibilidade.

O STF entendeu que sim. Segundo o Tribunal, os estrangeiros residentes no país são beneficiários da assistência social prevista no artigo

203, V, da Constituição Federal, uma vez atendidos os requisitos constitucionais e legais.

Para tanto, o STF inicialmente esclareceu que a assistência social brasileira possui caráter universal. Isso quer dizer que a assistência social deve alcançar o maior número possível de pessoas, de modo a englobar não apenas os brasileiros, mas também os estrangeiros.

Ademais, o art. 5º, caput, da nossa Lei Maior estabelece que deve haver um tratamento isonômico entre os nacionais e os estrangeiros aqui residentes.

Por fim, também não é impeditivo o fato de que a lei que regulamentou o benefício não ter previsto aos estrangeiros a possibilidade de receber o benefício.

Para o STF, ao delegar ao legislador ordinário a regulamentação do benefício, o texto constitucional o fez tão somente quanto à forma de comprovação da renda e das condições específicas de idoso e portador de necessidades especiais.

Não houve delegação relativamente aos beneficiários, pois esta definição já está contida no inciso V, do artigo 203 da Constituição. No confronto entre visões, deve prevalecer aquela que melhor concretiza o princípio constitucional da dignidade humana, de observância prioritária no ordenamento jurídico.

f.2. Inexistência de incapacidade absoluta para fins de gozo de benefício assistencial

Como vimos anteriormente, o artigo 203, V, da Constituição deixou a regulamentação do benefício para lei, o que foi feito pela Lei 8.742/93.

Nesse sentido, o artigo 20, § 2º, da Lei 8.742/93 considera pessoa com deficiência: "Para efeito de concessão do benefício de prestação continuada, considera-se pessoa com deficiência aquela que tem impedimento de longo prazo de natureza física, mental, intelectual ou sensorial, o qual, em interação com uma ou mais barreiras, pode obstruir sua participação plena e efetiva na sociedade em igualdade de condições com as demais pessoas".

Percebam, assim, que em nenhum momento a Constituição ou mesmo a Lei Orgânica da Assistência Social (Lei 8.742/93) exigem a incapacidade absoluta para a concessão do benefício.

Exatamente por isso, o STJ entendeu que a LOAS **não exige incapacidade absoluta de pessoa com deficiência para concessão do benefício de prestação continuada (Resp 1.404.019/SP).**

Assim, para a concessão do benefício, deve se analisar não apenas o grau da deficiência, mas também outros aspectos relevantes, tais como, a condição profissional e cultural do beneficiário, a fim de averiguar se ele pode prover sua subsistência ou tê-la provida pela família.

4. RESPONSABILIDADE CIVIL INTERNACIONAL E A QUESTÃO DOS ESTADOS QUE ADOTAM A FORMA FEDERATIVA DE ESTADO

Os estados organizados sob a forma federativa de estado possuem uma situação singular no âmbito dos direitos humanos. Isso poque, para o direito internacional, apenas o Estado Federal possui personalidade, é dizer, as unidades federativas do Estado Federal não possuem personalidade no direito internacional.

Apesar dessa situação, em que o direito internacional nega personalidade as unidades federativas, pode ocorrer que algumas das obrigações assumidas no plano externo pelo Ente Federal dependa da atuação das unidades federativas locais.

Em função dessa situação peculiar, a Convenção Interamericana de Direitos Humanos, em seu art. 28, determinou que o Estado Federal deve cumprir todas as disposições da convenção, relacionadas com as matérias sobre as quais exerce competência no plano interno e, em relação àquelas matérias que sejam da competência interna das unidades da federação, ele deve tomar as medidas para que os governos locais adotem as disposições necessárias ao cumprimento da Convenção, em conformidade com as suas leis e a sua Constituição.

Por fim, cumpre ressaltar que, no plano internacional, mesmos nos estados federados, somente o Estado Federal responde pelos descumprimentos dos direitos humanos (A República Federativa do Brasil é representada pela União).

É exatamente por isso que a Constituição, em seu art. 109, § 5º, permite, em caso de grave violação aos direitos humanos, que o PGR solicite junto ao STJ, que o processo seja deslocado para a Justiça Federal.

É que somente a União poderá ser responsabilizada pelo descumprimento da convenção, razão pela qual ela poderá tomar medidas para no âmbito interno (deslocamento de competência) com fins de não se responsabilizada.

VII

CONTROLE DA ADMINISTRAÇÃO

1. NATUREZA DO PARECER DO TRIBUNAL DE CONTAS QUE JULGA AS CONTAS DO PREFEITO

> **Art. 31.** A fiscalização do Município será exercida pelo Poder Legislativo Municipal, mediante controle externo, e pelos sistemas de controle interno do Poder Executivo Municipal, na forma da lei.
>
> **§ 2º** – O parecer prévio, emitido pelo órgão competente sobre as contas que o Prefeito deve anualmente prestar, só deixará de prevalecer por decisão de dois terços dos membros da Câmara Municipal.

Veja que, pela redação da Constituição, a prestação de contas do prefeito deverá ser julgada pela Câmara Municipal. O parecer técnico do Tribunal de Contas, é meramente opinativo, podendo ser afastado, desde que haja um quorum qualificado de 2/3 dos vereadores.

Ocorre que, na prática, após receberem o parecer do Tribunal de Contas, as Câmaras Municipais levam muitos anos para julgar as contas dos prefeitos. Em razão disso, passou-se a questionar acerca da natureza jurídica do parecer:

Primeira Corrente: em função de a própria Constituição ter afirmado que o parecer prévio do TC só deixará de prevalecer por decisão de 2/3 dos membros da Câmara Municipal, ele produzirá efeitos até que haja decisão expressa da Câmara pela aprovação das contas do prefeito.

A consequência prática dessa corrente é que, enquanto não fosse julgada pela Câmara, o prefeito permaneceria com as contas reprovadas e, com isso, estaria impedido de concorrer em função da Lei da Ficha Limpa (LC 64/90).

Segunda Corrente: o parecer técnico do Tribunal de Contas tem natureza meramente opinativa. Logo, enquanto não houver o julgamento pela Câmara municipal rejeitando as contas do Prefeito, não existe nenhum impedimento para que ele concorra às eleições.

O STF adotou a 2ª Corrente. Segundo a Corte Suprema, o parecer técnico elaborado pelo Tribunal de Contas tem natureza meramente opinativa, competindo exclusivamente à Câmara de Vereadores o julgamento das contas anuais do chefe do Poder Executivo local, sendo incabível o julgamento ficto das contas por decurso de prazo **(RE 729.744/MG).**

2. CONTROLE DAS APOSENTADORIAS PELO TRIBUNAL DE CONTA DA UNIÃO

O STF aprovou a Súmula Vinculante nº 03, cujo os fundamentos de validade se restringem ao inciso II do Art. 71, da CF, possuindo a seguinte redação:

> **STF – Súmula Vinculante nº 03:** Nos processos perante o Tribunal de Contas da União asseguram-se o contraditório e a ampla defesa quando da decisão puder resultar anulação ou revogação de ato administrativo que beneficie o interessado, excetuada a apreciação da legalidade do ato de concessão inicial de aposentadoria, reforma e pensão.

A referida súmula vinculante apresenta duas regras:

Regra nº 01: em regra, nos processos perante o TCU devem ser assegurados o contraditório e a ampla defesa quando a decisão puder resultar na anulação ou revogação de ato administrativo que beneficie o interessado.

Regra nº 02: não há direito a contraditório e a ampla defesa nos casos de análise da legalidade do ato de concessão inicial de aposentadoria, reforma e pensão, mesmo que possa implicar a anulação ou revogação do ato que beneficiou o interessado.

A razão de ser da segunda regra é que o STF entende que o ato de concessão de aposentadoria, reforma ou pensão classifica-se como um ato complexo. Assim, enquanto o TCU não analisa a legalidade do ato concessivo, ainda não existe um ato administrativo inteiramente formado, mas sim um ato imperfeito, que só depois do registro pelo TCU passa a existir como um ato perfeito.

Assim, não haveria direito ao contraditório e a ampla defesa, porque antes do registro não há sequer um ato formado. O registro faz parte da formação do ato.

Exatamente por ser um ato complexo, o STF entendeu que o disposto no art. 54 da Lei 9.784/99 ("O direito da Administração de anular os atos administrativos de que decorram efeitos favoráveis para os destinatários decai em cinco anos, contados da data em que foram praticados, salvo comprovada má-fé.") não se aplica a aposentadoria, porque esta reclama atos sequenciais (MS nº 28.604/DF).

Além disso, o STF firmou o entendimento de que o TCU tem prazo de 05 anos para efetuar a apreciação da legalidade, para fins de registro, do ato de concessão inicial de aposentadoria, reforma ou pensão, sem conceder ao interessado a oportunidade ao contraditório e a ampla defesa. O referido prazo de 05 anos é contado a partir da data de entrada, no TCU, do processo administrativo de concessão de aposentadoria, reforma ou pensão (MS nº 24.448 e MS nº 24.781).

Passando o prazo de 05 anos, o TCU ainda pode exercer a competência para apreciar a legalidade do ato concessivo e, se for o caso, declará-lo ilegal e recusar o registro, mas deverá assegurar ao beneficiário, previamente, o exercício do contraditório e da ampla defesa.

Por fim, uma vez que o processo chegue ao TCU para fins de registro, tendo a corte de contas entendido pela legalidade do ato de concessão, com o consequente deferimento do registro, a decisão passará a se submeter ao art. 54 da Lei 9.784/99.

Assim, caso o TCU deseje anular a sua própria decisão, estará sujeito ao prazo decadencial de 05 anos previsto no aludido artigo, salvo comprovada má-fé. Isto porque, uma vez efetuado o registro pelo TCU, o ato se torna perfeito, inexistindo qualquer motivo válido para afastar o prazo decadencial (**MS nº 25.963).**

3. EXECUÇÕES DE CONDENAÇÕES IMPOSTAS PELOS TRIBUNAIS DE CONTAS

a) Legitimidade para executar

O STF e o STJ entenderam que o Ministério Público não possui legitimidade para ajuizar a execução de título executivo extrajudicial decorrente de condenação proferida pelo Tribunal de Contas.

Para ambos os tribunais, a legitimidade para executar as condenações é atribuída exclusivamente ao ente público beneficiário (Ex: uma condenação imposta pelo TCU por mal-uso do dinheiro da União deve ser executada apenas pela União).

O Ministério Público, atuante ou não junto às Cortes de Contas, seja federal, seja estadual, é parte ilegítima. Essa é a posição tanto do STF **(RE 823347)**, como do STJ **(REsp 1.464.226)**.

Com base nesse entendimento, o STF vem sustentando que o TCU não tem legitimidade para executar diretamente seus julgados, pois o art.71, § 3º, da CF/88 não outorgou ao TCU legitimidade para executar suas decisões das quais resulte imputação de débito ou multa. **A competência para tal é do titular do crédito constituído a partir da decisão, ou seja, o ente público prejudicado (AI 826676 AgR).**

b) Desnecessidade de inscrição em dívida ativa

Para execução das condenações impostas, não é necessário a inscrição da decisão da corte de contas em dívida ativa. A finalidade de se inscrever o débito na dívida ativa é gerar uma certidão de dívida ativa (CDA), que é um título executivo, indispensável para o ajuizamento da execução.

Contudo, o acórdão do Tribunal de Contas já é um título executivo extrajudicial por força do art. 71, § 3º da CF/88 c/c o art. 784, XII do CPC:

> **Art. 71. (...)**
>
> **§ 3º** – As decisões do Tribunal de que resulte imputação de débito ou multa terão eficácia de título executivo

Desse modo, não há necessidade de esse débito ser inscrito em dívida ativa.

c) Rito a ser seguido

Para o STJ, não se deve seguir o rito da Lei de Execuções Fiscais, pois o que se executa é o acórdão do Tribunal de Contas, que, como vimos, não é uma CDA. Assim, trata-se de execução civil de título extrajudicial, seguindo as regras do NCPC.

Somente haverá execução fiscal se o título executivo for uma CDA. (Resp 1390993/RJ).

4. TOMADA DE CONTAS ESPECIAL E SOCIEDADES DE ECONOMIA MISTA E EMPRESAS PÚBLICAS

A tomada de contas especial é um procedimento destinado a apurar fato específico em que haja suspeita de lesão ao erário. Difere, assim, da tomada de contas ordinária, exigida anualmente de todo a administração pública, direta e indireta, independentemente de suspeita de prejuízo aos cofres públicos.

A prestação de contas e a tomada de contas ordinária tem fundamento na parte inicial do inciso II, do art. 71 da CF/88, ao passo que a tomada de contas especial possui fundamento na parte final desse mesmo inciso ("julgar as contas daqueles que derem causa a perda, extravio ou outra irregularidade de que resulte prejuízo ao erário público").

Com relação a possibilidade de haver tomada de contas especial em sociedade de economia mista e empresa pública, o STF, inicialmente, não admitia essa possibilidade, entendo que os bens desses entes não eram públicos, mas privados. Posteriormente, contudo, o STF mudou seu entendimento, passando a entender **(MS 25092/DF)** que o simples fato de haver recurso público envolvido enseja a incidência do art. 71, II, da CF/88.

Assim, todas as entidades da administração indireta, independentemente de sua forma jurídica e da natureza de suas atividades, estão sujeita não só a tomada de contas ordinária e à prestação de contas ordinária, mas também a tomada de contas especial.

5. PONTOS POLÊMICOS ENVOLVENDO A ATUAÇÃO DOS TRIBUNAIS DE CONTAS

a) Independência de instâncias

O TCU, em sede de tomada de contas especial, não se vincula ao resultado de processo administrativo disciplinar - PAD, tendo em vista a independência entre as instâncias e os objetos sobre os quais se debruçam as acusações tanto no âmbito disciplinar quanto na apuração de responsabilidade por dano ao erário (MS 27.867).

b) Ilegitimidade para requerer diretamente a quebra de sigilo bancário

O TCU não detém legitimidade para requisitar diretamente informações que importem quebra de sigilo bancário (MS 22.934).

c) Impossibilidade de servir como instância recursal em processos tributários

O STF já entendeu que não é compatível com CF/88 a previsão de que os tribunais de contas funcionem como instância recursal de processos administrativos tributários (ADI 523/PR).

Isso porque a função precípua das Cortes de Contas é auxiliar o Poder Legislativo na sua função fiscalizadora atribuída pela Constituição e, nesse sentido, não é atribuição do Poder Legislativo apreciar a legalidade de decisões proferidas em processos administrativos tributários, de forma que inexiste, assim, atribuição da Corte de Contas em fiscalizar os aludidos processos administrativos.

d) Auditoria realizada pelo TCU e art. 54 da lei 9.784/99

O STF entendeu que, com exceção dos atos de apreciação inicial de aposentadoria, reforma ou pensão, o disposto no art. 54 da Lei 9.784/99 aplica-se às hipóteses de auditorias realizadas pelo TCU em âmbito de controle de legalidade administrativa. Em outras palavras, ao realizar controle de legalidade administrativa, o TCU somente poderá questionar a validade de atos que não tenham mais de 5 anos. Passado este prazo, verifica-se a decadência (MS 31344/DF).

e) Prazo para o TCU exigir comprovação de regular aplicação de verbas federais por meio de tomada de contas especial

É de cinco anos o prazo para o TCU, por meio de tomada de contas especial (Lei nº 8.443/92), exigir do ex-gestor público municipal a comprovação da regular aplicação de verbas federais repassadas ao respectivo Município (REsp 1.480.350/RS).

f) Medida cautelar de indisponibilidade de bens

O TCU possui competência para decretar, no início ou no curso de qualquer procedimento de apuração que lá tramite, a indisponibilidade dos bens do responsável por prazo não superior a 1 ano (art. 44, § 2º da Lei 8.443/92).

O STF entende que essa previsão é constitucional, de forma que se admite, ainda que de forma excepcional, a concessão, sem audiência da parte contrária, d e medidas cautelares, por deliberação fundamentada do Tribunal de Contas, sempre que necessárias à neutralização imediata de situações que possam causar lesão ao interesse público ou ainda para garantir a utilidade prática do processo que tramita no TCU.

Isso não viola, por si só, o devido processo legal nem qualquer outra garantia constitucional, como o contraditório ou a ampla defesa. (MS 33092/DF).

g) Possibilidade de dupla condenação ao ressarcimento ao erário pelo mesmo fato

Não configura bis in idem a coexistência de título executivo extrajudicial (acórdão do TCU) e sentença condenatória em ação civil pública de improbidade administrativa que determinam o ressarcimento ao erário e se referem ao mesmo fato, desde que seja observada a dedução do valor da obrigação que primeiramente foi executada no momento da execução do título remanescente (**REsp 1.413.674/SE).**

6. INEXISTÊNCIA DE RESCISÃO AUTOMÁTICA PELA APLICAÇÃO DA PENA DE SUSPENSÃO OU DECLARAÇÃO DE IDONEIDADE

O cerne da questão é o seguinte: caso uma empresa leve a pena de suspensão ou declaração de idoneidade (Art. 87, incisos III e IV, da Lei 8.666/93) podem ser considerados automaticamente extintos os contratos que ela possui junto ao poder público?

A jurisprudência do STJ (MS 13.964/DF) firmou entendimento pela inexistência de efeito rescisório automático como decorrência da aplicação das sanções de suspensão e declaração de inidoneidade.

Significa dizer que essas penalidades somente tem efeitos prospectivos ("ex nunc"), obstando, enquanto a sanção perdurar, a celebração de contratos futuros. Elas não autorizam que se considere automaticamente rescindidos os contratos já em execução.

Ressalta-se, contudo, que a inexistência de efeito rescisório automático não impede que a administração promova medidas específicas necessárias parᵃa rescindir os contratos nos casos em que alguns deles se enquadrem nas hipóteses legais de rescisão, observando-se sempre o contraditório e a ampla defesa.

7. POSSIBILIDADE DE DELEGAÇÃO DO PODER DE POLÍCIA A ENTIDADES PRIVADAS

O STF já decidiu que o exercício do poder polícia não pode ser delegado a entidades privadas (ADI 1.717/DF). Contudo, essa posição do STF não parecer ser a mais indicada para concursos, especialmente os de advocacia pública.

Ao nosso sentir, a melhor resposta para o tema é a que aborda o chamado "ciclo de polícia". Segundo a doutrina, com base em julgado do STJ, o poder de polícia se desenvolve em 04 fases:

a) **ordem de polícia:** corresponde à legislação que estabelece os limites e condicionamentos ao exercício de atividades privados.

b) **consentimento de polícia:** traduz-se na prévia anuência da Administração, quando exigida, para a prática de determinadas atividades privadas ou para determinado exercício de poderes concernentes à propriedade privada.

c) **fiscalização de polícia:** é a atividade mediante a qual a administração pública verifica-se se está havendo o adequado cumprimento das ordens de polícia pelo particular a elas sujeito, ou, se for o caso, verifica-se se o particular que teve consentida, por meio de licença ou autorização, a prática de alguma atividade privada está agindo em conformidade com as condições e os requisitos estipulados naquela licença ou autorização.

d) **sanção de polícia:** é a atuação administrativa coercitiva por meio da qual a administração, constatando que está sendo violada uma ordem de polícia, ou que uma atividade privada previamente consentida está sendo executada em desacordo com as condições e os requisitos estabelecidos no ato de consentimento, aplica ao particular infrator uma medida repressiva (sanção), dentre as previstas na lei de regência.

Apesar do entendimento do STF ser contrário a delegação, o STJ, possui importante precedente em que afirma que as fases de "consentimento de polícia" e "fiscalização de polícia" podem ser delegadas a entidades com personalidade jurídica de direito privado integrantes da administração pública e que, diferentemente, as fases de "ordem de polícia" e "sanção de polícia", por implicarem coerção, não podem ser delegadas a tais entidades **(Resp 817.534/MG).**

8. CRITÉRIOS PARA FIXAÇÃO DE INDENIZAÇÃO AOS GENITORES NO CASO DE MORTE DE FILHO POR ATO ILÍCITO DE TERCEIROS

a) Critérios de fixação

Com relação aos danos morais, o STJ vem fixando, em caso de morte, uma indenização entre 300 a 500 salários-mínimos **(AgInt no AREsp 1095017/SP).**

Vale ressaltar, contudo, que este valor não é absoluto, podendo ser estipulado fora desses parâmetros, de acordo com as peculiaridades do caso concreto. Isso porque a indenização por dano moral não está sujeita a tarifação, é dizer, valores fixos, devendo obedecer ao princípio da reparação integral.

Por seu turno, com relação aos danos materiais, o STJ tem condenado o autor do ilícito a pagar um valor a título de danos emergentes e uma pensão aos pais do falecido como lucros cessantes. Esta indenização encontra fundamento no art. 948 do CC:

> **Art. 948.** No caso de homicídio, a indenização consiste, sem excluir outras reparações (dano moral):
>
> **I** - no pagamento das despesas com o tratamento da vítima, seu funeral e o luto da família (danos emergentes);
>
> **II** - na prestação de alimentos às pessoas a quem o morto os devia, levando-se em conta a duração provável da vida da vítima (lucros cessantes).

Segundo o STJ, em se tratando de família de baixa renda, presume-se que o filho contribuiria para o sustento de seus pais, quando tivesse idade para passar a exercer trabalho remunerado, dano este passível de reparação, na forma do inciso II do art. 948.

Para calcular o valor desta pensão e o seu turno final, o STJ utiliza os seguintes critérios:

a) No período em que o falecido teria entre 14 anos e 25 anos: os pais devem receber pensão em valor equivalente a 2/3 do salário-mínimo;

b) No período em que o filho falecido teria acima de 25 anos até 65 anos: os pais devem receber pensão em valor equivalente a 1/3 do salário-mínimo.

A jurisprudência utiliza esses parâmetros de idade e valor pelos seguintes motivos:

a) 14 anos é a idade em que a pessoa pode começar a trabalhar como aprendiz, segundo a CF/88 (Art. 7º, XXXIII). Antes disso ela não poderia ter nenhuma atividade laborativa remunerada.

b) 25 anos é a idade em que a jurisprudência arbitrou na qual normalmente as pessoas se casam e, com isso, constituem novo núcleo familiar e, em razão disso, passam a ajudar menos financeiramente os pais;

c) 65 anos é a expectativa de vida considerada pela jurisprudência.

Vale ressaltar que o autor do delito deverá pagar aos pais do falecido, no final de todos os anos, uma parcela extra desta pensão, como se fosse um 13º salário que teria direito o filho caso estivesse vivo e trabalhando **(Resp 555.036/MT).**

Contudo, para inclusão do 13º salário no valor da pensão indenizatória é necessário a comprovação de que a vítima exercia atividade laboral na época em que sofreu o dano morte **(Resp 1.279.173/SP).**

O STJ entende ainda que é devida a indenização de dano material consistente em pagamento mensal aos genitores de menor falecido, ainda que este não exerça atividade remunerada, considerando que se presume a ajuda mútua entre os integrantes de família de baixa renda **(Agrg no resp 1.228.184/RS)**

Nesse mesmo sentido o STF:

> **STF – Súmula 491:** é indenizável o acidente que cause a morte de filho menor, ainda que não exerça trabalho remunerado.

b) possibilidade de cumulação com a pensão do INSS

O fato de o falecido ter deixado pensão por morte a ser paga pelo INSS não impede a fixação da pensão civil.

A jurisprudência do STJ é pacífica no sentido de que "o benefício previdenciário é diverso e independente da indenização por danos materiais ou morais, porquanto, ambos têm origens distintas. Este, pelo direito comum; aquele, assegurado pela Previdência. A indenização por ato ilícito é autônoma em relação a qualquer benefício previdenciário que a vítima receba **(REsp 776.338-SC).**

9. RECURSO HIERÁRQUICO PRÓPRIO E RECURSO HIERÁRQUICO IMPRÓPRIO

Recurso hierárquico próprio é aquele dirigido à autoridade ou ao órgão imediatamente superior, dentro da mesma pessoa jurídica em que o ato foi praticado. Para que o recurso seja hierárquico próprio, é necessário que o ato controlado provenha de agente ou de órgão subordinado ao agente controlador ou ao órgão controlador.

Os recursos hierárquicos impróprios, ao seu turno, são recursos dirigidos ou a um órgão especializado na apreciação de recursos específicos, em relação de hierarquia com o órgão controlado, ou a um órgão integrante a uma pessoa jurídica diferente daquela do qual emanou o ato controlado.

O termo "impróprio" traduz a noção de que entre o órgão ou autoridade que proferiu o ato recorrido e o órgão a quem se endereça o recurso não há relação de hierarquia, embora elas possam estar localizadas na mesma pessoa jurídica.

É uniforme na doutrina o entendimento de que os recursos hierárquicos impróprios somente são cabíveis quando exista lei que expressamente os preveja, designando a autoridade ou órgão com competência para apreciar e decidir o recurso e as hipóteses em que ele pode ser interposto.

Contudo, é cabível uma exceção a essa exigência de expressa previsão legal no exercício da chamada tutela extraordinária. A tutela extraordinária é aquela que ocorre no âmbito do controle finalístico (ou tutela administrativa) exercido pelos entes da Administração Direta sobre os entes da administração indireta.

Trata-se de um controle limitado, já que ele analisa apenas o enquadramento da entidade controlada no programa geral de governo e o cumprimento dos fins para qual foi instituída. Em regra, esse controle depende da edição de uma lei que estabeleça os aspectos a serem controlados, as ocasiões de realização de controle e os meios a serem utilizados no controle.

Celso Antônio, contudo, entende que excepcionalmente, nos casos de condutas flagrantemente ilegais por parte dos entes da Administração Indireta, é possível o controle dos entes da Administração Direta mesmo quando não haja lei expressa nesse sentido, naquilo que o autor chama de tutela extraordinária. Nesse sentido, seria cabível o manejo de recurso hierárquico mesmo sem lei expressa nesse sentido.

VIII

IMPROBIDADE ADMINISTRATIVA

1. INTRODUÇÃO E CONCEITOS GERAIS

a) Disposição Constitucional

A Lei de Improbidade Administrativa foi feita para regular as disposições do art. 37, § 4º, da Constituição Federal, o qual previu que os atos de improbidades administrativas importarão a suspensão dos direitos políticos, a perda da função pública, a indisponibilidade dos bens e o ressarcimento ao erário, na forma e nas gradações previstas em lei, sem prejuízo da ação penal cabível.

> **Art. 37.** A administração pública direta e indireta de qualquer dos Poderes da União, dos Estados, do Distrito Federal e dos Municípios obedecerá aos princípios de legalidade, impessoalidade, moralidade, publicidade e eficiência e, também, ao seguinte:
>
> **§ 4º** - Os atos de improbidade administrativa importarão a suspensão dos direitos políticos, a perda da função pública, a indisponibilidade dos bens e o ressarcimento ao erário, na forma e gradação previstas em lei, sem prejuízo da ação penal cabível.

A exigência constitucional em questão foi regulamentada pela Lei 8.429/92.

@direitodiretoblog – A Lei de Improbidade se aplica a fatos praticados antes de sua entrada em vigor?

Tendo em vista que a própria Constituição desde sua entrada em vigor já determinou que os atos de improbidade administrativa importarão a suspensão dos direitos políticos, a perda da função pública, a indisponibilidade dos bens e o ressarcimento ao erário, chegou ao STJ a seguinte discussão: é possível a aplicação da Lei de Improbidade a fatos praticados anteriormente a sua entrada em vigor, mas praticados após a Constituição?

O STJ **(Resp 1.129.121/GO)** entendeu que não. Para ele, a Lei 8.429/92 não pode ser aplicada retroativamente para alcançar fatos anteriormente a sua vigência, ainda que praticados após a entrada da atual Constituição.

A garantia da irretroatividade da lei mais gravosa e da segurança jurídica impediria a aplicação da lei de improbidade a fatos praticados antes da sua entrada em vigor. Isso, contudo, não impede eventual ação de ressarcimento.

b) Conceito

Pode-se conceituar o ato de improbidade administrativa como a conduta praticada por agente público ou por particular em conjunto com agente público, comissiva ou omissiva, dolosa ou culposa, cometida em detrimento das exigências de honestidade exigidas de agente público, causadora de lesão a bens e valores públicos, ocasionando enriquecimento ilícito, dano ao erário ou violação de princípios administrativos.

c) Improbidade X Legalidade

A improbidade não se confunde com a mera ilegalidade. Dessa forma, nem todo ato ilegal praticado em desfavor da administração pública dará ensejo a uma ação de improbidade.

Segundo o STJ **a improbidade é uma ilegalidade qualificada** pelo intuito malsão do agente, atuando sob impulsos eivados de desonestidade, malícia, dolo ou culpa grave **(AgRg no AREsp 567988).**

d) Probidade X Moralidade

Conforme os ensinamentos do Professor Márcio André[1], existe a doutrina se divide sobre a similitude ou não dos conceitos, havendo pelo menos 03 correntes doutrinárias:

1ª Corrente: A moralidade é um conceito mais amplo que o de probidade. A probidade seria um subprincípio da moralidade (Posição de Wallace Paiva Martins Júnior).

1. CAVALCANTE, Márcio André. Disponível em <http://www.dizerodireito.com.br/2014/03/nao-e-possivel-ajuizar-acao-de.html> acessado em 03/12/2017.

2ª Corrente: A probidade é um conceito mais amplo que o de moralidade. Isso porque a Lei n.º 8.429/92 prevê, como ato de improbidade administrativa, não apenas a violação à moralidade, mas também aos demais princípios da Administração Pública, conforme previsto no art. 11 da referida Lei. Assim, todo ato imoral é um ato de improbidade administrativa, mas nem todo ato de improbidade administrativa significa violação ao princípio da moralidade (Defendida por Emerson Garcia e Rogério Pacheco Alves).

3ª Corrente: Moralidade e probidade seriam expressões equivalentes, considerando que a CF/88 menciona a moralidade como um princípio da Administração Pública (art. 37, caput) e a improbidade como sendo a lesão produzida a esse mesmo princípio (art. 37, § 4º). (É sustentada por José dos Santos Carvalho Filho).

Prevalece na doutrina a 2ª Corrente.

2. SUJEITO PASSIVO

a) Noções Gerais

> **Art. 1°** Os atos de improbidade praticados por qualquer agente público, servidor ou não, contra a administração direta, indireta ou fundacional de qualquer dos Poderes da União, dos Estados, do Distrito Federal, dos Municípios, de Território, de empresa incorporada ao patrimônio público ou de entidade para cuja criação ou custeio o erário haja concorrido ou concorra com mais de cinquenta por cento do patrimônio ou da receita anual, serão punidos na forma desta lei.
>
> **Parágrafo único.** Estão também sujeitos às penalidades desta lei os atos de improbidade praticados contra o patrimônio de entidade que receba subvenção, benefício ou incentivo, fiscal ou creditício, de órgão público bem como daquelas para cuja criação ou custeio o erário haja concorrido ou concorra com menos de cinquenta por cento do patrimônio ou da receita anual, limitando-se, nestes casos, a sanção patrimonial à repercussão do ilícito sobre a contribuição dos cofres públicos.

A lei de improbidade estabelece em seu artigo 1° quais são os sujeitos passivos do ato de improbidade. São eles:

a) A Administração direta, indireta e fundacional de quaisquer dos entes federativos e dos territórios;

b) empresa incorporada ao patrimônio público;

c) A entidade para cuja criação ou custeio o erário haja concorrido ou concorra com mais de 50% do patrimônio ou da receita.

Por sua vez, o parágrafo único amplia o rol de sujeitos passivos, os quais seriam:

a) entidade que receba subvenção, benefício ou incentivo, fiscal ou creditício, de órgão público;

b) entidades para cuja criação ou custeio o erário haja concorrido ou concorra com até 50% do patrimônio ou receita.

Os sujeitos previstos no parágrafo único do art. 1º, são chamados pela doutrina de sujeitos passivos secundários. Nesse sentido, a lei determina que a sanção patrimonial limitar-se-á à repercussão do ilícito sobre a contribuição do erário (Ex: Caso a União contribua com 30% do capital de uma entidade e essa entidade sofreu um dano de 100 mil ocasionado por um ato de improbidade, somente 30 mil poderão ser cobrados via ação de improbidade).

b) Impossibilidade de pessoas físicas serem sujeito passivo de improbidade

A pessoa física, ainda que seja beneficiária de benefício ou incentivo fiscal ou creditício do Estado, nunca poderá ser sujeito passivo de ato de improbidade administrativa.

Isso porque o art. 1º da Lei 8.429/92 utiliza-se do termo "entidades", o que exclui as pessoas físicas. Ademais, inexiste no caso de atividades de pessoas físicas ingerência estatal apta a demandar a proteção de probidade administrativa.

Contudo, em que pese não possa ser sujeito passivo, as pessoas físicas podem ser vítimas de atos de improbidade, desde que, além das pessoas físicas ou particulares, restem vulneráveis, de forma simultânea, os bens jurídicos tutelados pela Lei 8.429/92 **(Resp 1.177.910/SE).**

c) Entidades que podem ser sujeito passivo da ação de improbidade

• Concessionárias e permissionárias de serviço público

Por se tratarem de pessoas jurídicas de direito privado, não integram a Administração Pública. Ademais, tais entidades não recebem incentivo ou subvenção do poder público, como regra, mas sim remuneração como contraprestação dos serviços realizados.

Dessa forma, às concessionárias e permissionárias de serviço público, apenas por essa qualidade, não podem ser consideradas sujeitos passivos de atos de improbidade.

- **Partidos Políticos**

Em que pese também sejam considerados pessoas jurídicas de direito privado, recebem recursos do chamado fundo partidário, regulado pelo art. 38 da Lei 9.096/95. O aludido fundo é composto, primordialmente, por verbas públicas, de forma que os partidos políticos também podem ser sujeitos passivos da lei de improbidade.

- **Entidades do terceiro setor**

Entidades do terceiro são entidades privadas que, paralelamente ao Estado, realizam atividades de relevante interesse social, financiado, especialmente, por meio do recebimento de benefícios, subvenções ou incentivos do Poder Público.

Nos casos em que as organizações de terceiro setor recebam benefícios, subvenções ou incentivos do Poder Público é possível que os atos ilícitos cometidos contra elas sejam sancionados pela LIA. Se as subvenções representem patamar superior a 50% da receita anual da entidade, será aplicado o "caput" do art. 1º. Nos casos em que os benefícios estatais sejam inferiores a 50%, será aplicado o parágrafo único.

3. SUJEITO ATIVO

a) Noções Gerais

> **Art. 2º** Reputa-se agente público, para os efeitos desta lei, todo aquele que exerce, ainda que transitoriamente ou sem remuneração, por eleição, nomeação, designação, contratação ou qualquer outra forma de investidura ou vínculo, mandato, cargo, emprego ou função nas entidades mencionadas no artigo anterior.

O artigo 2º da LIA cuida daqueles que podem ser considerados sujeito ativo de um ato de improbidade. Nos termos da lei, pode ser considerado agente público todo aquele que exerce, ainda que transitoriamente ou sem remuneração, por eleição, nomeação, designação, contratação ou qualquer outra forma de investidura ou vínculo, mandato, cargo, emprego ou função nas entidades que poderão ser considerados sujeitos passivos da LIA.

Trata-se de um conceito bastante amplo, abrangendo todas as pessoas que mantém algum tipo de vínculo, não apenas com a Administração, mas também com as entidades que sejam beneficiadas, subvencionadas e incentivas pelo Estado.

b) Agente público e função transitória

É possível o cometimento de ato de improbidade no exercício de função transitória, como uma substituição. O substituto, nesse caso, poderá ser responsabilizado ainda que a substituição já tenha acabado.

c) Estagiário

Nos termos do entendimento do STJ, o estagiário poderá ser sujeito ativo de ato de improbidade **(Resp 1.352.035/RS)**.

d) Empregado público

Os empregados públicos, ainda que contratados pelo regime da CLT, praticam ato de improbidade administrativa, em razão da amplitude do conceito de agente público adotado pela lei.

e) Agentes políticos

Com relação aos agentes políticos, existe forte controvérsia sobre a possibilidade ou não de aplicação da LIA em face de suas condutas.

O STF, em sede de reclamação **(RCL 2.138/DF)**, entendeu que a Constituição diferencia o regime de responsabilidade dos agentes políticos dos demais agentes públicos, de forma que os agentes políticos estariam regidos por normas especiais, que versam sobre crimes de responsabilidade (Lei 1.079/50), não se submetendo ao regime da LIA.

Em relação a não submissão do Presidente da República, não parece haver maiores dúvidas, uma vez que a própria Constituição afirma que os atos do presidente que atentem contra a probidade administrativa são caracterizados como crime de responsabilidade (Art. 84, V). Ademais, nos termos do art. 86 da Constituição, o presidente não pode ser responsabilizado por atos estranhos ao exercício de suas funções.

Os atos do presidente que podem ser considerados como crime de responsabilidade são descritos no art. 9º, da Lei 1.079/50. A mesma lei possui um regramento específico para a responsabilização dos Ministros de Estado (Art. 13), dos Ministros do STF (Art. 39) e do PGR (Art. 40).

Assim, tem-se entendido que as referidas autoridades também não se submetem a LIA.

O STJ, contudo, possui diversas decisões que permitem a responsabilização dos agentes políticos por atos de improbidade administrativa com base na LIA.

Uma de suas mais importantes decisões (Resp 1.171.627/RS) é aquela que entende que o agente político responde por ato de improbidade, mas apenas quando atua no exercício de função administrativa, excluindo-se, assim, os atos jurisdicionais e legislativos próprios (Ex: o Juiz não poderia ser responsabilizado por uma sentença, contudo, poderia ser responsabilizado quando realizasse um ato administrativo, como a nomeação para cargo em comissão de um parente).

Ademais, o STJ vem firmando entendimento de que, ainda que os agentes políticos se submetam a LIA, não será aplicável a eles as sanções de perda da função pública e suspensão dos direitos políticos, quando eles estiverem submetidos a um regime constitucional especial para a perda do cargo público.

São os casos do Presidente e do Vice-Presidente, dos Ministros de Estado, Comandantes da Marinha, do Exército e da Aeronáutica nos crimes de responsabilidade conexos com eles (Art. 52, I); Ministro do STF, e os membros do CNJ e CNMP, além do PGR e do AGU (Art. 52, II); Deputados Federais e Senadores (Art. 55); membros dos Tribunais de Contas (Art. 73, § 3º).

Ressalta-se que, a doutrina (Carvalho Filho) entende que a vedação atinge apenas a sanção de perda da função pública e suspensão dos direitos políticos, sendo possível a propositura da ação de improbidade para aplicação de outras sanções previstas na lei.

José dos Santos Carvalho Filho entende ainda que essa vedação a perda da função pública e a suspensão dos direitos políticos não se aplica a outras autoridades, como Governadores, Prefeitos e seus respectivos vice, por falta de previsão constitucional.

Especificamente em relação aos magistrados e membros do MP, não há incompatibilidade em relação ao regime constitucional estabelecido para a perda do cargo e a ação de improbidade. A própria Constituição previu a possibilidade de perda do cargo por sentença judicial, transitada em julgado. Exatamente em razão disso, o STJ decidiu que é possível a decretação da perda do cargo de membro do Ministério Público em sede de ação de improbidade administrativa **(Resp 1.191.613-MG).**

@direitodiretoblog – Há foro por prerrogativa de função nas ações de improbidade?

O tema da existência ou não de foro por prerrogativa de função nas ações de improbidade sempre foi alvo de controvérsia nos tribunais superiores.

De início, cumpre esclarecer que a ação de improbidade possui a natureza jurídica de ação civil e a Constituição previu, em regra, o foro de prerrogativa de função apenas para ações de natureza penal.

Apesar disso, em 24/12/2002, foi editada a Lei n.º 10.628, que acrescentou o § 2º ao art. 84 do CPP, prevendo foro por prerrogativa de função para as ações de improbidade. A referida lei foi objeto de ADI (nº 2.797/DF), a qual foi julgada procedente, declarando-se a inconstitucionalidade dessa lei.

O STJ, contudo, mesmo diante da decisão em ADI, chegou a defender a existência de foro por prerrogativa de função **(Rcl 2.790/SC)**. Posteriormente, contudo, tanto o STF **(Rcl 2.243/DF)** quanto o STJ **(Resp 1.489.024/SP)** entenderam que não há foro de prerrogativa de função nas ações de improbidade administrativa.

Assim, ainda que se trate de ato de improbidade cometido por autoridade detentora de foro de prerrogativa de função, a ação de improbidade deverá ser proposta nas instâncias ordinárias.

Por fim, cumpre ressaltar que o STF já decidiu, em 2008, que a competência para julgar ação de improbidade administrativa proposta contra Ministro do STF é do próprio STF (Pet 3211/DF QO) .

MP pode instaurar inquérito civil para apurar ato de improbidade praticado por magistrado e solicitar seu depoimento pessoal

É possível a abertura de inquérito civil pelo Ministério Público objetivando a apuração de ato ímprobo atribuído a magistrado mesmo que já exista concomitante procedimento disciplinar na Corregedoria do Tribunal acerca dos mesmos fatos, não havendo usurpação das atribuições da Corregedoria pelo órgão ministerial investigante. A mera solicitação para que o juiz preste depoimento pessoal nos autos de inquérito civil instaurado pelo Ministério Público para apuração de suposta conduta ímproba não viola o disposto no art. 33, IV, da LC nº 35/79 (LOMAN) **(RMS 37.151-SP).**

f) Possibilidade de ajuizamento de ação de improbidade em face de particular

É possível que o particular seja considerado partícipe do ato de improbidade cometido pelo agente público, desde que induza ou concorra para a prática do ato. Também comete ato de improbidade o particular beneficiado, direta ou indiretamente, pelo ato de improbidade cometido pelo agente público, desde que tenha conhecimento da origem ilícita do benefício. Cuida-se de responsabilidade subjetiva.

Para Carvalho Filho, quando beneficiário, direto ou indireto, do ato de improbidade, o particular somente poderá ser responsabilizado nos casos de ação dolosa, é dizer, quando tiver ciência inequívoca da origem ilícita da vantagem auferida. O comportamento culposo não se compatibiliza com com a percepção de vantagem indevida.

@direitodiretoblog – é possível o ajuizamento de ação de improbidade somente contra o particular?

Segundo o STJ, somente será possível o ajuizamento de ação contra um particular nos casos em que for atribuído, concomitantemente, ato de improbidade administrativa a um agente público. Isso porque, nos termos do art. 3º, para que o particular seja autor de ato de improbidade é preciso que:

- induza, ou seja, incuta no agente público o estado mental tendente à prática do ilícito;
- concorra juntamente com o agente público para a prática do ato; ou
- beneficie-se, direta ou indiretamente do ato ilícito praticado pelo agente público.

Em todos os casos é necessário a presença de um agente público, uma vez que a conduta do particular é acessória ao ato de improbidade praticado pelo agente público, razão pela qual não é possível o ajuizamento de ação de improbidade apenas contra o particular **(Resp 1.171.017/PA).**

g) Pessoa jurídica

A pessoa jurídica beneficiária ou partícipe também comete ato de improbidade administrativa, conforme entende o STJ **(REsp 1.122.177/MT).** Contudo, somente devem ser aplicadas a elas as penalidades que guardem compatibilidade com a natureza jurídica das pessoas jurídicas.

Assim, não são compatíveis com elas as penalidades de: **a)** perda da função pública; e **b)** suspensão dos direitos políticos **(Resp 886.655/DF).**

Cumpre ressaltar que eventual condenação da pessoa jurídica não enseja a condenação automática de seu dirigente por ato de improbidade. É possível a condenação do dirigente, mas é preciso que se demonstre sua participação direta ou a percepção de benefícios que ultrapassem a esfera dos direitos societários **(Resp 1.127.143/RS).**

4. INDISPONIBILIDADE DE BENS

A indisponibilidade de bens foi assim regulamentada pela LIA:

> Art. 7º Quando o ato de improbidade causar lesão ao patrimônio público ou ensejar enriquecimento ilícito, caberá a autoridade administrativa responsável pelo inquérito representar ao Ministério Público, para a indisponibilidade dos bens do indiciado.
>
> Parágrafo único. A indisponibilidade a que se refere o caput deste artigo recairá sobre bens que assegurem o integral ressarcimento do dano, ou sobre o acréscimo patrimonial resultante do enriquecimento ilícito.

Trata-se de um dos dispositivos com mais decisões judiciais da LIA. Veremos a seguir as decisões mais importante sobre ele:

a) Natureza jurídica

A indisponibilidade de bens prevista no art. 7º possui natureza claramente cautelar, tendo em vista que ela visa resguardar a utilidade prática do resultado de uma futura execução por quantia certa decorrente do ato de improbidade administrativa, podendo abranger:

- o ressarcimento dos danos causados ao patrimônio público;
- o ressarcimento de valores adquiridos por meio de enriquecimento ilícito;
- pagamento de multa civil.

Assim, tendo natureza cautelar, a indisponibilidade de bens não constitui uma sanção, mas uma medida garantidora, destinada a assegurar o resultado útil ao processo em que se desenvolve a ação de improbidade.

b) Requisitos

Em regra, para a decretação de uma medida cautelar, é necessário a comprovação de dois requisitos:

- **"perriculum in mora"**: consistente no potencial prejuízo decorrente da espera da solução final do litígio;

- **"fumus boni juris"**: consistente na verossimilhança do direito alegado.

Contudo, nos casos do art. 7º da LIA, o STJ entende que o único requisito para a concessão da medida cautelar é o "fumus boni juris", **uma vez que o "perriculum in mora" é presumido por lei (REsp 1.366.721-BA).**

Tem prevalecido no âmbito do STJ que a indisponibilidade de bens prevista no inciso art. 7º **é uma tutela de evidência,** bastando a demonstração da verossimilhança da alegação prática do ato de improbidade.

Dispensa-se, portanto, a demonstração do "perriculum in mora" no caso concreto, não sendo necessário que o autor demonstre que o réu está se desfazendo ou pretende se desfazer de seus bens **(AgRg no Resp 369.857/SP).**

c) Alcance da indisponibilidade

Segundo o STJ, a indisponibilidade deve atingir não apenas os valores suficientes para a reparação integral do dano causado ao erário, mas também para custear eventual pagamento de multa civil.

Em suma, é possível que a indisponibilidade de bens atinja valores superiores aos danos causados ao erário (Resp AgRg no REsp 1.311.013/RO).

É se salientar, inclusive, que o STJ já admitiu como possível a decretação da indisponibilidade de bens em valores superiores ao indicado na petição inicial da ação de improbidade **(Resp 1.176.440/RO).**

Ressalta-se, contudo, que é assegurado ao réu a possibilidade de demonstrar que a indisponibilidade de bens foi desproporcional, afetando sua subsistência.

É possível ainda que a indisponibilidade recaía sobre bens adquiridos tanto antes como depois da prática do ato de improbidade **(REsp 1204794/SP).**

d) Validade de indisponibilidade decretada por juízo absolutamente incompetente

O STJ já julgou como válida a decisão proferida por juízo absolutamente incompetente, que determinou em sede de ação de improbidade a indisponibilidade dos bens do réu, até que houvesse um pronunciamento do juízo competente sobre a causa **(Resp 1.038.199/ES).**

e) Possibilidade de decretação de indisponibilidade de bens no caso de ato de improbidade administrativa que atente contra os princípios da administração pública (Art. 11)

Em uma interpretação literal do artigo 7º da LIA, somente caberia a decretação de indisponibilidade nos casos em que o ato de improbidade causasse lesão ao patrimônio público (Art. 10) ou ensejasse enriquecimento ilícito (Art. 9º), não abrangendo os casos de atos de improbidade administrativa que atentem contra os princípios da administração pública.

O STJ, contudo, faz uma interpretação sistemática da lei, uma vez que o art. 12, III, da LIA, estabelece como penas a serem aplicadas no caso de atos que violem os princípios o ressarcimento ao erário e a multa civil:

> **Art. 12. (...)**
>
> **III** – na hipótese do art. 11, ressarcimento integral do dano, se houver, perda da função pública, suspensão dos direitos políticos de três a cinco anos, pagamento de multa civil de até cem vezes o valor da remuneração percebida pelo agente e proibição de contratar com o Poder Público ou receber benefícios ou incentivos fiscais ou creditícios, direta ou indiretamente, ainda que por intermédio de pessoa jurídica da qual seja sócio majoritário, pelo prazo de três anos.

Assim, também é possível a decretação da indisponibilidade com base em ato de improbidade violador dos princípios da administração pública **(AgRg no Resp 1.299.936/RJ).**

f) Possibilidade de decretação da indisponibilidade antes do recebimento da inicial

O STJ entende que é possível a decretação de indisponibilidade de bens antes mesmo do recebimento da inicial de improbidade **(AgRg no Resp 20.853/SP)**. Nesse caso, após a decretação de improbidade, o autor terá o prazo de 30 dias para ingressar com a inicial.

g) Possibilidade de decretação da indisponibilidade de forma liminar

O STJ entende que, em razão de sua natureza cautelar, é possível a decretação de indisponibilidade de bens antes da oitiva do prejudicado ("inaudita altera parte"). Nesse caso, haverá o chamado contraditório diferido, com a manifestação do prejudicado após a decretação da medida **(Resp 862.679/PR).**

h) Responsabilidade solidária

Havendo o cometimento de ato de improbidade administrativa por mais de um agente, todos respondem pelos danos de forma solidária até a instrução final do feito, ocasião em que se delimita o valor da responsabilidade de cada agente para dosimetria da pena. Assim, até a instrução final, todos os agentes respondem por todo o débito **(AgRg no Resp 1.314.061/SP).**

i) indisponibilidade e bens impenhoráveis:

A jurisprudência do STJ é conflitante sobre o tema.

Enquanto já entendeu ser possível a que a indisponibilidade recaísse sobre bem de família **(Resp 1.204.794/SP)**, que, como se sabe é impenhorável, o STJ também já decidiu A medida de indisponibilidade de bens na ação de improbidade deve recair sobre a totalidade do patrimônio do acusado, excluídos, contudo, os bens impenhoráveis **(Resp 1.164.037-RS).** Para concursos públicos, esse segundo entendimento é mais seguro de ser defendido.

5. RESPONSABILIDADE DO SUCESSOR

a) Noções Gerais

> **Art. 8°** - O sucessor daquele que causar lesão ao patrimônio público ou se enriquecer ilicitamente está sujeito às cominações desta lei até o limite do valor da herança.

Somente passam para a pessoa do sucessor as sanções patrimoniais da LIA, como, por exemplo, a obrigação de ressarcir ao erário. Por outro lado, as sanções não patrimoniais, a exemplo da suspensão dos direitos políticos e da perda da função pública, não se transmitem aos herdeiros.

Cumpre ressaltar, ainda, que as sanções patrimoniais somente são transmissíveis aos herdeiros nos limites da herança.

b) Intransmissibilidade nos casos de atos de improbidade violadores de princípios da administração pública

O artigo 8º apenas sujeita o sucessor em razão de atos de improbidade que causem lesão ao patrimônio público ou gerem enriquecimento ilícito. Denota-se, assim, que o dispositivo não fez alusão expressa aos autos de improbidade que violem os princípios da administração pública.

Analisando esse dispositivo, o STJ entendeu que essa omissão foi proposital, de forma que não se transmite aos herdeiros a obrigação de pagar multa civil na hipótese de condenação por ato de improbidade que atentem contra os princípios da administração **(Resp 951.389/SC).**

6. NOÇÕES GERAIS SOBRE OS ATOS DE IMPROBIDADE

a) Impossibilidade de aplicação do princípio da insignificância

O STJ entende que não se aplica o princípio da insignificância aos atos de improbidade administrativa. Uma vez tendo sido a relevância e gravidade da conduta do agente, não é possível a aplicação da insignificância, pois não existe ofensa insignificante ao princípio da moralidade (**Resp 892.818/RS).**

Cumpre salientar, contudo, que nem toda irregularidade administrativa caracteriza um ato de improbidade. Assim, ainda que a conduta se amolde formalmente a um dos tipos previsto na LIA, caso ela não seja relevante e grave o suficiente para atentar contra a probidade administrativa, não se falará em improbidade, mas de apenas mera irregularidade administrativa.

b) Condutas não praticadas no exercício da função pública

O STJ entende que as condutas praticadas por agentes públicos desvinculadas do exercício de função pública não são aptas a configurar atos de improbidade. No caso concreto, um médico cobrou honorários para realizar procedimento em hospital privado conveniado ao SUS.

O STJ entendeu que ele não agia como agente público, uma vez que na ocasião, apesar de o hospital ser conveniado ao SUS, não haveria o recebimento verbas públicas (**Resp 1.414.669/SP).**

c) Atos jurisdicionais e atos legislativos

Somente as condutas praticadas no exercício da função administrativa do Estado são capazes de atrair a incidência da LIA. Assim, os atos jurisdicionais e legislativos, em regra, estão excluídos do alcance da LIA.

É de se ressaltar, contudo, que os magistrados e parlamentares também exercem função administrativo de forma atípica, de forma que, quando praticarem atos ímprobos nessa condição, poderão ser responsabilizados com base na LIA (**Resp 1.171.627/SP).**

Com relação aos atos legislativos, o STJ entende que os atos legislativos de efeitos concretos, por não possuírem generalidades e abstração, podem ensejar a prática de atos de improbidade **(Resp 1.101.359/CE).**

d) Rol exemplificativo de condutas

Cumpre esclarecer que a Lei de Improbidade Administrativa não encerra todos as hipóteses de atos de improbidade, havendo a previsão de atos de improbidade administrativa em outras legislações, a exemplo do art. 52 da Lei 10.527/01 (Estatuto da Cidade):

> **Art. 52.** Sem prejuízo da punição de outros agentes públicos envolvidos e da aplicação de outras sanções cabíveis, o Prefeito incorre em improbidade administrativa, nos termos da Lei no 8.429, de 2 de junho de 1992, quando:
>
> **II** – deixar de proceder, no prazo de cinco anos, o adequado aproveitamento do imóvel incorporado ao patrimônio público, conforme o disposto no § 4º do art. 8º desta Lei;
>
> **III** – utilizar áreas obtidas por meio do direito de preempção em desacordo com o disposto no art. 26 desta Lei;
>
> **IV** – aplicar os recursos auferidos com a outorga onerosa do direito de construir e de alteração de uso em desacordo com o previsto no art. 31 desta Lei;
>
> **V** – aplicar os recursos auferidos com operações consorciadas em desacordo com o previsto no § 1º do art. 33 desta Lei;
>
> **VI** – impedir ou deixar de garantir os requisitos contidos nos incisos I a III do § 4º do art. 40 desta Lei;
>
> **VII** – deixar de tomar as providências necessárias para garantir a observância do disposto no § 3º do art. 40 e no art. 50 desta Lei;
>
> **VIII** – adquirir imóvel objeto de direito de preempção, nos termos dos arts. 25 a 27 desta Lei, pelo valor da proposta apresentada, se este for, comprovadamente, superior ao de mercado.

E também na Lei Complementar nº 101/200 (Lei de responsabilidade fiscal):

> **Art. 73.** As infrações dos dispositivos desta Lei Complementar serão punidas segundo o Decreto-Lei no 2.848, de 7 de dezembro de 1940 (Código Penal); a Lei no 1.079, de 10 de abril de 1950; o Decreto-Lei no 201, de 27 de fevereiro de 1967; a Lei no 8.429, de 2 de junho de 1992; e demais normas da legislação pertinente.

7. ATOS DE IMPROBIDADE EM ESPÉCIES

a) Dos Atos de Improbidade Administrativa que Importam Enriquecimento Ilícito

a.1 – Requisitos para sua configuração

Os atos de improbidade que importam em enriquecimento ilícito estão previstos no artigo 9º da LIA.

Para a configuração de um ato de improbidade administrativa do ar, o STJ exige a presença dos seguintes requisitos:

a) conduta ilícita;

b) conduta ímproba, consubstanciada na tipicidade do ato, o que ocorrer com a subsunção da conduta a hipótese prevista no art. 9º, caput, ou incisos;

c) conduta dolosa;

d) enriquecimento ilícito do autor da conduta ímproba, consubstanciado no recebimento de vantagem indevida;

e) nexo da causalidade entre o comportamento do agente e o recebimento da vantagem.

a.2 – Impossibilidade de presunção de dolo

O STJ, diante da gravidade das sanções previstas na lei, entende que não se pode presumir o dolo do agente para a configuração do ato de improbidade, devendo-o ser devidamente comprovado no caso concreto **(AgRg no Resp 184.923/SP).**

a.3 – Vantagem patrimonial

Para a configuração de ato de improbidade que importe em enriquecimento ilícito é necessário que a vantagem auferida pelo agente público seja de natureza patrimonial. Assim, o auferimento de outras espécies de vantagens, tais como as de natureza sexual ou profissional, não são aptos a configurar o ato de improbidade descrito no art. 9º.

Isso não significa que o auferimento de outras espécies de vantagens que não a patrimonial não configurará ato de improbidade. Nesses casos, é possível a incidência do art. 10, nos casos em que essas condutas gerem dano ao patrimônio público, ou do art. 11, em tendo ocorrido tão somente a violação de princípios da administração pública.

Assim, o auferimento de vantagens outras, que não a patrimonial, afasta apenas a incidência do art. 9º da LIA.

a.4 – Condutas que podem gerar vantagem patrimonial indevida

A vantagem indevida pode ser auferida tanto por condutas comissivas quanto por condutas omissivas. Ademais, poderão ser cometidas tanto por condutas positivas quanto negativas.

A vantagem patrimonial por prestação positiva é aquela onde o acréscimo patrimonial ocorre pelo ingresso da vantagem econômica no patrimônio do agente (Ex: o agente que recebe propina).

Já a vantagem patrimonial por prestação negativa ocorre quando, em que pese não haja um aumento patrimonial, o agente deixa de realizar uma despesa, evitando, assim, a diminuição do seu patrimônio (Ex: o agente que aceita que determina despesa seja paga pelo particular indutor do ato de improbidade).

É possível ainda que a vantagem seja auferida de forma direta, quando ela é recebida pelo próprio agente público, sem intermediário, bem como seja auferida de forma indireta, quando um terceiro recebe a vantagem em nome do agente público e, posteriormente, transfere a ele essa vantagem.

a.5 - Possibilidade de cometimento de ato de improbidade ainda que o ato praticado seja lícito

Para que haja a configuração de ato de improbidade com base nesse artigo, é irrelevante analisar se o agente público praticou ato lícito ou ilícito para receber a vantagem econômica indevida, é dizer, para sua configuração basta o recebimento de vantagem patrimonial indevida.

b) Dos Atos de Improbidade Administrativa que Causam Prejuízo ao Erário

b.1 - Requisitos para sua configuração

Os atos de improbidade que causam prejuízo ao erário estão previstos no artigo 10 da LIA. Para que haja a configuração de um ato de improbidade administrativa causador de prejuízo ao erário é preciso os seguintes requisitos:

a) lesão ao erário, que provoque perda patrimonial, desvio, apropriação, malbaratamento ou dilapidação dos bens ou haveres das entidades referidas no art. 1º; **b) conduta dolosa ou culposa;**

c) nexo de causalidade entre a conduta e o dano.

b.2 - A questão da culpa

Prevalece na doutrina e na jurisprudência que o artigo 10 é a única espécie de ato de improbidade que admite a punição de conduta culposa. Tanto o artigo 9º quanto os artigos 10-A e 11 punem somente a conduta dolosa, ainda que o dolo exigido pelo tipo seja apenas o dolo genérico.

Contudo, não é qualquer espécie de culpa que atrai o disposto no artigo 10 da LIA. Conforme entendimento majoritário, **somente a culpa grave é capaz de atrair a responsabilidade por ato de improbidade causador de prejuízo ao erário,** uma vez que a improbidade é uma imoralidade qualificada por lei, não possuindo o objeto de punir o agente público inábil, mas sim aquele agente que age de má-fé, deslealdade e desonestidade.

b.3 – Necessidade de comprovação de prejuízo ao erário

O tipo do artigo 10 da LIA exige, em regra, para sua incidência que haja, necessariamente, um prejuízo ao erário a ser imputado a conduta ímproba do agente público **(Resp 1.206.741/SP).**

Ressalta-se que a doutrina entende que o ônus de comprovar a ocorrência da lesão ao erário é do autor da ação de improbidade, não sendo possível a inversão do ônus da prova.

Havendo prejuízo ao erário, eventual reparação dos danos não tem o condão de afastar a incidência do ato de improbidade, mas deverá ser observada na dosimetria das sanções a serem aplicadas (**Resp 1.009.204/MG).**

@direitodiretoblog – Na ação de improbidade com fundamento em fraude no procedimento de licitação, o autor precisa demonstrar efetivamente o dano?

A frustração ao procedimento licitatório é prevista no artigo 10, VIII, da Lei de Improbidade. Como vimos, o artigo 10 da LIA tem como requisitos a) lesão ao erário, que provoque perda patrimonial, desvio, apropriação, malbaratamento ou dilapidação dos bens ou haveres das entidades referidas no art. 1º; b) conduta dolosa ou culposa; c) nexo de causalidade entre a conduta e o dano.

Com base nisso, em regra, o STJ tem exigido a efetiva comprovação dos danos ao erário para a incidência de atos de improbidade com fundamento no artigo 10. Cumpre ressaltar ainda que é do autor o ônus de comprovar a ocorrência dos danos, não sendo possível aqui falar em inversão do ônus da prova.

Excecionalmente, contudo, no caso de frustração do procedimento licitatório ou sua dispensa indevida gera, por si só, dano ao erário, uma vez que o dano aqui seria inerente ("dano in re ipsa") a conduta, tornando desnecessária a comprovação do dano.

Esse entendimento baseia-se no fato de que, com a conduta ímproba do agente, a Administração deixa de contratar a melhor proposta, o que gera prejuízo ao erário. Esse é o entendimento majoritário do STJ (**Resp 1.376.524/RJ e 1.280.321/MG).**

b.4 – Impossibilidade de enriquecimento ilícito do agente

A incidência do artigo 10 da LIA exige que o agente público não tenha auferido qualquer espécie de vantagem patrimonial indevida. Caso tenha auferido vantagem indevida, haverá a incidência do artigo 9º e não do artigo 10.

A doutrina entende que é possível que o particular tenha se enriquecido ilicitamente, causando, assim, prejuízo ao erário e atraindo o disposto no artigo 10. O que não se admite é o enriquecimento ilícito do agente público.

c) Dos Atos de Improbidade Administrativa Decorrentes de Concessão ou Aplicação Indevida de Benefício Financeiro ou Tributário

c.1 – Introdução

Em sua redação original, a lei de improbidade administrativa previa os seguintes atos de improbidade:

1) Atos de improbidade que importam enriquecimento ilícito do agente público (art. 9º);
2) Atos de improbidade que causam prejuízo ao erário (art. 10);
3) Atos de improbidade que atentam contra princípios da administração pública (art. 11).

Ocorre que ano de 2016 o legislador brasileiro aprovou a Lei Completar 157/2016, que alterou a Lei nº 8.429/92 e criou uma quarta espécie de ato de improbidade administrativa.

> **Art. 10-A.** Constitui ato de improbidade administrativa qualquer ação ou omissão para conceder, aplicar ou manter benefício financeiro ou tributário contrário ao que dispõem o caput e o § 1º do art. 8º-A da Lei Complementar nº 116, de 31 de julho de 2003.

O artigo 10-A da LIA foi criado para combater a seguinte hipótese. O Imposto Sobre Serviços de Qualquer Natureza – ISS, foi regulamentado pela Lei Complementar nº 116/2003.

O referido imposto é uma importante fonte de arrecadação para os municípios. Ocorre que, muitos municípios, na tentativa de atrair mais prestadores de serviços para seu território, passaram a prever alíquotas mínimas muito baixas ou até mesmo concederem isenções de ISS para os prestadores.

Isso deu origem a chamada "guerra fiscal" onde os entes federativos passaram a competir no sentido de quem dava mais vantagens tributárias.

A referida "guerra fiscal" ocasionou muitos prejuízos aos municípios, uma vez que os prestadores de serviços passaram a exigir cada vez mais benefícios para se estabelecer em um local.

Para tentar acabar com esse comportamento, o artigo 10-A da LC 116/2003 criou uma alíquota mínima de ISS:

> Art. 8º-A. A alíquota mínima do Imposto sobre Serviços de Qualquer Natureza é de 2% (dois por cento).

Além disso, o legislador, já imaginando que essa alíquota mínima poderia estabeleceu que não se pode conceder isenção, incentivo ou benefício relacionado com ISS se isso resultar em uma alíquota inferior a 2%, salvo nos casos dos seguintes serviços:

7.02 – Execução, por administração, empreitada ou subempreitada, de obras de construção civil, hidráulica ou elétrica e de outras obras semelhantes, inclusive sondagem, perfuração de poços, escavação, drenagem e irrigação, terraplanagem, pavimentação, concretagem e a instalação e montagem de produtos, peças e equipamentos (exceto o fornecimento de mercadorias produzidas pelo prestador de serviços fora do local da prestação dos serviços, que fica sujeito ao ICMS).

7.05 – Reparação, conservação e reforma de edifícios, estradas, pontes, portos e congêneres (exceto o fornecimento de mercadorias produzidas pelo prestador dos serviços, fora do local da prestação dos serviços, que fica sujeito ao ICMS).

16.01 – Serviços de transporte coletivo municipal rodoviário, metroviário, ferroviário e aquaviário de passageiros.

Assim, o descumprimento desse dispositivo configura ato de improbidade.

c.2 – Ação ou omissão

Ressalta-se que o art. 10-A afirma que configura ato de improbidade administrativa a ação ou omissão. O Professor Márcio André[2] nos dá o seguinte exemplo: "determinado Município está concedendo isenção fiscal de ISS em contrariedade ao art. 8ºA da LC 116/2003. São realizadas novas eleições municipais e assume um novo Prefeito. Caso este não tome providências para fazer cessar esta isenção, responderá por ato de improbidade administrativa por conta de sua omissão".

2. CAVALCANTE, Márcio André. <http://www.dizerodireito.com.br/2016/12/lc-1572016-cria-nova-hipotese-de.html>. Acessado no dia 04/12/2017.

c.3 - Elemento subjetivo

A jurisprudência do STJ possui entendimento pacífico de que o ato de improbidade administrativa só pode ser punido a título de mera culpa se isso estiver expressamente previsto na lei.

É o caso, por exemplo, do art. 10 da Lei nº 8.429/92 ("Art. 10. Constitui ato de improbidade administrativa que causa lesão ao erário qualquer ação ou omissão, dolosa ou culposa...").

Como o artigo 10-A não tratou expressamente da culpa, entende-se que ele só pune a conduta se praticada dolosamente.

c.4 - Sanções

O administrador que praticar o ato de improbidade do art. 10-A está sujeito às seguintes penalidades, nos termos do artigo 12, inciso IV, incluído pela LC 157/2016.

a) perda da função pública;

b) suspensão dos direitos políticos de 5 a 8 anos e

c) multa civil de até 3 vezes o valor do benefício financeiro ou tributário concedido.

c.5 - Legitimidade para propositura

A ação de improbidade pedindo a condenação do agente público pelo art. 10-A poderá ser proposta:

> **Art. 17.** A ação principal, que terá o rito ordinário, será proposta pelo Ministério Público ou pela pessoa jurídica interessada, dentro de trinta dias da efetivação da medida cautelar.
>
> **§ 13.** Para os efeitos deste artigo, também se considera pessoa jurídica interessada o ente tributante que figurar no polo ativo da obrigação tributária de que tratam o § 4º do art. 3º e o art. 8º-A da Lei Complementar nº 116, de 31 de julho de 2003.

Assim, a ação de improbidade poderá ser proposta pelos seguintes entes:

- pelo Ministério Público;
- pela pessoa jurídica interessada.

O Professor Márcio André chama atenção para o fato de que a "pessoa jurídica interessada" não é apenas o Município no qual o ato de improbidade está sendo praticado.

O Município que está sendo prejudicado pela concessão de isenção em desacordo com o art. 8º-A da LC 116/2003 também deve ser considerado como "pessoa jurídica interessada" e poderá propor a ação de improbidade ou intervir no processo como interessado.

d) Dos Atos de Improbidade Administrativa que Atentam Contra os Princípios da Administração Pública

d.1 - Requisitos

Os atos de improbidade que atentam contra os princípios da administração pública estão contidos no artigo 11.

Para que haja a configuração de um ato de improbidade que atente contra os princípios da administração, a doutrina e jurisprudência dominantes exigem o seguinte:

- contrariedade aos princípios da administração, notadamente, os deveres de honestidade, imparcialidade, legalidade, e lealdade às instituições;
- conduta necessariamente dolosa. O Artigo 11 não admite a responsabilização por atos culposos;
- nexo de causalidade entre a conduta do agente e a contrariedade dos princípios.

Cumpre ressaltar que, nos termos da jurisprudência do STJ exige-se apenas a ocorrência de dolo genérico para a consumação do artigo 11 (AgRg no Resp 287.679/MG). Com isso, não se exige que o agente atue visando uma finalidade específica (dolo específico), bastando que atue de forma voluntária e consciente, com o fito de atentam contra os princípios da administração.

d.2 - Desnecessidade de ocorrência de dano ao erário

Para que haja a incidência do artigo 11 da LIA, não se faz necessário que haja a comprovação do efetivo prejuízo ao erário (Resp 1.192.758/MG).

d.3 - Caráter residual

A doutrina entende que o artigo 11 possui um caráter residual, subsidiário, é dizer, a conduta ímproba somente será enquadrada no artigo 11 quando não puderem ser enquadradas nos artigos 9º e 10.

d.4 - Nepotismo

O STF, por meio da Súmula Vinculante nº 13, entendeu que a prática de nepotismo é vedada pela Constituição, eis que viola os princípios da moralidade, impessoalidade, isonomia e eficiência.

Assim, o STJ entende de forma pacífica que a prática de nepotismo configura ato de improbidade. O tema, contudo, não é tão pacífico em relação a prática de nepotismo ocorrida antes da edição da Súmula Vinculante nº 13 pelo STF.

A 1ª Turma do STJ entende que a prática de nepotismo anteriormente a edição da súmula não configura ato de improbidade **(Resp 1.193.248/MG)**, a 2ª Turma entende pela sua caracterização (**AgRg no Resp 1.386.255/PB**).

A doutrina entende que assiste razão a 2ª Turma, posto que a prática de nepotismo já era conduta vedada pelo ordenamento jurídico antes da edição da Súmula Vinculante em tela, servindo ela apenas para consolidar uma vedação já existente.

d.5 - Assédio moral e sexual

O STJ já entendeu que o assédio moral praticado no trabalho constitui ato de improbidade violador dos princípios da Administração, extrapolando a mera irregularidade **(Resp 1.286.466/RS).**

Da mesma maneira, já entendeu o Tribunal da Cidadania que constitui ato de improbidade administrativa violador dos princípios a conduta de professor da rede pública que assedia sexualmente as alunas **(Resp 1.255.120/SC).**

d.6 - Contratação sem concurso público

A contratação de agente público sem concurso, fora dos casos permitidos pela própria Constituição, acarreta o cometimento de ato de improbidade. Caso essa contratação provoque prejuízo ao erário, haverá a incidência do artigo 10, XII, da LIA. Caso não haja prejuízo haverá a incidência do artigo 11 **(Resp 772.241/MG).**

Cumpre esclarecer que para o STJ (**AgRg no Resp 488.608/RN**) somente haverá prejuízo ao erário no caso contratação sem concurso público quando o serviço não é prestado (Ex: funcionário fantasma, que nem sequer aparece no órgão).

Por fim, cumpre destacar ainda que a contratação sem concurso público (que provoca a incidência do art. 11, caput) que ela não se confunde com a conduta de frustração da ilicitude de concurso público (Art. 11, V, da LIA). Enquanto no primeiro caso a contratação é feita sem concurso público, no segundo caso há a realização de concurso, mas este é feito de forma irregular, para privilegiar determinadas pessoas.

8. DAS PENAS

> **Art. 12.** Independentemente das sanções penais, civis e administrativas previstas na legislação específica, está o responsável pelo ato de improbidade sujeito às seguintes cominações, que podem ser aplicadas isolada ou cumulativamente, de acordo com a gravidade do fato:
>
> I – na hipótese do art. 9º, perda dos bens ou valores acrescidos ilicitamente ao patrimônio, ressarcimento integral do dano, quando houver, perda da função pública, suspensão dos direitos políticos de oito a dez anos, pagamento de multa civil de até três vezes o valor do acréscimo patrimonial e proibição de contratar com o Poder Público ou receber benefícios ou incentivos fiscais ou creditícios, direta ou indiretamente, ainda que por intermédio de pessoa jurídica da qual seja sócio majoritário, pelo prazo de dez anos;
>
> II – na hipótese do art. 10, ressarcimento integral do dano, perda dos bens ou valores acrescidos ilicitamente ao patrimônio, se concorrer esta circunstância, perda da função pública, suspensão dos direitos políticos de cinco a oito anos, pagamento de multa civil de até duas vezes o valor do dano e proibição de contratar com o Poder Público ou receber benefícios ou incentivos fiscais ou creditícios, direta ou indiretamente, ainda que por intermédio de pessoa jurídica da qual seja sócio majoritário, pelo prazo de cinco anos;
>
> III – na hipótese do art. 11, ressarcimento integral do dano, se houver, perda da função pública, suspensão dos direitos políticos de três a cinco anos, pagamento de multa civil de até cem vezes o valor da remuneração percebida pelo agente e proibição de contratar com o Poder Público ou receber benefícios ou incentivos fiscais ou creditícios, direta ou indiretamente, ainda que por intermédio de pessoa jurídica da qual seja sócio majoritário, pelo prazo de três anos.
>
> IV – na hipótese prevista no art. 10-A, perda da função pública, suspensão dos direitos políticos de 5 (cinco) a 8 (oito) anos e multa civil de até 3 (três) vezes o valor do benefício financeiro ou tributário concedido.
>
> **Parágrafo único.** Na fixação das penas previstas nesta lei o juiz levará em conta a extensão do dano causado, assim como o proveito patrimonial obtido pelo agente.

a) Natureza Jurídica

A doutrina majoritária e o STJ **(HC 50.545/AL)** entende que as sanções previstas na LIA possuem natureza extrapenal, tendo, assim, caráter de sanção civil. Apesar de seu caráter civil, a doutrina entende que as sanções da LIA fazem parte do **chamado direito administrativo sancionador.**

b) Constitucionalidade das sanções previstas

A Constituição, em seu artigo 37, § 4º, previu expressamente algumas sanções a serem aplicadas em caso de atos de improbidade:

- suspensão dos direitos políticos;
- perda da função pública;
- a indisponibilidade dos bens;
- o ressarcimento ao erário.

A LIA, contudo, ampliou o rol de sanções previstas, consagrando ainda:

- a perda dos bens ou valores acrescido ilicitamente;
- pagamento de multa civil;
- proibição de receber benefícios ou incetivos fiscais ou creditícios;
- proibição de contratar com o Poder Público.

Em razão dessa ampliação promovida por lei ordinária, alguns doutrinadores chegaram a entender pela sua inconstitucionalidade. A doutrina majoritária, contudo, entende que essa ampliação é constitucional, uma vez a Constituição teria previsto apenas um rol mínimo de sanções para aos atos de improbidade, não proibindo sua ampliação, desde que essa ampliação ocorra por meio de lei.

c) Ressarcimento integral

Esta sanção é aplicável a todas as formas de improbidade, tendo como pressuposto a ocorrência de dano ocasionado pelo cometimento da improbidade. O ressarcimento deverá ser integral, de forma que além dos danos materiais provocados, é cabível ainda a condenação por danos morais.

Por fim, essa sanção é aplicável a todos que participaram do cometimento do ato de improbidade, alcançando tanto os agentes públicos quanto os terceiros particulares que porventura vierem a participar do ato.

Possibilidade de dupla condenação ao ressarcimento ao erário pelo mesmo fato

Não configura "bis in idem" a coexistência de título executivo extrajudicial (acórdão do TCU) e sentença condenatória em ação civil pública de improbidade administrativa que determinam o ressarcimento ao erário e se referem ao mesmo fato, desde que seja observada a dedução do valor da obrigação que primeiramente foi executada no momento da execução do título remanescente **(REsp 1.413.674-SE).**

d) Perda função pública

Cuida-se de sanção que, obviamente, somente se aplica ao agente público, não alcançando os particulares. Contudo, deve-se salientar que o conceito de agente público adotado na LIA é bastante amplo, de forma que essa sanção se aplica não apenas aos servidores públicos em sentido estrito, mas também aos exercentes de cargos comissionados, empregados públicos ou detentores de mandatos eletivos.

e) Perda dos bens ou valores

Cuida-se de sanção que somente se aplica nos atos de improbidade constantes nos artigos 9º e 10 da LIA, não sendo sua aplicação possível no tipo do artigo 11 e 10-A. Especificamente no caso do artigo 10, a sanção somente se aplica ao terceiro que se enriqueceu ilicitamente.

Nos casos de vantagem patrimonial de prestação negativa, é dizer, daquela em que o agente, embora não tenha um acréscimo patrimonial, deixa de realizar uma despesa, evitando a diminuição do seu patrimônio, a doutrina entende que deverá haver uma estimativa do proveito econômico obtido pelo agente.

f) Suspensão dos direitos políticos

A presente sanção foi expressamente prevista na própria Constituição. A suspensão dos direitos políticos retira de forma temporária sua qualidade de cidadão, na medida em que não pode usufruir de seus direitos políticos.

g) Multa civil

A multa civil não se confunde com o ressarcimento integral do dano. Enquanto o ressarcimento visa apenas o retorno da situação anterior ao dano, a multa civil possui caráter punitivo.

O parâmetro para a fixação de seu valo variará de acordo com o tipo de ato de improbidade praticado:

- na improbidade que provoca enriquecimento ilícito, a base de cálculo será o acréscimo patrimonial indevido obtido pelo agente;
- na improbidade que causa prejuízo ao erário a base de cálculo será o valor do dano provocado;

- na improbidade que viola os princípios da Administração a base de cálculo será a remuneração percebida pelo agente;
- na improbidade decorrente de concessão ou aplicação indevida de benefício financeiro ou tributário a multa civil será de até 3 (três) vezes o valor do benefício financeiro ou tributário concedido

No caso do particular, o Émerson Garcia entende que o parâmetro a ser utilizado é a remuneração percebida pelo agente. Já no caso do exercício gratuito de função pública, entende ele não seria possível aplicar ao agente público a multa civil.

O STJ, contudo, possui julgado no sentido de que se deve aplicar o salário-mínimo como base de cálculo nesse caso (Resp 1.216.190/RS).

Por fim, a lei é omissa sobre a destinação da multa civil. A doutrina majoritária, contudo, entende que o produto da multa civil deverá ser revestido à pessoa jurídica que sofreu a lesão patrimonial.

Aplicação de multa eleitoral e sanção por ato de improbidade administrativa

A condenação pela Justiça Eleitoral ao pagamento de multa por infringência às disposições contidas na Lei n. 9.504/1997 (Lei das Eleições) não impede a imposição de nenhuma das sanções previstas na Lei nº 8.429/1992 (Lei de Improbidade Administrativa), inclusive da multa civil, pelo ato de improbidade decorrente da mesma conduta **(AgRg no AREsp 606.352-SP).**

h) Proibição de contratar com o Poder Público

A doutrina entende (Émerson Garcia) que a expressão "poder público" deve ser interpretada de forma extensiva, abrangendo todos os entes federativos e não apenas a entidade que sofreu o ato de improbidade.

i) Proibição de receber benefícios ou incentivos fiscais ou creditícios

Cuida-se de sanção que proíbe que o agente ímprobo, ainda que de forma indireta ou por meio de pessoa jurídica da qual seja sócio majoritário, receba benefícios ou incentivos fiscais do Estado.

j) Sanções que podem passar para a pessoa do sucessor

Algumas sanções da LIA podem passar da pessoa do condenado para seu sucessor. São elas:

- perdimento de valores ou bens;
- ressarcimento integral do dano;
- pagamento de multa civil.

Essa previsão, contudo, não viola o princípio da intranscendência das penas, previsto no Art. 5º, XLV, da CF, uma vez que este tem sua aplicação restrita as sanções penais, e as sanções da LIA tem natureza civil.

Por fim, as penas somente se aplicam aos sucessores até o limite do valor da herança.

l) Aplicação cumulativa ou isolada

As sanções previstas na LIA poderão ser aplicadas de forma isolada ou cumulativas.

m) Inaplicabilidade das sanções por ato de improbidade administrativa abaixo do mínimo legal

No caso de condenação pela prática de ato de improbidade administrativa que atenta contra os princípios da administração pública, as penalidades de suspensão dos direitos políticos e de proibição de contratar com o Poder Público ou receber benefícios ou incentivos fiscais ou creditícios não podem ser fixadas abaixo de 3 anos, considerando que este é o mínimo previsto no art. 12, III, da Lei nº 8.429/92. Não existe autorização na lei para estipular sanções abaixo desse patamar (**REsp 1.582.014/CE**).

n) Revisão das sanções impostas em sede de recurso especial

As penalidades aplicadas em decorrência da prática de ato de improbidade administrativa podem ser revistas em recurso especial desde que esteja patente a violação aos princípios da proporcionalidade e da razoabilidade.

O STJ entende que isso não configura reexame de prova, não encontrando óbice na Súmula 7 da Corte (A pretensão de simples reexame de prova não enseja recurso especial) **(REsp 1.215.121/RS).**

9. DO PROCEDIMENTO ADMINISTRATIVO E DO PROCESSO JUDICIAL

> **Art. 14.** Qualquer pessoa poderá representar à autoridade administrativa competente para que seja instaurada investigação destinada a apurar a prática de ato de improbidade.

§ 1º A representação, que será escrita ou reduzida a termo e assinada, conterá a qualificação do representante, as informações sobre o fato e sua autoria e a indicação das provas de que tenha conhecimento.

§ 2º A autoridade administrativa rejeitará a representação, em despacho fundamentado, se esta não contiver as formalidades estabelecidas no § 1º deste artigo. A rejeição não impede a representação ao Ministério Público, nos termos do art. 22 desta lei.

§ 3º Atendidos os requisitos da representação, a autoridade determinará a imediata apuração dos fatos que, em se tratando de servidores federais, será processada na forma prevista nos arts. 148 a 182 da Lei nº 8.112, de 11 de dezembro de 1990 e, em se tratando de servidor militar, de acordo com os respectivos regulamentos disciplinares.

a) Representação

O artigo em questão disciplina a forma como se dará a representação por ato de improbidade administrativa. A representação em questão tem natureza jurídica de exercício de direito de petição, sendo mais uma das formas de controle da Administração, disponíveis a população.

Cuida ressaltar, contudo, que a presente representação não é imprescindível para o ajuizamento da ação civil de improbidade.

b) Representação temerária

A lei, em seu § 1º, exige que o representante indique as provas de que tem conhecimento. Isso serve para evitar que a representação de ato por improbidade seja utilizada como meio de perseguição de agentes públicos.

Quando a representação for feita sem a indicação das provas que julga ter conhecimento, a doutrina a chama de **"representação temerária"**. A prática de representação temerária, inclusive, pode vir a configurar o tipo penal descrito no art. 19 da LIA:

> **Art. 19.** Constitui crime a representação por ato de improbidade contra agente público ou terceiro beneficiário, quando o autor da denúncia o sabe inocente.
>
> Pena: detenção de seis a dez meses e multa.
>
> **Parágrafo único.** Além da sanção penal, o denunciante está sujeito a indenizar o denunciado pelos danos materiais, morais ou à imagem que houver provocado.
>
> **Art. 15.** A comissão processante dará conhecimento ao Ministério Público e ao Tribunal ou Conselho de Contas da existência de procedimento administrativo para apurar a prática de ato de improbidade.

> **Parágrafo único.** O Ministério Público ou Tribunal ou Conselho de Contas poderá, a requerimento, designar representante para acompanhar o procedimento administrativo

c) Comunicação

O artigo determina que uma vez instaurado um procedimento administrativo para investigar a existência do ato de improbidade, deverá haver comunicação da instauração os Tribunais de Contas e ao Ministério Público. Segundo a doutrina, tal comunicação visa fortalecer o controle acerca da regular tramitação do procedimento administrativo.

Ademais, a lei permite que os aludidos órgão de controles designem representantes para o acompanhamento do procedimento administrativo de apuração de responsabilidade. Trata-se, contudo, de uma faculdade desse órgãos.

d) Sequestro dos bens

> **Art. 16.** Havendo fundados indícios de responsabilidade, a comissão representará ao Ministério Público ou à procuradoria do órgão para que requeira ao juízo competente a decretação do sequestro dos bens do agente ou terceiro que tenha enriquecido ilicitamente ou causado dano ao patrimônio público.
>
> § 1º O pedido de sequestro será processado de acordo com o disposto nos arts. 822 e 825 do Código de Processo Civil.
>
> § 2º Quando for o caso, o pedido incluirá a investigação, o exame e o bloqueio de bens, contas bancárias e aplicações financeiras mantidas pelo indiciado no exterior, nos termos da lei e dos tratados internacionais.

d.1 – Natureza jurídica

A doutrina entende que a medida prevista no artigo 16 possui natureza cautelar, devendo ser utilizada para resguardar a fase executiva de entrega de coisa. Incidiria, assim, sobre bens e valores certos e determinados.

Difere da indisponibilidade prevista no artigo 7º, uma vez que lá, apesar de a medida também possuir natureza cautelar, ela visa resguardar a fase executiva de pagar quantia certa, incidindo sobre bens e valores indeterminados. Ademais, o tipo do artigo 16 somente pode ser utilizado nas situações em que o agente público ou terceiro tenha enriquecido ilicitamente (Art. 9º) ou cause prejuízo ao erário (art. 10). Já a indisponibilidade prevista no artigo 7º é cabível em todas modalidades de atos de improbidade.

Por fim, cumpre esclarecer que, com a promulgação do novo CPC, deixaram de existir as medidas cautelares nominadas, tais como o sequestro. Assim, a medida do artigo 16 deverá ser uma medida cautelar inominada.

d.2 – Necessidade de individualização dos bens

Por se tratar de medida que incidi sobre bens e valores certos e determinados, o STJ entende que é necessária a individualização dos bens ou valores sobre os quais recairá a medida cautelar **(Resp 967.841/PA).**

d.3 – Impossibilidade de incidência sobre bens ou valores adquiridos antes do cometimento do ato

No sequestro, ao contrário da indisponibilidade, a doutrina (Émerson Garcia) e o STJ **(RMS 6.182/DF)** entendem que a constrição **não pode incidir sobre bens e valores adquiridos antes do cometimento do ato de improbidade.**

Isso porque ela visa resguardar a entrega de valores e bens determinados, adquiridos em função do enriquecimento ilícito ou as custas de prejuízo ao erário. Assim, não será possível sua incidência sobre bens e valores anteriores ao ato.

d.4 – Cumulação de medidas cautelares

É possível a cumulação das medidas cautelares, previstas no artigo 7º e 16, haja vista que, no mesmo contexto, pode ocorrer diversas modalidades de improbidade, possibilitando que sejam demandados ao mesmo tempo, o resguardo das fases de execução de pagar quantia (bens ou valores indeterminados) e de entregar coisa (bens ou valores certos e determinados).

e) Ação judicial

> **Art. 17.** A ação principal, que terá o rito ordinário, será proposta pelo Ministério Público ou pela pessoa jurídica interessada, dentro de trinta dias da efetivação da medida cautelar.

e.1 – Rito processual

O rito processual a ser adotado na LIA é o comum. Estando a ação devidamente instruída, o juízo deverá determinar a notificação do requerido para, querendo, oferecer manifestação por escrito, no prazo de 15 dias (§ º7º).

Recebida a manifestação, o juiz, no prazo de trinta dias, em decisão fundamentada, rejeitará a ação, se convencido da inexistência do ato de improbidade, da improcedência da ação ou da inadequação da via eleita (§ 8º). Caso contrário, recebendo a petição inicial, determinará que o réu seja citado, para apresentar reposta. Da decisão que receber a petição inicial, é cabível agravo de instrumento (§ 10).

e.2 – Pessoa jurídica interessada:

Existe uma certa controvérsia doutrina acerca do alcance do termo "pessoa jurídica interessada". Uma parte da doutrina (Émerson Garcia) entende que ela somente alcaçaria as pessoas jurídicas de direito público e privada integrantes da Administração, excluindo-se, dessa forma, as pessoas jurídicas de direito privado mencionadas no Art. 1º da LIA.

Outra parte (Daniel Amorim) entende que ela deverá alcançar todas as pessoas jurídicas mencionadas no art. 1º, inclusive aquelas que não fazem parte da Administração Pública.

Por fim, conforme anteriormente dito, no caso de ato de improbidade com fundamento na concessão ou aplicação indevida de benefício financeiro ou tributário, o Professor Márcio André chama atenção para o fato de que a "pessoa jurídica interessada", não é apenas o Município no qual o ato de improbidade está sendo praticado.

O Município que está sendo prejudicado pela concessão de isenção em desacordo com o art. 8º-A da LC 116/2003 também deve ser considerado como "pessoa jurídica interessada" e poderá propor a ação de improbidade ou intervir no processo como interessado.

e.3 – Vedação a transação, acordo ou conciliação em LIA

> § 1º É vedada a transação, acordo ou conciliação nas ações de que trata o caput.

O § 1º havia sido revogado pela MP 703/2015, contudo, a aludida MP não foi votada dentro do prazo estabelecido pela Constituição, de forma que voltou a valer a proibição de acordo na LIA.

Em relação a vedação a transação, acordo ou conciliação nas ações de improbidade, esta tem razão de ser em função dos legitimados ativos (MP ou pessoa jurídica interessada) atuarem em legitimação extraordinária, em função da LIA tutelar direitos difusos da sociedade. Assim, não poderiam dispor de algo que não lhes pertence.

A doutrina, contudo, entende que essa vedação diz respeito tão somente a reparação dos danos. Assim, é possível que se firme Termo de Ajustamento de Conduta - TAC em ações de improbidade, de forma se disciplinar assuntos outros, como, por exemplo, as condições, o prazo e modo de reparação dos danos.

Em resumo, a vedação em tela está relacionada a necessidade de reparação integral do ato de improbidade, não impedindo que haja acordo sobre outras questões patrimoniais, desde que se assegure a aludida reparação integral.

> **§ 2º** A Fazenda Pública, quando for o caso, promoverá as ações necessárias à complementação do ressarcimento do patrimônio público.

e.4 - Papel do MP

> **§ 3º** No caso de a ação principal ter sido proposta pelo Ministério Público, aplica-se, no que couber, o disposto no § 3º do art. 6º da Lei no 4.717, de 29 de junho de 1965.
>
> **§ 4º** O Ministério Público, se não intervir no processo como parte, atuará obrigatoriamente, como fiscal da lei, sob pena de nulidade.

O MP, caso não seja o autor da ação, deverá necessariamente intervir na ação de improbidade como fiscal da lei. A ausência de intimação do Ministério Público para atuar no feito gera a nulidade absoluta da causa. Prevalece na doutrina e na jurisprudência, contudo, que é necessário a comprovação do prejuízo sofrido para a anulação.

O STJ entende que, nos casos que o prejuízo for reconhecido, o processo deve ser anulado a partir da decisão que analisa o recebimento da inicial. Com isso, a decretação de nulidade não atinge, necessariamente, a decisão que decretou a indisponibilidade dos bens do réu, pois ela não depende do recebimento da ação para ser decretada **(Resp 1.446.285/RJ).**

e.5 - Justa causa

> **§ 6º** A ação será instruída com documentos ou justificação que contenham indícios suficientes da existência do ato de improbidade ou com razões fundamentadas da impossibilidade de apresentação de qualquer dessas provas, observada a legislação vigente, inclusive as disposições inscritas nos arts. 16 a 18 do Código de Processo Civil.

A ação de improbidade deverá ser instruída com documentos ou justificação que contenham os indícios da existência do ato. Assim, a doutrina entende que, assim como no direito penal, a ação de improbidade deve ter justa causa, consubstanciada no suporte probatório mínimo da existência do ato.

e.6 – Defesa prévia

> § 7º Estando a inicial em devida forma, o juiz mandará autuá-la e ordenará a notificação do requerido, para oferecer manifestação por escrito, que poderá ser instruída com documentos e justificações, dentro do prazo de quinze dias.

Por se tratar de matéria relacionada ao direito administrativo sancionador, a legislação previu a possibilidade de oferecer manifestação por escrito antes do recebimento da ação de improbidade. Isso visa evitar o recebimento de ações de improbidade temerárias. No caso de haver mais de um requerido, o STJ entende que o prazo para apresentar a manifestação deverá ser contado em dobro **(Resp 1.221.154/RJ).**

A ausência de notificação para a parte apresentar defesa prévia consubstancia-se numa nulidade processual, desde que se comprove o prejuízo sofrido.

Em sendo assim, o STJ vem afastando a nulidade quando a alegação de falta de notificação é feita em apelação, após a sentença, uma vez que a defesa prévia visa tão somente evitar a propositura de ações temerárias **(Resp 1.101.585/MG).**

O STJ possui entendimento de que não é necessária a prévia notificação quando a ação de improbidade for subsidiada por um procedimento administrativo ou inquérito civil público (Resp 944.55/SC).

Ademais, o STJ entende que a defesa prévia somente é necessária nas ações de improbidade que visam a aplicação das sanções previstas no artigo 12 (ações de improbidade típicas) sendo desnecessário nas ações em que se busca apenas o ressarcimento ao erário **(Resp 1.163.643/SP).**

e.7 – Recebimento da inicial

> § 8º Recebida a manifestação, o juiz, no prazo de trinta dias, em decisão fundamentada, rejeitará a ação, se convencido da inexistência do ato de improbidade, da improcedência da ação ou da inadequação da via eleita.

Nessa fase, vigora o princípio do "**in dubio pro societate**", de forma que presente as condições de ação e pressupostos processuais e não havendo nenhuma das causas de rejeição do § 7º, deverá o magistrado receber a inicial.

Assim, não se exige do magistrado um juízo exauriente para o recebimento da ação, **bastando que ele fundamente, ainda que de forma concisa, o recebimento (Resp 1.190.244/RJ).**

O princípio do "in dubio pro societate", contudo, é limitado pelo princípio da justa causa, previsto no § 6º, de forma que se faz necessário que a ação seja instruída ao menos com indícios suficientes da existência do ato de improbidade.

> **§ 9º** Recebida a petição inicial, será o réu citado para apresentar contestação.
>
> **§ 10.** Da decisão que receber a petição inicial, caberá agravo de instrumento.

> **§ 9º** Recebida a petição inicial, será o réu citado para apresentar contestação.
>
> **§ 10.** Da decisão que receber a petição inicial, caberá agravo de instrumento.

Na LIA são cabíveis os seguintes recursos:

- sentença que rejeita a inicial da ação de improbidade: cabe apelação.
- decisão que recebe a inicial da ação de improbidade: cabe agravo de instrumento.
- decisão que recebe a inicial contra alguns réus e rejeita para os demais: agravo de instrumento (obs: caso o autor da ação de improbidade interponha apelação em vez do ai, será possível receber o recurso, com base no princípio da fungibilidade, desde que não haja má-fé e tenha sido interposto no prazo do recurso correto).

Segundo decidiu o STJ, pode ser conhecida a apelação que, sem má-fé e em prazo compatível com o previsto para o agravo de instrumento, foi interposta contra decisão que, em juízo prévio de admissibilidade em ação de improbidade administrativa, reconheceu a ilegitimidade passiva ad causam de alguns dos réus **(AgRg no REsp 1.305.905-DF).**

e.8 - Remessa Necessária

Nas ações de improbidade, a doutrina sempre defendeu, em razão do microssistema, que as sentenças de improcedência se submetiam a remessa necessária.

Em 2014, contudo, o STJ proferiu decisão entende que não haveria remessa necessária, sob o argumento de que a lei de improbidade segue rito próprio, não prevendo a remessa necessária, de forma que não caberia a aplicação analógica da lei de improbidade **(Resp 1.220.667/MG)**.

Posteriormente, contudo, em sede de embargos de divergência, o STJ pacificou o entendimento de que as sentenças de improcedência nas ações de improbidade se sujeitam a remessa necessária **(Eresp 1.220.667/MG)**. O fundamento foi o seguinte:

a) É pacífico no STJ que o CPC deve ser aplicado subsidiariamente à lei de improbidade. Assim, é cabível a remessa necessária na ação de improbidade, com base no artigo 496 do CPC;

b) No mais, por aplicação analógica da primeira parte do art. 19 da lei da ação popular, as sentenças de improcedência de ação civil pública se sujeitam indistintamente a remessa necessária.

10. DA PRESCRIÇÃO

> **Art. 23.** As ações destinadas a levar a efeitos as sanções previstas nesta lei podem ser propostas:
>
> I – até cinco anos após o término do exercício de mandato, de cargo em comissão ou de função de confiança;
>
> II – dentro do prazo prescricional previsto em lei específica para faltas disciplinares puníveis com demissão a bem do serviço público, nos casos de exercício de cargo efetivo ou emprego.
>
> *III* – até cinco anos da data da apresentação à administração pública da prestação de contas final pelas entidades referidas no parágrafo único do art. 1º desta Lei.

a) Prazo prescricional para quem exerce mandato, cargo em comissão ou função de confiança

Nos termos do inciso I da LIA, nesses casos, o prazo prescricional é de 05 anos, contados do término do mandato, cargo em comissão ou de função de confiança.

A grande controvérsia em relação a este inciso ocorre nos casos de detentores de mandatos eletivos que obtiveram a reeleição para o mandato. Por exemplo, no caso de prefeito reeleito que prática o ato de improbidade no primeiro mandato, o prazo deverá ser iniciar do fim do primeiro mandato ou do último.

O STJ pacificou o entendimento que prazo, nessa situação, conta-se do fim do último mandato (AgRg no Resp 1.411.699/SP).

b) prazo prescricional para o exercente de cargo efetivo ou emprego

A LIA determina que será o prazo previsto na lei específica do ente que sofreu o ato de improbidade, para punição com pena de demissão a bem do serviço público.

No âmbito federal, o artigo 142, inciso I, da Lei 8.112/90, estabelece o prazo de 05 anos de prescrição para a pena de demissão a bem do serviço público, salvo se a infração também se configurar como crime, caso em que haverá a aplicação do prazo previsto na legislação penal.

Ressalta-se, ainda, que para o STJ esse prazo de 05 anos somente tem início quando a irregularidade cometida chegar, ou pudesse ter chegado, ao conhecimento da autoridade responsável pela instauração do procedimento administrativo disciplinar.

No caso de empregados públicos, a doutrina entende que deve ser aplicada, analogicamente, o mesmo prazo previsto para os servidores públicos. Por outro lado, no caso em que o agente presta serviços a entidade não integrante da Administração Pública (empregado privado), a doutrina (Émerson Garcia), entende pela aplicação do prazo de 05 anos, tendo em vista ser esse o prazo comumente utilizado no âmbito da Administração Pública.

c) Prazo prescricional de exercente de emprego ou função em entidade que deva prestar contas a Administração

No caso de entidades do terceiro setor, que recebam valores da Administração e, assim, devem prestar contas a ela, o prazo prescricional será de 05 anos. Cuida-se de recente alteração legislativa que visou suprir a omissão da Administração em relação ao prazo dos empregados privados.

d) Prazo prescricional em relação aos terceiros beneficiários e partícipes

Segundo o STJ o prazo prescricional nesse caso deverá ser o mesmo aplicado, no caso concreto, ao agente público, tendo em vista que sua conduta está ligada intimamente a do agente público **(AgRg no Resp 1.159.035/MG)**.

e) Interrupção da prescrição

O STJ entende que a mera propositura da ação já é suficiente para interromper a prescrição nas ações de improbidade. Assim, caso a ação tenha sido proposta no prazo correto, eventual demora na citação não prejudica a ação **(Resp. 1.391.212/PE)**.

f) Inexistente de prescrição intercorrente

Segundo o STJ não há que se falar em prescrição intercorrente na ação de improbidade. Assim, mesmo que a sentença tenha sido proferida 05 anos após o ajuizamento da ação, não há prescrição **(Resp 1.218.050/RO)**

g) imprescritibilidade das ações de ressarcimento ao erário

As ações de ressarcimento ao erário oriundas de atos de improbidade são imprescritíveis. A prescrição do artigo somente se relaciona as penas previstas na ação de improbidade.

Cumpre ressaltar que o entendimento do STF **(RE 669069/MG)**, no sentido de que é prescritível a ação de reparação de danos à Fazenda Pública decorrente de ilícito civil, não alcança os atos de improbidade.

BIBLIOGRAFIA

ALEXANDRINO, Marcelo. PAULO, Vicente. Direito Administrativo Descomplicado. 22ª Edição. São Paulo, Método, 2014.

CARVALHO, Matheus. Manual de Direito Administrativo. 4ª Edição. Salvador: Juspodvm, 2017.

CAVALCANTE, Márcio André Lopes. Dizer o Direito <http://www.dizerodireito.com.br/>.

JR. André Jackson de Holanda. TORRES, Ronny Charles L. de. Improbidade Administrativa. 2ª Edição. Salvador: Juspodvm, 2016.

OLIVEIRA, Rafael Carvalho Rezende. Curso de Direito Administrativo. 4ª Edição. Rio de Janeiro: Método, 2016.

PARTE IV

PRINCIPAIS ASPECTOS DO PODER PÚBLICO NO DIREITO CONSTITUCIONAL

I

CONTROLE DE CONSTITUCIONALIDADE

1. POSSIBILIDADE DE O PODER EXECUTIVO RECUSAR O CUMPRIMENTO DE LEI OU ATO NORMATIVO QUE ELE REPUTE INCONSTITUCIONAL

Antes da Constituição de 1988, em razão de a legitimidade para a propositura da ADI ser assegurada apenas ao Procurador-Geral da República, era pacífico na doutrina que os chefes do poder executivo, em todas as esferas, poderiam deixar de aplicar uma lei por entendê-la inconstitucional, cabendo-lhe baixar, na condição de superior hierárquico, determinação para seus subordinados também não cumpram a lei.

Após a constituição de 1988, em razão de ter sido assegurada legitimidade ao presidente e aos governadores do estado, houve doutrinadores que defenderam que a possibilidade de descumprimento da lei inconstitucional teria sido assegurada apenas aos prefeitos, em razão de sua ausência de legitimidade para propositura de ADI.

Tal entendimento, contudo, não prosperou.

Dessa forma, mesmo após a constituição de 1988, poderá o Chefe do Poder Executivo, de qualquer das esferas federativas, deixar de aplicar uma lei por entendê-la inconstitucional, cabendo-lhe baixar, na condição de superior hierárquico, determinação para seus subordinados também não cumpram a lei.

Para tanto, a doutrina entende (Pedro Lenza) que, como o julgamento no âmbito do controle concentrado de constitucionalidade vincula a administração, a contrário sensu, não havendo medida judicial em sentido contrário, poderá o chefe do poder executivo determinar a não aplicação de lei flagrantemente inconstitucional.

Em suma, o controle de constitucionalidade repressivo não é exclusivo do poder judiciário, embora a ele caiba a palavra final sobre o tema. Nesse sentido, existem posicionamentos tanto do STF, quanto do STJ **(RESP 23.121/GO)**.

2. IMPOSSIBILIDADE DE PROPOSITURA DE AÇÃO DE CONTROLE CONCENTRADO DE CONSTITUCIONALIDADE ASSINADA APENAS PELO PROCURADOR-GERAL DO ESTADO OU ADVOGADO-GERAL DA UNIÃO

Somente os partidos políticos com representação no Congresso, as confederações sindicais ou entidades de classe de âmbito nacional deverão ajuizar ação por meio de advogado. Todos os outros legitimados possuem capacidade postulatória plena, que decorre da própria Constituição.

Nesse sentido, cumpre ressaltar que a Constituição não assegurou aos Estados, Distrito Federal e a União, na condição de pessoa jurídica de direito público, legitimidade para propositura de ADI. Essa legitimidade foi assegurada aos governadores e ao presidente.

Segundo o STF, trata-se de uma legitimação intuito personae, razão pela qual a eles se reconhece, inclusive, excepcional capacidade postulatória.

Dessa forma, nas ações de controle concentrado de constitucionalidade, cabe ao próprio Governador ou ao Presidente, subscrever a petição inicial, sendo facultado fazê-lo isoladamente ou em conjunto com o Procurador-Geral do Estado ou Advogado-Geral da União, ou até mesmo outro advogado, desde que legalmente habilitado.

Assim, caso a petição inicial esteja assinada somente pelo Procurador-Geral do Estado ou pelo Advogado-Geral da União, será causa de indeferimento da petição inicial, por ilegitimidade ad causam **(ADI 5.084/RO)**.

3. UTILIZAÇÃO DO MANDADO DE SEGURANÇA COMO INSTRUMENTO DE CONTROLE DE CONSTITUCIONALIDADE

a) Legitimidade

A legitimidade para propositura de mandado de segurança, nesse caso, pertence apenas ao parlamentar. Outros pessoas, a exemplo dos partidos, não tem legitimidade para isso **(STF – MS 24.642)**.

b) Possibilidade de impetração contra projeto de lei supostamente inconstitucional

Ao analisar a situação, o STF entendeu que, em regra, não seria possível a propositura. As eventuais inconstitucionalidades do projeto devem ser analisadas e resolvidas se e quando o projeto for convertido em lei.

O STF, contudo, estabeleceu duas exceções em que é possível a impetração do mandado de segurança como forma de controle prévio de constitucionalidade realizado pelo Poder Judiciário:

a) caso a proposta de emenda à constituição seja manifestamente ofensiva à cláusula pétrea;

b) na hipótese em que a tramitação do projeto de lei ou emenda à Constituição violar regra constitucional que discipline o processo legislativo **(vício formal)**.

Para o STF, nas duas situações acima, o vício de inconstitucionalidade está diretamente ligado aos aspectos formais e procedimentais da atuação legislativa (regras de processo legislativo), sendo, portanto, admitido a impetração de mandado de segurança com a finalidade de corrigir tal vício antes e independentemente da final aprovação da norma **(MS 32.033/DF)**.

4. O PAPEL DO ADVOGADO-GERAL DA UNIÃO NAS AÇÕES DE CONTROLE CONCENTRADO DE CONSTITUCIONALIDADE

a) Noções gerais

Nas ações de controle concentrado de constitucionalidade, o papel atribuído pela Constituição ao Advogado-Geral da União foi o de exercer a defesa da lei ou ato normativo impugnado, independentemente de sua natureza federal ou estadual. O Advogado-Geral da União está, portanto, regra geral, impedido constitucionalmente de manifestar-se contra a lei ou ato normativo impugnado.

> **Art. 103. § 3º** – Quando o Supremo Tribunal Federal apreciar a inconstitucionalidade, em tese, de norma legal ou ato normativo, citará, previamente, o Advogado-Geral da União, que defenderá o ato ou texto impugnado.

Cumpre ressaltar, contudo, que o AGU poderá não defender o ato impugnado nas seguintes situações:

1º – quando houver precedente do STF pela inconstitucionalidade da matéria impugnada.

2º – quando os interesses da União coincidem com os daquele que ajuizou a ADI, porque seria irracional exigir que o AGU defendesse o ato impugnado, até porque, ao fazer isso, ele estaria indo contra a sua função primordial que é defender os interesses da União.

Isso porque, com base em uma interpretação sistemática, o STF entendeu que o AGU **tem o direito de manifestação**, não necessariamente a favor da lei, **mas na defesa da Constituição e, assim, dos interesses da União (art. 131).**

b) Não pronunciamento do AGU

Existe uma outra questão prática relacionada ao papel do AGU nas ações de controle concentrado bastante interessante. É que a Constituição não previu qualquer sanção, inclusive processual, no caso de a lei impugnada não ser defendida, já que, mesmo que o AGU não se manifeste a favor da lei, essa sua atitude não acarretaria a nulidade processual ou o impedimento de julgamento da matéria.

c) Ilegitimidade para propositura de ações de controle concentrado

O AGU **não tem legitimidade** para o controle concentrado de constitucionalidade quaisquer que sejam suas espécies (ADI, ADC, ADPF, etc.). No caso, é o Presidente da República que detém legitimidade ativa universal, possuindo, inclusive, **capacidade postulatória**, de modo que não precisa da representação do AGU em juízo para propor as ações de controle concentrado.

d) Direito de Manifestação

Existe na doutrina uma forte discussão a respeito da obrigatoriedade do AGU se pronunciar sempre em defesa do ato imputado como inconstitucional. Defendem esses doutrinadores que o AGU possuiria o chamado "Direito de Manifestação". Assim, o AGU não deveria ser obrigador a passar pelo constrangimento de defender o ato normativo contrário à Constituição.

Pedro Lenza, destacando a evolução jurisprudencial do STF, analisa a discussão sobre o tema no julgamento da ADI 3.916:

"Com base na interpretação sistemática, o STF entendeu que o AGU tem o direito de manifestação, não necessariamente a favor da lei, mas na defesa da Constituição e, assim, dos interesses da União (art. 131). Ademais, uma questão prática pesou para esse entendimento, qual seja, a inexistência de sanção prevista na Constituição em caso de não ser defendida a lei, inclusive de caráter processual, já que, mesmo que o AGU não se manifeste a favor da lei, essa sua atitude **não** acarretaria a nulidade processual ou o impedimento de julgamento da matéria".

Essa evolução doutrinária acerca do papel do AGU parece, inclusive, ter sido acompanhada pelo legislador infraconstitucional. Senão, vejamos a redação do art. 8º da lei nº 9.868/1999, a qual trata sobre o processo e julgamento da ADI e da ADC perante o STF:

> **Art. 8º.** Decorrido o prazo das informações, serão ouvidos, sucessivamente, o Advogado-Geral da União e o Procurador-Geral da República, que deverão manifestar-se, cada qual, no prazo de 15 dias.

Note que o dispositivo legal fala que o AGU deve se manifestar. Contudo, em momento nenhuma ele se refere expressamente ao conteúdo da manifestação do AGU.

Assim, de tudo que foi exposto, é possível defender o direito de manifestação do AGU, no sentido de afastar o texto literal do § 3º do art. 103 da Constituição Federal, o qual obriga o AGU a sempre defender a constitucionalidade da norma:

1º – Existência de posicionamento anterior do STF.

2º – Inconstitucionalidade formal orgânica, isto é, sobreposição de competência normativa, quando um Estado aprova uma lei sobre matéria que a competência concorrente é da União.

3º – Interpretação da lei ou do ato normativo conforme a Constituição sem redução de texto, ou seja, quando houver mais de uma forma de se interpretar a norma impugnada.

e) Papel do AGU na ADO e ADC

Como vimos anteriormente, a Constituição foi estruturado para que o papel do AGU nas ações de controle de concentrado de constitucionalidade fosse o de "defensor da constitucionalidade do ato impugnado". Assim, o ordenamento jurídico não previu a obrigatoriedade de participação do AGU na Ação Declaratória de Constitucionalidade – ADC, justamente porque nela o autor busca a própria declaração de constitucionalidade da norma.

Contudo, há vozes na doutrina (Nathália Masson) defendendo a atuação do AGU, até mesmo porque **o julgamento de improcedência na ADC**

acarreta os mesmos efeitos de uma ADI. Assim, em razão desse circunstância, a autora defende a obrigatoriedade de manifestação do AGU em sede de ADC.

Por sua vez, no âmbito da Ação Declaratória de Inconstitucionalidade por Omissão - ADO, o AGU não precisa justificar a inércia do poder público, até mesmo porque se trata de um assunto que muitas vezes foge da mera técnica jurídica, adentrando em um juízo político de conveniência do legislador em editar ou não a norma. De todo modo, embora não seja obrigatória sua participação, o relator pode solicitar a manifestação do AGU na ADO, que deverá ser encaminhada no prazo de 15 dias.

g) Inexistência de simetria no âmbito estadual

A norma constitucional que impõe o dever de defensor da constitucionalidade das leis ao Advogado-Geral da União não é de observância obrigatória, é dizer, não existe aqui o dever de simetria no âmbito dos Estados. Isso importar dizer que o papel de defensor da constitucionalidade das leis, no âmbito do controle estadual de constitucionalidade, pode ser atribuído a outras pessoas que não o Procurador-Geral do Estado.

Nesse sentido, o STF já decidiu que a Constituição Estadual pode prever que o ato impugnado em ADI seja defendido pelo Procurador-Geral do Estado ou pelo Procurador-Geral da Assembleia Legislativa.

Não é inconstitucional norma da Constituição do Estado que atribui ao Procurador da Assembleia Legislativa ou, alternativamente, ao Procurador-Geral do Estado, a incumbência de defender a constitucionalidade de ato normativo estadual questionado em controle abstrato de constitucionalidade na esfera de competência do Tribunal de Justiça.

Essa previsão não afronta o art. 103, § 3º da CF/88 já que não existe, quanto a isso, um dever de simetria para com o modelo federal.

Ademais, essa norma estadual não viola o art. 132 da CF/88 uma vez que a atuação do Procurador-Geral da ALE nos processos de controle de constitucionalidade não se confunde com o papel de representação judicial do Estado, esse sim de exclusividade da Procuradoria-Geral do Estado **(ADI 119/RO).**

II

PROCESSO LEGISLATIVO

1. NOÇÕES GERAIS

a) Procedimento

> **Art. 64.** A discussão e votação dos projetos de lei de iniciativa do Presidente da República, do Supremo Tribunal Federal e dos Tribunais Superiores terão início na Câmara dos Deputados.

Além dos previstos no art. 64, também se iniciam na Câmara os projetos de iniciativa concorrente dos deputados ou de Comissões da Câmara, os de iniciativa do PGR e os de iniciativa popular (CF, art. 61, § 2º). Assim, em todos casos citados, a Câmara dos Deputados será a casa iniciadora e o Senado Federal a casa revisora.

Dessa forma, somente terão início perante o Senado Federal os projetos de lei de iniciativa dos Senadores ou das Comissões do Senado, funcionando, nesses casos, a Câmara dos Deputados como casa revisora.

Rejeitado o projeto na Casa Iniciadora, será ele arquivado. Contudo, se aprovado, ele seguirá para a casa revisora e, ao final, a casa revisora poderá aprová-lo, rejeitá-lo ou emendá-lo:

Aprovado: caso seja aprovado pela casa revisora, em um só turno de votação (regra geral para leis ordinárias e complementares), ele será enviado para a sanção ou veto do Chefe do Executivo.

Rejeitado: ele será arquivado e, nesse caso, deverá observar a seguinte regra:

> **Art. 67.** A matéria constante de projeto de lei rejeitado somente poderá constituir objeto de novo projeto, na mesma sessão legislativa, mediante

proposta da maioria absoluta dos membros de qualquer das Casas do Congresso Nacional.

Emendado: nesse caso, a emenda, e somente o que foi modificado, deverá ser apreciado pela casa iniciadora, sendo vedada a apresentação de emenda à emenda (subemenda).

No caso de a casa iniciadora aceitar a emenda introduzida pela casa revisora, assim seguirá o processo legislativo, sendo o projeto enviado para a sanção ou veto do Chefe do Executivo.

Contudo, se casa iniciadora rejeitar a emenda, o projeto, em sua redação original, que havia sido estabelecida pela casa iniciadora, assim seguirá para a apreciação executiva. É possível, assim, afirmar que no processo legislativo de elaboração de leis no sistema brasileiro haverá predominância da Casa iniciadora sobre a revisora.

O STF entende que quando a modificação do projeto de lei pela Casa Revisora não passa de mera pormenorização, técnica legislativa na qual alteração do conteúdo ocorre muito mais no sentido formal que material, não se exige o retorno à Casa Iniciadora **(ADI 2.182/DF).**

b) Emenda em projeto de iniciativa exclusiva

O conteúdo dos projetos de lei de iniciativa exclusiva **pode ser alterado por emenda** apresentada por parlamentar, pois a Constituição, nesse caso, apenas conferiu ao legitimado **a definição do momento inicial do processo legislativo**, não a palavra final sobre o conteúdo da futura lei, cuja definição continua sendo atribuição do legislativo.

Com isso, iniciativa de competência privativa do Poder Executivo não impede a apresentação de emendas parlamentares, presente a identidade de matéria e acompanhada da estimativa de despesa e respectiva fonte de custeio.

Assim, é possível que haja emenda parlamentar em um projeto de lei de iniciativa reservada ao Chefe do Poder Executivo, desde que cumpridos dois requisitos:

a) haja pertinência temática (a emenda não trate sobre assunto diferente do projeto original); e

b) a emenda não acarrete aumento de despesas originalmente previstas (art. 63, I, da CF/88) **(ADI 3942/DF).**

Art. 63. Não será admitido aumento da despesa prevista:

I – nos projetos de iniciativa exclusiva do Presidente da República, ressalvado o disposto no art. 166, § 3º e § 4º;

II – nos projetos sobre organização dos serviços administrativos da Câmara dos Deputados, do Senado Federal, dos Tribunais Federais e do Ministério Público.

c) Aprovação

Art. 65. O projeto de lei aprovado por uma Casa será revisto pela outra, em um só turno de discussão e votação, e enviado à sanção ou promulgação, se a Casa revisora o aprovar, ou arquivado, se o rejeitar.

Parágrafo único. Sendo o projeto emendado, voltará à Casa iniciadora.

O quorum de aprovação mínimo para as leis ordinárias corresponde a número variável, qual seja, mais da metade dos presentes (maioria relativa ou simples), conforme regra geral para as deliberações do Congresso (**CF, art. 47**).

Após a aprovação, o projeto de lei seguirá para o autógrafo, sendo posteriormente enviado ao Presidente para sanção ou vento.

d) Sanção

Art. 66. A Casa na qual tenha sido concluída a votação enviará o projeto de lei ao Presidente da República, que, aquiescendo, o sancionará.

§ 3º – Decorrido o prazo de quinze dias, o silêncio do Presidente da República importará sanção.

Sanção significa a concordância do Chefe do Poder Executivo ao projeto de lei. Quanto a forma de exteriorização, pode ser expressa, se a concordância com o projeto for manifestada dentro do prazo de 15 dias úteis; ou tácita, quando silente neste período.

Quanto a extensão, a sanção pode ser total ou parcial conforme haja concordância com a integralidade do projeto ou apenas com parte dele.

e) Veto

Art. 66 (...)

§ 1º – Se o Presidente da República considerar o projeto, no todo ou em parte, inconstitucional ou contrário ao interesse público, vetá-lo-á total ou parcialmente, no prazo de quinze dias úteis, contados da data do recebimento, e comunicará, dentro de quarenta e oito horas, ao Presidente do Senado Federal os motivos do veto.

§ 2º – O veto parcial somente abrangerá texto integral de artigo, de parágrafo, de inciso ou de alínea.

> **§ 4º** O veto será apreciado em sessão conjunta, dentro de trinta dias a contar de seu recebimento, só podendo ser rejeitado pelo voto da maioria absoluta dos Deputados e Senadores.
>
> **§ 5º** – Se o veto não for mantido, será o projeto enviado, para promulgação, ao Presidente da República.
>
> **§ 6º** Esgotado sem deliberação o prazo estabelecido no § 4º, o veto será colocado na ordem do dia da sessão imediata, sobrestadas as demais proposições, até sua votação final.
>
> **§ 7º** – Se a lei não for promulgada dentro de quarenta e oito horas pelo Presidente da República, nos casos dos § 3º e § 5º, o Presidente do Senado a promulgará, e, se este não o fizer em igual prazo, caberá ao Vice-Presidente do Senado fazê-lo.

O veto é a discordância do Chefe do Poder Executivo aos termos de um projeto de lei. Há divergência quanto a sua natureza jurídica, sendo considerado um direito, um poder ou ainda um poder-dever.

No veto jurídico é feita uma análise da constitucionalidade do projeto de lei. O veto político ocorre quando o projeto de lei é considerado contrário ao interesse público. Em ambos os casos, o veto deverá ser motivado.

Se o presidente simplesmente vetar, sem explicar os motivos de seus atos, estaremos diante da inexistência do veto, portanto, sem motivação expressa, o veto produzirá os mesmos efeitos da sanção.

O veto será sempre supressivo, não podendo adicionar nada ao projeto de lei. O veto pode ser total ou parcial. Se parcial, deverá abranger todo o texto do artigo, inciso, parágrafo, ou alínea, não havendo possibilidade de incidir apenas sobre determinadas palavras ou expressões.

O veto é relativo ou superável, podendo ser rejeitado pelo Congresso. No caso de ser rejeitado, apesar de integrar a lei como um todo, a parte vetada não entra em vigor na mesma data das disposições sancionadas, ou seja, com eficácia retroativa. (Ex tunc), mas sim a partir da sua publicação (Ex nunc). É vedada a retração do veto pelo presidente, bem como a retração de sua rejeição pelo Poder Legislativo.

As disposições constitucionais sobre o veto são normas de observância obrigatória pelas Constituições estaduais e leis orgânicas.

f) Promulgação

É o ato que atesta a existência da lei e garante a sua executoriedade. O chefe do Poder Executivo, por meio da promulgação, ordena a aplicação e o consequente cumprimento da Lei.

Na hipótese de sanção tácita ou de rejeição do veto, sem em 48 horas o presidente não promulgar a lei, deverá fazê-lo o Presidente do Senado e, se este não o fizer em igual período, cabe ao vice-presidente do senado fazê-lo. Ainda que passadas as 48 horas, o Presidente da República pode promulgar o projeto de Lei, pois o objetivo do art. 66, § 7º da CF é apenas suprir a ausência de manifestação e não impedi-la.

g) Publicação

A última fase do processo legislativo ordinário é a publicação, ato que confere obrigatoriedade à lei. Sua função é dar conhecimento a todos de que a ordem jurídica foi inovada, impedindo a alegação de ignorância da lei. A publicação ocorre com a inserção do texto promulgado no Diário Oficial.

2. QUESTÕES ENVOLVENDO A INICIATIVA DE LEI DO CHEFE DO EXECUTIVO

a) Introdução

Em razão de os advogados públicos exercerem, em regra, a função de representação do Poder Executivo, a maioria das questões práticas em relação ao processo legislativo das leis envolve as matérias de iniciativa exclusiva do Chefe do Poder Executivo.

Como já vimos no tópico anterior como funciona o processo de aprovação das leis, vamos analisar agora de forma específica as matérias de iniciativa do Chefe do Executivo.

b) Noções Gerais

A regra geral é a iniciativa comum ou concorrente, na qual a legitimidade para iniciar o processo legislativo é atribuída a mais de uma pessoa. É o que ocorre com as leis sobre a organização do MP, que podem ser deflagrados pelo Presidente da República e PGR.

Já a iniciativa privativa (reservada ou concorrente) ocorre quando apenas um legitimado pode iniciar o processo legislativo. É o que ocorre com as matérias de iniciativa privativa do Presidente, previsto no § 1º do art. 61 da CF/88.

As hipóteses de iniciativa exclusiva estão previstas de forma taxativa pela Constituição. Por terem caráter excepcional, não se presumem nem comportam interpretação extensiva. Além disso, a iniciativa exclusiva só é legítima quando prevista na própria Constituição, não sendo facultado ao legislador ordinário estabelecer normas dessa natureza.

1º inciativa exclusiva no âmbito estadual e municipal

Por serem normas de observância obrigatória, as matérias cuja iniciativa a Constituição reservou ao Chefe do Poder Executivo Federal, deverão ser atribuídas pelas Constituições estaduais e Leis Orgânicas ao governador e ao prefeito, não sendo admitidas nem mesmo emendas constitucionais de origem parlamentar.

2º vício de iniciativa e sanção

O vício de origem, por ser insanável, não é suprido pela sanção do chefe do Poder Executivo, ainda que a matéria constante do projeto de lei apresentado seja de sua iniciativa.

O entendimento previsto na Súmula 05 do STF (A sanção do projeto supre a falta de iniciativa do Poder Executivo) foi superado com a promulgação da Constituição de 1988.

3º Pode o legitimado exclusivo ser compelido a deflagrar o processo legislativo?

Em regra, o STF entendeu que não poderá o legitimado exclusivo ser forçado a deflagrar o processo legislativo, já que a fixação da competência reservada traz, implicitamente, a discricionariedade para decidir o momento adequado de encaminhamento do projeto de lei.

Contudo, **poderá ser reconhecida a inconstitucionalidade por omissão na hipótese de não regulamentação de artigos da Constituição de eficácia limitada e desde que observado o critério da razoabilidade.**

Nesse sentido, já entendeu o STF que a Constituição Estadual não pode impor prazos para que o chefe do Poder Executivo apresente proposições legislativas ou pratique atos administrativos.

No caso concreto, o ADCT da Constituição do Estado do Rio Grande do Sul previa uma série de prazos para o Poder Executivo encaminhar proposições legislativas e praticar atos administrativos (Ex: "no prazo de seis meses da promulgação da Constituição, o Poder Executivo encaminhará ao Poder Legislativo projeto de Lei Orgânica da Administração Pública" (art. 4º do ADCT da CE/RS))

Ao analisar tais dispositivos, o STF entendeu que é inconstitucional qualquer tentativa do Poder Legislativo (mesmo que por meio de CE) de estabelecer prazos para que o Poder Executivo apresente proposições legislativas ou pratique atos administrativos.

Há, nesse caso, uma interferência indevida na independência e harmonia entre os Poderes considerando que a CE criou um verdadeiro plano de governo, tolhendo o campo de discricionariedade e as prerrogativas próprias do chefe do Poder Executivo, em ofensa aos arts. 2º e 84, inciso II, da CF/88 (ADI 179/RS).

c) Matérias de iniciativa exclusiva do Chefe do Poder Executivo

> **Art. 61.** A iniciativa das leis complementares e ordinárias cabe a qualquer membro ou Comissão da Câmara dos Deputados, do Senado Federal ou do Congresso Nacional, ao Presidente da República, ao Supremo Tribunal Federal, aos Tribunais Superiores, ao Procurador-Geral da República e aos cidadãos, na forma e nos casos previstos nesta Constituição.
>
> **§ 1º** – São de iniciativa privativa do Presidente da República as leis que:
>
> **I** – fixem ou modifiquem os efetivos das Forças Armadas;
>
> **II** – disponham sobre:
>
> **a)** criação de cargos, funções ou empregos públicos na administração direta e autárquica ou aumento de sua remuneração;
>
> **b)** organização administrativa e judiciária, matéria tributária e orçamentária, serviços públicos e pessoal da administração dos Territórios;
>
> **c)** servidores públicos da União e Territórios, seu regime jurídico, provimento de cargos, estabilidade e aposentadoria;
>
> **d)** organização do Ministério Público e da Defensoria Pública da União, bem como normas gerais para a organização do Ministério Público e da Defensoria Pública dos Estados, do Distrito Federal e dos Territórios;
>
> **e)** criação e extinção de Ministérios e órgãos da administração pública, observado o disposto no art. 84, VI;
>
> **f)** militares das Forças Armadas, seu regime jurídico, provimento de cargos, promoções, estabilidade, remuneração, reforma e transferência para a reserva.

@direitodiretoblog – Os temas de inciativa privativa do Chefe do Executivo podem ser regulados por meio de emenda constitucional?

A polêmica aqui é saber se as matérias de iniciativa privativa do Chefe do Executivo podem ser reguladas por meio de emenda constitucional, que como é de conhecimento geral, são de iniciativas parlamentar. Isso ocorre porque o § 1º do artigo 61 da Constituição estabelece expressamente que são de iniciativa privativa do Presidente da República as leis, o que abriria espaço para a regulamentação dos dispositivos por meio de emenda.

Ao analisar a situação, o STF deu duas soluções distintas para a situação, a depender de o caso tratar de emendas a Constituição Federal e emendas a Constituição Estadual e Lei Orgânicas. Vamos analisar cada uma das situações:

Reserva de iniciativa e emendas à Constituição Estadual e Leis Orgânicas:

Em que pese o § 1º se refira textualmente a "leis" o STF entende que se houver uma emenda constitucional tratando sobre algum dos assuntos listados no art. 61, § 1º, da CF/88, essa emenda deve ter sido proposta pelo chefe do Poder Executivo.

Assim, é incabível que os parlamentares proponham uma emenda constitucional dispondo sobre o regime jurídico dos servidores públicos, por exemplo (art. 61, § 1º, II, "c").

Se isso fosse permitido, seria uma forma de burlar a regra do art. 61, § 1º, da CF/88. Em suma, "matéria restrita à iniciativa do Poder Executivo não pode ser regulada por emenda constitucional de origem parlamentar" (ADI 2.966 e ADI 3848).

Cumpre ressaltar, contudo, que esse entendimento aplica-se apenas nos casos de emendas constitucionais, assim consideradas como expressão do Poder Constituinte Derivado.

Não há que se falar em violação à inciativa privativa quando uma norma originária da Constituição versa sobre tema de iniciativa privativa do Chefe do Executivo.

Nesse sentido, o STF já decidiu que é constitucional norma originária da lei orgânica do DF que preveja que "a direção superior das empresas públicas, autarquias, fundações e sociedades de economia mista terá representantes dos servidores".

A Lei Orgânica do DF é uma manifestação do poder constitucional derivado decorrente, ou seja, ela possui o mesmo status jurídico ostentado pelas Constituições estaduais. Segundo o STF, a norma em questão, por ser oriunda do poder constituinte originário decorrente, não sofre vício de reserva de iniciativa legislativa do chefe do Poder Executivo (**ADI 1.167/DF).**

Reserva de iniciativa e emendas à Constituição Federal:

Aqui, o entendimento do STF é oposto ao anteriormente apresentado. Diversamente do que ocorre no caso de emendas à Constituição Estadual, o STF entende que é possível que emenda à Constituição Federal proposta por iniciativa parlamentar trate sobre as matérias previstas no art. 61, § 1º, da CF/88.

O fundamento para tanto é o seguinte: o poder constituinte estadual é desde sua origem mais limitado do que o poder constituinte federal. Com isso, as Assembleias Legislativas se submetem a limites mais rigorosos quando pretendem emendar as Constituições Estaduais do que o Congresso Nacional quando da reforma da Constituição Federal, uma vez que os limites para este poder de reforma estão dispostos no art. 60 da CF.

Nesse sentido, destaca-se o seguinte julgado do STF:

1. No plano federal, o poder constituinte derivado submete-se aos limites formais e materiais fixados no art. 60 da Constituição da República, a ele não extensível a cláusula de reserva de iniciativa do Chefe do Poder Executivo, prevista de modo expresso no art. 61, § 1º, apenas para o poder legislativo complementar e ordinário – poderes constituídos. 2. Impertinente a aplicação, às propostas de emenda à Constituição da República, da jurisprudência do Supremo Tribunal Federal quanto à inconstitucionalidade de emendas às constituições estaduais sem observância da reserva de iniciativa do Chefe do Poder Executivo, fundada na sujeição do poder constituinte estadual, enquanto poder constituído de fato, aos limites do ordenamento constitucional federal."**(ADI 5296 MC)**

Assim, importante aprender que, segundo entendimento do STF, a emenda à Constituição Estadual proposta por parlamentares estaduais deve respeitar a iniciativa reservada ao chefe do Poder Executivo (art. 61, § 1º, da CF/88), enquanto o mesmo não ocorre no âmbito das emendas à Constituição Federal.

1º – Matérias que não se submetem a inciativa privativa

- **Lei que proíba o nepotismo no Poder Executivo pode ser proposta por parlamentar**

As leis que proíbam o nepotismo na Administração Pública não são de iniciativa exclusiva do Chefe do Poder Executivo, podendo, portanto, ser propostas pelos parlamentares **(RE 570.392/RS)**.

- **Constitucionalidade de lei, de iniciativa parlamentar, que autoriza o Estado-membro a reconhecer sua responsabilidade civil**

É constitucional lei estadual, de iniciativa parlamentar, que autoriza que o Estado-membro indenize as pessoas que foram vítimas de violências praticadas pelos agentes públicos. Segundo o STF, a iniciativa para encaminhar projeto de lei tratando sobre essa matéria não é privativa do chefe do Poder Executivo, não havendo, portanto, violação a qualquer das alíneas do inciso II do § 1º do art. 61 da CF/88 **(ADI 2255/ES).**

- **Constitucionalidade de lei estadual que obriga o Poder Executivo a divulgar dados de contratos e obras públicas**

É constitucional lei estadual, de iniciativa parlamentar, que obriga o Poder Executivo do referido Estado-membro a divulgar, na imprensa oficial e na internet, a relação completa de obras atinentes a rodovias, portos e aeroportos. A Corte entendeu que não havia qualquer vício formal ou material na referida lei, considerando que foi editada em atenção aos princípios da publicidade e da transparência, tendo por objetivo viabilizar a fiscalização das contas públicas **(ADI 2444/RS).**

- **Não existe iniciativa reservada de matéria tributária**

O STF entendeu que o art. 61, § 1º, II, "b", somente se aplica em relação as leis dos Territórios Federais. Assim, a Constituição admite a iniciativa parlamentar no âmbito da União, Estados, DF e dos Municípios, sendo tal iniciativa concorrente (**ARE 743.480).**

2º – Matérias que se submetem a inciativa privativa

a) Matérias pertinentes ao Plano plurianual, as Diretrizes Orçamentárias e aos orçamentos anuais

1º Noções Gerais

Nos termos do art. 165, I, II e III, da CF/88, leis de iniciativa do Poder Executivo estabelecerão o plano plurianual, as Diretrizes Orçamentárias e aos orçamentos anuais. Assim, o STF decidiu que é da competência exclusiva do Poder Executivo iniciar o processo legislativo referente a estas matérias **(ADI 1.759/MG).**

Tem-se, assim, que falece ao Legislativo a competência para iniciar um projeto de lei orçamentária. A doutrina (Harisson Leite), contudo, defende que o legislativo poderá, por meio de leis tributárias, especialmente as concessivas de benefícios fiscais, alcançar reflexamente o orçamento, sem que isso ferir a competência exclusiva do Executivo para tratar do orçamento, visto que está dentro da competência do Poder Legislativo a iniciativa de lei tributária que reduz receita pública.

@direitodiretoblog – O Poder Público pode alterar a proposta orçamentária de outros poderes?

No Brasil, por expressa disposição Constitucional, compete **privativamente** ao Presidente o envio das leis orçamentárias **(Art. 84, XXIII).**

Essa competência ocorre mesmo em relação aos orçamentos dos demais poderes, MP e Defensoria. Assim, esses entes devem encaminhar seus respectivos orçamentos para o Poder Executivo para que ele os encaminhe ao legislativo em um só documento.

Esse ato de receber os orçamentos dos demais entes e transformar em um só documento se chama CONSOLIDAÇÃO.

Assim, o que se questiona é se o Poder Executivo pode promover mudanças nos orçamentos dos demais entes, antes de encaminhá-los ao Legislativo?

Para a resposta da pergunta, chama-se atenção às duas hipóteses possíveis:

- Se os órgãos dotados de autonomia, ao elaborarem suas propostas orçamentárias **não observarem os limites estipulados conjuntamente na LDO**, o Poder Executivo poderá proceder aos ajustes necessários para fins de consolidação da proposta orçamentária anual (Art. 99, § 4º e art. 127, § 5º, ambos da CF/88);
- No entanto, se houve observância dos limites estipulados na LDO, mas, mesmo assim, o Executivo não concordou com a proposta encaminhada pelos demais poderes, **ele não pode consolidar a proposta de acordo com sua visão e encaminhar ao legislativo um projeto de loa diferente daquele recebido**.

Nesse caso, ele deve consolidar da forma como encaminhado pelos demais Poderes, DP e MP, e, querendo, propor uma emenda modificativa à Comissão Mista Permanente (**Art. 166, § 5º, da CF)** a fim de permitir que o legislativo discuta a matéria.

O que não pode é o Executivo alterar unilateralmente a proposta orçamentária dos demais poderes (ADI 5287/PB).

2º Atraso no trâmite das leis orçamentárias

Os atrasos nos trâmites das leis podem decorrer de três hipóteses:

- **1º** Não envio dos projetos das leis orçamentárias pelo Executivo;
- **2º** Não votação pelo Legislativo dos projetos encaminhados;
- **3º** rejeição do projeto da LOA pelo Legislativo.

Não envio

A hipótese de não envio da lei orçamentária pelo Executivo foi assim regulada pela Lei 4.320/64:

> **Art. 32.** Se não receber a proposta orçamentária no prazo fixado nas Constituições ou nas Leis Orgânicas dos Municípios, o Poder Legislativo considerará como proposta a Lei de Orçamento vigente.

Assim, não envio do por parte do Executivo do projeto de lei, compete ao legislativo apreciar novamente o orçamento vigente, como se nova proposta fosse.

Não votação

Nos casos de não votação, pelo legislativo, dos projetos encaminhados, o que usualmente ocorre é a possibilidade de se executar x/12 da proposta que está tramitando, caso haja autorização da LDO. Alguns doutrinadores mais conservadores defendem a mera atualização inflacionária do orçamento anterior.

Rejeição das leis orçamentárias pelo Executivo

É juridicamente impossível que o Poder Legislativo rejeite os projetos do plano plurianual – PPA e da lei de diretrizes orçamentária – LDO. Isso porque a Constituição estabeleceu, tanto para o PPA (Art.35, § 1º, do ADCT) quanto para a LDO (Art. 57, § 2º, da CF), a obrigação de que os projetos devem ser votados e aprovados:

> **Art. 35. (...)**
>
> **§ 2º (...)**
>
> **I – o** projeto do plano plurianual, para vigência até o final do primeiro exercício financeiro do mandato presidencial subsequente, será encaminhado até quatro meses antes do encerramento do primeiro exercício financeiro **e devolvido para sanção até o encerramento da sessão legislativa;**
>
> **Art. 57.**
>
> **§ 2º** – A sessão legislativa **não será interrompida sem a aprovação do projeto de lei de diretrizes orçamentárias.**

Por seu turno, com relação a Lei Orçamentária Anual – LOA, a Constituição previu o seguinte:

> **Art. 166. (...)**

> § 8º Os recursos que, em decorrência de veto, emenda ou rejeição do projeto de lei orçamentária anual, ficarem sem despesas correspondentes poderão ser utilizados, conforme o caso, mediante créditos especiais ou suplementares, com prévia e específica autorização legislativa.

Assim, ainda que seja uma hipótese rara, haveria a possibilidade de rejeição do projeto da LOA e, nesse caso, o Poder Executivo precisaria enviar projeto de lei específica para efetuar quaisquer gastos, que ocorreriam por meio da abertura de créditos especiais e suplementar.

Contudo, a doutrina (Harrison Leite) defende haver uma impossibilidade normativa de o legislativo rejeitar todo o projeto de lei orçamentária, já que a Constituição restringiu o poder de emendar do Legislativo (Art. 166, § 6º, CF), o que significa que há um dever de aprovação daquilo que sequer pode ser emendado.

b) Iniciativa de lei que disponha sobre o regime jurídico dos servidores públicos e militares

É inconstitucional lei estadual, de iniciativa parlamentar, que disponha sobre o regime jurídico dos servidores públicos e dos miliares estaduais (seus direitos e deveres). O art. 61, § 1º, II, "c" e "f", da CF/88 prevê que compete ao Chefe do Poder Executivo a iniciativa de lei que trate sobre os direitos e deveres dos servidores públicos e sobre o regime jurídico dos militares.

Essa regra também é aplicada no âmbito estadual por força do princípio da simetria. O fato de o Governador do Estado sancionar esse projeto de lei não faz com que o vício de iniciativa seja sanado. A Súmula 5 do STF há muitos anos foi cancelada **(ADI 3.920/MT)**.

c) Iniciativa de lei que disponha sobre criação de cargos públicos e estruturação de órgãos da Administração direta e autárquica

É formalmente inconstitucional lei estadual, de iniciativa parlamentar, que trata sobre a criação de cargos e a estruturação de órgãos da Administração direta e autárquica. A iniciativa para essas matérias é reservada ao chefe do Poder Executivo (art. 61, § 1º, II, "a","c" e "e", da CF/88) (ADI 2.940/ES).

d) Inconstitucionalidade de lei de iniciativa parlamentar que cria ônus para Secretaria de Estado

É inconstitucional lei estadual, de iniciativa parlamentar, que obriga a Secretaria de Segurança Pública a avisar, pelos Correios, que o prazo de validade da Carteira Nacional de Habilitação da pessoa está prestes a vencer. Essa norma, que trata sobre organização administrativa e cria ônus para a Administração Pública, não poderia ter sido tratada em lei de iniciativa parlamentar **(ADI 3.169/SP).**

e) Inconstitucionalidade de lei municipal, de iniciativa parlamentar, que isenta determinada classe do pagamento de tarifas municipais

É inconstitucional lei municipal, de iniciativa parlamentar, que autoriza que os oficiais de justiça do Estado estacionem seus veículos de trabalho nas chamadas "zonas azuis" sem pagamento das tarifas. A lei em questão, de iniciativa parlamentar, interfere em questões da Administração Pública municipal e acarreta redução de receita legalmente estimada para os cofres públicos, o que viola o princípio da harmonia e independência dos Poderes **(RE 239.458/SP).**

3. MEDIDAS PROVISÓRIAS

a) Introdução

A importância do estudo das medidas provisórias reside no seu legitimado. Nos termos da Constituição, somente o Chefe do Poder Executivo é quem tem legitimidade para inovar no ordenamento jurídico por meio delas. Com isso, em razão de ser instrumento a disposição do Chefe do Executivo, é importante o seu estado.

b) Legitimado

A legitimação para editar MP é exclusiva do Presidente da República.

c) Pressupostos constitucionais para sua edição

Os pressupostos constitucionais para sua edição são relevância e urgência. Tais pressupostos são cumulativos.

Além dos pressupostos formais, é necessário ainda se observar os pressupostos materiais. São matérias que não podem ser objeto de medida provisória:

§ 1º É vedada a edição de medidas provisórias sobre matéria:

I – relativa a:

a) nacionalidade, cidadania, direitos políticos, partidos políticos e direito eleitoral;

b) direito penal, processual penal e processual civil;

c) organização do Poder Judiciário e do Ministério Público, a carreira e a garantia de seus membros;

d) planos plurianuais, diretrizes orçamentárias, orçamento e créditos adicionais e suplementares, ressalvado o previsto no art. 167, § 3º;

II – que vise a detenção ou sequestro de bens, de poupança popular ou qualquer outro ativo financeiro;

III – reservada a lei complementar;

IV – já disciplinada em projeto de lei aprovado pelo Congresso Nacional e pendente de sanção ou veto do Presidente da República.

É de se ressaltar, ainda, que não há vedação as medidas provisórias em matéria tributária:

> **§ 2º** Medida provisória que implique instituição ou majoração de impostos, exceto os previstos nos arts. 153, I, II, IV, V, e 154, II, só produzirá efeitos no exercício financeiro seguinte se houver sido convertida em lei até o último dia daquele em que foi editada.

d) Prazo de vigência

O prazo de vigência de uma MP é de 60 dias, prorrogável uma única vez por igual período. A prorrogação, que ocorre de forma automática e uma única vez, não se confunde com a reedição, a qual pode ocorrer por mais de uma vez, desde que não seja na mesma sessão legislativa **(CF, art. 62, § 10º).**

É importante atentar-se para o fato de que o prazo de 60 dias fica suspenso durante os períodos de recesso do congresso nacional, de forma que é possível que uma MP tenha vigência por prazo superior a 120 dias.

e) Trâmite

Antes de serem apreciadas no plenário da Câmara e do Senado, as MP são encaminhadas para uma Comissão Mista de deputados e senadores que apresentará um parecer sobre a sua aprovação **(CF, art. 62, § 9º).**

Em seguida, são remetidas a Câmara dos Deputados **(CF, art. 62, § 8º)**, que, antes da deliberação sobre o mérito, deve analisar a presença dos pressupostos constitucionais: urgência e relevância **(CF, art. 62, § 5º).**

Após serem aprovadas na Câmara, por maioria simples, são encaminhadas ao Senado par analisar os requisitos constitucionais e, em seguida, deliberar sobre o mérito. Aprovadas em ambas as casas, as medidas provisórias são convertidas em lei, cabendo ao Presidente do Senado a promulgação e remessa ao Presidente da República para que determine a publicação da lei de conversão.

A sanção do Presidente só será necessária se a medida provisória sofrer alguma alteração no Congresso (**RE 217.194/PR**).

f) Conversão em lei

É possível a apresentação de emendas ao texto originário da MP, facultando-se ao parlamento a ampliação ou restrição de seu conteúdo. Nesse caso, deverão os parlamentares, em conjunto com a emenda, apresentar texto regulamentando as relações jurídicas decorrentes da possível alteração da MP, proposta na emenda. Caso a MP seja aprovada com alterações, o presidente poderá vetar o projeto de lei de conversão.

g) Rejeição

A MP poderá ser rejeitada expressa ou tacitamente, por decurso do prazo (**CF, art. 62, § 3º**). Caso não seja editado no prazo de 60 dias, o decreto legislativo regulamentando as relações jurídicas dela decorrente, conservar-se-ão regidas pela MP as relações ocorridas no período de sua vigência (**CF, art. 62, § 11**).

Sendo aprovado o projeto de lei de conversão alterando o texto original da MP, sua vigência permanecerá integral até que o projeto de lei seja sancionado ou vetado pelo Presidente (**CF, art. 62, § 12**).

h) Revogação

Após publicar a MP, o Presidente não pode mais dispor sobre ela, nem retirá-la da apreciação do congresso, mas poderá editar nova medida provisória, revogando a anterior (**ADI 2984/DF**).

Nesse caso, os efeitos da MP revogada ficam suspensos até a análise, de ambas as MP, pelo Congresso, podendo ocorrer duas situações:

- **1º** Conversão em lei da MP revogadora, tornando definitiva a revogação da MP anterior.
- **2º** Rejeição da MP revogadora, fazendo com que a MP revogada volte a produzir efeitos pelo período que lhe restava vigorar.

Uma MP não pode revogar lei. Caso tratem de matéria idêntica, a lei anterior terá sua eficácia suspensa até que a MP seja rejeitada ou convertida em lei (ADI 712/DF).

i) Trancamento de pauta

A Constituição determinou o seguinte:

> **§ 6º** Se a medida provisória não for apreciada em até quarenta e cinco dias contados de sua publicação, entrará em regime de urgência, subsequentemente, em cada uma das Casas do Congresso Nacional, ficando sobrestadas, até que se ultime a votação, todas as demais deliberações legislativas da Casa em que estiver tramitando.

Esse sobrestamento previsto no artigo 62, § 6º, é chamado de "trancamento de pauta". Como o desejo do constituinte é ver a MP votada antes de perder a validade, ele determinou que, caso ela não seja votado em 45 dias, ficam suspensas as votações das demais deliberações legislativas, até que a MP seja votada.

A polêmica aqui é saber o alcance da expressão "demais deliberações legislativas" previstas no § 6º. Ela proibiria a votação de toda e qualquer espécie legislativa (Ex: emenda constitucional) ou só alcança projetos de lei que versem sobre temas passíveis de serem tratados por MP?

O STF analisou o caso e entendeu que ficam sobrestados (paralisados) apenas as votações de projeto de leis ordinárias que versem sobre temas que possam ser tratados por medidas provisórias **(MS 27.931/DF)**.

Assim, ainda que a casa legislativa esteja com a pauta trancada, ainda assim poderá votar normalmente propostas de emenda constitucional, projetos de lei complementar, projetos de resolução, projetos de decreto legislativo e até mesmo projetos de lei ordinária que tratem de um dos temas previstos no art. 62, § 1º.

Isso porque a MP somente pode tratar sobre assuntos próprios de lei ordinária e desde que não incida em nenhuma das proibições do art. 62, § 1º.

j) Medida Provisória nos Estados e Municípios

Em razão do princípio da simetria, a edição de MP pelo governador do Estado é admitida, desde que observados dois aspectos:

a) Previsão na respectiva constituição estadual;

b) observância das regras básicas do processo legislativo estabelecidas pela Constituição Federal.

O STF, sobre o tema, afirmou que, embora não haja na CF/88 autorização expressa para edição de MP pelos estados, essa possibilidade foi indicada no art. 25, § 2º, da CF/88, que prevê que cabe aos Estados explorar diretamente, ou mediante concessão, os serviços locais de gás canalizado, na forma da lei, vedada a edição de MP para sua regulamentação.

No âmbito municipal, também deve ser admitida a edição de MP pelo prefeito, com fundamento no princípio da simetria. Aqui, além da observância das normas básicas previstas na Constituição e da previsão na Lei Orgânica, é necessário que a Constituição do respectivo Estado consagre a possibilidade deste instrumento pelo prefeito, em face da exigência de observância, pela lei orgânica municipal, dos princípios estabelecidos na Constituição do respectivo Estado (CF, art. 29).

l) Controle de Constitucionalidade

A constitucionalidade de uma MP pode ser analisada sob o aspecto formal e material. Formalmente, deve ser verificada a presença dos requisitos constitucionais exigidos para sua edição: relevância e urgência. Tal análise deve ser feita primordialmente no âmbito legislativo, por meio do controle repressivo de constitucionalidade.

Não obstante, admite-se a possibilidade, ainda que excepcional, de apreciação pelo Poder Judiciário, quando a inconstitucionalidade for flagrante e objetiva. Esta possibilidade de controle jurisdicional encontra fundamento na necessidade de impedir o excesso de poder ou o manifesto abuso institucional quando da edição da MP, situação incompatível com o sistema de limitação do poder **(ADI 2213/DF).**

No aspecto material, além da compatibilidade com os dispositivos constitucionais, deverá a MP obedecer ainda os limites específicos impostos pelas CF **(CF, art. 62, §§ 1º e 2º).**

Aqui, o controle repressivo cabe indistintamente ao legislativo, quando da sua apreciação, como pelo Judiciário, em controle difuso ou concentrado. No caso do controle concentrado, alguns aspectos devem ser observados.

Caso ocorra a revogação da norma impugnada de uma MP objeto de ADI, a ação ficará suspensa té que o Congresso aprove ou rejeite a medida provisória revogadora; se aprovada, a ADI restará prejudicada pela perda do objeto, devendo ser extinta sem julgamento de mérito; se rejeitada, a ação prosseguirá.

A conversão da MP em lei não lhe confere imunidade e nem convalida os seus vícios originários **(ADI 3.090/DF).** Caso haja alteração substancial do conteúdo impugnado, a ADI ficará prejudicada, em razão da perda do objeto (ADI 991).

No caso de conversão sem alteração do ponto questionado, a ADI não ficará prejudicada. Contudo, deverá ser feito o aditamento da inicial, com a substituição da MP pela lei de conversão.

III

REPARTIÇÃO DE COMPETÊNCIAS

1. NOÇÕES GERAIS

A repartição de competências na Constituição de 1988 adotou como princípio informador **o princípio da predominância do interesse.**

Assim, em regra, a competência para estabelecer normas de interesse geral foi atribuída à União; Já para tratar de assuntos de interesse local foi atribuída aos Municípios. Por fim, os assuntos de interesse regional tiveram a competência atribuída aos Estados.

Na hipótese de conflito de normas editadas por entes federativos diversos, a prevalência de um sobre a outra não será determinada pela origem de sua emanação, mas da competência constitucionalmente atribuída para sua edição.

A Constituição brasileira, segundo Marcelo Novelino, adotou 04 (quatro) critérios básicos para a repartição de competências, os quais serão analisados a seguir:

a) Campos específicos de competência legislativas e administrativas

Na repartição adotada pela CF/88 foram atribuídas poderes enumerados à União (CF, arts. 21 e 22) e aos Municípios (CF, art. 30) e poderes remanescente ou residuais aos Estados (CF, art. 25, § 1º). O DF foi contemplado com as competências estaduais e municipais (CF, art. 32, § 1º).

Em razão da inexistência de disposição expressa acerca da possibilidade de delegação, as competências administrativas devem ser consideradas exclusivas.

b) Possibilidade de delegação

O artigo 22 cuida das competências legislativas privativas da União. Nos termos do parágrafo único, lei complementar poderá autoriza os Estados a legislar sobre questões específicas das matérias de competência legislativa privativa da União.

> **Parágrafo único.** Lei complementar poderá autorizar os Estados a legislar sobre questões específicas das matérias relacionadas neste artigo.

Segundo Nathália Masson, o dispositivo em questão aponta a necessidade do preenchimento de três requisitos para que haja delegação válida em favor dos Estados e do DF: um de ordem formal, outro material e o terceiro está implícito na redação do parágrafo. Vejamos cada um deles:

- **requisito formal:** segundo este requisito a União somente poderá efetivar a delegação por meio da edição de uma lei complementar.
- **requisito material:** a União não poderá delegar toda a matéria contida no inciso, mas tão somente questões específicas das matérias ali relacionadas. Como exemplo: na LC nº 103/2000 a União delegou aos Estados e ao Distrito Federal a possibilidade de legislarem não sobre toda a matéria "direito do trabalho", mas sim relativamente a uma questão específica da matéria, qual seja, o "piso salarial";
- **requisito implícito:** não pode a delegação beneficiar somente um ou alguns Estados, deve se estender a todos eles e também alcançar o Distrito Federal, por força do princípio isonômico, que veda tratamento diferenciado entre os entes federados.

> **Art. 19.** É vedado à União, aos Estados, ao Distrito Federal e aos Municípios:
>
> **III** – criar distinções entre brasileiros ou preferências entre si.

Interessante destacar que na vigência da nossa Carta de 1937 (Constituição dos Estados Unidos do Brasil) existia a possibilidade de a delegação beneficiar somente um ou alguns Estados, conforme preceituava o art. 17 do referido diploma.

c) Competências administrativas comuns

Além das atribuições administrativas exclusivas da União (art. 21), há também as competências materiais comuns, sistematizadas no art. 23,

CF/88, que serão cumpridas pela União em conjunto com todos os demais entes federados (Estados-membros, Distrito Federal e Municípios).

São atribuições exercitadas por todos os entes concomitantemente, razão pela qual também podem ser intituladas "cumulativas", uma vez que não há limites prévios estipulados para o cumprimento delas, isto é, a atuação de um ente não inviabiliza ou restringe a atuação dos demais.

Como todos os entes têm competência administrativa tem competência sobre o tema, a Constituição determinou que leis complementares façam normatização do tema:

> **Parágrafo único.** Leis complementares fixarão normas para a cooperação entre a União e os Estados, o Distrito Federal e os Municípios, tendo em vista o equilíbrio do desenvolvimento e do bem-estar em âmbito nacional.

Havendo conflito entre os entes, o STF irá solucioná-los por meio da aplicação do critério da preponderância dos interesses para determinar que as situações de colisão entre as diferentes providências sejam resolvidas em prol do interesse preponderante, mais abrangente, que é o da União.

A competência comum (competência material ou administrativa) não implica, de forma imediata, competência para legislar. Contudo, isso não significa que os entes federativos estejam impedidos de legislar sobre o tema, porquanto se em um Estado de Direito tudo deve ser feito em conformidade com a lei, negar a competência legislativa acabaria por tornar inócua a competência material.

d) Competências legislativas concorrentes

A repartição vertical de competência realiza a distribuição de idêntica matéria legislativa entre as pessoas estatais, consagrado um verdadeiro "condomínio legislativo", consoantes regras constitucionais de conveniência.

A constituição adotou a técnica de legislação federal fundamental, de normas gerais e diretrizes essenciais, cujo preenchimento deverá ser feito pela legislação estadual conforme as peculiaridades e exigências de cada estado federado.

Na repartição da competência legislativa concorrente, o legislador constituinte optou pela consagração de competências não cumulativas, cabendo à União estabelecer normas gerais:

> **Art. 24.** (...)
>
> **§ 1º** No âmbito da legislação concorrente, a competência da União limitar-se-á a estabelecer normas gerais.

Aos Estados e ao DF compete a criação de normas específicas, por meio do exercício de competência suplementar:

> § 2º A competência da União para legislar sobre normas gerais não exclui a competência suplementar dos Estados.

A inexistência de lei federal estabelecendo normas gerais autoriza o exercício de competência legislativa plena pelos Estados:

> § 3º Inexistindo lei federal sobre normas gerais, os Estados exercerão a competência legislativa plena, para atender a suas peculiaridades

O exercício da competência plena perdura até que sobrevenha lei federal suspendendo a eficácia da lei estadual no que lhe for contrário:

> § 4º A superveniência de lei federal sobre normas gerais suspende a eficácia da lei estadual, no que lhe for contrário.

Perceba que o dispositivo não determina a revogação da norma, **mas apenas suspende** naquilo em que for contrária a norma geral.

A competência suplementar costuma ser dividida em duas espécies:

- **complementar,** quando depende da prévia existência de lei federal a ser especificada (CF, art. 24, § 2º); e
- **supletiva,** quando surge em virtude da inércia da União para editar as normas gerais (CF, art. 24, § 3º).

Por fim, embora os municípios não tenham sido expressamente contemplados pelo artigo, é certo que, em razão do disposto no art. 30, II, da Constituição, eles possuem competência suplementar.

Assim, pode-se concluir que os Municípios estão aptos a complementar as leis federais e estaduais editadas no exercício da competência legislativa prevista no are. 24, com o intuito de melhor especificarem suas peculiaridades, nada obstante não terem sido relacionados no are. 24 enquanto entes dotados de competência legislativa concorrente.

2. PRINCIPAIS DECISÕES JUDICIAIS ENVOLVENDO A CONSTITUCIONALIDADE DE LEIS ESTADUAIS

a) Leis Estaduais Constitucionais

a.1 – É constitucional lei estadual que fixa número máximo de alunos por sala de aula

A competência para legislar sobre educação e ensino é concorrente (art. 24, IX, da CF/88).

Determinado Estado-membro editou uma lei prevendo o número máximo de alunos que poderiam estudar nas salas de aula das escolas, públicas ou particulares, ali existentes. O STF entendeu que essa lei é constitucional e que não usurpa a competência da União para legislar sobre normas gerais de educação (**ADI 4.060/SC**).

a.2 – Lei estadual pode regular procedimento para homologação judicial de acordo de alimentos com a participação da Defensoria Pública

É constitucional lei estadual que regula procedimento para homologação judicial de acordo sobre a prestação de alimentos firmada com a intervenção da Defensoria Pública. Isso porque tal legislação está inserida na competência concorrente (art. 24, XI, da CF/88) (**ADI 2922/RJ**).

a.3 – Farmácias e drogarias podem vender produtos de conveniência

É constitucional a lei estadual que permite o comércio de artigos de conveniência em farmácias e drogarias. Inicialmente, o Min. Relator concluiu que, ao tratar sobre a venda de produtos de conveniência em farmácias e drogarias, o legislador não tratou sobre "defesa da saúde", mas sim sobre comércio local. Logo, não há que se falar no art. 24, XII, da CF/88.

A União tratou sobre a venda de remédios em farmácias e drogarias por intermédio da Lei n. 5.991/73, que dispõe sobre o controle do comércio de drogas, medicamentos, insumos farmacêuticos e correlatos. Ocorre que essa Lei não proibiu que as farmácias e drogarias vendessem também produtos de conveniência. Diante dessa ausência de vedação, conclui-se que os Estados-membros e o DF podem autorizar, mediante lei e em observância ao disposto no mencionado diploma federal, a comercialização dos chamados artigos de conveniência sem que isso represente invasão na esfera de competência da União.

A Lei n. 5.991/73 prevê que apenas farmácias e drogarias podem vender remédios, medicamentos e insumos farmacêuticos, mas isso não significa que ela proibiu que farmácias e drogarias comercializassem outros produtos que não fossem esses.

Para o STF, as Resoluções da ANVISA que proibiram o comércio de produtos de conveniência em farmácias e drogarias são ilegítimas por violarem o princípio da legalidade considerando que essa vedação somente poderia ser instituída por meio de lei (**ADI 4949 e ADI 4948**).

b) Leis Estaduais Inconstitucionais

b.1 – Inconstitucionalidade de norma estadual que estipula prazos para o pagamento de indenização em caso de encampação

É inconstitucional norma da constituição estadual que preveja que o estado (poder concedente) terá até 25 anos para pagar a indenização decorrente da encampação do serviço público que era prestado pela empresa concessionária.

No caso concreto, a dilação do prazo de ressarcimento, no caso de encampação, para até 25 anos, traz grave ônus financeiro à contratada e viola as garantias decorrentes do ato jurídico perfeito e do art. 37, XXI, da CF/88, o qual impõe à Administração o respeito às condições efetivas da proposta formalizada. Além disso, o Tribunal considerou que o constituinte estadual legislou sobre matéria reservada à União (art. 22, XXVII e art. 175, parágrafo único, I, da CF/88). **(ADI 1.746/SP).**

b.2 – Constituição Estadual não pode dispor sobre as atribuições para a defesa dos direitos das populações indígenas

A Constituição do Pará previa atribuições a serem desempenhadas pelo Estado e pelos Municípios no tocante à preservação da cultura, organização social, costumes, crenças e tradições das populações indígenas.

Além disso, impunha ao Ministério Público estadual a competência para a fiscalização do cumprimento dessas responsabilidades. O STF entendeu que a Constituição estadual não pode tratar sobre populações indígenas, considerando que somente a União pode legislar sobre essa matéria, conforme determina o art. 22, XIV, da CF/88.

Além disso, a competência para a defesa dos direitos e interesses das populações indígenas não é do Ministério Público estadual, mas sim do Ministério Público federal (art. 109, XI, da CF/88 c/c art. 5º, III, "e", da LC 75/93). Assim, é inconstitucional norma da Constituição Estadual que disponha as atribuições para a defesa dos direitos e interesses das populações indígenas. Isso porque somente a União pode legislar sobre a matéria, conforme determina o art. 22, XIV, da CF/88 **(ADI 1499/PA).**

b.3 – Lei estadual não pode dispor sobre inspeção técnica veicular

É inconstitucional lei estadual que trate sobre Inspeção técnica de veículos. Isso porque essa Lei versa sobre trânsito, matéria de competência privativa da união (art. 22, XI, da CF/88) **(ADI 1972/RS)**

b.4 – É inconstitucional lei estadual que proíba comercialização de produtos estrangeiros com agrotóxicos

É INCONSTITUCIONAL lei estadual que proíba a comercialização, no referido Estado-membro, de produtos importados que não tenham sido submetidos à análise de resíduos químicos de agrotóxicos. Isso porque essa lei trata sobre comércio exterior, matéria cuja competência é privativa da União, nos termos do art. 22, VIII, da CF/88 **(ADI 3.813/RS).**

b.5 – É inconstitucional lei estadual que institua depósito prévio como requisito de admissibilidade de recurso nos juizados

É inconstitucional lei estadual que crie, como requisito de admissibilidade para a interposição de recurso inominado no âmbito dos juizados especiais, o depósito prévio de 100% do valor da condenação. Tal norma viola a competência privativa da união para legislar sobre direito processual, além de vulnerar os princípios do acesso à jurisdição, do contraditório e da ampla defesa **(ADI 4161/AL).**

b.6 – É inconstitucional lei estadual que concede prioridade para crimes envolvendo Lei Maria da Penha

O STF **(ADI 348353)** entendeu pela inconstitucionalidade de uma lei do Maranhão que fixou como prioritária a tramitação dos processos envolvendo mulher vítima de violência doméstica. Isso porque estabelecer prioridades na tramitação processual é macéria de direito processual, cuja competência é privativa da União.

b.7 – Lei estadual que regule a atividade profissional de despachante

É inconstitucional lei estadual que regule a atividade de despachante perante os órgãos da Administração Pública estadual estabelecendo requisitos para o exercício dessa profissão. O STF considerou inconstitucional a lei porque compete privativamente à União legislar sobre direito do trabalho e sobre condições para o exercício profissional (art. 22, I, da CF/88).

Além disso, a lei ofendeu o art. 5º, XIII, da CF/88,que tem caráter nacional, de forma que não são admitidas diferenças entre os entes federados quanto a requisitos ou condições para exercer atividade profissional ("XIII - é livre o exercício de qualquer trabalho, ofício ou profissão, atendidas as qualificações profissionais que a lei estabelecer") **(ADI 4387/SP).**

b.8 – É inconstitucional lei estadual que cria obrigações pecuniárias para as concessionárias de energia elétrica

É INCONSTITUCIONAL lei estadual que determine que os postes de sustentação à rede elétrica que estejam causando transtornos ou impedimentos aos proprietários de terrenos serão removidos, sem qualquer ônus para os interessados. Isso porque essa lei trata sobre energia elétrica, matéria de competência privativa da União (art. 22, IV, da CF/88), além de interferir nos termos da relação contratual estabelecida entre o poder federal e as concessionárias que exploram o serviço de fornecimento de energia elétrica no Estado-membro **(ADI 4.925/SP).**

b.9 – A competência para legislar sobre serviços de telecomunicações é privativa da União

O STF entendeu que, em razão de a telefonia definir-se como o processo de telecomunicação destinado à transmissão da palavra falada, ela constitui uma das espécies de telecomunicações sobre a qual somente a União pode legislar.

Dessa forma, o STF julgou inconstitucional lei do Estado de SC que fixava as condições de cobrança dos valores da assinatura básica residencial nos serviços de telefonia fixa, afastando o entendimento de que esses assuntos versavam sobre direito do consumidor, e, portanto, afeto a competência concorrente **(ADI 2.615/SC).**

b.10 – Mensalidade escolar

Segundo o STF, mensalidade escolar tem natureza contratual. Logo, como é a União o ente competente para legislar sobre direito civil, a Corre entendeu (na ADI 1.007-PE) ser da competência de referido ente legislar sobre o assunto. Nesse sentido, foi declarada inconstitucional a lei estadual que fixava prazo para pagamento das mensalidades escolares com vencimento no último dia do mês da prestação do serviço.

b.11 – Cobrança de estacionamento

Invade a competência da União para legislar sobre direito civil a legislação estadual que veda a cobrança de qualquer quantia do usuário nos estacionamentos particulares. Nesse contexto, o STF considerou, na ADI 1.918-ES procedente a ação contra a lei da Assembleia Legislativa do Espírito do Santo (Lei nº 4.711/1992), que proibia a cobrança de taxas de estacionamento por estabelecimentos comerciais.

3. PRINCIPAIS DECISÕES JUDICIAIS ENVOLVENDO A CONSTITUCIONALIDADE DE LEIS MUNICIPAIS

a) Leis municipais Constitucionais

a.1 Competência para fixar o horário de funcionamento de estabelecimentos comerciais:

O STF entendeu que os Municípios são competentes para fixar, por meio de lei, o horário de funcionamento dos estabelecimentos comerciais, uma vez que se trata de assunto de interesse local.

> **STF - Súmula Vinculante 38:** é competente o município para fixar o horário de funcionamento de estabelecimento comercial.

Como cada cidade tem suas peculiaridades, tem seu modo de vida, umas são mais cosmopolitas, com estilo de vida agitado, muitos serviços, turistas. Por outro lado, existem aquelas menos urbanizadas, com costumes mais tradicionais etc. Assim, o horário de funcionamento dos estabelecimentos comerciais deve atender a essas características próprias, análise a ser feita pelo Poder Legislativo local.

Contudo, esse entendimento possui uma exceção, que ocorre no caso do horário de funcionamento dos bancos. Tanto o STF quanto o STJ entendem que as leis municipais não podem estipular o horário de funcionamento dos bancos.

A competência para definir o horário de funcionamento das instituições financeiras é da União. Isso porque esse assunto (horário bancário) traz consequências diretas para transações comerciais intermunicipais e interestaduais, transferências de valores entre pessoas em diferentes partes do país, contratos etc., situações que transcendem(ultrapassam) o interesse local do Município. Enfim, o horário de funcionamento bancária é um assunto de interesse nacional **(STF RE 118363/PR)**.

O STJ possui, inclusive, um enunciado que espelha esse entendimento:

> **STJ - Súmula 19:** A fixação do horário bancário, para atendimento ao público, é da competência da União.

Contudo, em que pese as legislações municipais não possam legislar sobre o horário de funcionamento dos bancos, a Legislação municipal poderá tratar sobre outros aspectos relacionados com os serviços bancários disponibilizados aos clientes

Nesse sentido, o STF já entendeu que os Municípios podem legislar sobre medidas que propiciem segurança, conforto e rapidez aos usuários de serviços bancários (**ARE 691591 AgR/RS**). Ex: tempo máximo de espera na fila ("Lei das Filas"), instalação de banheiros e bebedouros nas agências, colocação de cadeiras de espera para idosos, disponibilização de cadeiras de rodas, medidas para segurança dos clientes etc. Tais assuntos, apesar de envolverem bancos, são considerados de interesse local e podem ser tratados por lei municipal.

Resumindo. Lei municipal pode dispor sobre:

- Horário de funcionamento de estabelecimento comercial: SIM (SV 38).
- Horário de funcionamento dos bancos (horário bancário): NÃO (Súmula 19 do STJ).
- Medidas que propiciem segurança, conforto e rapidez aos usuários de serviços bancários: SIM

a.2 – Possibilidade de legislarem em matéria ambiental

Em uma análise literal da Constituição, somente a União, os Estados e o DF teriam legitimidade para legislar sobre Direito Ambiental, de forma concorrente, nos termos do art. 24, VI.

O STF, contudo, fazendo uma interpretação sistemática Constituição entendeu (**ARE 748.206 AgR/SC**) que os Municípios podem legislar sobre matéria ambiental, uma vez que lhe foi outorgada a competência para legislar sobre assuntos de interesse local, bem como para suplementar a legislação federal e estadual no que couber.

Assim, pode-se afirmar que os Municípios podem legislar sobre Direito Ambiental, desde que o façam fundamentadamente, respeitado a disciplina estabelecida pelos demais entes.

a.3 – Constitucionalidade de legislação municipal que estabelece multa a proprietários de veículos automotores que emitam fumaça acima do permitido pela legislação

O STF (**RE 194704 / MG**) entendeu pela constitucionalidade da lei do Município de Belo Horizonte que estabelece multa a proprietários de veículos automotores que emitam fumaça acima do permitido pela legislação, poluindo o ar atmosférico.

Segundo o STF, os Municípios podem legislar, no plano local, sobre medidas destinadas à proteção e à defesa do meio ambiente e da saúde das pessoas que nele vivem. À União cabe a Política geral do Meio Ambiente, já materializada pelo Lei 6.938/81.

O controle da poluição ambiental, especialmente vocacionado a impedir a degradação dos índices de qualidade do ar, assim obstando o agravamento da poluição atmosférica (que constitui fenômeno presente nos grandes centros urbanos e nas áreas metropolitanas), traduz matéria que se submete à esfera de competência legislativa dos Municípios, observado, para esse efeito, como limite inultrapassável, o interesse local, e desde que as medidas de regulação normativa não transgridam nem conflitem com o âmbito de atuação que a Constituição da República atribuiu à União Federal e aos Estados-membros.

b) Leis municipais inconstitucionais

b.1 Inconstitucionalidade de lei municipal que disciplina a instalação de empreendimentos comerciais:

STF - Súmula Vinculante 49: Ofende o princípio da livre concorrência lei municipal que impede a instalação de estabelecimentos comerciais do mesmo ramo em determinada área.

b.2 Inconstitucionalidade de lei municipal que proíbe a queima da cana

Vimos que o Município é competente para legislar sobre o meio ambiente, em conjunto a União, os Estados e o DF, no limite do seu interesse local e desde que esse regramento seja harmônico com a disciplina estabelecida pelos demais entes federados (art. 24, VI, c/c o art.30, I e II, da CF/88).

O STF julgou inconstitucional lei municipal que proíbe, sob qualquer forma, o emprego de fogo para fins de limpeza e preparo do solo no referido município, inclusive para o preparo do plantio e para a colheita de cana-de-açúcar e de outras culturas.

Entendeu-se que seria necessário ponderar, de um lado, a proteção do meio ambiente obtida com a proibição imediata da queima da cana e, de outro, a preservação dos empregos dos trabalhadores que atuem neste setor.

No caso, o STF entendeu que deveria prevalecer a garantia dos empregos dos trabalhadores canavieiros, que merecem proteção diante do chamado progresso tecnológico e da respectiva mecanização, ambos trazidos pela pretensão de proibição imediata da colheita da cana mediante uso de fogo.

Além disso, as normas federais que tratam sobre o assunto apontam para a necessidade de se traçar um planejamento com o intuito de se extinguir gradativamente o uso do fogo como método despalhador e facilitador para o corte da cana. Nesse sentido: Lei 12.651/2012 (art.40) e Decreto 2.661/98. **(RE 586224/SP).**

BIBLIOGRAFIA

CAVALCANTE, Márcio André Lopes. Dizer o Direito <http://www.dizerodireito.com.br/>.

JÚNIOR, Dirley da Cunha. NOVELINO, Marcelo. Constituição Federal para Concursos. 8ª Edição. Salvador: Juspodvm, 2017.

LEITE, Harrison. Manual de Direito Financeiro. 6º Edição. Salvador: Juspodvm, 2016.

LENZA, Pedro. Direito Constitucional Esquematizado. 21ª Edição. São Paulo: Saraiva, 2017.

MASSON, Nathalia. Manual de Direito Constitucional. 4ª Edição. Salvador: Juspodvm, 2016.

NOVELINO, Marcelo. Curso de Direito Constitucional. 12ª Edição, Salvador: Juspodvm, 2017.

EDITORA JusPODIVM
www.editorajuspodivm.com.br

Impressão e Acabamento
Bartira
Gráfica
(011) 4393-2911